# O Papel do Corpo no Corpo do Ator

Coleção Estudos
Dirigida por J. Guinsburg

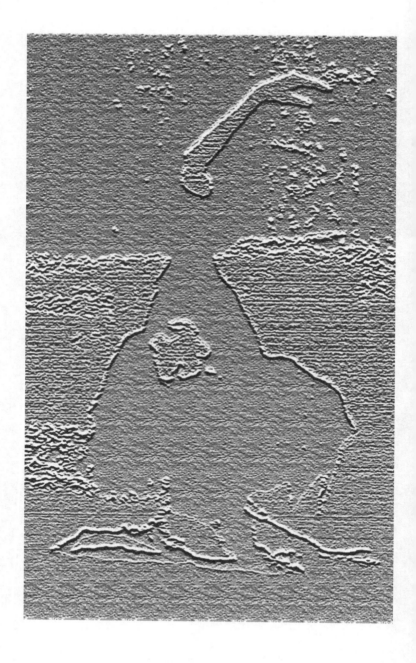

Equipe de realização – Revisão: Marilena Vizentin; Sobrecapa: Sergio Kon; Produção: Ricardo W. Neves e Sergio Kon.

# Sônia Machado de Azevedo

# O PAPEL DO CORPO
# NO CORPO DO ATOR

PERSPECTIVA

Dados Internacionais de Catalogação na Publicação (CIP)
(Câmara Brasileira do Livro, SP, Brasil)

Azevedo, Sônia Machado de
O papel do corpo no corpo do ator / Sônia Machado de
Azevedo. – São Paulo : Perspectiva, 2017.
— (Estudos ; 184)

4. reimpr. da 2. ed. de 2008
Bibliografia.
ISBN 978-85-273-0312-5

1. Corpo humano 2. Criação (Literária, artística etc.) 3. Dança
- História e crítica 4. Linguagem corporal 5. Teatro - História e
crítica I. Título. II. Série.

04-4344                                                     CDD-792.013

Índices para catálogo sistemático:
1. Corpo do ator : Interpretação teatral : Artes da representação
792.013
2. Corpo do ator : Dança teatral : Artes da representação
792.013

2ª edição - 4ª reimpressão
[PPD]

Direitos reservados em língua portuguesa à
EDITORA PERSPECTIVA LTDA.

Av. Brigadeiro Luís Antônio, 3025
01401-000 São Paulo SP Brasil
Telefax: (011) 3885-8388
www.editoraperspectiva.com.br

2019

Era o meu sonho ter várias vidas.
Numa eu seriaa só mãe, em outra vida
Eu só escreveria, em outra só amava.

CLARICE LISPECTOR

Para meus filhos Frederico, Felipe e Amilton
Para minha nora Carolina
Para minha mãe Gilda
Para Felipe e Catharina, meus netos
por existirem na minha vida
e serem as pessoas que são

*A todos os meus professores da Escola*
*de Comunicações e Artes da USP;*
*aos professores, alunos, atores e diretores*
*com os quais trabalhei ao longo de minha vida;*
*a Ilo Krugli do Teatro Ventoforte;*
*a meu Mestre Jacó Guinsburg, sem o qual este traba-*
*lho simplesmente não existiria.*

# Sumário

Prefácio . . . . . . . . . . . . . . . . . . . . . . . . . . . . . . . . . . . . . . . . . . . . . . . . . . . . . . xv

PARTE I

Introdução . . . . . . . . . . . . . . . . . . . . . . . . . . . . . . . . . . . . . . . . . . . . . . . . . . . . 3

1. Concepções do Corpo do Ator no Teatro, Fontes e Vertentes . . . . . . . . 7

Constantin Stanislávski . . . . . . . . . . . . . . . . . . . . . . . . . . . . . . . . . . . . . . . 7
Vsévolod Meierhold . . . . . . . . . . . . . . . . . . . . . . . . . . . . . . . . . . . . . . . . . . . 15
Mikhail Tchékhov . . . . . . . . . . . . . . . . . . . . . . . . . . . . . . . . . . . . . . . . . . . . . 18
Antonin Artaud . . . . . . . . . . . . . . . . . . . . . . . . . . . . . . . . . . . . . . . . . . . . . . 20
Bertolt Brecht . . . . . . . . . . . . . . . . . . . . . . . . . . . . . . . . . . . . . . . . . . . . . . . . 23
Jerzi Grotóvski . . . . . . . . . . . . . . . . . . . . . . . . . . . . . . . . . . . . . . . . . . . . . . . 26
Living Theatre . . . . . . . . . . . . . . . . . . . . . . . . . . . . . . . . . . . . . . . . . . . . . . . 30
Peter Brook . . . . . . . . . . . . . . . . . . . . . . . . . . . . . . . . . . . . . . . . . . . . . . . . . . 32
Mama Troupe, San Francisco Mime Troupe, Performance Group e
Bob Wilson . . . . . . . . . . . . . . . . . . . . . . . . . . . . . . . . . . . . . . . . . . . . . . . 34
Open Theatre . . . . . . . . . . . . . . . . . . . . . . . . . . . . . . . . . . . . . . . . . . . . . . . . 36
Cricot-2 . . . . . . . . . . . . . . . . . . . . . . . . . . . . . . . . . . . . . . . . . . . . . . . . . . . . . 40
Théâtre du Soleil . . . . . . . . . . . . . . . . . . . . . . . . . . . . . . . . . . . . . . . . . . . . . 43
Odin Teatret . . . . . . . . . . . . . . . . . . . . . . . . . . . . . . . . . . . . . . . . . . . . . . . . . 45

2. O Corpo na Dança . . . . . . . . . . . . . . . . . . . . . . . . . . . . . . . . . . . . . . . . . . . . 51

Jean-Georges Noverre . . . . . . . . . . . . . . . . . . . . . . . . . . . . . . . . . . . . . . . . . 51
François Delsarte . . . . . . . . . . . . . . . . . . . . . . . . . . . . . . . . . . . . . . . . . . . . . . 53
Émile Jaques-Dalcroze . . . . . . . . . . . . . . . . . . . . . . . . . . . . . . . . . . . . . . . . 56
Serge Diaghilev e os Balés Russos . . . . . . . . . . . . . . . . . . . . . . . . . . . . . . . 59

Isadora Duncan . . . . . . . . . . . . . . . . . . . . . . . . . . . . . . . . . . . . . . . . . . . 61
Rudolf von Laban . . . . . . . . . . . . . . . . . . . . . . . . . . . . . . . . . . . . . . . . . 63
Mary Wigman . . . . . . . . . . . . . . . . . . . . . . . . . . . . . . . . . . . . . . . . . . . . 68
Oskar Schlemmer . . . . . . . . . . . . . . . . . . . . . . . . . . . . . . . . . . . . . . . . . 70
Denishawnschool . . . . . . . . . . . . . . . . . . . . . . . . . . . . . . . . . . . . . . . . . 72
Martha Graham . . . . . . . . . . . . . . . . . . . . . . . . . . . . . . . . . . . . . . . . . . . 74
Doris Humphrey . . . . . . . . . . . . . . . . . . . . . . . . . . . . . . . . . . . . . . . . . . 76
Alwin Nikolais . . . . . . . . . . . . . . . . . . . . . . . . . . . . . . . . . . . . . . . . . . . . 78
Merce Cunningham . . . . . . . . . . . . . . . . . . . . . . . . . . . . . . . . . . . . . . . 79
Maurice Béjart . . . . . . . . . . . . . . . . . . . . . . . . . . . . . . . . . . . . . . . . . . . . 81
Sankai Juku . . . . . . . . . . . . . . . . . . . . . . . . . . . . . . . . . . . . . . . . . . . . . . . 83
Pina Bausch . . . . . . . . . . . . . . . . . . . . . . . . . . . . . . . . . . . . . . . . . . . . . . 84

3. O Corpo como Totalidade, Fora dos Palcos . . . . . . . . . . . . . . . . . . . . . . 87

Do-in . . . . . . . . . . . . . . . . . . . . . . . . . . . . . . . . . . . . . . . . . . . . . . . . . . . . 87
Yoga . . . . . . . . . . . . . . . . . . . . . . . . . . . . . . . . . . . . . . . . . . . . . . . . . . . . . 90
T'ai chi chuan . . . . . . . . . . . . . . . . . . . . . . . . . . . . . . . . . . . . . . . . . . . . . 94
A técnica de Matthias Alexander . . . . . . . . . . . . . . . . . . . . . . . . . . . . . 98
A técnica de Ida Rolf . . . . . . . . . . . . . . . . . . . . . . . . . . . . . . . . . . . . . . 101
Wilhelm Reich e a vegetoterapia . . . . . . . . . . . . . . . . . . . . . . . . . . . . 103
A técnica de Moshe Feldenkrais . . . . . . . . . . . . . . . . . . . . . . . . . . . . 106
A técnica de Gerda Alexander . . . . . . . . . . . . . . . . . . . . . . . . . . . . . . 109
A técnica de Alexander Lowen . . . . . . . . . . . . . . . . . . . . . . . . . . . . . . 111
A técnica de Thérèse Bertherat . . . . . . . . . . . . . . . . . . . . . . . . . . . . . 114
RPG – Reeducação da postura global . . . . . . . . . . . . . . . . . . . . . . . . 118
Conclusão . . . . . . . . . . . . . . . . . . . . . . . . . . . . . . . . . . . . . . . . . . . . . . . 121

APÊNDICE: SOBRE O TEATRO ORIENTAL E SUA INFLUÊNCIA NO TEATRO
OCIDENTAL DOS NOSSOS DIAS. . . . . . . . . . . . . . . . . . . . . . . . . . . . . . . . . . . 131

4. Primeiras Reflexões . . . . . . . . . . . . . . . . . . . . . . . . . . . . . . . . . . . . . . . . 135

O corpo do ator . . . . . . . . . . . . . . . . . . . . . . . . . . . . . . . . . . . . . . . . . . 135
O trabalho de corpo do ator . . . . . . . . . . . . . . . . . . . . . . . . . . . . . . . . 149
  *Introdução* . . . . . . . . . . . . . . . . . . . . . . . . . . . . . . . . . . . . . . . . . . . . . 149
  *Treinamento técnico: primeira proposta síntese* . . . . . . . . . . . . . . . . . 160
Trabalhos complementares à formação do ator . . . . . . . . . . . . . . . . . 161

PARTE II

5. Processo Genético de Produção dos Signos Corporais . . . . . . . . . . . . . 169

Introdução . . . . . . . . . . . . . . . . . . . . . . . . . . . . . . . . . . . . . . . . . . . . . . 169
O corpo do ator: um soma em movimento . . . . . . . . . . . . . . . . . . . . . 178
A gênese do gesto na relação com a personagem . . . . . . . . . . . . . . . . 182
O período de latência do signo e a vitalidade criativa . . . . . . . . . . . . 186
Esforço interno e produção de energia dramática . . . . . . . . . . . . . . . 188
O corpo disponível: relação entre impulso criativo e ação criativa . . . . 191
Sonhos e devaneios: imaginação e produção imagética . . . . . . . . . . . 194
Percepção, intuição e emoção . . . . . . . . . . . . . . . . . . . . . . . . . . . . . . . 202
Memória afetiva e sinais corporais; memória corporal e
  caracterização física . . . . . . . . . . . . . . . . . . . . . . . . . . . . . . . . . . . . . 212

Reconhecimento e uso criativo dos sinais corporais . . . . . . . . . . . . . . . .220
Partitura do ator: ação interior e ação exterior; subtexto e ação física. . 223
6. A Máscara Cênica: Forma Final ou o Corpo Mascarado. . . . . . . . . . . . 227

Introdução . . . . . . . . . . . . . . . . . . . . . . . . . . . . . . . . . . . . . . . . . . . . . . . . .227
Signos corporais: imagens cênicas produzidas pelo ator durante o
    espetáculo. . . . . . . . . . . . . . . . . . . . . . . . . . . . . . . . . . . . . . . . . . . . . . . 231
Presença da energia na configuração da máscara. . . . . . . . . . . . . . . . . .236
Signos corporais e dinâmica cênica . . . . . . . . . . . . . . . . . . . . . . . . . . . . .241
Produto final: o corpo enformado; elementos operacionais de
    afirmação da máscara . . . . . . . . . . . . . . . . . . . . . . . . . . . . . . . . . . . . . .243
A função da memória estética na reapresentação da máscara . . . . . . . .246

PARTE III

7. O Método de Produção do Ator e o Papel do Trabalho Corporal . . . . . 253

Introdução . . . . . . . . . . . . . . . . . . . . . . . . . . . . . . . . . . . . . . . . . . . . . . . . .253
A pessoa do ator: função da preparação corporal. . . . . . . . . . . . . . . . . .258
Ator e ficção cênica . . . . . . . . . . . . . . . . . . . . . . . . . . . . . . . . . . . . . . . . . .269
Ator e criação de um papel. . . . . . . . . . . . . . . . . . . . . . . . . . . . . . . . . . . .272

8. O Papel do Trabalho Corporal na Interpretação do Ator . . . . . . . . . . . 277

Função do trabalho corporal junto ao ator . . . . . . . . . . . . . . . . . . . . . . .279
Função do trabalho corporal junto à montagem . . . . . . . . . . . . . . . . . . 281
A interpretação contemporânea e o trabalho corporal . . . . . . . . . . . . . 283
Bases para um método específico . . . . . . . . . . . . . . . . . . . . . . . . . . . . . .289
    *Necessidades fundamentais do ator, do ponto de vista corpóreo* . . . . . 291
    *Necessidades específicas de um trabalho corporal com atores* . . . . . . .292
    *Proposta básica de um caminho viável de treinamento*
        *técnico-corporal* . . . . . . . . . . . . . . . . . . . . . . . . . . . . . . . . . . . . . . . . .293
    *Fases do caminho proposto como base para a área.* . . . . . . . . . . . . . . .293
    *Encaminhamento prático de trabalho: uma proposta de*
        *treinamento técnico para tempo longo.* . . . . . . . . . . . . . . . . . . . . . .294
    *Encaminhamento prático de trabalho: sugestão para tempo mínimo* 306

9. Anexos. . . . . . . . . . . . . . . . . . . . . . . . . . . . . . . . . . . . . . . . . . . . . . . . . . . .309

Planejamento de oficina I . . . . . . . . . . . . . . . . . . . . . . . . . . . . . . . . . . . . .309
Breve relato aula a aula de oficina I . . . . . . . . . . . . . . . . . . . . . . . . . . . . . 311
Planejamento de oficina II . . . . . . . . . . . . . . . . . . . . . . . . . . . . . . . . . . . . 312
Oficina II: breve relato aula a aula. . . . . . . . . . . . . . . . . . . . . . . . . . . . . . 313
Oficina II: preparação para avaliação . . . . . . . . . . . . . . . . . . . . . . . . . . . 315
Alguns exemplos sintéticos de planejamentos em etapas sequenciais. . 316
Oficina de Dança para atores e não atores . . . . . . . . . . . . . . . . . . . . . . . 319


BIBLIOGRAFIA . . . . . . . . . . . . . . . . . . . . . . . . . . . . . . . . . . . . . . . . . . . . . . .321

# Prefácio

Tendo iniciado minha formação profissional ao ingressar na Escola de Comunicações e Artes da Universidade de São Paulo, em 1969, e tendo, logo a seguir, em 1970, começado a trabalhar na área, senti necessidade, passados alguns anos, de um aprofundamento do trabalho corporal iniciado na Faculdade. O movimento era uma velha paixão de infância e o movimento/forma na cena cedo me apaixonaram.

Ainda na época da escola acostumei-me a assistir ensaios e os acompanhava disciplinadamente. Tudo no teatro me fascinava, especialmente o ator em processo de criação; gostava de assistir o trabalho quando em sua crueza, sem ainda os figurinos, as luzes, a música, a magia final: só atores, num palco nu. Alguma coisa existia aí e que me deixava maravilhada. Fiz então cursos de expressão corporal e técnica de dança moderna, tentando, desde então, estabelecer conexão com o trabalho teatral que desenvolvia. Muitas das perguntas que me propus naquela época tornaram-se, com o passar dos anos, desafios que, na medida do possível, ia tentando solucionar no trabalho e na pesquisa própria.

Ao longo dos anos trabalhei integradamente Jogo Dramático, Improvisação e Interpretação e fui então percebendo que, no encaminhamento das aulas de Dança e Expressão Corporal (ainda não com atores) era forte o componente teatral envolvido.

Qualquer trabalho que realizasse (com pessoas em processo terapêutico, com artistas e professores) podia-se notar que o meu mais profundo interesse estava no movimento, nos gestos utilizados, nas

XVI O PAPEL DO CORPO NO CORPO DO ATOR

expressões do rosto e no "como" tudo isso acontecia, por meio de quais impulsos e pontos de partida internos. Estava estabelecido para mim o caminho de pesquisa, embora eu ainda não tivesse a seu respeito a consciência que hoje tenho. Meus filhos e meus pequenos alunos (nas várias escolas de primeiro grau nas quais trabalhei) ensinaram-me a observar a motivação para o movimento e o prazer todo especial da sua descoberta, no fazer propriamente dito: movimento como fim em si mesmo, como alegria de viver cada momento como único. Com eles aprendi que as aulas são como os dias de nossas vidas Também me ajudaram a constatar que uma aula prática, após iniciada, segue um curso todo próprio, muitas vezes diverso de tudo aquilo que havia sido planejado.

De movimentos sugeridos por mim, em forma de brincadeira, nasciam personagens espontaneamente, contextos teatrais, e eles tinham sua duração marcada por necessidades outras que não o tempo de uma aula. Encantava-me a contínua metamorfose, a ausência de tensões próprias dos mais velhos, a ausência de preconceitos no trato com as situações criadas.

Podia notar também que a proposta de simples deslocamentos no espaço da sala ou do pátio (no qual trabalhávamos nos dias de sol) trazia, ao mesmo tempo, para eles, a necessidade de variações rítmicas, de maior ou menor intensidade muscular, da palavra, do grito, do canto, da criação de pequenas histórias.

Foi nessa época que comecei a questionar minha postura pedagógica: por que não brincar junto com as crianças, deixando-me também ser levada pelo prazer do movimento? Passei a fazê-lo, deixando-me guiar pela intuição e pelos impulsos vindos da relação com meus pequenos alunos. Continuava a preparar carinhosamente cada aula, mas elas jamais foram as mesmas: sabia dos objetivos a atingir, mas o caminho passou a ser criado em comum com o grupo, numa troca cheia de prazer. Essas primeiras experiências, sem dúvida, enriqueceram todo o meu trabalho posterior.

Posso mesmo dizer que a recuperação da vitalidade apreendida com meus pequenos alunos, tornou-se uma das metas iniciais no trabalho com atores: o constante jogo de vestir e tirar personagens a partir de alterações físicas (formas, energia e ritmo) e de um modo todo especial o treinamento da imaginação ligado ao uso do próprio corpo.

A pesquisa informal que comecei então a desenvolver em direção a um treino específico com atores, nasceu, julgo agora, ocasionado pela própria necessidade profissional: respondendo aos chamados mais diversos dentro dessa área, pude perceber que o trabalho que desenvolvia em Expressão Corporal modificava-se (por conta das circunstâncias e dos objetivos gerais e específicos) conforme o público-alvo.

Assim, essa matéria mostrava-se cada vez mais complexa e diversificada em termos de encaminhamentos: as elaborações realizadas nunca seriam iguais, apesar de o ponto de partida ser sempre o mesmo, ou seja, a pesquisa do movimento proposta por Laban.

Objetivos diferentes dentro da mesma área foram sendo percebidos e anotados por mim, objetivos que pediam, consequentemente, metodologia diversa em sua busca.

Trabalhando com crianças das várias idades, adolescentes e adultos (com necessidades que iam desde correção postural e reequilibração interna), dançarinos e atores, artistas plásticos e músicos, professores e terapeutas é que, por desafio do ofício, fui obrigada a estabelecer prioridades aqui e ali, modificando propostas de exercícios, baseando-me, não só em finalidades imediatas a que me propunha, como também guiada por avaliações individuais e grupais. Algumas diferenças fundamentais, e pessoais, podiam ser percebidas, especialmente no tocante ao encaminhamento de cada exercício.

Nos últimos dez anos comecei a concentrar-me no teatro, como fim em si, e a modificar sensivelmente o trabalho corporal que desenvolvia, com o fito de torná-lo inteiramente participante do processo de criação do ator, ao lidar com intenções, emoções e forma da personagem.

Tal tarefa nunca foi fácil pela carência de material sobre o assunto no Brasil. Fui tentando, na prática, estabelecer o vínculo entre o trabalho de corpo exigido para a dança, ou para o aprimoramento pessoal, e o exigido pela interpretação.

Queria, desde então, descobrir um caminho didático para trabalhar o corpo do ator, levando em conta as características bastante específicas de sua profissão.

Procurei, ao longo dos anos, e em muitas experiências diferentes (como aluna, professora, atriz, dançarina e diretora), entrelaçar meus conhecimentos teatrais (teóricos e práticos) às necessidades de uma metodologia baseada em Laban.

Alguns poucos trabalhos que fiz como atriz e que tiveram a oportunidade de subir ao palco, e muitos outros que ficaram em processo por causas várias (eram sempre experimentais) e cursos que fui fazendo, deram-me uma base de pesquisa própria, um eixo ao redor do qual pensar e experimentar, sozinha e em grupo.

Necessidades imediatas desafiaram-me a descobrir exercícios muito particulares com atores, que, se até então não existiam como tais, de outra parte, eram transformações e adequações de propostas vindas de outras áreas, como as artes plásticas e a música, tendo sempre o teatro como base.

Tomei por hábito, ao trabalhar com atores e alunos de cursos de formação, experimentar sempre e primeiramente em mim mesma todo e qualquer exercício, especialmente os que envolviam criação e improvisação, para depois aplicá-los em sala de aula ou em ensaios. Efetuava, por exemplo, um deslocamento simples no espaço e percebia os elemen-

XVIII     O PAPEL DO CORPO NO CORPO DO ATOR

tos objetivos da caminhada. Ia depois alterando estados emocionais, buscando e afastando imagens, criando contextos e desmanchando-os, operando propositadamente sem qualquer componente interno a não ser a própria preparação interior da ação etc. Anotava a seguir quais modificações físicas pareciam corresponder a quais fases do trabalho interior, e assim por diante; tornava a repetir o exercício para ver o que se mantinha e o que havia sido, por assim dizer, casual.

Retomava depois a mesma sequência física com estímulos musicais diversos, em absoluto silêncio, usando palavras ao acaso ou escolhendo-as de uma poesia, por exemplo, acompanhando o movimento com sons vocais e canto. Novamente voltava a repetir, buscando, pelo menos para mim, o melhor caminho e anotando novamente alterações devidas a essas modificações no processo de trabalho. Tentava, por fim, conseguir os mesmos resultados alcançados sem uso de quaisquer estímulos exteriores, apenas mobilizando novamente a energia que havia utilizado.

Algumas vezes isso era possível, outras não. Procurava descobrir até onde poderia ir o trabalho corporal, quais suas consequências, qual seu campo de ação e seus limites. De todo modo, essa autopesquisa me era muito importante nos momentos em que precisava auxiliar um aluno num problema específico; e, se algumas vezes já tinha como que pronta a resposta, ou seja, o encaminhamento para a resolução do problema apresentado, em outras me propunha a pensar corporalmente junto com ele até encontrar a saída ou, pelo menos, uma sugestão de saída possível.

Todos os exercícios corporais por mim desenvolvidos e aplicados hoje em dia têm como meta e objetivo final o aprofundamento e o aprimoramento da capacidade de interpretação do ator. Mesmo os mais "físicos" e simples, podem ser encaminhados, na prática, para esse fim. Ou seja, a descoberta de que não só o tipo de exercício deve ser fruto de uma escolha correta, mas que, sobretudo, a forma como se desenvolvem e são aplicados e executados é que determina sua maior ou menor importância, levou-me a reestudar as várias propostas de interpretação, bem como a mapear o tipo de trabalho corporal envolvido diretamente em cada uma delas.

Além disso, o acompanhamento de ensaios, seja de alunos-atores, em suas montagens curriculares, seja de atores profissionais, ajudou-me a discernir e arrolar tipos e graus de dificuldades envolvidas nesses processos. Algumas dificuldades eram superadas no próprio ensaio, outras permaneciam até o dia da estreia impedindo um desempenho proveitoso. No que o trabalho corporal poderia ter interferido? Poderia ter resolvido o problema? Poderia ter ajudado ao menos um pouco?

Como o meu papel era de, digamos assim, "preparadora corporal" do elenco, já não sabia mais ao certo qual seria minha margem de atuação. Em que medida, a partir de uma proposta feita por mim, começaria a invadir a área da interpretação, ou mesmo a interferir na direção do espetáculo?

Muito cedo percebi que nenhum tipo de rigidez seria bem-vindo: a operação criativa ocorre num fluxo, a equipe está envolvida num fazer único e, se há papéis claramente definidos, há também aqueles momentos em que todos tentam, em conjunto, resolver o mesmo problema.

O que quero dizer é que, se no início encarei com reservas a função do trabalho corporal na elaboração do desempenho dos atores, isso, sem dúvida, durou muitíssimo pouco. À medida em que operava, com mais liberdade e intuição, podia perceber que, conforme o exercício realizado (com certos objetivos claramente físicos), algumas consequências podiam ser notadas no terreno interpretativo.

A instrumentação corporal mostrava ser um poderoso auxiliar, por exemplo, no desbloqueio de certas emoções do intérprete e no seu controle em cena.

Houve mesmo ocasiões em que, a partir de um exercício de desenho gestual muito lento, um ator penetrava em zona inexplorada de sua personalidade; ou, quando uma atriz, operando com movimentos de socar (propositadamente intensos), conseguia destravar uma emoção violenta, necessária à sua personagem. São muitos os casos que poderiam ser lembrados, o que eu podia perceber é que sempre, ou quase sempre que ocorriam modificações na qualidade da produção interpretativa, o trabalho de corpo que estava sendo executado naquele momento tinha alguma relação com as mudanças na interpretação.

Houve mesmo ocasiões em que constatei mudanças profundamente marcadas por encaminhamentos corporais nítidos. Podia ter certeza disso pela observação e pelos depoimentos dos intérpretes. Nas conversas de final de trabalho eu podia preparar os próximos passos do treinamento, podia sugerir novas formas de o ator usar a si mesmo (formas não corriqueiras, pouco usuais), como podia ouvir dele o que estava contribuindo para a sua atuação, o que era fundamental e o que era secundário.

Como trabalhava com muitas pessoas ao mesmo tempo, era muito interessante notar o que servia em conjunto e aquilo que só parecia importante individualmente. O que ajudava certos integrantes, atrapalhava a outros.

O tempo previsto para a execução da tarefa corporal era, na maioria das vezes, tão exíguo, que seria inútil planejar um programa amplo e completo. A solução era levantar necessidades e exigências, escolher as técnicas precisas e pôr mãos à obra.

Muitas são as experiências. Não se trata de descrevê-las mas de refletir a seu respeito sempre que houver espaço e oportunidade ao longo deste estudo.

Venho tentando, em suma, encontrar os elementos básicos de um trabalho corporal que ajudem o ator a desempenhar cada vez melhor e

XX O PAPEL DO CORPO NO CORPO DO ATOR

com mais profundidade o seu papel, afinando seu instrumento-corpo, ampliando seus horizontes perceptivos e aprimorando sua sensibilidade, na procura de uma intimidade cada vez maior consigo mesmo, como artista.

E se essa intimidade for realmente tão importante quanto creio (podendo mesmo determinar uma atuação), nenhuma faceta do ator, como pessoa, pode ser deixada de lado. Há momentos em que a técnica da interpretação invade terrenos outros, e não há como fugir a essa invasão.

Por causa disso senti necessidade de conhecimentos nas áreas da Psicologia e da Terapia Corporal. Sabia, de uma maneira ainda não muito clara, que o processo da promoção das potencialidades corporais era uma vertente rica e de muitas facetas; percebia que, lado a lado com a rotina que se acaba por estabelecer em qualquer treinamento havia também necessidades imprevistas, modificações e estímulos não só físicos como emocionais. Deveria então haver uma estrutura fixa de trabalho ao lado da multiplicidade de encaminhamentos possíveis que a criação envolve. Segurança e ousadia juntas: um método para ser esquecido quando preciso, a necessidade de formular um programa definido para poder eventualmente alterá-lo, mas sempre um processo de trabalho que levasse claramente ao rumo pretendido, uma sequência crescente de desafios: do mais simples (e nem por isso menos difícil) em direção à complexidade exigida pelo fenômeno da expressão.

Ajudada pelo Prof. Jacó, que conseguiu me conduzir e me guiar em meio a um torvelinho de indagações e buscas muitas vezes desencontradas, com extrema sensibilidade e interesse; ajudada também por ele a deter-me, sem ansiedade, e examinar calmamente a questão do ator, abordando o trabalho de corpo a cada vez por um ângulo novo que me sugeriam suas colocações, foi que conseguimos delimitar o projeto de minha dissertação.

Devo a ele o fato de ter logrado objetivar, para mim mesma, uma paixão de tantos anos, e devo também ao meu orientador a descoberta de caminhos em minha atividade profissional até então desconhecidos, assim como o desvendamento de cada um dos itens a ser desenvolvidos na dissertação.

Devo também reconhecer o fato de que o Prof. Jacó está presente em cada um dos capítulos por mim escritos, muito especialmente, e de modo mais intenso, naqueles que se referem ao processo genético de produção dos signos corporais (Capítulo 1, Parte II) e à máscara cênica (Capítulo 2, Parte II) que foram motivo de inúmeras conversas nossas. Já é de todo impossível, para mim, lembrar de todas as ricas contribuições de meu orientador, no sentido de ajudar-me a definir e a desenvolver tal linha de estudo e escrita. Sozinha jamais ousaria tal empreendimento.

Este livro divide-se em três partes nítidas em termos dos objetivos pretendidos: a primeira (ou o primeiro eixo da pesquisa) refere-se aos

PREFÁCIO XXI

trabalhos corporais; o que chamei de a função do trabalho exterior ou com o lado externo.

Nessa parte inicial procurei fazer um balanço dos elementos do trabalho corporal que possam servir ao ator. Para tanto pesquisei:

1. elementos presentes nas fontes teatrais (e suas vertentes), ou seja, trabalhos destinados exclusivamente a auxiliar a interpretação do ator a partir do adestramento do corpo;

2. elementos presentes nas várias correntes da dança e em seus exercícios e propostas específicas (em nível do treinamento técnico e também de linguagem pretendida);

3. elementos desenvolvidos nas várias linhas do que chamei de preparação do corpo em geral.

É preciso salientar, no entanto, a extensão do campo investigado e sua riqueza. Tentei apenas, com este estudo, pinçar aqueles elementos considerados por mim como importantes ao ator em sua prática. Optei também, em vista da imensidão da tarefa, por estudar os princípios técnicos e procedimentos orientais (tanto do teatro quanto da dança) apenas na medida em que tais princípios estivessem presentes no palco e na instrumentação técnica do intérprete ocidental. Por isso não foram abordadas diretamente as técnicas dos intérpretes hindus, japoneses e chineses, de enorme importância no nosso teatro atual.

Não me move também o intuito de efetuar um estudo comparativo entre as várias linhas, apontando divergências ou contradições; nem o de analisar tendências diversas ou contrastantes no trato com o corpo ou questioná-las. Isso seria ambição demasiada e me desviaria do caminho traçado.

Essa parte encerra-se no capítulo intitulado Primeiras Reflexões, em que disponho os dados colhidos na pesquisa anterior. O objetivo é organizar os elementos capazes de servir ao ator, com vistas à possível elaboração de um método prático específico de treinamento corporal em si mesmo.

A segunda parte dedica-se à produção interna dos atores e aos fatores constitutivos da mesma: a gênese da máscara. Em que medida essa produção interna deve ou pode ser ajudada pelo trabalho corporal; quais as relações possíveis entre corpo e imaginação, corpo e memória, corpo e emoção, serão alguns dos assuntos abordados. Nessa fase da escrita, recorri à experiência acumulada no acompanhamento de atores em processo de criação, experiência ligada diretamente à minha prática profissional.

Esta segunda parte tem também como base estudos teóricos e vivência prática, advindos da necessidade de melhor compreender o fenômeno da interpretação para poder auxiliar o ator nele envolvido; uma reflexão sobre a arte da interpretação, do ponto de vista de seu processo criativo em função da forma final, ou seja, ao corpo mascarado.

A pesquisa, feita ao longo dos anos e em caráter informal, manifestou-se em nítida mudança da qualidade, no sentido de uma maior clareza no modo de encaminhar os planejamentos, e em sua execução propriamente dita; em mais objetividade, enfim.

Tentei estabelecer possíveis relações entre o trabalho exterior e a produção interna, já em nível ficcional possibilidades de colocar o corpo do ator (e o ator como um todo) a serviço de determinada personagem; problemas e limitações, alguns modos de superação desses limites, indicação de alguns caminhos viáveis.

A terceira parte, de caráter crítico-analítico, trata do trabalho corporal na interpretação do ator: "o método de produção do ator e o papel do trabalho corporal".

Minha preocupação, de fato, está voltada para o fenômeno da criação do ator na interpretação. Ou seja, tentei um corte em profundidade nesse fenômeno para exame de alguns aspectos que requerem um constante refletir. Justamente por causa desse corte, já mencionado, é que algumas propostas corporais não mereceram de minha parte uma análise maior e foram colocadas (ao final do capítulo quarto) como complementares à formação do ator.

Pretendi abordar, basicamente, o eixo de produção interior-exterior que envolve, ao mesmo tempo, a canalização da energia produtiva durante o processo de produção atoral, em busca da melhor máscara. O que se deseja estudar é o canal, o eixo de contato exterior-interior, que permanece em qualquer trabalho de interpretação através da mobilização de energia. Os trabalhos corporais pesquisados têm, quase todos, a mesma tônica: a procura de uma contínua relação corpo-mente; e, apesar de sua diversidade (e propostas radicalmente diferentes, às vezes), oferecem, todos eles, subsídios importantes para um "preparador corporal", chame-mo-lo assim, no exercício de sua profissão com atores.

As técnicas levantadas têm em comum o fato de contribuírem, de algum modo, e mesmo em alguma situação particular, para desbloquear o canal expressivo, por onde o impulso surgido internamente manifesta-se na forma buscada.

# Parte I

Parte I

# Introdução

> [...] em hebraico sequer existe uma palavra para designar o corpo ou a carne separada da totalidade humana. O corpo não é uma parte do homem, um de seus componentes, sendo o outro a "alma ou o espírito" ou qualquer outro fantasma solitário.
>
> ROGER GARAUDY

O processo de elaboração dessa primeira parte, traduz-se, para mim, numa longa e maravilhosa viagem. Nem sempre, durante a fase de pesquisa e estudo, foi-me possível manter a objetividade. O levantamento e a escolha dos princípios de trabalho corporal num universo tão vasto quanto belo tornava quase impossível permanecer sentada, escrevendo.

O próprio material pesquisado pedia a entrega à experimentação prática. Emocionava-me e ao mesmo tempo me assustava o fato de estar lidando, no fundo, com sonhos humanos e vidas delicadas inteiramente às suas concretizações. Não me perdoaria nunca o fato de desconhecer e, pior que isso, trair quaisquer dos princípios tão perseverantemente buscados.

Assim, foi preciso conhecer um pouco a vida dessas pessoas, descobrindo fotos perdidas em livros e revistas, aproximar-me delas de um modo que não poderia deixar de ser afetivo, sofrendo com suas perdas, comemorando intimamente seus achados, suas conquistas.

Sabia, o tempo todo, que deveria me limitar a pesquisar os dados de interesse e organizá-los na escrita. Mas sabia, igualmente, que estava ousando traduzir em palavras coisas que, por sua intensidade e magia, só seriam totalmente compreendidas por mim se houvesse o movimento, o toque, a percepção de momentos, enfim, uma tradução corporal.

Inevitavelmente, senti o risco de simplificar criações e teorizações complexas, no momento em que escolhia certos elementos, em detrimento de outros. Penso agora ter conseguido recolher, dentre tantas coisas de vital importância, o mais importante para o trabalho a que me propus.

O PAPEL DO CORPO NO CORPO DO ATOR

Ao final do terceiro capítulo tinha em mãos um grande mapa, complexo e provocante. A emoção de descobrir nele tantos pontos em comum, veios ou rios que corriam todos em direção a um mesmo oceano: o da eterna e insaciável procura humana de conhecimento. Procura essa construída dia a dia, por pessoas tão diferentes, em lugares e épocas tão diversas, davam-me a certeza de que os sonhos podem, às vezes, tornar-se realidade. E que, quando isso acontece (nos momentos em que o impossível é apenas o oposto complementar de todas as possibilidades), a vida reina, soberana e simples. Como talvez apenas um olhar possa contar, ou um gesto, pura dança.

O exame minucioso das concepções do corpo do ator no teatro é o objetivo inicial deste trabalho. Neste estudo procurei levantar os princípios que regem o trabalho corporal dos intérpretes para Stanislávski, Tchékhov, Artaud, Grotóvski, Meierhold e Brecht. É evidente que essas fontes ligam o corpo do ator como prática e como concepção teórica – estética a uma maneira particular e própria de engajamento no fazer-pensar o Teatro. Vem daí a necessidade primeira: perceber como e até onde certas normas de conduta são comuns e aplicáveis numa preparação corporal básica para atores.

Trata-se de um estudo diferencial, no qual descrevi apenas os princípios presentes em cada uma dessas abordagens corporais com vistas ao desempenho no palco. A tentativa é a de estabelecer elementos comuns e específicos do treinamento corporal nesse panorama geral proposto pelo teatro.

O estudo das fontes, bem como das vertentes teatrais realizado no Capítulo 1 firmará ainda mais os princípios levantados, já que (no segundo caso) estes se apresentam misturados e transformados, de acordo com a pesquisa de cada grupo, embora mantendo, apesar disso, ou até por isso mesmo, muito claras as suas origens. Nota-se já, no terreno meramente teatral, a influência vinda da dança (em exercícios desenvolvidos e direcionados para outras finalidades, diferentes daquelas para as quais foram criados) e de princípios milenares utilizados pelo T'ai chi, por exemplo, mesclados a descobertas recentes da terapia corporal.

O Capítulo 2 será devotado ao mundo da dança. Neste capítulo, assim como no primeiro, quis selecionar alguns princípios fundamentais que poderão ser utilizados no trato com atores. Pretende-se, no caso, uma triagem cujo objetivo vincula e visa a estreitar os laços entre o trabalho corporal e a interpretação.

No Capítulo 3 torna-se imprescindível o exame de trabalhos corporais ligados à preparação do corpo em geral, como convencionei chamá-los, ou o corpo como totalidade, nome melhor, porque mais abrangente. Nele estudei linhas ligadas ora à filosofia zen, ora às terapias corporais, todas empenhadas não apenas em cuidar do corpo, mas em buscar seu equilíbrio como unidade psicossomática inserida num todo maior, na relação com o mundo exterior. Se o objetivo final é o mesmo, anotei, no entanto, uma série ampla e diferenciada de procedimentos. Se o que se pretende é uma modificação de postura (literal e simbolicamente falando), algo a ser conseguido em direção a uma vida melhor, o corpo vem a ser o canal utilizado, conquanto sejam diversas as suas formas de abordagem.

Da mesma maneira que nos capítulos anteriores, o que se empreendeu aqui foi levantar princípios (enfoques, pontos de partida) que nos pudessem servir de guias úteis no desenvolvimento de uma metodologia corporal para o ator.

Já no Capítulo 4, busquei estabelecer os princípios básicos de um trabalho corporal com atores. Nele aponto e sistematizo um Treinamento na área de preparação corporal tout court, ou seja, sem ter ainda o vínculo estreito e direto com a interpretação, mas sem esquecer, em nenhum momento, a ligação com o artista do palco.

Desde agora podemos adiantar que há, sem dúvida, exigências específicas relacionadas ao fazer teatral que não podem ser desligadas de uma simples preparação do instrumento corpo, exigências estas que determinam e obrigam a procedimentos igualmente necessários e fundamentais.

Ofereço este estudo a todos aqueles que, ontem, hoje e amanhã, tentaram, tentam e tentarão descobrir o que se oculta por trás das aparentes verdades e que, sem negar o passado, sentem sempre ser possível caminhar em direção ao futuro. A todos aqueles que, nesse momento, sentem-se inquietos porque sabem (e sabem porque sentem) que é preciso, sempre, prosseguir.

# 1. Concepções do Corpo do Ator no Teatro, Fontes e Vertentes

## CONSTANTIN STANISLÁVSKI[1]

O grande mestre russo dedicou-se, durante toda a sua vida, ao estudo do processo criador do ator, aquele que constatou em todos os grandes artistas do palco de sua época. Em seus escritos percebe-se que, longe de tentar impor regras, Stanislávski dá conta de um processo capaz de encaminhar o ator em sua criação, nos momentos em que esta não ocorre de modo natural.

Nosso estudo pretende levantar a questão do corpo presente em seus escritos e o enfoque dado ao trabalho de corpo, como preparação corporal simplesmente, em sua relação com a criação e como manutenção das formas significantes no decorrer dos espetáculos.

---

1 Constantin Stanislávski (1863-1938). Grande homem de teatro russo; ator, diretor e professor de atores. Em 1888 cria, com amigos, a Sociedade de Arte e Literatura; em 1897 (com Nemirovich-Danchenko) funda o Teatro de Arte de Moscou, onde monta algumas peças de Tchékhov: *A Gaivota* (1898), *Tio Vânia, As Três Irmãs* (1901), *O Jardim das Cerejeiras* (1904). Desenvolveu incansavelmente, ao longo dos anos, suas teorias sobre interpretação, que podem ser encontradas em seus livros: *A Preparação do Ator, A Construção da Personagem* e *A Criação do Papel*. Stanislávski percebe que a movimentação natural, flexível e orgânica é facilmente encontrada na vida e dificilmente conseguida no palco. O ator, quando vestido com a personagem, deve conseguir uma gestualidade natural no palco, composta de gestos análogos aos da personagem. Preocupa-o também essa busca rigorosa do ator na descoberta de novas possibilidades de seu aparato corpóreo.

8 O PAPEL DO CORPO NO CORPO DO ATOR

Stanislávski observou que, durante o estado criador, a liberdade do ator manifesta-se pela ausência de tensão muscular: o corpo sente-se livre para submeter-se às ordens do artista.

Seus alunos cuidam do relaxamento da musculatura e das articulações por meio da ginástica sueca. A dança clássica é utilizada para a melhoria de postura, embora não se pretenda, em hipótese alguma, desenvolver nos atores o maneirismo que parece caracterizar muitos bailarinos. São praticados exercícios baseados na rítmica, com o objetivo de atingir a organicidade expressiva e o equilíbrio da energia e da forma em gestos e passes.

Segundo Odette Aslan, os principais pontos do trabalho de Stanislávski, com relação à gestualidade, são:

- luta contra o clichê, a má "teatralidade" e a busca de sinceridade.
- estabelecimento das vontades da personagem para motivar o jogo do ator.
- clima favorável à emoção cênica, meios de desencadear uma emoção verdadeira no ator.
- estabelecimento de um subtexto para exprimir nas peças de Tchékhov o que se encontra nas entrelinhas, nos silêncios, para nutrir o texto[2].

Examinemos, então, a partir de A Preparação do Ator, o legado stanislavskiano, referente ao aparato físico do ator.

A criação do intérprete, interiormente falando, é o ponto de partida para a expressão exterior da personagem:

O nosso objetivo é, não somente criar a vida de um espírito humano, mas, também, exprimi-la de forma artística e bela. O ator tem obrigação de viver interiormente o seu papel e depois dar à sua experiência uma encarnação exterior. Peço-lhes que, sobretudo, reparem que a dependência do corpo em relação à alma é de particular importância em nossa escola de arte. A fim de exprimir uma vida delicadíssima e em grande parte subconsciente, é preciso ter controle sobre uma aparelhagem física e vocal extraordinariamente sensível, otimamente preparada. Esse equipamento deve estar pronto a reproduzir, instantânea e exatamente, sentimentos delicadíssimos e quase intangíveis, com grande sensibilidade e o mais diretamente possível.

É por isso que o ator do nosso tipo precisa trabalhar tão mais que os outros, tanto no seu equipamento interior, que cria a vida do papel, como, também, na sua aparelhagem exterior, física, que deve reproduzir com precisão os resultados do trabalho criador das suas emoções. Até mesmo a externalização de um papel é muito influenciada pelo subconsciente. Com efeito, nenhuma técnica artificial, teatral, pode sequer comparar-se às maravilhas que a natureza produz[3].

A atuação deve ser orgânica, inteiramente de acordo com as leis naturais; não somente durante o período de criação do papel, mas também sempre que ele for apresentado, pois "em nossa arte é preciso viver o papel a cada instante que o representamos e em todas as vezes"[4]. O corpo não será capaz de dar vida ao papel se não estiver mobilizado

---

2    Odette Aslan, O Ator no Século xx, São Paulo, Perspectiva, 1994, p. 71.
3    Constantin Stanislávski, A Preparação do Ator, Rio de Janeiro, Civilização Brasileira, 1968, pp. 44-45.
4    Idem, p. 47.

## CONCEPÇÕES DO CORPO DO ATOR NO TEATRO, FONTES E VERTENTES   9

pela experimentação da alma da personagem, motivo e início da mobilização exterior. O corpo não pode apenas se servir de formas vazias; nisso reside o perigo dos clichês, a que todo artista do palco deve estar atento, pois, do contrário, eles "preencherão todos os pontos vazios do papel que não estiver solidamente impregnado de sentimento vivo. Mais ainda, os clichês muitas vezes se antepõem ao sentimento e lhe barram a passagem"[5].

Stanislávski sabe, no entanto, que é possível provocar, pela via exterior, uma grande intensidade física "cerrando os punhos com força, ou endurecendo os músculos de seu corpo ou respirando espasmodicamente"[6], mas essa técnica corre o risco de deixar teatral a representação.

O ator deverá combater incessantemente "os estereótipos ou sinais descritivos externos que, graças ao uso prolongado, já se tornaram compreensíveis para todo mundo"[7]. Eles servem apenas para representar sentimentos em geral, o que não interessa ao artista.

É mantendo contato permanente com a própria vida, relacionando-a ao papel criado, que o ator consegue impulsos para seus atos. A natureza inteira do ator deverá estar envolvida:

> [...] deve sentir o desafio à ação, tanto física quanto intelectualmente, porque a imaginação, carecendo de substância ou corpo, é capaz de afetar, por reflexo, a nossa natureza física, fazendo-a agir. Esta faculdade é de maior importância em nossa técnica da emoção. Portanto: cada movimento que vocês fazem em cena, cada palavra que dizem, é resultado da vida certa das suas imaginações[8].

A participação física do ator é, então, consequência dos passos dados internamente: circunstâncias dadas, imaginação e emoção, ligam-se, automaticamente, às sensações produzidas no corpo do ator e o impulsionam às ações exteriores.

Stanislávski sugere uma série de exercícios, entre os quais um bastante simples em sua proposta: trata-se de deitar numa superfície dura e "tomar nota de vários grupos musculares em toda extensão do meu corpo que estiverem necessariamente tensos"[9].

Outro exercício utilizado é o de uma série de poses em sequência:

> [...] mandava os estudantes ficarem imóveis e depois assumirem uma série de poses, tanto verticais como horizontais, sentando-se aprumados, semissentados, de pé, de joelhos, agachados, sozinhos, em grupos, com cadeiras, com uma mesa ou outro móvel. Em cada uma das posições tinham que notar os músculos tensos e enumerá-los. Está claro que em cada pose determinados músculos ficavam tensos. Mas só os que estivessem diretamente envolvidos é que podiam continuar contraídos e nenhum outro ao redor

5   Idem, p. 53.
6   Idem, p. 54.
7   Idem, p. 56.
8   Idem, p. 96.
9   Idem, p. 126.

10 O PAPEL DO CORPO NO CORPO DO ATOR

deles. Era preciso lembrar, também, que há vários tipos de tensão: um músculo que fosse necessário para manter uma determinada posição podia contrair-se, mas apenas o mínimo indispensável para a pose[10].

Esse trabalho exigia que o ator fosse seu próprio controlador, aquele que se autofiscaliza e, a partir de um movimento da vontade, atua sobre seu próprio corpo, relaxando-o adequadamente. Trabalha-se igualmente com exercícios que visam a associar movimento a ideias imaginárias e circunstâncias dadas:

Primeiro: tensão supérflua, que vem, inevitavelmente, a cada nova pose adorada e com a excitação de executá-la em público. Segundo: o relaxamento automático dessa tensão supérflua sob a ação do "controlador". Terceiro: a justificação da pose, quando por si mesma ela não convence o ator[11].

O trabalho corporal, assim desenvolvido, trata de conscientizar o ator de seu instrumento, a partir da auto-observação num grande número de ações, a fim de possibilitar autocontrole: vontade influindo no tônus muscular, alterações musculares como consequência de elementos interiores aplicados em cada ação ou posição particular. Por conseguinte, o maior interesse volta-se para:

[...] um objetivo vivo e uma ação real (pode ser real ou imaginária, desde que esteja adequadamente fundada em circunstâncias dadas em que o ator possa deveras crer) fazem, natural e inconscientemente, funcionar a natureza. E só a natureza pode controlar plenamente os nossos músculos, distendê-los adequadamente ou relaxá-los[12].

Exercícios de conscientização de ações e de suas naturais relações com a mente pretendem levar a um desenho mais nítido e verdadeiro dos gestos do ator, relacionados aos seus objetivos de cena. Stanislávski não permite ao ator a falta de nitidez gestual, a imprecisão e a falta de qualidade plástica de suas ações. A limpeza e a precisão físicas só ocorrem se a musculatura do ator estiver relaxada e sob comando.

O treinamento baseia-se na descoberta e tomada de consciência das leis naturais do funcionamento físico e de seu respeito a elas. Claro está, para o mestre, que "em todo ato físico há um elemento psicológico"[13], por isso a questão corporal do ator, mesmo quando não explicitada por ele em seus exemplos, permanece implícita em seu sistema.

Atenção. Somente ações físicas, verdades físicas, e, nelas, uma crença física! Mais nada![14]

10  Idem, p. 128.
11  Idem, p. 131.
12  Idem, pp. 131-132.
13  Idem, p. 163.
14  Idem, p. 165.

CONCEPÇÕES DO CORPO DO ATOR NO TEATRO, FONTES E VERTENTES    11

O método das ações físicas parte do princípio de que, se se consegue criar o corpo de um papel, necessariamente termina-se, por seu intermédio, conhecendo e vivenciando também sua alma, pois:

[...] o elo entre o corpo e a alma é indivisível. A vida de um dá vida ao outro. Todo ato físico, exceto os puramente mecânicos, tem uma fonte interior de sentimento[15].

Por meio de ações físicas, corretamente realizadas, surgem também novas sensações que devem ser percebidas e armazenadas para uso futuro.

As ações físicas são, concretamente falando, tudo aquilo que a personagem faz. E essas ações já estão presentes no texto teatral, implícita ou explicitamente: o que é feito, porque é feito, como é feito, quando é feito.

O ator, por meio da consciência de cada movimento realizado com precisão (bem como dos motivos interiores nele presentes), acaba por conectar sensações valiosas e explorá-las a serviço da personagem.

Através dessas sensações claramente percebidas em cada uma das ações prescritas pelo texto ou direção, o intérprete termina por conhecer intimamente os sentimentos que dão vida à personagem, aqueles que constituem a alma do papel.

Em A Construção da Personagem, Stanislávski destaca a caracterização física, estudando de que maneira faculdades interiores podem reagir às mudanças externas (de que modo conseguem ser provocadas por elas); são inúmeras as possibilidades que a via externa oferece à busca interna da personagem.

Em alguns capítulos, tais como "Tornar Expressivo o Corpo", "Plasticidade do Movimento" e "Contenção e Controle", Stanislávski trata mais especificamente do corpo; exercícios físicos servem para "tornar nossa aparelhagem física mais móvel, flexível, expressiva e até mais sensível"[16].

No entanto, exceto em casos onde se faz necessária uma clara ação corretiva (alteração de postura, fortalecimento da musculatura, uso de apoios etc.), o trabalho transcende o meramente corpóreo, buscando sempre a integração com os impulsos internos para o movimento.

O trabalho corretivo visa a dar ao corpo uma forma natural e bem moldada, segundo as características particulares de cada ator. A acrobacia, por sua vez, ajuda na decisão e pode mesmo contribuir para a inspiração criadora. O ator (diferentemente do acrobata) tem de agir.

Esse tipo de treinamento leva-o a trabalhar sem "excesso de reflexão, sem vai-não-vai, com máscula decisão, usando sua intuição e inspiração

---

15    Idem, p. 166.
16    Constantin Stanislávski, *A Construção da Personagem*, Rio de Janeiro, Civilização Brasileira, 1976, p. 51.

12 O PAPEL DO CORPO NO CORPO DO ATOR

físicas"[17]. É preciso que o ator possua "força de vontade em seus movimentos e ações corpóreas"[18]. A acrobacia também treina prontidão, reflexos ágeis em todas as situações de cena.

As aulas de dança, assim como as de ginástica, não são a parte fundamental do treino corporal; apesar de serem consideradas de grande utilidade no desenvolvimento físico. A dança "serve não só para tornar mais ereto o corpo como também abre os movimentos, alarga-os, dá-lhes definição e acabamento, o que é muito importante, porque um gesto picado, cortado a serrote, não serve para o palco"[19].

A dança auxilia na correção de defeitos nas pernas e nos braços contribuindo para a plasticidade do corpo como um todo. Além disso, ajuda a coluna vertebral a manter-se no prumo, o que aumenta a estabilidade corporal. Ginástica (movimentos abruptos, ritmo acentuado) e dança (fluência, amplitude, cadência) proporcionam ao corpo do ator "linha, forma, direção, aerização"[20]. Há, no entanto, para Stanislávski, um risco inerente a esse treinamento, deve-se prestar atenção para que o corpo do intérprete não adquira excessivo refinamento formal[21], nem afetação.

Seus atores não devem se esquecer de que representando, nenhum gesto deve ser feito apenas em função do próprio gesto[22]. Há também aulas de movimento plástico:

Quero que vocês tenham plena consciência da atitude para com esta nova matéria. De um modo geral acredita-se que o movimento plástico deve ser lecionado por um professor de dança do tipo rotineiro e que o balé e a dança moderna com suas poses e passos formalizados, transmitem esse movimento de que nós, atores de teatro propriamente dito, carecemos[23].

Esse tipo de encaminhamento pretende levar o ator a criar formas, mas nunca formas desprovidas de sentido. Nelas deve estar presente a energia que se ergue das mais profundas fontes do seu ser, do seu próprio coração. Não é uma energia oca, está carregada de emoções, desejos, objetivos, que a fazem ir pulsando num curso interior, com o fim de desertar esta ou aquela ação determinada[24]. Esta mesma energia é aquela que "fluindo pela rede do nosso sistema muscular, despertando nossos centros motores interiores nos incita à atividade exterior"[25].

17 Idem, p. 53.
18 Idem, p. 53.
19 Idem, p. 54.
20 Idem, p. 57.
21 Idem, p. 58.
22 Idem, *ibidem*.
23 Idem, p. 61.
24 Idem, p. 63.
25 Idem, *ibidem*.

CONCEPÇÕES DO CORPO DO ATOR NO TEATRO, FONTES E VERTENTES 13

A atenção dada ao trabalho corpóreo é grande, inclusive nas ações mais simples e aparentemente fáceis, como o andar, por exemplo. Mesmo isso deve ser pesquisado numa grande concentração, pois

[...] as coisas que eles costumavam fazer por instinto exigiam agora o máximo de supervisão e revelavam a extensão de sua ignorância quanto à anatomia e ao sistema de músculos locomotores[26].

A necessidade (detectada na preparação dos atores stanislavskianos) de aprofundamento nos movimentos mais comuns, torna-se um princípio de trabalho. Os alunos aprendem também a vigiar as suas próprias sensações[27] e apreciar a suavidade e a linha ininterrupta presente no movimento.

Os exercícios de plasticidade têm como objetivo dar fluência à movimentação, um caminhar macio, a suavidade na execução de cada gesto. Ademais, a atenção do ator deve deslocar-se "sempre em companhia da corrente de energia, pois isso ajuda a criar uma linha infinita ininterrupta, que é essencial à nossa arte"[28].

O trabalho sistemático habitua o ator a "basear suas ações antes numa linha interior do que exterior" e levam-no a conhecer "a emoção do movimento"[29], coordenando "as batidas do tempo e ritmo externos, em seu passo, com as batidas correspondentes da linha interior do movimento de energia"[30].

A base da plasticidade (que é oposta à ginástica e à dança) é a linha interior da movimentação[31], portanto, "a plasticidade exterior baseia-se no nosso senso interior do movimento da energia"[32].

No capítulo "Contenção e Controle" Stanislávski deixa claro que o ator:

[...] antes de empreender a criação exterior da sua personagem, a interpretação física, a transferência da vida interior de um papel para a sua imagem concreta, tem de se livrar de todos os gestos supérfluos. Só nestas condições poderá alcançar suficiente nitidez de contorno para a sua corporificação física[33].

Isso exige, mais uma vez, a entrada em cena de um controlador: o excesso de gestos provoca dispersão da energia que deve buscar caminhos de clareza e síntese, "temos de usar movimentos que induzam à

---

26  Idem, p. 71.
27  Idem, p. 72.
28  Idem, pp. 76-77.
29  Idem, p. 80.
30  Idem, p. 82.
31  Idem, *ibi*dem.
32  Idem, p. 83.
33  Idem, p. 86.

# O PAPEL DO CORPO NO CORPO DO ATOR

ação física"[34] e possuir controle sobre todos os movimentos indesejáveis, tais como câimbras e hipertensão muscular.

O ator, quando no palco, deve saber usar gestos que habitam o corpo ficcional, ou seja, precisa, o mais possível, despojar-se de seus movimentos característicos para que possa vestir a máscara. Deve também usar de economia na movimentação e não permitir que gestos pessoais aflorem juntamente com os que foram definidos para a personagem.

"O que é preciso são emoções análogas, e não emoções pes-soais"[35]; poderíamos dizer que o gestual que externa essas emoções há de ser claro em sua forma, preciso nos desenhos e no número necessário.

O trabalho com objetivos físicos é um elemento importante de A Criação de um Papel. Nele, Stanislávski diz: "os objetivos, conscientes ou inconscientes, são executados, quer interior, quer exteriormente, tanto pelo corpo como pela alma. Logo, tanto podem ser físicos como psicológicos"[36].

Existe, no ator, a necessidade de treino de uma objetividade física: todos nós executamos ações numa certa ordem, pois elas são ditadas por imperativos claros. No campo da arte, essas mesmas ações, em sequência ditada pela lógica da necessidade cênica, não podem ser negligenciadas; é com elas que se estabelece a partitura das ações físicas, decorrentes dos objetivos físicos determinados.

Por meio da partitura e de suas repetições, a sequência desses objetivos torna-se um hábito e "o hábito cria a segunda natureza, que é uma segunda realidade"[37].

Stanislávski propõe improvisações para auxiliar a busca da expressão física da personagem; quer que a linguagem corporal procure a sutileza (especialmente olhos e rosto), nenhum gesto inútil, nenhuma contração indevida, nenhum excesso.

Só quando o aparato corporal do ator estiver subordinado aos sentimentos interiores é que se evitará a atuação estereotipada; é preciso que as ações brotem dos impulsos interiores.

Para Stanislávski:

Afinal, a memória muscular de um ser humano, sobretudo a de um ator, é extremamente desenvolvida; enquanto sua memória afetiva, com a lembrança das sensações, das experiências emocionais é, ao contrário, extremamente frágil[38].

---

34  Idem, p. 88.
35  Idem, p. 89.
36  Constantin Stanislávski, A Criação de um Papel, Rio de Janeiro, Civilização Brasileira, 1972, p. 52.
37  Idem, p. 60.
38  Idem, p. 100.

CONCEPÇÕES DO CORPO DO ATOR NO TEATRO, FONTES E VERTENTES   15

O ator deverá, então, acreditar "sinceramente em cada uma das ações físicas 'para criar' a vida física de seus papéis"[39], pois, "se um papel não consegue formar-se espontaneamente dentro do ator, este não tem outro recurso senão abordá-lo de maneira inversa, partindo dos aspectos exteriores para dentro"[40].

A via corporal pode levar o ator a encontrar a verdade interna, porque:

Basta que o ator em cena perceba uma quantidade mínima de verdade orgânica, em suas ações ou em seu estado geral, para que instantaneamente suas emoções correspondam à crença interior na autenticidade daquilo que seu corpo está fazendo[41].

O processo criador, portanto, tem um caminho de mão dupla, na medida em que o ator esteja física e psicologicamente disponível. É necessário saber quando, como e por que escolher um ou outro dos caminhos como ponto de partida.

## VSÉVOLOD MEIERHOLD[42]

> Não se deveria autorizar um ator a subir num palco antes dele ter criado um roteiro de movimentos. Quando, enfim, se escreverá no quadro das leis teatrais: No teatro as palavras são apenas desenhos saídos dos esboços dos movimentos?
>
> V. MEIERHOLD[43]

Para Meierhold, o movimento cênico é o mais importante dos elementos da cena, e o ator há que se apropriar de um código baseado em princípios técnicos muito bem determinados para atuar no palco.

O Studio Meierhold contava, nos anos de 1916 a 1917, com algumas matérias como dança, música, atletismo ligeiro, esgrima. Recomendava-se a prática do tênis, do lançamento de disco e do velejar; trabalhava-se com a Commedia dell'Arte, a convenção consciente do drama hindu e métodos utilizados no teatro ocidental.

39  Idem, p. 145.
40  Idem, p. 146.
41  Idem, p. 147.
42  Vsévolod Meierhold (1894-1940). Diretor, ator e grande homem de teatro russo. Estudou na Escola de Arte Dramática de Nemirovich-Danchenko e fez parte do Teatro de Arte de Moscou como ator; trabalhou com Stanislávski. Em 1917 proclama o Outubro Teatral, propondo a revolução artística e política do teatro. Organizou espetáculos de massa e outros tais como A Floresta e O Inspetor Geral. Introduziu na cena elementos de crítica social e, em 1937, tem seu teatro fechado. É preso em 1939 e morre fuzilado em 2 de fevereiro de 1940.
43  V. Meierhold em Aldomar Conrado, O Teatro de Meyerhold, Rio de Janeiro, Civilização Brasileira, 1969, p. 86.

16 O PAPEL DO CORPO NO CORPO DO ATOR

Neste lugar o ator é convidado a aprender sua arte com os dançarinos, palhaços, acrobatas, mágicos, aproximando assim teatro, circo e music-hall. Deve saber dançar, cantar e representar, apoiando sua técnica num exercício plenamente consciente, num domínio total do próprio corpo, na movimentação racional e num agudo sentido rítmico.

Para que tal domínio técnico pudesse ser alcançado por seus atores, Meierhold desenvolveu o método da Biomecânica, como um sistema de jogo, um guia seguro para o desenvolvimento do intérprete.

Se a forma é justa, dizia, o conteúdo, as entonações e as emoções também serão, pois que determinados pela posição do corpo, na condição de que o ator possua reflexos facilmente excitáveis, isto é, que aos estímulos que lhe são propostos do exterior, saiba responder pela sensação, o movimento e a palavra[44].

Meierhold acreditava que o ator devia ser preparado de tal forma que toda sua natureza pudesse responder aos reflexos. "Responder aos reflexos significa reproduzir, com auxílio do movimento, do sentimento e da palavra, uma situação proposta do exterior".[45]

Por isso os intérpretes precisam estudar as leis do movimento e procurar realizar "atos impossíveis" que envolvam coragem, agilidade, flexibilidade e precisão nos reflexos. A base desse intenso treino corporal reside no princípio de que um movimento exato e correto faz ecoar automaticamente o sentimento correspondente a ele; sentimento esse que surge também claramente manifesto.

Todo e qualquer jogo de expressão por meio da ação obedece sempre a três etapas nítidas: intenção, realização e reação. Tais fases devem ser atentamente observadas em cada execução:

A intenção se localiza na fase intelectual da situação (proposta pelo autor, dramaturgo, diretor, ou mesmo pelo ator) A realização compreende um ciclo de reflexos: reflexos de volição, reflexos miméticos (movimentos estendendo-se ao corpo inteiro e ao seu deslocamento no espaço) e reflexos vocais. A reação segue a realização: ela comporta uma certa atenuação do reflexo da vontade e prepara o ator para uma nova intenção (passagem para uma nova fase do Jogo)[46].

O ator deve adquirir a capacidade de reagir reflexivamente na sequência imediata à excitação, diminuindo ao mínimo o tempo entre uma e outra coisa.

Partindo, sem dúvida, do método das ações físicas de Stanislávski, e auxiliada por ensinamento dalcrozianos, a Biomecânica é um sistema de treinamento que leva o ator a se desenvolver a tal ponto que possa exprimir sinteticamente a substância social da personagem.

44  Igor Ilinski em Aldomar Conrado, *op. cit.*, pp. 157-158.
45  Idem, p. 173.
46  Aldomar Conrado, *op. cit.*, pp. 173-174.

CONCEPÇÕES DO CORPO DO ATOR NO TEATRO, FONTES E VERTENTES 17

O ator precisa praticar esportes e treinar intensivamente o corpo, capacitando-o a reagir aos estímulos mais imprevistos com inteireza e precisão, sem intervalo de tempo para qualquer tipo de reflexão. Sem nunca se esquecer de estar representando, consciente do que faz a cada instante, ele trabalha o virtuosismo cênico com a finalidade de atingir "uma limpeza rigorosa da forma, a fim de poder apresentar, diante do espectador, diferentes espécies humanas das diferentes esferas sociais"[47].

Meierhold utiliza-se de dois princípios na representação, princípios esses tirados do teatro oriental. São eles: pré-atuação e representação destruída. No primeiro usa-se uma pantomima preparatória, sugerindo ao espectador a personagem e preparando-o para o que vai acontecer a seguir, no segundo, "trata-se, na verdade, de um aparte: parando, subitamente, de fazer a personagem, o ator interpela o público diretamente, para lembrá-lo que está representando..."[48].

A paixão de Meierhold pelo circo e pelo music-hall levam-no a estabelecer, em sua pesquisa, alguns elementos indispensáveis ao ator:

[...] limpeza, virtuosismo de técnica, sentido absoluto do ritmo, agilidade corporal que, num mínimo de tempo, consegue inserir um máximo de sensações. É convidando o ator a aprender sua profissão com o acróbata, o palhaço, o prestidigitador e o dançarino que Meyerhold elabora seu novo sistema de jogo cênico: a biomecânica, na verdade uma espécie de ligação com as tradições das grandes épocas teatrais[49].

Igor Ilinski[50] diz que Meierhold sempre exigiu a mais completa racionalização dos movimentos para controle dos desenhos corporais. A técnica do autoespelho auxilia-o a observar-se na realização de qualquer ação; por meio dela pode avaliar o resultado conseguido. Deve desenvolver essa habilidade de ver-se mentalmente, como num espelho.

Para que o intérprete possa expressar um sentimento não é mister nenhuma mobilização interior; pelo contrário, basta que se atenha aos reflexos físicos, que os provoque:

Por exemplo: ao representar o medo, o ator não deve começar por sentir medo (viver o medo e depois correr; não, ele deve de início começar a correr (reflexo) e sentir medo depois, pois que ele se viu a correr. Em linguagem do teatro atual, isto significa "Não é necessário viver o medo, mas exprimi-lo por uma ação física"[51].

É preciso, dizia Meierhold, "conhecer bastante o próprio corpo para saber exatamente que ar se tem ao assumir tal postura"[52].

47 Idem, p. 169.
48 Idem, p. 171 (dos ensaios de V. Soloviev e S. Mokoulski, em *O Outubro Teatral*).
49 Idem, *ibidem*.
50 Ator que trabalhou com Meierhold. Ver idem, pp. 157-158.
51 Idem, p. 158.
52 Idem, p. 159.

18 O PAPEL DO CORPO NO CORPO DO ATOR

Seu método parte do princípio de que o treinamento não deve conduzir o ator a qualquer estilo específico, não pode moldar seu corpo de modo algum, mas somente prepará-lo a fim de agir e reagir. As ações e reações de tal ator, trabalhadas com precisão, agilidade e ritmo, também visam a ampliar sua liberdade de intérprete; apesar da aparente rigidez disciplinar da técnica há a possibilidade de se personalizar o desempenho de palco. O corpo do ator, afinado para agir e reagir ininterruptamente aos mais variados estímulos, ocupa o espaço do palco e age sobre o espectador contando com uma arte desenvolvida por meio do treino intenso e rigoroso.

## MIKHAIL TCHÉKHOV[53]

O trabalho proposto por Mikhail Tchékhov enfatiza a pesquisa corporal do ator sempre vinculada ao treino interpretativo: esse corpo deve ser pesquisado de uma maneira específica:

Juca de Oliveira, no prefácio a edição brasileira do livro Para o Ator[54], diz:

Sobre exercícios físicos para atores, para se ter uma ideia, já se misturam todas as escolas e técnicas, desde o método de Cooper até as lutas marciais passando pela capoeira, ioga, musculação e um sem número de processos de condicionamento. Aqui, neste livro, pela primeira vez, você vai encontrar exercícios físicos específicos para atores, não balé ou ginástica...[55]

Para Tchékhov, os exercícios físicos são necessários quando se trata de eliminar resistências corporais do ator, porém, mesmo esses devem se basear em princípios diferentes dos usados na maioria das escolas. Ginástica, esgrima e acrobacia são úteis, mas não essenciais ao desempenho do ator; este deve desenvolver, sobretudo, sensibilidade corporal, seu corpo "deve ser moldado e recriado a partir de dentro"[56].

O ator precisa: 1. desenvolver extrema sensibilidade do corpo na relação com os impulsos criativos psicológicos, já que é motivado por impulsos artísticos, impulsos vindos de sua imaginação trabalhando juntamente com seu físico; 2. desenvolver uma psicologia rica em cores e matizes, trabalhando com intensidades variadas, sentimentos e sensações bem delineadas, conseguindo relacionar tudo ao trabalho

53 Mikhail Tchékhov. Nascido em São Petersburgo, sobrinho de Anton Tchékhov. Em 1907 frequenta a escola de Alexei Suvorin de Arte Dramática; conhece Stanislávski em 1911 e começa a aprender o método. Em 1919 abre seu próprio estúdio. A partir de 1936 treina seus professores na técnica desenvolvida a partir de Stanislávski; em 1938 muda-se para os EUA; em 1953 publica Para o Ator.
54 Mikhail Tchékhov, Para o Ator, São Paulo, Martins Fontes, 1986.
55 Idem, p. X.
56 Idem, p. 4.

CONCEPÇÕES DO CORPO DO ATOR NO TEATRO, FONTES E VERTENTES 19

corporal; 3. manter tanto o corpo como seu mundo psicológico a serviço de sua arte.

Adendo: muitos dos exercícios criados por Meierhold podem ser encontrados num artigo de Mel Gordon, publicado pela revista The Drama Review[57].

Deve-se saber evitar movimentos de dança, completar cada movimento com suficiente rigor, em ritmo moderado, fazer pausa entre cada movimento e prestar atenção para não reter a respiração enquanto se trabalha. Perceber também cada sensação envolvida e deixar que ela tome conta do corpo; tais sensações são qualidades psicológicas e é mister exercitá-las. A pesquisa corpórea propõe ainda a ampliação do mundo imaginário; pode-se utilizar a imaginação a fim de tornar o ator consciente do centro produtor de energia alojado em si mesmo e dos impulsos para o movimento, aprendendo a interligar constantemente imagens e fluxo motor.

A pesquisa dos movimentos naturais leva à descoberta dos caminhos usados pela energia interna em direção ao exterior em cada ação determinada. Essa energia é percebida como algo que precede o desenrolar das ações e é responsável pela presença do ator no palco.

Alguns exercícios sugeridos deslocam a atenção para o desenho que vai sendo moldado no espaço, tendo em vista o início e a finalização de cada gesto. Uma recomendação constante é a de que se deve evitar a desnecessária tensão muscular; a energia, bem trabalhada, irradia-se para além dos limites do corpo, sendo projetada em direções definidas no espaço. Alguns exercícios são realizados e depois evocados apenas na imaginação; refeitos mentalmente para que seu efeito possa ser ampliado.

Tchékhov enfatiza a questão formal, pois o ator deve treinar o sentimento da forma pela habilidade de torná-las claras, nítidas e precisas: usa exercícios cujo objetivo é o da vivência da beleza e o hábito de continuamente percebê-la no trato com o próprio corpo.

Moshe Feldenkrais, de cujo trabalho falarei mais adiante, acredita que não é a simples repetição mecânica que leva a alterações orgânicas de importância. Para ele, realizar mentalmente exercícios amplia as consequências de cada movimento, mais do que se os mesmos tivessem sido realizados de fato.

Em exercícios imaginários, o ator há de, entre outras coisas, apreciar a vida das imagens, ordenar-lhes mudanças, buscar sua vida interior; em última instância, desenvolver uma "imaginação criativa". Ao perceber que essas imagens são fruto de sua criação pessoal, o ator deve tentar transformá-las, organizá-las, trabalhá-las com liberdade.

---

57  Mel Jordan, "Meyerhold's Biomechanics", em *The Drama Review*, vol. 18, n. 3 (T-63), set. 1974.

# O PAPEL DO CORPO NO CORPO DO ATOR

São aconselhados exercícios de improvisação que contam com início e fim anteriormente escolhidos. Define-se, nestes dois momentos, estados de espírito claros: o ator buscará acrescentar, entre eles, uma série de outras ações, fixando então uma sequência que trabalhará de modos diversos, numa espécie de jogo criativo.

Quando um ator faz um gesto, há nele sempre uma qualidade; é preciso saber reconhecê-la e, mais do que isso, colocar conscientemente qualidades diferentes em cada movimento. Salienta Tchékhov que o vigor do movimento instiga nossa força de vontade, pois cada tipo de ação alia-se a um desejo definido e evoca o sentimento.

O Gesto Psicológico (G.P.) deve ser forte e bem delineado: a direção de cada membro e a posição final do corpo bastante nítidas para que as qualidades presentes em cada músculo possam conduzir o intérprete ao sentimento interno relativo.

Feldenkrais estabelece a seguir uma série de formas corporais a serem exercitadas: elas podem ser criadas quando se quer influenciar ou instigar a vida interior do comediante com fins e propósitos artísticos. O que se pretende é que, por meio do corpo, o mundo interno do ator torne-se diretamente participante de toda e qualquer ação criada a partir do exterior[58].

O Gesto Psicológico também é aplicável nas peças de teatro: trata-se agora de ir ao encontro do papel através da busca corporal. Partindo do principal desejo da personagem, o ator irá criar formas, experimentando-as de diversos modos até achar uma posição especial que a ele se associe: essa posição será corrigida e enriquecida com as qualidades presentes na ficção até converter-se (em forma condensada) no núcleo imutável da personagem, na coluna vertebral do papel, sua essência. Essa forma final foge ao realismo, permanecendo como um símbolo altamente sintético.

## ANTONIN ARTAUD[59]

O ator desejado por Artaud não pode se deixar governar por suas emoções; pretende-o com tal domínio técnico do corpo e da voz, que se torne capaz de emitir o signo exato, no momento oportuno.

Um ator dançarino, o qual, capaz de codificar cada um dos seus gestos, não largue nada ao sabor do acaso e, sobretudo, um intérprete que

---

58 A semelhança direta com Meyerhold e Grotowski indica o quanto o método stanislavskiano (especialmente depois das ações físicas) continua a constituir sólida base para a metodologia contemporânea com respeito ao ator.

59 Antonin Artaud (1896-1948) foi escritor, poeta, ator e diretor de teatro francês. Escreveu uma série de manifestos reunidos em seu livro *O Teatro e seu Duplo* (1938). Suas ideias têm papel da maior importância no teatro moderno. Em 1935 fundou o Teatro da Crueldade, em 1937 é internado num sanatório.

CONCEPÇÕES DO CORPO DO ATOR NO TEATRO, FONTES E VERTENTES 21

consiga, no momento da representação, anular todos aqueles impulsos que não estejam de algum modo vinculados à sua arte. Deve desenvolver as potencialidades orgânicas de forma a ultrapassar o comportamento natural e cotidiano, para que acabe atingindo o espectador. Alain Virmaux diz:

Para Artaud o teatro não é uma evasão, asilo ou torre de marfim; é instrumento e meio de ação; permite agir sobre o mundo e sobre o homem. Sua ação não se limita ao autor, ao ator; ela ultrapassa até mesmo o público das salas tradicionais Não visa nada menos do que à reestruturação integral da condição humana[60].

Tentarei, analisando O Teatro e seu Duplo, levantar os princípios corporais envolvidos em sua concepção cênica: "Tem de se reconhecer no ator uma espécie de musculatura afetiva, que corresponde às localizações físicas dos sentimentos"[61].

O ator é encarado por Artaud como um atleta, mas um atleta da alma; seu caminho é também um caminho interior: trata-se de localizar no corpo todos aqueles pontos físicos (campos determinados) que sensivelmente manifestam e dão a conhecer as paixões.

Artaud relaciona a respiração a todos os saltos da emoção humana[62], pois, para cada momento, há uma respiração adequada, que, ao sustentar o corpo do ator, sustenta também a emoção necessária.

O intérprete deve descobrir como

[...] captar e irradiar certos poderes; mas, sem dúvida, ficaria estupefato se lhe revelassem que estes poderes, que têm uma trajetória material, não só através, mas também nos órgãos, existem na realidade, pois nunca teve consciência de que pudessem existir de fato[63].

As emoções são, para o ator, o mesmo que os músculos para o atleta: deve saber usá-las, tomando consciência de seu mundo afetivo. A alma, concretizada no corpo, pode ser fisiologicamente reduzida a uma meada de vibrações[64], adquirindo assim uma materialidade na qual o ator há de acreditar. Ele deve passar a tratar as paixões materialmente, através da própria força que elas carregam e com a qual se manifestam no corpo. Se a alma dispõe dessa dimensão corpórea, pode o ator dominá-las partindo de seu físico.

Há, para Artaud, um "tempo das paixões" que é uma espécie de tempo musical. Chega-se a conhecê-lo pela respiração, pois, ao alterá-la, é possível alterar estados interiores; em outras palavras, com uma modificação proposital da respiração, novos estados interiores podem ser descobertos e dominados pelo ator.

60 Alain Virmaux, *Artaud e o Teatro*, São Paulo, Perspectiva, 1978, p. 15.
61 Antonin Artaud, *O Teatro e seu Duplo*. Lisboa, Minotauro, s/d, p. 189.
62 Idem, p. 191.
63 Idem, *ibidem*.
64 Idem, *ibidem*.

Do mesmo modo, por meio da modificação na tensão muscular, ou de determinadas posturas, pode ele atingir estados da maior densidade interior, pois "desse domínio orgânico, resulta uma expressão plena"[65].

Artaud considera pontos específicos no corpo que irradiam determinadas paixões. Por exemplo, situa a cólera no plexo solar, a culpa no peito. Cita também os pontos da acupuntura chinesa e acha que se deveria pesquisar essa anatomia completa, que serviria de base ao ator para realizar seu "atletismo da alma"[66].

Essa base orgânica das emoções deveria ser cultivada pelo ator, conhecendo-as em seu habitat natural, o corpo. Assim como as paixões encontram-se localizadas no concreto de nossos músculos e entranhas, também o palco torna-se o lugar a ser ocupado intensamente por uma linguagem concreta.

E essa linguagem, em primeiro lugar, será dirigida aos sentidos:

[...] afirmo que há uma poesia dos sentidos e outra da linguagem e que esta linguagem física concreta a que me refiro só é verdadeiramente teatral na medida em que os pensamentos que exprime estiverem para além do alcance da linguagem falada[67].

Artaud propõe uma linguagem elaborada por signos bastante intensos, "com valor ideográfico tal como existem em determinadas pantomimas ainda não corrompidas"[68]. Só através da intensidade corporal do ator (gestos, formas, imagens criadas em cena), no seu excesso, poderá romper-se o cotidiano pequeno de nossas vidas.

O que pretende são gestos purificados, gestos essenciais que busquem sua linguagem autônoma, significando por si mesmos. Para que isso seja possível, a alma deve estar presente, unificada ao corpo, em permanente transformação.

O ator, realizando uma viagem ao interior de seu corpo, busca a revelação de si mesmo, que deve brotar extremamente organizada e burilada por meio do signo.

Inspirado no teatro de Bali e em suas convenções gestuais, Artaud salienta que esses atores fazem uso de:

[...] uma quantidade exata de gestos específicos, duma mímica experimentada que surge no momento adequado, e, acima de tudo, na tonalidade espiritual prevalecente, no estudo profundo e sutil que presidiu à elaboração desses jogos de expressões, desses signos poderosos que nos dão a impressão de que seu poder não se debilitou, ao longo de milhares de anos[69].

---

65  Idem, p. 197.
66  Idem, p. 198.
67  Antonin Artaud, *op. cit.*, p. 57.
68  Idem, p. 60.
69  Idem, pp. 81-82.

CONCEPÇÕES DO CORPO DO ATOR NO TEATRO, FONTES E VERTENTES   23

Assim sendo, quando Artaud pensa num espetáculo que se dirija diretamente de um organismo (o ator) a outro (o espectador) coloca a necessidade de uma linguagem física ampliada, criada e executada com rigor e precisão.

## BERTOLT BRECHT[70]

Brecht não quer o ator mergulhado nas emoções da personagem, e muito menos em suas emoções particulares. Seu teatro pretende deixar à mostra o processo de feitura das ações e reações humanas num contexto histórico claro. Para que isso se efetive no palco, é necessário que se forme um novo ator, aquele que consiga lembrar ao seu público que está apenas representando.

Brecht sofre influência marcante do teatro oriental, especialmente do chinês. Esse tipo de ator (que tanto o impressionou), atua sem a quarta parede, demonstra consciência de que está sendo observado, ao mesmo tempo que observa a si mesmo enquanto trabalha; sendo assim, tudo o que é representado por ele se amplia e se teatraliza aos olhos do espectador, mesmo as ações mais banais, os gestos mais cotidianos.

Os acontecimentos mostrados podem ser densos de paixão, mas nem por isso o discurso do ator se modifica; ao contrário, com a maior exatidão do mundo, ritualiza em detalhes a vida da personagem. Há algo em sua representação que o torna, de certo modo, distante da personagem: ele a sustenta e descreve seus sentimentos, mantendo, no entanto, a objetividade técnica do papel representado.

O gesto, para Brecht, pretende ser então, diferentemente da exteriorização de conteúdos individuais, uma mostra das relações sociais presentes na caracterização de um papel. Os elementos de natureza emocional devem ser totalmente exteriorizados durante o processo de trabalho, descobrindo-se então a expressão exterior da personagem através de suas ações físicas; expressão esta que revele, objetivamente, os acontecimentos do seu interior.

O gesto torna-se um ato social que pode exprimir as relações estabelecidas entre os homens de determinada época e tem, dessa maneira, a função de esclarecer o espectador. O ator, posicionando-se em função do que apresenta no palco, sublinha e acentua, discorda ou reafirma,

---

70 Bertolt Brecht (1898-1956). Poeta e homem de teatro alemão, uma das personalidades teatrais mais marcantes do século xx. São seus primeiros dramas *Baal* (1923), *Tambores na Noite* (1923) e *Na Selva das Cidades*. Seu estilo épico aparece em *Um Homem É um Homem* (1926), *A Ópera dos Três Vinténs* (1928), entre outras. A partir de 1933 vive no exílio, onde escreve, entre outras obras: *Mãe Coragem* (1939), *A Irresistível Ascensão de Arturo Ui* (1941), *O Círculo de Giz Caucasiano* (1945). Em 1948 volta à Alemanha e funda o Berlirer Ensemble, reunindo uma grande e excelente equipe.

24 O PAPEL DO CORPO NO CORPO DO ATOR

assume, enfim, uma posição a respeito do que está fazendo, escolhendo e aprimorando cada movimento em cena. A forma é um princípio importante de trabalho, já que é nela, e por meio dela, que tudo se manifesta. Para que possa mostrar a personagem, o ator deverá ter perfeito domínio de sua arte e de cada personagem, elaborada com clareza durante os ensaios.

Walter Benjamim, em estudo sobre Brecht, diz:

O gesto é o material do teatro épico; a sua missão é a utilização adequada deste material. Face às declarações e afirmações profundamente enganadoras das pessoas, por um lado, e ao caráter impenetrável de suas ações, por outro, o gesto tem duas vantagens. Primeiro, só em certa medida pode ser imitado, e isto é tanto mais difícil quanto mais banal e habitual ele for. Em segundo lugar, tem, ao contrário das ações e realizações das pessoas, um começo e um fim determináveis. Esta característica de delimitação rigorosa de cada elemento de uma atitude, que no entanto surge como um todo, é um dos fenômenos dialéticos fundamentais do gesto. Daqui resulta uma consequência importante: quanto mais vezes interrompermos uma pessoa, melhor reteremos os gestos que ela faz[71].

A linguagem gestual, portanto, deve ser clara e estabelecida de modo tal que o público possa nela se deter, apreendendo-a, refletindo, aceitando e concordando com os fatos mostrados, negando-os etc.

Gestus não significa uma gesticulação, não se trata de uma questão de movimento das mãos, explicativos ou enfáticos, mas de atitudes globais. Uma linguagem é Gestus quando está baseada num gesto e é adequada a atitudes particulares adotadas pelo que a usa, em relação aos outros homens[72].

No processo de trabalho brechtiano, as personagens não são distribuídas segundo o tipo físico do ator, e durante os ensaios o intérprete tem oportunidade de experimentar vários papéis. Dessa forma, tudo adquire uma dimensão coletiva de criação e o ator vai, minuciosamente, caracterizando aquele que será o seu papel: cuida para que cada gesto seja claro e seleciona-os rigorosamente durante a pesquisa.

Um ator brechtiano deverá manter-se inspirado na teatralidade da própria vida, prestando continuamente atenção ao que acontece ao seu redor e colhendo assim material para o seu trabalho.

Para poder realizar o efeito de distanciamento, o ator deve pôr de lado tudo o que havia aprendido antes, relativo à comunicação com a audiência, identificando-se com a personagem que interpretava[73].

---

71  Walter Benjamim, "O Que É o Teatro Épico? (Um Estudo sobre Brecht)", *Teatro e Vanguarda*, seleção e tradução de Luz Cary e Joaquim José Moura Ramos, Lisboa, Presença, 1970, p. 40.
72  Bertolt Brecht, "A Música *Gestus*", *Teatro Dialético*, Rio de Janeiro, Civilização Brasileira, 1967, p. 77.
73  Bertolt Brecht, *Teatro Dialético*, Rio de Janeiro, Civilização Brasileira, 1967, p. 202.

CONCEPÇÕES DO CORPO DO ATOR NO TEATRO, FONTES E VERTENTES   25

Seu corpo, a serviço da personagem, recusa-se à metamorfose completa; precisa manter-se permanentemente relaxado, sem tensões aparentes que só serviriam para distrair o espectador daquilo que julga ser o essencial. Seu corpo retém as características de atuante e igualmente a de narrador. Isso causa o estranhamento desejado, que é conseguido através de ação e reflexão sobre cada ação realizada, como que num autoexame constante.

Para ilustrar tais ações e para torná-las plenamente compreendidas pelo público, ele executa os movimentos que a personagem fez, imita o tom de sua voz, repete suas expressões faciais, porém apenas como se os estivesse citando[74].

O estilo épico de representar engloba o fazer e o mostrar esse mesmo fazer; o ator, por meio de seus recursos corporais e vocais narra, e simultaneamente retoma a forma da ação da personagem, em determinada situação escolhida, para que o público melhor compreenda o que está sendo contado. Um jogo permanente de entrar e sair do papel, exige que o corpo do comediante envolva-se num certo fazer, enquanto, por exemplo, seu rosto assume a posição de comentador daquilo que está sendo feito. O ator brechtiano, assim como no teatro chinês, deve tornar-se também um espectador atento de si mesmo.

Mas, ao fazer a citação, terá, evidentemente, de nos dar todos os matizes de sua expressão, todo o seu aspecto plástico humano e concreto; identicamente, o gesto que exibe apresentar-se-nos-á como uma cópia e deverá ter, em absoluto, o caráter somático de um gesto humano[75].

De qualquer modo, então, o ator há de explorar, nos ensaios, elementos de natureza emocional, mesmo que advindos de seu aparato exterior, a fim de descobrir a personagem. De outro modo seria difícil a existência desse caráter somático a que Brecht se refere.

Na formação básica desse ator, Brecht recomenda matérias como pantomima e fundamentos de dança clássica, tiro (em vez de esgrima), filosofia, história da arte e teatro. O ator precisa aprender, sobretudo, a relaxar-se, utilizar a mímica da vida diária, perceber gestos corriqueiros para retrabalhá-los artisticamente, com o uso de sua imaginação.

74   Martin Esslin, *Brecht: Dos Males o Menor*, Rio de Janeiro, Zahar Editores, 1979, p. 141.
75   Bertolt Brecht, *Estudos sobre Teatro*, Lisboa, Portugália Editora, Coleção Problemas, 1957, p. 123.

26 O PAPEL DO CORPO NO CORPO DO ATOR

# JERZI GROTÓVSKI[76]

Para Grotóvski, a arte do ator necessita de uma exploração metódica, calcada sobre o princípio fundamental da unidade psicofisiológica. O aluno, consciente de seus recursos corporais, deve aprender a pensar e a falar com o corpo inteiro; é por meio dele que sua imaginação se desenvolve, a partir do momento em que passa a ser exercida corporalmente.

Como professor da Escola de Teatro da Cracóvia, Grotóvski havia estudado as várias técnicas de interpretação, conhecido as propostas de Delsarte, Dullin, Stanislávski, Meierhold, Vakhtângov, Artaud e Brecht. Sua identificação, por um lado, com as ideias de Artaud sobre a função do teatro na sociedade e, por outro, a ligação que estabeleceu com o trabalho meierholdiano, transparecem em seu método.

O treinamento proposto a seus atores jamais se realiza no vazio: o ator estabelece uma conexão consciente com seu corpo, com o espaço, com objetos e com companheiros de trabalho. Os exercícios não aspiram ser mera execução de proezas, servem para eliminar resistências e bloqueios emocionais. O virtuosismo corporal não é o objetivo, mas apenas a maneira encontrada de levar à transparência corporal. Segundo Odette Aslan,

> [...] As demonstrações espetaculares de Cieslak e o treinamento extremamente elaborado de Grotóvski não nos devem levar a esquecer que ambos se vinculam a uma tendência cada vez mais desenvolvida, que já evocamos em nosso capítulo sobre o Oriente. [...] cada um deles tenta conciliar o corpo e o espírito, restabelecer conexões perdidas entre os impulsos emocionais instintivos e os reflexos musculares, entre a circulação de uma energia no corpo liberto de suas inibições e seus condicionamentos nefastos, enfim, o domínio harmonioso do pensamento[77].

Grotóvski pretende anular o tempo entre o surgimento de um impulso e sua realização exterior. Para isso é fundamental que o mascaramento cotidiano seja eliminado e que o corpo se torne, juntamente com o espírito, transparente. Esse não é um processo fácil, pelo contrário, é longo, cansativo, doloroso.

Em suas pesquisas Grotóvski investiga a Ópera de Pequim, o Kathakali e o Nô e tira, como um dos princípios de seu treinamento, o da

---

76 Jerzi Grotóvski (1933-1999). Nascido em 1933, foi diretor e fundador do Teatro Laboratório de Wroclaw na Polônia e criador do "Teatro Pobre". Algumas de suas principais montagens: *Caín*, (Byron, 1960), *Kordian* (Slowacki, 1962), *Akropolis* (Wyspianki, 1962), *Dr. Fausto* (Marlowe, 1962), *O Príncipe Constante* (Calderon, 1965). As representações do Teatro-Laboratório eram subvencionadas pelo Estado e apresentadas para cinquenta ou sessenta pessoas. Nos últimos anos de vida Grotóvski viveu no Centro Experimental de Pontadera, na Toscana, continuando suas pesquisas cada vez mais ritualísticas. Em 1997 entra no College de France, onde funda a primeira cadeira de Antropologia Teatral. Morre em 1999. No Laboratório de Wroclaw o ator não aprendia a fazer coisas, aprendia, isso sim, a detectar resistências de toda ordem e a lutar para ultrapassá-las; o treinamento realizava-se pela "via negativa".

77 Odette Aslan, *op. cit.*, p. 285.

CONCEPÇÕES DO CORPO DO ATOR NO TEATRO, FONTES E VERTENTES 27

composição artificial, ou uma estruturação disciplinada do papel. Através de uma formalização inicialmente exterior (e bastante exigente do ponto de vista técnico) pode-se chegar ao espiritual.

É por meio de uma pesquisa constante que o intérprete tem possibilidade de tornar-se instrumento de sua arte; seu corpo, atento aos menores impulsos e permanentemente em relação consigo mesmo e com o espaço de trabalho ao redor, consegue superar-se a si mesmo na criação.

A autopenetração, o transe, o excesso, a disciplina formal – tudo isso pode ser realizado, desde que nos tenhamos entregue totalmente, humildemente, sem defesas[78].

Uma anatomia especial do ator precisa ser desenvolvida: há áreas no corpo do ator que são fontes de energia, e especialmente três devem ser constantemente trabalhadas: a região lombar, o abdômen e a área em torno do plexo solar.

Nessa metodologia de trabalho, o rigor formal é um elemento fundamental:

Esta elaboração da artificialidade da rédea orientadora que é a forma, muitas vezes se baseia numa busca consciente em nosso organismo, atrás de formas cujas linhas exteriores sentimos, embora sua realidade ainda nos escape. Presumimos que estas formas já existem, completas, dentro do nosso organismo[79].

O princípio da expressividade, para ele, liga autopenetração e artificialidade, pois:

[...] quanto mais nos absorvemos no que está escondido dentro de nós, no excesso, na revelação, na autopenetração, mais rígidos devemos ser nas disciplinas externas; isto quer dizer a forma, a artificialidade, o ideograma, o gesto[80].

No teatro pobre, o ator trabalha na criação de uma máscara facial fixada por sua musculatura: essa expressão permanece por longo tempo (por toda a peça), causando uma despersonalização das personagens que passam a ser "estereótipos das espécies"[81]. Sendo assim:

Enquanto todo o corpo se move de acordo com as circunstâncias, a máscara permanece estática, numa expressão de desespero, sofrimento e indiferença. O ator multiplica-se numa espécie de ser híbrido, representando o seu papel polifonicamente. As diferentes partes do seu corpo dão livre cursos aos diferentes reflexos, que são muitas vezes contraditórios, enquanto a língua nega não apenas a voz, mas também os gestos e a mímica[82].

---

78 Jerzi Grotóvski, *Em Busca de um Teatro Pobre*, Rio de Janeiro, Civilização Brasileira, 1968, p. 23.
79 Idem, p. 24.
80 Idem, p. 25.
81 Idem, p. 53.
82 Idem, *ibidem*.

28 O PAPEL DO CORPO NO CORPO DO ATOR

A magia desse teatro fundamenta-se na transformação que o ator executa defronte (ou em confronto) a uma plateia reduzida e próxima; ele "não deve usar seu organismo para 'ilustrar um movimento da alma'; deve realizar esse movimento com o seu organismo"[83].

Por isso é que todos os exercícios executados por seus atores são de natureza psicofísica: desde o aquecimento, cada movimento é justificado por imagens que a eles se associam; a seguir vêm exercícios para relaxamento muscular e coluna vertebral, esses movimentos devem conduzir o ator a uma investigação do corpo na relação com o centro de gravidade e com o mecanismo de funcionamento dos músculos, além dos impulsos vindos da coluna.

Usam-se posições do Hatha-Yoga, onde se pesquisa a respiração, ritmo cardíaco, relação entre posições e movimento etc. Sequências de saltos e cambalhotas, aliados ou não a quedas, são também desenvolvidas.

Os exercícios plásticos do grupo são baseados em Dalcroze (entre outros). Estuda-se, na prática, a lei dos vetores opostos e das imagens contrastantes em exercícios de composição (para a fixação de ideogramas, tirados como princípio do teatro antigo e medieval).

As máscaras faciais já citadas têm sua origem em Delsarte e visam, como treino, a adquirir controle e consciência de cada um dos músculos da face. A respiração não é diretamente trabalhada, ela apenas vai sendo modificada, quando se percebe nela algum entrave que esteja dificultando o progresso do aluno.

Portanto, torna-se necessário um exame geral, diário, de tudo o que se relaciona com o nosso corpo e a nossa voz. O professor ou assistente só deve interferir quando aparecem as dificuldades. Ele não deve nunca interromper um processo individual enquanto ele apresenta ótimas possibilidades de adquirir resultados; e jamais deve tentar modificá-los[84].

A coluna vertebral é trabalhada como o centro da expressão, através de impulsos que partem da região dos rins. Isso ocorre porque o impulso nascendo do centro do corpo passa para as extremidades em ondas sucessivas e ininterruptas.

Grandes movimentos, envolvendo o corpo todo, são por ele utilizados em ações de abraçar, pegar, tomar para si, possuir, proteger. O processo de cada ação deve ser todo visível: o local onde tem início o movimento, o momento do seu término e o início de uma nova ação, e assim por diante.

Desse modo o ator percebe que há um movimento interno que ocorre antes do movimento real, uma preparação orgânica que demanda uma mobilização de todo o organismo. Grotowski insiste no fato de que

83 Idem, p. 74.
84 Idem, p. 138.

CONCEPÇÕES DO CORPO DO ATOR NO TEATRO, FONTES E VERTENTES   29

seus atores precisam aprender a analisar os próprios movimentos, que estes precisam ser feitos com a mais absoluta consciência e a partir de impulsos reais.

Claro que se deve pensar, mas com o corpo, logicamente, com precisão e responsabilidade. Deve-se pensar com o corpo inteiro, através de ações. Não pense no resultado, nem como certamente vai ser belo o resultado. Se ele cresce espontânea e organicamente, como impulsos vivos, finalmente dominados, será sempre belo – muito mais belo do que qualquer quantidade da resultados calculados postos juntos[85].

Para que se possa pensar com o corpo, da forma que nos fala Grotóvski, é mister conhecer nossas possibilidades de ação e reação. Ele mesmo conta que os elementos dos exercícios são os mesmos para todos, mas sua execução acaba sendo extremamente personalizada: é o ator que sugere associações, imagens e recordações, que vêm, muitas vezes, em forma de reações físicas.

Para ele, recordações são reações físicas e associações são "um retorno a uma recordação exata"[86], pois "foi a nossa pele que não esqueceu, nossos olhos que não esqueceram. O que escutamos pode ainda ressoar dentro de nós"[87].

Outro elemento do treino que o diretor destaca é o contato. Estar em contato não é olhar fixamente, mas sim ver, de verdade, perceber as sutis modificações do outro a quem nos dirigimos, estabelecer uma relação verdadeira, a ponto de as menores alterações serem perceptíveis.

O cansaço físico é outro aspecto levantado: ele parece ajudar o ator a quebrar resistências da mente e acaba por levar o ator a representar com mais autenticidade. O silêncio é fundamental. Em todo esse encaminhamento, o silêncio exterior encaminha o outro, interior, necessário a um trabalho desse tipo no qual o ator deve se entregar inteiramente ao seu próprio processo de criação.

A criatividade, especialmente quando se relaciona com a representação, é de uma sinceridade sem limites, ainda que disciplinada: isto é, articulada através de signos. O criador não deve, portanto, achar em seu material uma barreira nesse sentido. Como o material do ator é seu próprio corpo, ele deve ser treinado para obedecer, para ser flexível, para responder passivamente aos impulsos psíquicos, como se não existisse no momento da criação – não oferecendo resistência alguma. A espontaneidade e a disciplina são os aspectos básicos do trabalho do ator, e exigem uma chave metódica[88].

Os atores recebem um tema, em função de uma cena ou fragmento de texto, ou qualquer outra coisa independentemente disso. Sua imaginação é estimulada em função de objetivos definidos pelo diretor.

85   Idem, p. 159.
86   Idem, p. 172.
87   Idem, *ibidem*.
88   Idem, p. 204.

30 O PAPEL DO CORPO NO CORPO DO ATOR

Esses temas não são nunca propostas de emoção ou sentimento, são situações concretas ou simbólicas nas quais trabalhar.

Após a improvisação, tudo é colocado por escrito: motivações, ações, uso de objetos, espaço e relacionamento com os outros. As improvisações vão sendo repetidas, a partir desses dados fixados, até que se chegue a adquirir um certo tipo de reflexo bastante formalizado, a que se chama partitura.

Pode-se agora trabalhar nela alterando ritmos, acelerando-os, ralentando-os. Na partitura encontram-se unidos: um material objetivo (formas, direções e desenhos do corpo) e um material subjetivo, íntimo do ator.

Para que o corpo do ator adquira a possibilidade de transparência é preciso que se exercite metodicamente, a fim de, aos poucos, ir rompendo resistências psicomusculares e resistências psíquicas. A fim de vencer as resistências psicomusculares, usam-se exercícios plásticos, ioga (controle, canalização e motivação de energia) e acrobacia (mobilização, atenção, poder de decisão e coragem). Desde os primeiros exercícios, como os anteriormente citados, faz-se necessário que o intérprete vá aprendendo a criar signos corporais, pois é fundamental que comece, rapidamente, a falar com o corpo todo.

## LIVING THEATRE[89]

O Living Theatre parte do princípio de que a presença do ator em cena estabelece, por si mesma, uma relação com o espectador, e que essa presença é tanto mais materialmente verdadeira quanto mais forem desenvolvidas e utilizadas pelo ator a linguagem corporal e gestual.

Ora no confronto aberto via agressão, ora pela comunhão, é que se propõe essa ligação ator-público. A palavra assume um valor diferenciado na medida em que é tratada em suas possibilidades materiais de produção sonora.

A experiência dos Beck passa pelas obras de Brecht e Artaud na procura de um teatro não psicológico. Maclow, que fora aluno de John Cage, traz para o grupo as experiências com elementos aleatórios, os jogos de acaso e o I Ching. Essas antigas cartas chinesas, compostas de

---

89 Living Theatre, grupo norte-americano fundado em 1947 por Julian Beck e Judith Malina. Montou mais de oitenta produções em oito línguas, 25 países nos quatro continentes. Seus espetáculos voltam-se para a improvisação e a participação do público. Em 1959 o grupo montou *The Connection* (Jack Gelber) e, em 1963, *The Brig* (K.H. Brown). Após 1964 vão para a Europa com algumas criações coletivas: *Mysteries, Frankenstein* e *Paradise Now*, produzindo ininterruptamente até a morte de Julian Beck, em 1985. Atualmente possui um centro de trabalho na Europa, o Centro Living Europa na Itália.

CONCEPÇÕES DO CORPO DO ATOR NO TEATRO, FONTES E VERTENTES 31

ideogramas e pequenas frases simbólicas, inspiraram Judith Malina a plasmar cenas de modo não lógico.

Os exercícios preparatórios para cada espetáculo envolvem um caráter anarquicamente disciplinado: cada ator é livre para o improviso, desde que não perca de vista o conjunto no qual está inserido. Por isso jogos de transformação são os mais usados, com algumas regras envolvendo ação e sonorização.

A própria Judith Malina não deseja que o desempenho de seus atores caia numa espécie de balé moderno; suas bases de atuação e desempenho voltam-se para a ioga, o happening, e os exercícios desenvolvidos por Chaikin do Open Theatre. Visam à participação (em vez da representação), a improvisação coletiva (em vez do texto escrito) e a quebra dos limites do palco, na ocupação de uma série de outros espaços.

Os exercícios usados por Chaikin, tal como os conhecemos, são bastante simples: baseiam-se na improvisação corporal, a partir de relações estabelecidas pelo ator no espaço do jogo, em duplas ou em grupo.

Não há muitas abordagens técnicas referentes ao uso de energia nem exigências rítmicas especificadas. No entanto, no espetáculo Brig, por exemplo, segundo estudo de Jean Jacquot[90], Judith Malina interessa-se pela biomecânica e ocupa seu elenco com uma disciplina exaustiva, tanto nos ensaios quanto na vida em comunidade.

Em Antígona diversos elementos são introduzidos: atitudes foram aproveitadas das artes plásticas grega, egípcia e asteca, bem como gestos e máscaras do teatro oriental.

O trabalho corporal do Living liga-se estreitamente ao que se convencionou chamar de Expressão Corporal, que implica a mistura arte-vida, com poucas regras técnicas e muita liberdade de improvisação.

Aparecendo no palco como anda na rua, e muitas vezes representando a si mesmo, o ator do Living preza mais a liberdade e a participação dentro do grupo do que as regras capazes de melhorar seu desempenho.

---

90 Études réunies et présentées par Jean Jacquot. Paris, Édition du CNRS, 1970, Les Voies de la Creation Théâtrale, vol. 1.

32 O PAPEL DO CORPO NO CORPO DO ATOR

# PETER BROOK[91]

Trabalhando com um grupo experimental (atores da Royal Shakespeare Company e outros jovens atores) Brook encaminha seu treinamento no sentido de investigar os problemas enfrentados pelo ator contemporâneo.

Como a maioria de seus intérpretes vem de uma preparação tradicional, o diretor inicia uma série de exercícios com a finalidade de buscar uma linguagem de sons e gritos, onde também a fala corporal possa ser desenvolvida.

Além da teoria artaudiana, Brook recorre a Brecht, ao Living Theatre, às técnicas desenvolvidas por Grotowski e às tradições orientais. Entre os exercícios propostos destaca-se o T'ai chi chuan (para aumentar a consciência corporal e desenvolver sensibilidade) e tudo aquilo que ajude o comediante a ampliar sua gestualidade. Segundo Odette Aslan:

> [...] Quer sempre eliminar os tiques superficiais, os automatismos e determinar os elementos mais simples e os mais diretamente comunicáveis no teatro. Daí por que em 1972-1973 foi para aldeias da África, ao encontro de um público espontâneo que passa facilmente do real ao imaginário[92].

O ator, para Peter Brook, não deve simplesmente imitar, dirigindo desse modo sua interpretação pelo caminho mais fácil; deve, isso sim, como dançarinos e cantores o fazem, trabalhar tecnicamente durante toda a vida, fazendo diariamente uma série de exercícios que cuidem de problemas específicos de sua atuação. Em O Teatro e seu Espaço, diz:

> Flexionar os músculos somente não basta para desenvolver uma arte; as escalas não fazem um pianista, nem os exercícios de dedo ajudam o pincel de um pintor; entretanto um grande pianista pratica exercícios de dedo durante muitas horas ao dia, e pintores japoneses passam suas vidas praticando o desenho do círculo perfeito[93].

Brook conta o seguinte exercício:

---

91  Peter Brook, diretor inglês, nascido em 1925. Algumas montagens importantes: *Titus Andronicus* (Shakespeare, 1955), *Hamlet* (Shakespeare, 1955), *A Tempestade* (Shakespeare, 1957). Em 1962 é nomeado codiretor da Royal Shakespeare Company, onde dirigiu *Rei Lear* (Shakespeare, 1962), *Marat-Sade* (Peter Weiss, 1964), *Os Guarda-Chuvas*(Genet, 1954), *US* (criação coletiva, 1966) e *Sonho de uma Noite de Verão* (Shakespeare, 1970), *Ubu Rei* (1977), *Conferência dos Pássaros* (1980), *Carmen* (1982) *The Mahabharata* (1989). Desde 1971 trabalha no *International Centre of Theatre Research*, é também associado ao Britain's Royal Shakespeare Theatre desde 1962.
92  Odette Aslan, *op. cit.*, p. 305.
93  Peter Brook, *O Teatro e seu Espaço*, Petrópolis, Vozes, 1970, p. 25.

CONCEPÇÕES DO CORPO DO ATOR NO TEATRO, FONTES E VERTENTES 33

Colocávamos um ator na nossa frente, pedíamos que ele imaginasse uma situação dramática que não envolvesse qualquer movimento físico[94].

O ator deveria agora tentar descobrir o movimento mínimo que precisasse fazer para que fosse compreendido, já que na mais completa imobilidade a comunicação se tornava impossível.

Usava também nos treinamentos um tipo muito especial de luta; sem nenhum contato físico; apenas era permitido aos atores agressões e fugas por meio de movimentos do tronco. O objetivo não era simplesmente aumentar a resistência física, mas obter um envolvimento físico e emocional com o parceiro.

A forma é uma preocupação na medida em que pode conter e refletir impulsos; a isso chama ação. O corpo deve dar vazão ao que é invisível (necessidades profundas), mas criar também o gesto para que seja visto por outras pessoas. Então "o trabalho do ator nunca é para uma plateia e, no entanto, é sempre para ela"[95].

O comediante é visto como um artista que, além de imprimir em sua criação seus impulsos interiores, há de ser o responsável pela seleção da melhor forma, "de modo que um gesto ou um grito se torne um objeto que ele descobre e ele mesmo modela"[96]. Além disso, precisa estar atento para não promover uma interpretação que tenha suas raízes no Teatro Morto; Brook teme o ator que, desejando agir o mais naturalmente possível, lance mão dos clichês (seu próprio condicionamento gestual). É por isso que, muitas vezes, em nome de uma suspeita espontaneidade, o ator se deixa levar pela repetição exaustiva de estereótipos, mesmo durante as improvisações.

Sob a capa de uma reação espontânea o que se vê é a bagagem de clichês de cada um; a "verdadeira e instantânea reação interior era bloqueada e, como um raio, a memória supria alguma imitação de uma forma já vista"[97].

O estranhamento brechtiano é também um instrumento capaz de dar ao intérprete o referencial objetivo de sua própria atuação, porque "como qualquer das outras artes, por mais fundo que se mergulhe no ato de criar, é sempre possível dar um passo atrás e ver o resultado"[98].

94  Idem, p. 48.
95  Idem, p. 50.
96  Idem, *ibi*dem.
97  Idem, p. 119.
98  Idem, p. 124.

34 O PAPEL DO CORPO NO CORPO DO ATOR

## MAMA TROUPE, SAN FRANCISCO MIME TROUPE, PERFORMANCE GROUP E BOB WILSON[99]

Segundo Renato Cohen[100], o movimento performático (que se segue às radicalizações provocadas pelo happening) vem dosar a quebra das tradições convencionais, ganhando, em contrapartida, maior esteticidade. Na performance percebe-se uma maior elaboração do produto artístico. Dois artistas surgem como expoentes dessa arte: John Cage e Merce Cunningham (que estudaremos no próximo capítulo).

A busca do desenvolvimento pessoal é um dos princípios centrais da Arte da Performance da Live Art. Não se encara a atuação como uma profissão, mas como um palco de experiência ou de tomada de consciência, para utilização na vida[101].

Incorpora-se uma quantidade bastante grande de técnicas orientais (T'ai chi chuan, ioga, meditação, artes marciais), além da mímica, pantomima, dança moderna, técnicas circenses, teatro de sombras, biomecânica e o método das ações físicas. Trabalha-se muito com a livre associação, o acaso e o uso livre de objetos e espaços.

A busca de maior estetização "decorre tanto da necessidade de passar signos mais elaborados que demandam um maior rigor formal, quanto do desejo dos artistas de produzir uma obra mais delineada, menos bruta"[102].

Com John Cage surpreende-se a influência marcante do Zen Budismo e o uso do I Ching; a função do acaso e o encadeamento aleatório de sons na composição de suas estruturas musicais permitem

99  O Café La Mama é um complexo cultural atuante até hoje, com uma história de 39 anos de vida, sempre no mesmo endereço. Congrega grupos como o Mama Troupe, dirigido por Tom O'Horgan, e que viajou pelo mundo nos anos de 1966 e 1967; o San Francisco Mime Troupe (atualmente com 42 anos de atuação) grupo ambulante fundado em 1959, cujos membros denominaram a esse tipo de teatro de guerrilha, é dirigido por Ronnie Davis; o Performance Group: fundado por Richard Schechner em 1962, torna--se um marco do teatro experimental após *Dionisus in 69*. Há muita facilidade de se acessar informação pormenorizada sobre esses nomes e grupos em seus *sites* na internet. Bob Wilson, por sua vez, nasceu no dia 4 de outubro de 1941 em Waco, Texas. Em 1962 vai para Paris estudar pintura. Bacharelou-se no Instituto Pratt, em Brooklyn, Nova York, em 1965 (em Arquitetura de Interiores). Conhece os trabalhos de Martha Graham e Alwin Nikolais. Trabalha com crianças retardadas e vai diversificando suas atividades cada vez mais. Em 1967 começa a apresentar *performances*. Como diretor artístico da fundação Byrd Hoffman passa a desenvolver projetos bastante ambiciosos. Algumas de suas performances: *O Rei da Espanha* (1969), *A Vida e a Época de Sigmund Freud* (1969), *Montanha Ka e o Terraço Gardenia, Uma História sobre uma Família e Algumas Pessoas Mudando* (1972), *A Vida e a Época de Joseph Stalin* (1973), *Einstein* (1976).

100  Renato Cohen, *Performance como Linguagem Criação de um Tempo – Espaço de Experimentação*. Dissertação de Mestrado, São Paulo, 1987.

101  Idem, p. 91.

102  Idem, p. 129.

CONCEPÇÕES DO CORPO DO ATOR NO TEATRO, FONTES E VERTENTES    35

continuadas improvisações. Esse tipo de procedimento termina por influenciar o Living Theatre, o Open Theatre e a dança norte-americana.

O'Horgan, do Mama Troupe, trabalha seus atores a partir da dança, da improvisação corporal, usando também materiais e acessórios para formar e transformar imagens cênicas.

No espetáculo Tom Paine, por exemplo, utiliza a Ópera Chinesa e uma série de rituais. Em Hair, acrescenta acrobacias, sons, cores e grande dinamismo corporal com a introdução do rock.

Já Ronnie Davis, diretor do San Francisco Mime Troupe, é formado em pantomima e declara ter como base de seu trabalho as ações físicas stanislavskianas. Além de bailarino profissional (na linha de José Limon) une a Commedia dell'Arte ao estilo gestual da Ópera Chinesa e ao melodrama americano. Pretende converter seu teatro em teatro de movimento. Recomenda que os atores recorram a técnicas de balé moderno, vaudeville e circo.

O Performance Group, com Richard Schechner, utiliza a improvisação e a expressão corporal, na tentativa de fazer da cena uma pesquisa do teatro e de misturar diferentes tendências, entre elas a abordagem de Grotóvski. Desenvolve com o elenco exercícios preconizados por Joseph Chaikin.

Schechner propõe misteriosas explorações dos corpos durante a noite, acrescentando à visão e à audição, que fundamentam o teatro, segundo Cage, os sentidos do tato, gosto e olfato[103].

Para Bob Wilson, a dança é um dos elementos tão intrinsecamente presentes em seu trabalho, que seus espetáculos acontecem naquele exato limite entre a dança e o teatro ou, mais precisamente, naquele espaço onde os dois se tocam, segundo o crítico Clive Barnes:

A assim chamada dança de vanguarda é frequentemente indiferenciável do teatro de vanguarda, a não ser pelo fato de que o pessoal de teatro é quase sempre melhor, mais sofisticado, tecnicamente mais seguro e muito mais firme em seus objetivos. Não tenho certeza se o trabalho de Robert Wilson deve ser entendido como dança ou drama (costumo entendê-los como ópera silenciosa e, portanto, como dança) mas parece estar anos-luz adiante da maioria da dança de vanguarda que tenho visto[104].

Andrew de Groat, colaborador de Bob Wilson desde 1967, é quem se responsabiliza pelo treinamento corporal dos atores e por muitas coreografias. A dança faz parte desse adestramento como exercício de relaxamento e concentração.

Groat diz:

O que tentei fazer foi concentrar-me num número muito limitado de movimentos e apresentá-los com variações estruturais diferentes, na esperança de que o público seja

103 Franck Jotterand, *El Nuevo Teatro Norteamericano*, Barcelona, Barral Editores, 1970, p. 261.
104 Clive Barnes *apud* Luiz Roberto Galízia, *Os Processos Criativos de Bob Wilson*, São Paulo, Perspectiva, 1986, p. 59.

36 O PAPEL DO CORPO NO CORPO DO ATOR

capaz de perceber uma imensa configuração cênica, em vez de gestos individuais ou bailarinos individualmente[105].

As peças de Wilson primam pela movimentação lenta, pela quase imobilidade. O trabalho corporal desenvolvido nos laboratórios, aos poucos, começou a aparecer nos espetáculos; desse mínimo de movimentos selecionados foi surgindo um vocabulário de dança.

Esse vocabulário foi sendo organizado a partir de exploração individual de ações muito simples. Na coreografia de Einstein na Praia, por exemplo, foram usados movimentos, tais como: pular, dar um passo à frente, correr, voltar à posição inicial etc.

Os princípios usados nessas coreografias são:

1. simplicidade: os apoios são bem estudados e os movimentos são descontínuos e independentes;
2. esse vocabulário se articula pela repetição, adição e subtração;
3. combinação de formas preestabelecidas com outras espontâneas;
4. dança e música são concebidas separadamente.

Nos laboratórios de movimento, realizados no Teatro Ruth Escobar (1973-1974), havia sessões em que todos dançavam livremente:

Esta preferência por movimentos naturais soltos em relação a um conjunto muito estruturado de exercícios físicos tendo em vista a percepção corporal do ator, reflete a crença de Wilson, no sentido de que não se deve impor, a quem quer que seja nossos próprios movimentos é preciso estimular no outro, a descoberta de padrões próprios de movimentos[106].

Faziam-se outros exercícios que iam desde a massagem até o uso de ritmos frenéticos interrompidos de súbito por pausas, onde o corpo tinha de permanecer na mais completa imobilidade, além de uma série de deslocamentos na mais exasperante lentidão. O corpo deveria ser treinado para quaisquer movimentos nesse ritmo.

## OPEN THEATRE[107]

Chaikin funda o Open Theatre depois de ter trabalhado no Living. Além disso, havia estudado o método stanislavskiano com professores como

105 Nenna Eberstadt *apud* Roberto Galízia, *op. cit.*, p. 62.
106 Luiz Roberto Galízia, *op. cit.*, p. 104.
107 Open Theatre: grupo norte-americano fundado em 1963 por Peter Feldman e Joseph Chaikin. Com a colaboração de escritores como Megan Terry e Jean Claude van Itallie, o grupo faz um teatro polêmico e bastante agressivo, voltado para a constante experimentação. Alguns de seus espetáculos são: *America Hurrah, The Serpent* (Van Itallie), *Fim de Jogo* (Beckett), *Viet Rock* (Megan Teerry), *Terminal* (Susan Yankowitz), e outras. Suas produções incluem ainda, desde 1988, *The Ghost Sonata* (Strindberg, 1988), *Parabola* (dança – teatro, 1991), *Woyzeck* (Büchner, 1993). Em 1996 une-se ao T.U.T.A. (The Utopian Theatre Asylum). O trabalho deles, atualmente, é, como se vê em seu *site*, "always in process". Joseph Chaikin publicou o livro *The Presence of Actor*.

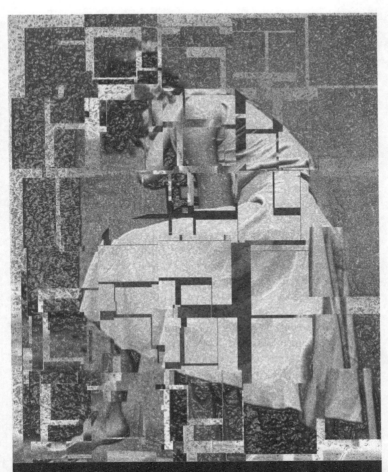

corpo que se reconhece
meio
método
caminho
unindo o que era antes separado
nomeando a inconstância
percebendo e incorporando o que é disperso

Fig. 1: , n. 78, 1987-1988, p. 10, foto de Charles Camberoque, do espetáculo de Frederico García Lorca, com Isabelle Candelier (a sapateira) e direção de Jacques Nichet, encenado no Théâtre des Treize Vents. Arte de Fred Costa Pinto.

O PAPEL DO CORPO NO CORPO DO ATOR

Lee Strasherg e Nola Chilton que desenvolvia seu trabalho a partir do método das ações físicas.

O Open Theatre formou uma equipe que incluía diretores, autores, músicos e críticos de teatro. Tudo é realizado em conjunto: escrevem-se textos sobre improvisações feitas, assim como propostas improvisacionais são dadas pelos autores, servindo de base ao labor interpretativo.

Exercícios grupais, alicerçados nas ações físicas são criados, interligando som e movimento. Os atores trabalham em roda; seus movimentos, criados nessa improvisação coletiva, vão sendo transformados à medida em que o exercício progride. Gestos e formas corporais, espontaneamente criados são coletivizados e continuam o processo de transformação. Ao mesmo tempo o treinamento serve para exercitar os atores e para levantar material para os espetáculos.

Chaikin acredita que características pessoais e habilidades particulares de seus intérpretes são sempre bem-vindas, enriquecendo o conjunto de atores. Essas experiências devem ser compartilhadas no sentido de constante renovação e troca; o trabalho em equipe, a contínua metamorfose e o contato com o público são as preocupações do grupo.

Alguns dos exercícios desenvolvidos pelo diretor (e que foram partilhados com o Living Theatre) perseguem rapidez nas respostas (sem intervalo nem para o raciocínio, nem para a emoção), atenção ao fluxo grupal (não deixar que se quebre por desatenção a cadeia de ações e reações), respostas corporais a todo e qualquer estímulo (vindo, seja ele do grupo ou de um companheiro em especial) e improvisação constante.

Talvez fique mais clara a relação estabelecida entre o treinamento dos atores do Open e a criação, propriamente dita, se deixarmos que Jotterand nos conte sobre um festival de exercícios apresentado pelo grupo, em 1969:

O acaso lançava os jovens atores na pista na qual se transformavam à nossa frente, comunicando-nos o prazer físico de suas improvisações. Espontaneidade, acaso; o balé provocava risadas, comentários dos espectadores, esboços de relações amorosas que se partiam com a chegada de novos companheiros. A unidade desse espetáculo mutante não estava em uma história, mas, do mesmo modo que em uma orquestra de jazz, no ritmo das improvisações individuais ou grupais, que, partindo de um mesmo tema, uniam-se formando acordes ou explodiam em todas as direções[108].

Apesar de o Open Theatre ter trabalhado com Grotóvski, em 1967, não utiliza exercícios acrobáticos e nos demais não é tão rigoroso quanto os desenvolvidos em Wroclaw. Importante para Chaikin é colocar o

---

108 Franck Jotterand, *El Nuevo Teatro Norteamericano*. Barcelona, Barral Editores, 1970, p. 139.

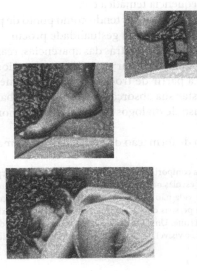

partes
princípios
técnicas
diversos são os olhares
sobre esse mesmo corpo
matéria a ser investigada

Fig. 2:

# O PAPEL DO CORPO NO CORPO DO ATOR

teatro ao alcance de todos, fazendo com que cada vez mais gente seja chamada a participar.

É indispensável, no entanto, que o ator aprenda a conservar-se relaxado, que saiba caminhar pelo espaço mantendo relação com ele, que preste atenção à respiração bem como à presença dos outros, que saiba lidar com objetos imaginários.

Nos exercícios de som e movimento, os atores tentam desenvolver dinâmicas comuns (volume sonoro, intensidade na movimentação); são muitas as variações em torno desse eixo básico: formas diferentes num mesmo ritmo comum, com sequência temática etc.

Chaikin efetua também improvisações tendo como ponto de partida clichês e máscaras faciais, enquanto a gestualidade procura dar conta dos pensamentos escondidos por detrás das aparências; realiza treinos individuais, visando deixar aflorar experiências interiores; utiliza-se da troca de papéis a partir de trocas espaciais claramente definidas ou o ator tem de testar sua absorção em qualquer trabalho monótono e repetitivo com uso de diálogos improvisados ou monólogos etc.

Falando sobre o processo de formação do ator, Chaikin afirma:

As escolas de atores, além de ensinar a comportar-se em cena, devem ensinar a interpretar as experiências vividas. Mas essas escolas nos ensinam a considerar unilateralmente as expressões de tristeza e alegria. A vida não é assim. As coisas são confusas e complexas: numa mesma cidade, existem pessoas que celebram a vida e ajudam o próximo e outras que creem que a vida é um crime. Um ator deve compreender a perplexidade da dicotomia, não só mediante a análise visível desse fenômeno, mas também mediante sua ação dramática[109].

## CRICOT-2[110]

O ator desse teatro não procura ser expressivo, nem quer ser espontâneo; em suma, não tenta representar. Provoca, apenas, com sua presença física, uma espécie de estranhamento muito concreto no espectador.

Todos os objetos de cena têm, com Tadeusz Kantor, esse elemento provocativo: privados de suas funções normais e corriqueiras tornam-se

---

109 Alberto Miralles (texto), *Novos Rumos do Teatro*, Rio de Janeiro, Salvat Editores, 1979, p. 54, entrevista com Joseph Chaikin.

110 Tadeusz Kantor e o Cricot-2. Kantor (1915-1990) nasceu em Wielopole. Em 1955 fundou, na Cracóvia, o Cricot-2, onde pesquisou a arte da encenação utilizando técnicas de happening em projetos experimentais. O Cricot-2, mantendo-se como um teatro autônomo e como instituição estável mantém total liberdade de criação. Algumas obras de Tadeusz Kantor: *A Classe Morta* e *Wielopole-Wielopole*. O diretor encerrou sua vida de artista do palco com um espetáculo chamado *Eu Não Voltarei*, em 1988. Chega esse ano a São Paulo *Um Réquiem para Tadeusz Kantor* com direção de Zofia Kalinska, que trabalhou por mais de vinte anos com o diretor.

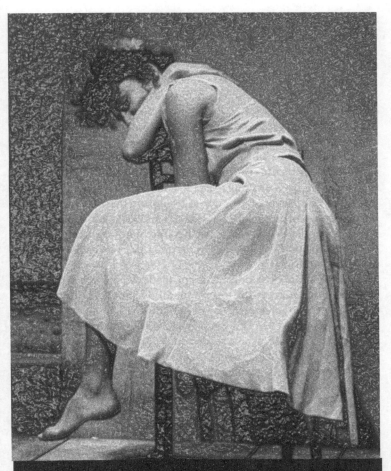

num gesto que abraça
tudo que de imaterial
fica
uno
próximo
todo presente
no corpo denso
das possíveis máscaras

Fig. 3:

42 O PAPEL DO CORPO NO CORPO DO ATOR

incomodamente presentes e atuantes. Objetos e atores são companheiros de cena e exercem igualmente função atoral.

Tentarei, por meio do ensaio O Teatro da Morte[111], captar as ideias de Kantor e os princípios de seu trabalho.

Aproveitando as ideias de Craig com relação à supermarionete, Kantor utiliza-se do sósia, do manequim e dos autômatos, juntamente com atores vivos; interessa-se por todos esses elementos cênicos, na medida em que possam se constituir em prolongamento material do ator, ou como seus dublês.

Não se trata de substituir o ator pelo marionete; em seu teatro esses seres inanimados transformam-se em modelos, que lembram a morte e a condição dos mortos, lado a lado com o comediante vivo.

A presença de seres vivos e de seres mortos, que muitas vezes são o seu duplo, criam, no palco, uma zona de tensão, convertem-se em referência da relação morte-vida, na qual Kantor continuamente se detém.

Em Wiolopole-Wielopole, por exemplo, tudo acaba por se organizar como em instantâneos fotográficos: atores e objetos permanecem jogados pelo chão, em condições de igualdade. Completando-se mutuamente, dão ao espectador um punhado de significações opostas e contraditórias, inquietantes.

Para Kantor, os elementos puramente teatrais que compõem o espetáculo é que deveriam afetar o espectador, emocional e intelectualmente.

Em A Classe Morta (1975), o comum surge aumentado e significativo: a banalidade dos dias que se sucedem, sob a regência de um maestro (o próprio diretor em cena) atinge uma enorme tensão emocional, através de imagens espantosas.

Para que nos aproximemos um pouco do trabalho desenvolvido por Kantor com seus atores, na tentativa de deduzir alguns de seus princípios, comecemos em 1957, época em que realiza sua primeira "embalagem".

Totalmente despersonalizados, colocados dentro de um grande saco, os atores foram transformados na estrutura homogênea em pulsação da matéria. Cinco anos depois, na peça de Witkacy, O Pequeno Espelho, eles foram vistos amontoados num armário exíguo, amalgamados numa massa de objetos os mais diversos (amontoados de sacos), dispostos como "roupas "; apertavam-se uns contra os outros e deformavam-se com gestos violentos[112].

Em 1963, o palco, atulhado de cadeiras, tornava-se um espaço quase impossível para os intérpretes, que se viam obrigados a lutar entre si para permanecer em cena. Os objetos integravam-se de tal modo no espaço cênico que afirmavam sua irrecusável presença.

111 Édition du Centre National de la Recherche Scientifique, Paris, 1970. *Les Voies de la Creation Théâtrale*, vol. 11, p. 59.
112 *Cadernos de Teatro*, Rio de Janeiro, Tablado/MEC, julho-agosto-setembro de 1973, número 58, p. 8.

CONCEPÇÕES DO CORPO DO ATOR NO TEATRO, FONTES E VERTENTES    43

Para Kantor, o objeto não precisa estar justificado em cena: sua presença é completamente autônoma e fala por si mesma. O ator, assim como os outros elementos do espetáculo, está inserido na mesma categoria, a de objeto feito; seu corpo, em contato com a matéria dos objetos, ou na relação com espaços exíguos, atravancados, aprende a reagir a esses estímulos tão concretos.

O artista enfrenta a ação do acaso em sua criação: "O acaso é um desses fenômenos subestimados, relegados às mais baixas esferas da atividade humana, fugindo a uma interpretação racional"[113], escreve Kantor.

Seu teatro procura retirar dos objetos e situações todo o pragmatismo e significação ilusórios, exigindo sua crua e casual presença.

## THÉÂTRE DU SOLEIL[114]

O Théâtre du Soleil nasce em 1960, em Paris. Em 1962, o elenco separa-se e Mnouchkine viaja para o Japão. Em 1964, novamente o elenco se reencontra, fundando a Companhia do Théâtre du Soleil.

Após maio de 1968, numa situação bastante difícil, tem início a vida em comum do grupo: prática comunitária e reflexão coletiva sobre os destinos e função do teatro na sociedade levam à decisão de impor-se como grupo permanente.

Mnouchkine acredita que cabe aos atores criar sua caracterização em constante contato com a realidade e dentro dos limites impostos pela verossimilhança histórica, através de muitas improvisações. Devem estar aptos a inventar situações capazes de revelar a personagem e suas contradições; isso vai se definindo num constante jogo e por meio de cenas corriqueiras e cotidianas.

O ator, antes de poder criticar sua personagem, deve conhecê-la e amá-la; o que não pode acontecer é ele perder de vista o fato de estar representando.

A forma é muito importante para o conjunto; tudo deve, no palco, adquirir uma dimensão totalmente diferente da cotidiana. O treinamento do elenco recorre a exercícios rítmicos (provavelmente baseados

---

113 Idem, p. 10.
114 Théâtre du Soleil: nasce em 1960 um grupo de teatro universitário, o ATEP; desse grupo, em 1964, nasce o Théâtre du Soleil, uma cooperativa aberta de produção; seus membros não recebem pelo trabalho e ganham a vida em profissões paralelas. Após maio de 1968 o grupo organiza-se em definitivo, constituindo-se como uma comunidade de artesãos. Alguns dos espetáculos do conjunto são: *A Cozinha*, de Arnold Wesker, 1967; *Sonho de uma Noite de Verão*, W. Shakespeare, 1968, *Clowns*, 1969 e *1789* em 1970, *Tartuffe*, de Moliére em 1997. Os espetáculos viajam pelo mundo, com o grupo dando constantemente *workshops* sobre seu método de trabalho e improvisação. Há filmes e vídeos sobre suas montagens que podem ser consultados pelo pesquisador interessado.

em Dalcroze), que, aplicados sem necessária ligação com as cenas a serem criadas, podem, mais tarde, ser transformados em parte do espetáculo. Não só o ritmo há de ser claro, mas também a movimentação dos comediantes; esses deslocamentos conjuntos são, por vezes, interrompidos, formando imagens fortemente expressivas.

Pretende-se também desenvolver nesses intérpretes a concentração na ação e a percepção do outro; para isso são trabalhados exercícios do Open Theatre.

Todos os gestos escolhidos devem ter motivação, não sendo aceitos gestos gratuitos ou desnecessários, e a movimentação de conjunto conta com formas corais baseadas em avanços e recuos.

Na busca de um gestual social e contemporâneo que possa ser teatralizado, a direção utiliza elementos do clown e da Commedia dell'Arte e figuras tiradas do teatro chinês. O clown, por exemplo, ajuda na precisão do gesto; as máscaras (como as utilizadas em L'Age d'Or) são despidas de expressão e podem ser usadas de diferentes maneiras, ao mesmo tempo que tipificam e universalizam as figuras.

O ator, consciente de sua caracterização exterior, deve infundir-lhe um ritmo adequado, uma dinâmica toda especial.

A música é utilizada nos treinos mais simples; assim, por exemplo, um jogo de bola vem acompanhado de música eloquente; o ator deve deixar-se envolver totalmente nas ações de pegar ou atirar o objeto, cuidando para que seus gestos sejam amplos e precisos.

Outro exercício é o da realização de uma parada: o objetivo é manter o ritmo da caminhada e deixar que, em todos os movimentos, cada gesto obedeça ao mesmo padrão rítmico.

As pausas são bastante elaboradas, pois sem elas o ritmo não se faria sentir com tanta clareza. Movimentos são compostos e decompostos para estudo; há que evitar sobrecarga gestual: o número dos gestos é perfeitamente calculado em função do tempo da representação.

CONCEPÇÕES DO CORPO DO ATOR NO TEATRO, FONTES E VERTENTES    45

## ODIN TEATRET[115]

Para o Odin Teatret é fundamental que o ator ocidental contemporâneo encontre regras de atuação precisas e conselhos técnicos que o orientem em sua profissão.

A Antropologia Teatral visa, conhecendo os diferentes princípios de trabalho, usados nos diversos tipos de teatro das várias partes do mundo, a contribuir com normas claras para o treinamento do intérprete.

A abertura permanente do grupo a tais experiências diversificadas não pretende o ecletismo; pelo contrário, quer organizar indicações e descobertas que possam ser úteis ao ator na elaboração de sua arte: "Em que direções pode orientar-se um ator ocidental para elaborar as bases materiais de sua arte?"[116].

O trabalho corporal do grupo tem sua origem em Grotóvski e na experiência de Barba com o teatro Kathakali: uma disciplina rigorosa e métodos precisos de codificação da arte da atuação são princípios básicos.

Segundo o diretor do Odin Teatret, o ator ocidental não tem um repertório com o qual possa contar, ao contrário do ator oriental, que baseia seu treinamento em regras bastante claras; o grupo vem encontrando e desenvolvendo princípios diversos, com os quais transmitir a própria experiência teatral.

Barba trabalha desde o início com um princípio que trouxe da Índia: "depois de muitos anos de árdua formação, o ator Kathakali desenvolve não só uma excepcional capacidade física, mas sobretudo a habilidade para viver como ator sem viver para os espetáculos"[117].

O corpo do ator deve ser trabalhado com o objetivo de centrá-lo no próprio treinamento; conhecimento e controle do instrumento (como um bailarino em suas aulas diárias) têm por objetivo a criação de um "novo corpo".

Eugenio Barba insiste nessa diferença profunda existente entre o corpo do ator-pessoa e seu corpo profissional, pelo qual impõe sua

---

115 Odin Teatret: Teatro-Laboratório de Holstebro (Dinamarca). Foi fundado em 1964, por Eugenio Barba. Funciona também como um centro de estudos, oferecendo cursos, seminários e publicações teóricas. Os atores mais antigos já dirigem seus próprios grupos, que funcionam junto ao Odin, como por exemplo, o FARFA (dirigido por Iben Nagel Rasmussen) e o The Canada Project (dirigido por Richar Fowler). Algumas das montagens do grupo são: *Os Ornitólogos* (Jens Boerneboe, 1964), *Kaspariana* (Ole Sarvig, 1967), *Farai* (Peter Seeberg, 1969), *My Father's House* (1972), *Brecht's Ashes* (1980), *The Gospel According to Oxyrhincus* (1985), *Talabot* (1988), *Kaosmos* (1993) e *Mythos* (1998).

116 Programa distribuído no Teatro Sérgio Cardoso, maio de 1987, Eugenio Barba, FARFA e The Canada Project.

117 "Odin Teatret, sua História, seus Caminhos", Boletim distribuído pela Unicamp, São Paulo, 1987; entregue ao público durante conferência de Eugenio Barba, Teatro Sérgio Cardoso, p. 1.

46    O PAPEL DO CORPO NO CORPO DO ATOR

presença no palco. Uma base física e a meta desse treino pré-expressivo, um outro eu, diferente do cotidiano, ampliado e belo em toda a sua vitalidade.

Outro princípio norteador do grupo é o de que há uma necessidade da "personalização no treinamento do ator, até as ramificações de diversas atividades que o ator tomou para si"[118]. Ou seja, o ator tem diversas atividades relacionadas ao fazer teatral: estuda, pesquisa, dirige, coordena seminários, realiza palestras etc.

Segundo Iben Nagel Rasmussen[119], o "treinamento vai além do treinamento, converte-se em minha língua e em minha independência. Caso contrário "o teatro segue sendo o teatro dos diretores"[120].

No treinamento corporal do grupo estão presentes: a biomecânica e as acrobacias, que permitem ao intérprete ultrapassar seus próprios limites, vencendo o medo da queda e da dor; é visível a influência oriental (princípios da ioga e do t'ai chi chuan) nas posturas e deslocamentos em direções precisas que incluem o olhar.

Richard Fowler[121] salienta o fato de que os caminhos de pesquisa de um ator são pertinentes ao seu universo pessoal; o diretor é o guia que interfere e orienta quando necessário.

No seu entender, o trabalho corporal desvinculou-se daquele proposto por Grotóvski; o ator exercita-se a fim de adquirir vocabulário pessoal, segundo princípios extremamente claros a todos.

Dentre eles, ele cita:

1. apreensão de um comportamento físico não cotidiano, exclusivo do trabalho corporal;
2. uso de um máximo de energia para romper os velhos padrões de hábito (tem características de rompimento com a economia natural na movimentação cotidiana); a mente não tem tempo de economizar o corpo e assim se mantém estreitamente unida a ele;
3. a exigência de precisão: é somente por meio de ações claramente delineadas que as intenções e desejos se materializam; o treinamento constitui-se de sequências de ações que o ator realiza com atenção e concentração.
4. o ator conduz seu processo por meio de extrema autodisciplina;
5. o ator acaba por romper com os exercícios propostos quando sente que pode encaminhar sozinho seu próprio treinamento.

O novo corpo que é exigência da artificialidade, baseia-se, como tal, em todas as culturas, mesmo quando suas formas teatrais são completamente diferentes.

---

118  Boletim distribuído pela Unicamp, *op. cit.*, p. 4.
119  Atriz do Odin Teatret e diretora do grupo FARFA.
120  Iben Nagel Rasmussen, "As Mudas do Passado" texto distribuído no dia da Apresentação de *Moon an Darkness*, Teatro Sérgio Cardoso, São Paulo, 1987, p. 4.
121  Ator do grupo, em entrevista no auditório da *Folha de S. Paulo*, maio 1987.

CONCEPÇÕES DO CORPO DO ATOR NO TEATRO, FONTES E VERTENTES    47

Segundo Barba, "o aspecto cinestésico é o que faz com que o espectador reaja a esta artificialidade do ator em cena"[122], pois, "o corpo do ator é o que tem intenção de fazer, é um corpo desperto tem uma intenção consciente"[123]. Por esse motivo é que o intérprete deve possuir uma segunda natureza tão forte que o espectador seja obrigado a aceitá-la. Essa segunda natureza, quando inteiramente absorvida no corpo do comediante, acaba por tornar-se a identidade profissional anteriormente comentada.

É preciso, porém, prestar a máxima atenção aos princípios utilizados: o treinamento técnico tem por função libertar o ator de suas limitações pessoais, a fim de que possa ser, efetivamente, um criador.

César Brie[124] pode esclarecer melhor essa questão: quando ingressou no Odin Teatret havia já colecionado uma porção de técnicas que iam desde o bale clássico e moderno, passando pelo T'ai chi e outras técnicas orientais. Ao iniciar seu treinamento com Iben percebeu que o que ela propunha é que ele descobrisse um repertório todo seu de movimento cênico, para o qual não existiam modelos nem formas prontas, apenas a indicação da pesquisa a ser realizada.

Os princípios observados eram os seguintes:

1. cada movimento deve deixar muito claro seu começo e seu fim;
2. o olhar deve ser trabalhado em direções muito definidas;
3. equilíbrio e desequilíbrio devem ser pesquisados a partir de uma posição estável, em controles e quedas.

Os exercícios, respeitando os princípios mencionados eram:

1. Achar uma sequência de cinco movimentos com mudança de nível no espaço.
2. Cinco movimentos com giros (mudanças de direção).
3. Sequências com saltos.
4. Mudança de energia utilizada nos exercícios anteriores.
5. Sequência de lançamento de objetos imaginários tendo muito claros os movimentos, prontidão para a ação, ação e recuperação; ou seja: tensão, explosão, recuperação, nova tensão etc.
6. Trabalhar disciplinadamente com a sequência criada, repetindo-a várias vezes.
7. Ir, aos poucos, misturando-a com acrobacias.
8. Trabalhar nos espaços em branco (partes intermediárias entre finais e inícios de movimentos) com improvisações muito pessoais.
9. Acrescentar a gramática dessa sequência, ou seja, pontuações, acentos, direções do olhar e segmentação nas articulações, da mesma forma que se procede com uma frase: vírgula, dois pontos, exclamações etc.

---

122 Palestra realizada por Barba, no Teatro Sérgio Cardoso, em jun. 1987.
123 Idem.
124 Ator do Odin Teatret, em mostra de trabalho realizada no Teatro Sérgio Cardoso, São Paulo, jun. 1987.

48 O PAPEL DO CORPO NO CORPO DO ATOR

Na sequência apresentada por César Brie, via-se com nitidez mudanças no ritmo, cortes abruptos com mudanças de direção, interrupções bruscas no movimento e alteração de fluência. Fowler acrescenta que a pesquisa atoral deve encaminhar-se para a construção de um código. E este deverá ser tecnicamente elaborado: o corpo funciona por inteiro integrado às menores ações; o desenho dos gestos é estudado conscientemente, seu grau de energia é calculado pelo intérprete. O domínio corporal transforma o corpo do ator em objeto e instrumento de criação.

As tensões propositadamente construídas pelo ator são percebidas pela plateia; o ator faz no palco exatamente o que faz todo dia, com uma grande diferença, usa o máximo de energia para conseguir cada mínimo resultado. É uma questão de empenho, essas tensões criadas artificialmente são aquelas que envolvem toda a sua musculatura: a tonicidade é aumentada e o esforço exigido para que o ator se mantenha de pé torna-se visível; esse tipo de tensão caracteriza-se, basicamente, pela luta com a força da gravidade. Se quisermos acentuar tal tensão, usaremos também movimentos onde diferentes grupos musculares apontam e se envolvem em direções opostas.

Jamais usamos a emoção e nem essa palavra em nosso trabalho: usamos o ser inteiro do ator quando improvisamos para criar algo; depois vamos fixando essas formas e o tempo se encarrega de preenchê-las[125].

Em primeiro lugar há a elaboração de uma sequência, quando as formas já são claras é que o motor afetivo passa a ser ativado. Para Fowler, é mudando a forma da ação que se altera a emoção. Em suma, não se trata de o ator sentir a tristeza e depois encontrar um modo de expressá-la, mas, sim de colocar-se numa posição tal que carregue em si esse sentimento ou a sua expressão.

Assim, com essa partitura física em funcionamento, o espetáculo pode, em vez de sofrer um esvaziamento crescente, ir cada vez mais ampliando o universo interno do ator.

Para esse ator do Odin, a codificação precisa e exata é o que mantém e aumenta a disponibilidade interna, conservando desperta a vitalidade criativa do intérprete. Em suas palavras, "o trabalho do ator é uma viagem, mas uma viagem que tem que ser a mais precisa, a mais codificada, a mais consciente"[126].

O que importa nesse processo, depois que a partitura já esta formalizada, são as motivações e os impulsos pessoais que aí podem se manifestar: os elementos fixados são o veículo para o fluxo impulsivo.

---

125 Palestra e mostra de trabalho de Richard Fowler, Teatro Sérgio Cardoso, São Paulo, jun. 1987.
126 Idem.

CONCEPÇÕES DO CORPO DO ATOR NO TEATRO, FONTES E VERTENTES   49

A pessoa do ator, colocada a serviço da arte, dá a ela uma feição toda particular através de seu ritmo orgânico; esses impulsos fluem de sua subjetividade porque se encontram enraizados na memória corporal. O trabalho físico leva o intérprete a uma superação; não se trata de torná-lo um acrobata ou virtuose, pois o exercício físico é apenas um trampolim, como em Grotóvski.

Há um número bastante grande de exercícios e todos aqueles que contêm elementos acrobáticos são chamados de biomecânicos. Os desafios neles contidos são: vencer o medo, chegar a uma completa disponibilidade para obedecer aos impulsos, mobilizar totalmente a energia em ações inesperadas, em reações imediatas.

Os exercícios elementares, feitos diariamente, constam de posições não naturais a serem justificadas pelo ator. Os exercícios plásticos realizam-se na barra, a partir de Delsarte ou da Ópera Chinesa. Seus princípios são: a percepção constante do fluxo de energia, as sensações corporais e as leis dos vetores opostos; ou seja, todo movimento deve ser precedido de um movimento inverso ao que se vai fazer. Outro vem do Kabuki, no qual a coluna vertebral se adapta às mais variadas posições, enquanto a cabeça se movimenta somente de acordo com o tronco.

Exercícios de composição de signos físicos são executados em conformidade com as intenções que o intérprete deseja imprimir ao seu trabalho; essas intenções devem achar seu ritmo próprio, sua pulsação interior.

Ao diretor cabe ajudar a fixar a sequência, essa partitura que acaba sendo uma espécie de filme dos impulsos. Percebendo as intenções inconscientes do ator, leva-o a descobrir a forma exata de sua expressão.

# 2. O Corpo na Dança

> *Nossa carne não é mais, talvez, do que um vasto abrigo, capaz de recolher muitos hóspedes, de que nem nos apercebemos.*
>
> ISADORA DUNCAN

## JEAN-GEORGES NOVERRE[1]

Jean-Georges Noverre, bailarino, coreógrafo e teórico da dança do século XVIII questiona, em suas realizações artísticas e em suas *Lettres sur la Danse et les Arts Imitateurs*[2], o balé de sua época.

Desejando aproximar a arte da natureza, Noverre insiste no fato de que o bailarino deve deixar de lado o virtuosismo técnico e procurar a expressividade corporal, desenvolvendo o espírito e a personalidade.

Antes de escolher árias, para a elas adaptar passos, antes de estudar passos para formar um balé, eu procurava, seja nas fábulas, na história ou mesmo na minha imaginação, assuntos que não somente dessem lugar ao uso de danças e festas, mas também oferecessem, no seu desenvolvimento, uma ação e um interesse graduais. Uma vez concebido o poema, estudava todos os gestos, todos os movimentos e todas as expressões que podiam mostrar as paixões e os sentimentos que meu assunto trazia à tona. Só depois de efetuar este trabalho eu fazia apelo à música[3].

---

1    Jean-Georges Noverre nasceu em Paris, no dia 29 de abril de 1727. Morreu aos 19 de outubro de 1810. Desde cedo demonstrou atração pela dança, subindo ao palco em agosto de 1742. Compôs, ao longo de sua vida, mais de noventa balés, cujos argumentos podem ser encontrados na edição de S. Petersburgo, 1804, de suas *Lettres sur la Danse et les Arts Imitateurs*. Sua biografia resumida pode ser encontrada na edição de 1952 (Éditions Lieutier) das já citadas cartas, juntamente com a lista de todos os seus balés. Durante muito tempo foi conhecido como o Shakespeare da dança.

2    Jean-Georges Noverre, *Lettres sur la Danse et les Arts Imitateurs*, Paris, Éditions Lieutier, 1952.

3    Jean-Georges Noverre apud Roger Garaudy, *Dançar a Vida*, Rio de Janeiro, Nova Fronteira, 1980, pp. 33-34.

São dois os princípios fundamentais de Noverre: o balé de ação e a pantomima; ou seja, o balé deve conter ideias dramáticas, desenvolver uma ação: passos e coreografias precisam ser pesquisados e desenvolvidos com essa finalidade: a de se dirigir, não só aos olhos, mas à alma do espectador.

Nesse sentido é que o intérprete da dança há de procurar, por todos os meios, expressar e comunicar as ideias presentes em seu trabalho. Essa deve ser sua principal preocupação: movimentos e gestos só poderão ser utilizados quando têm função expressiva.

Noverre propõe uma reforma tal que não apenas questiona a formação tradicional do bailarino (técnica e geral), mas a dos professores de dança e dos coreógrafos.

A falta de inteligência e a estupidez que reina entre os bailarinos têm origem na má educação que recebem normalmente. Para que nossa arte atinja este grau de sublimidade que peço e desejo, é indispensavelmente necessário que os dançarinos dividam seu tempo e seus estudos entre o espírito e o corpo e que ambos sejam objeto de suas reflexões; mas, lamentavelmente, tudo se atribui ao último e tudo se recusa ao primeiro[4].

O termo "balé de ação" significa então um balé dramático, no qual a pantomima (arte de expressar emoções por meio de gestos) seria também dançada. Tudo está relacionado: assunto, música, iluminação, decoração, figurino (que é desenhado para dar maior liberdade ao bailarino) com a finalidade de, organizadamente, exprimir a ideia inicial, origem do espetáculo.

Ação, para Noverre, seria a arte de transmitir sentimentos humanos por meio movimentos e gestos, mas também da fisionomia:

Tudo deve representar, tudo deve falar no dançarino; cada gesto, cada atitude, cada movimento de braço deve ter uma expressão diferente; a verdadeira pantomima, de todo modo, segue a natureza em todas as suas nuanças[5].

É necessário que o intérprete, ao dançar, se esqueça das regras e aprenda a transgredi-las sempre que precisar fazê-lo para expressar as paixões em toda a sua riqueza. Os movimentos da alma, a ação e o ritmo interiores não podem se prender aos movimentos prontos, nem tampouco a formas imutáveis. O gesto é uma forma exterior de um sentimento, seu caminho visível. Nessa medida é que princípios estáveis, ditados por um estilo, devem ser derrubados quando se trata do balé de ação, pois, "as paixões são os motores que fazem funcionar a máquina: quaisquer que sejam os movimentos que dela resultem, não podem deixar de ser verdadeiros"[6].

4   Jean-Georges Noverre *apud* Paul Bourcier, *História da Dança no Ocidente*, São Paulo, Martins Fontes, 1987, p. 174.
5   Jean-Georges Noverre, *op. cit.*, p. 187.
6   Jean-Georges Noverre, *op. cit.*, p. 189.

O CORPO NA DANÇA   53

Mas nem por isso o artista da dança deve deixar de ter uma sólida formação ou parar de exercitar-se na barra diariamente, como manda a tradição. Entretanto, no momento da criação, tem de permitir que a natureza o guie, que suas emoções encaminhem seus passos e transformem seu corpo, que sua alma seja o motor capaz de produzir cada movimento.

Noverre quer que a movimentação expressiva do bailarino não esqueça as profundas alterações fisionômicas causadas pelas emoções:

As mãos de um bailarino hábil devem, por assim dizer, falar; se seu rosto não se altera; se a alteração que as paixões imprimem aos traços não é visível; se seus olhos não dizem nada e não desvendam a situação de seu coração, sua expressão, por conseguinte, é falsa, seu jogo é maquinal e o efeito que daí resulta peca pela desagregação, pela falta de verdade e verossimilhança[7].

Todas as paixões precisam ser trabalhadas pelo bailarino: o furor, o ciúme, o despeito, a dor, a vingança, a ironia. A cada uma corresponderão diferentes maneiras de pressão; o ritmo também sofre modificações correspondendo a esses estados de alma; assim, numa passagem grave, não é possível se colocar passos ligeiros, nem passos lentos em momentos extremamente vivos:

[...] eu queria enfim que se cessasse de fazê-los nos instantes de desespero e de prostração: é o rosto sozinho a descrever, são os olhos a falar; os próprios braços devem estar imóveis e o dançarino, nesses tipos de cenas será tão excelente como ao dançar...[8]

O bailarino deve, desde sua formação, dividir-se entre a técnica e os movimentos naturais, próprios à expressão das paixões; precisa desenvolver juntamente com a linguagem do corpo, uma linguagem dos sentimentos. Não pode se esquecer de que, como os atores, tem uma intenção a expressar; precisa aprender a deixar-se penetrar e afetar pelos papéis que representa, fazendo-o com uma verdade tal que chegue até o público, tornando-o participante dos acontecimentos do palco.

## FRANÇOIS DELSARTE[9]

Delsarte, inicialmente trabalhando como ator, consagrou sua vida à observação e classificação das leis que regem o uso do corpo humano

7   Idem, p. 190.
8   Idem, p. 193.
9   François Delsarte nasceu em Solesmess em 1811 e morreu em 1871. Durante os anos de 1839 a 1859 lecionou, em Paris, um Curso de Estética Aplicada. Foi o primeiro a fazer uma análise aprimorada dos gestos e expressões humanos. Elaborou teorias estéticas, mas explicou-as apenas oralmente. Alfred Giraudet, um de seus discípulos, escreveu, em 1895, o livro *Physionomie et Gestes. Méthode pratique d'aprés le système de François Delsarte.*

54 O PAPEL DO CORPO NO CORPO DO ATOR

como meio de expressão e comunicação. Quer descobrir através de quais mecanismos o corpo humano é capaz de traduzir estados interiores; seu trabalho busca o tempo todo refletir e experienciar as relações entre o corpo e a alma.

Por meio da observação de si próprio e da observação de pessoas nas mais diversas situações, estabelece uma lista de gestos que correspondem a estados emocionais precisos; "aos poucos, constata que a uma emoção, a uma imagem cerebral, corresponde um movimento ou, ao menos, uma tentativa de movimento"[10].

Dessa descoberta, de enorme importância para a dança moderna, desenvolve seu sistema: a intensidade do sentimento comanda a intensidade do gesto[11], de modo que nenhum gesto deve existir e muito menos ser apresentado sem significado.

Durante quarenta anos Delsarte observa e cataloga uma quantidade imensa de gestos, encetados pelas mais diferentes partes do corpo, e suas mudanças (grandes ou sutis), decorrentes das variações do estado emocional.

Seus ensinamentos, com o intermédio de uma aluna, Mme. Harvey, chegam até Denishawnschooll (da qual falarei mais adiante), onde, por exemplo, eram analisadas setenta e duas formas de saudar alguém, relacionando-as aos sentimentos com relação à pessoa saudada, humor etc.

O gesto, dizia Delsarte, é mais do que um discurso. Não é o que dizemos que convence, mas a maneira de dizer. O discurso é inferior ao gesto porque corresponde ao fenômeno do espírito. O gesto é o agente do coração, o agente persuasivo[12].

São seus princípios fundamentais:

*Princípio da Correspondência*: para cada função espiritual corresponde uma função corporal; a cada função corporal corresponde um ato espiritual; o gesto vincula-se à respiração e se desenvolve graças aos músculos, mas tem como apoio sentimentos, emoções e ideias.

*Princípio da Trindade*:

[...] os três princípios de nosso ser, a vida, o espírito e a alma formam uma unidade, pois a vida e o espírito estão em unidade com a alma; a alma e o espírito estão em unidade com a vida; a vida e a alma estão em unidade com o espírito[13].

Na verdade, essa divisão, sempre em três partes, refere-se a estudo bastante minucioso de cada uma das partes do corpo e sua conexão com a expressividade do todo dentro do princípio regulado de Lei de Trindade. Anotamos a seguir um exemplo de atitudes manifestas por meio dos ombros:

10  Paul Bourcier, *op. cit.*, p. 244.
11  Idem, *ibidem*.
12  Roger Garaudy, *op. cit.*, p. 81.
13  François Delsarte *apud* Roger Garaudy, *op. cit.*, p. 82.

O CORPO NA DANÇA 55

- ombros para frente: caídos significam abatimento; em sua elevação normal, reflexão; erguidos indicam súplica;
- ombros normais: caídos denotam abandono; em sua elevação normal, estado normal; erguidos comunicam exaltação;
- ombros para trás: se caídos indicam estupidez; se em sua elevação normal, orgulho, se erguidos, desespero.

Delsarte distingue também três formas básicas de movimento:

1. Oposição: duas partes do corpo movem-se ao mesmo tempo em direções opostas. Um gesto assim permite que a expressividade alcance um grau bastante grande; exemplo: uma parte avança em direção frontal enquanto outra parte recua. O corpo participa inteiramente quando há oposição de movimentos, pois cria-se uma tensão de energias.

2. Paralelismo: duas partes do corpo movem-se, ao mesmo tempo, na mesma direção; para Delsarte o fato indica franqueza; são movimentos simétricos como aqueles da súplica e da oferenda.

3. Sucessão: movimentos que acontecem no corpo todo, percorrendo-o músculo a músculo, articulação por articulação. Segundo Delsarte, algumas sucessões nascem na periferia para então atingir o centro do corpo, mas o inverso também ocorre; o movimento tem início no tronco e daí se irradia para os membros (estas sucessões são realmente as mais fortes). Esse impulso original, desenvolvido e criado no torso segue pelos ombros, braços, mãos e dedos, sempre em ondas.

Esse princípio está presente em exercícios usados no mundo inteiro, tais como quedas com torções, giros e ondulações, uso de alternância voluntária de tensão e extensão, fluxo e refluxo de energia etc.

Na dança moderna, o efeito disso é imediato: o tronco passa a mobilizar todo o corpo e liderar o desenvolvimento de cada gesto.

Nota Delsarte que o corpo se alonga como indício de bem-estar geral e o fato contrário (o de fechar-se em torno de si mesmo) indica mal-estar geral. Nota também que tais posições, que são tradução de estados interiores, reforçam, por sua permanência, ainda mais os estados internos que lhes deram origem.

Delsarte realiza também um estudo minucioso do corpo em suas principais posições expressivas, tais como ataque, veemência, exaltação, submissão, humildade, desalento, cólera, desespero e surpresa. Cria também sequências para o estudo dessas formas corporais aliadas a estados primários e essenciais; são partituras de grande interesse para atores e dançarinos.

Existem também estudos das mãos, ombros e até sobrancelhas bastante detalhados. Por exemplo, no das mãos há posições denotativas de afirmação simples, afirmação enfática, apatia ou prostração, apelo enérgico, negação, repulsa violenta, aviso, determinação, raiva e súplica.

Os impulsos interiores que levam o homem ao movimento são aqueles vindos do espírito, alma e vontade que têm, para ele, suas fontes

56      O PAPEL DO CORPO NO CORPO DO ATOR

respectivas no rosto, torso e membros. Cada uma dessas partes é igualmente dividida em três, sendo, por exemplo, a testa a parte espiritual, os olhos a emocional e a boca a voluntária. Para o torso, o espírito manifesta-se nos ombros, a alma localiza-se nos pulmões e a vontade nas regiões inferiores. Para os membros, a alma situa-se no cotovelo e joelho, o espírito nos ombros e articulações dos quadris, e a vontade nos pés e nas mãos.

O gesto torna-se coreográfico quando traduzido espacialmente de certos modos especiais: o gesto vindo do pensamento terá o aspecto de uma linha reta; o da alma, uma linha sinuosa ou arredondada e o da vontade caminha em ziguezague. A cabeça é a sede de tudo o que é espiritual e intelectual, o tronco é o centro emocional e moral e as pernas refletem a vida animal.

Em seus exercícios rítmicos, Delsarte associa uma série de gestos com a música e indica uma ordem para a execução: cada gesto, ou passo, encaminha organicamente o que vem a seguir. Sem dúvida esse trabalho influencia Dalcroze na criação da eurritmia. Tais exercícios, em número de doze, são os seguintes[14]: entrada ou interrupção; agradecimento, gestos afetados, cerimoniosos; atração; surpresa e segurança; devoção; surpresa interrogativa; interrogação reiterada; ódio; ameaça; ordem para se retirar; reiteração; medo[15].

Observando a linguagem gestual, Delsarte descobre que, frequentemente, as expressões das mãos contradizem as do rosto. Essa contradição, percebida por ele, torna-se fundamental tanto para a dança quanto para o teatro.

É possível, acompanhando a leitura, realizar, na sequência, todos esses exercícios criados por Delsarte.

## ÉMILE JAQUES-DALCROZE[16]

É necessário estabelecer comunicações rápidas entre o cérebro que concebe e analisa e o corpo que executa. É necessário [...] reforçar a faculdade de concentração, habituar o corpo a manter-se debaixo de pressão, por assim dizer, enquanto espera as ordens do cérebro [...] é necessário canalizar as forças vivas do ser humano e orientá-las para um objetivo definitivo que é a vida organizada, inteligente e independente[17].

Como professor do Conservatório de Genebra, Dalcroze constata a necessidade de uma educação corporal para os estudantes de música.

14    Cf. *The Drama Review*, vol. 16, n. 1 (T-53), mar. 1972.
15    Idem, p. 58.
16    Émile Jaques-Dalcroze nasceu em 1865. Pianista e professor de música do Conservatório de Genebra, Dalcroze é o criador da Ginástica Rítmica ou Eurritmia. Seu método fez muito sucesso na Europa, e, em 1913, fundou-se a London School of Dalcroze Eurythmics. A doutrina dalcroziana foi particularmente influente na Alemanha, onde foi introduzida por intermédio de Mary Wígman. Morreu em 1950.
17    Émile Jaques-Dalcroze *apud* Odette Aslan, *op. cit.*, p. 61.

O CORPO NA DANÇA 57

Para ele, o corpo é o ponto de passagem obrigatório entre o pensamento e a música: o pensamento só pode captar o ritmo se ele for ditado pelo movimento. É o seu primeiro passo[18].

Conhecedor do sistema de Delsarte, desenvolvido pela Denishawnschooll, Dalcroze leva adiante esse estudo, criando a eurritmia.

Estuda a tensão e o relaxamento (suas funções no movimento) e nota que o grau correto de energia presente nos músculos torna o gesto mais significante, além de suprimir os "movimentos parasitas"[19] que constantemente aparecem na movimentação.

Cria, então, uma educação psicomotora com base na repetição de ritmos, criadora de reflexos, na progressão da complexidade e da sobreposição de ritmos, na decifração corporal, na sucessão do movimento: a música suscita no cérebro uma imagem, que, por sua vez, impulsiona o movimento, que se torna expressivo caso a música tenha sido captada corretamente. As consequências pedagógicas são o desenvolvimento do sentido musical em todo o ser – sensibilidade, inteligência, corpo – que fornece uma ordem interior que, por sua vez, comanda o equilíbrio psíquico. O método consiste em educar o aluno fazendo-lhe praticar um solfejo corporal cada vez mais complexo, com movimentos tão claros e econômicos quanto possível[20].

Assim como Noverre e Delsarte, Dalcroze acredita que o gesto em si nada representa, sendo seu principal objetivo captar sentimentos e emoções humanas, por meio de sequências precisas ao nível da forma e corretas no sentido do ritmo.

Pretende, pela eurritmia, equilibrar a vida psíquica e obter a harmonia do ser, pela supressão dos automatismos e dos hábitos adquiridos com movimentos não artísticos. Esse tipo de ginástica, comandada pela vontade, busca harmonizar músculos e sensibilidade num fluxo harmônico.

Segundo Pierre Tugal[21], os ensinamentos dalcrozianos exerceram uma profunda influência na dança atual.

Para Dalcroze, cada signo musical tem um gesto correspondente, e a esse gesto equivale sempre um determinado som. Seu objetivo é fazer o ritmo ser percebido através do corpo, desenvolvendo um sentido integral da música, o ouvido, o sentimento métrico e o instinto rítmico. Cria, consequentemente, uma série de exercícios para desenvolver e harmonizar as funções motoras e ordenar os movimentos no tempo e no espaço, despertando, por fim, no aluno, o desejo de expressão.

18   Paul Bourcier, *op. cit.*, p. 291. Nota explicativa: a coreógrafa Maria Fux (Cf. Maria Fux, "Dançaterapia com Surdos", *Dança, Experiência de Vida*, São Paulo, Summus Editorial, 1983, pp. 97-114), ao trabalhar com dançarinos surdos, consegue fazê-los "ouvir" a música através do ritmo que imprime em seus corpos. É através do corpo que o senso da música nasce e se fixa neles; usa especialmente percussão e passos ritmados.

19   Paul Bourcier, *op. cit.*, p. 291.

20   Idem, pp. 291-292.

21   Pierre Tugal, *Initiation a la Danse*, Paris, Grenier a Sel, s/d, p. 172.

58 O PAPEL DO CORPO NO CORPO DO ATOR

O aluno prepara-se para esses exercícios por meio de outros que envolvem a conscientização da postura e da própria energia e mostram, sobretudo, aquelas resistências que devem ser superadas para que o ritmo possa fluir por todo o organismo. O movimento, apenas quando livre de tensões, pode servir aos pensamentos e imagens.

A flexibilidade (muscular e articulatória) assegura rapidez e segurança nos reflexos, movimentos realizam-se articulados conscientemente à inspiração e à expiração, aprende-se a conter e a igualmente liberar impulsos, sendo assim, a vontade e o autocontrole fortalecem-se cada vez mais.

Estudando sequências desenvolvidas para crianças[22] pode-se notar o envolvimento do corpo inteiro na união harmônica e fluente de passos, gestos de braços e de cabeça aliados às direções frente-atrás, lado-lado, acima-abaixo. A mesma organização se estabelece para as pernas, em passos que vão e que voltam, ocasionando um leve movimento de balanço. Trabalha-se também com posturas (especialmente de pé e no nível médio, por exemplo, de joelhos), propondo caminhos limpos e claros nas passagens entre uma e outra posição, fortalecendo o sentido formal, com a constante repetição dos mesmos desenhos elaborados.

Coordenação, lateralidade e sobretudo um sentido de inteireza e tranquilidade são desenvolvidos; por meio desses passos ritmados e orgânicos desenvolve-se o sentido estético do movimento. O acento personalizado (ou seja, a interpretação pessoal da sequência) pode ser colocado depois que toda a série é dominada: os últimos exercícios propostos são interpretativos.

A presença dos princípios dalcrozianos "era sensível no rico ecletismo dos coreógrafos dos Balés Russos de Serge Diaghilev (Massine, Nijinsky, Balanchine) e nos balés expressionistas de Kurt Jooss"[23]. O próprio Nijinsky, em *A Sagração da Primavera*, pede a Dalcroze um assistente que possa analisar para sua companhia os ritmos dessa composição: as coreografias do bailarino serão "inspiradas pelo método dalcroziano, mais ou menos assimilado, segundo Diaghilev"[24].

Para Bourcier, "o método de Dalcroze foi descobrir uma pedagogia do gesto: seu aluno transformará, mesmo traindo-a, o que era análise pragmática em poesia e dramaturgia do movimento"[25].

Pierre Tugal[26] aponta Jean D'Udine como divulgador de Dalcroze na França. Muitos de seus alunos são estudados pelo autor, entre eles Mme. Simone Jaques Mortane. Para ela, o senso físico do

---

22 Cf. L.A. Carré e L. Adélaide, *Gymnastique et Danses Rythmiques*, 2ª ed., Paris, Bourrelier, s/d.
23 Miriam Garcia Mendes, *A Dança*, São Paulo, Ática, 1985.
24 Paul Bourcier, *op. cit.*, p. 292.
25 Idem, p. 293.
26 Pierre Tugal, *op. cit.*, p. 173.

O CORPO NA DANÇA 59

movimento não é natural e precisa ser educado: o senso de ritmo muscular e do ritmo musical acabam por criar uma perfeita coordenação de movimentos.

Para Mme. Mortane, o ritmo que comanda os gestos do dançarino constitui a matéria-prima da dança. Seu ensino divide-se em três partes:

1. trabalho muscular em busca de harmonia corporal;
2. apreensão de um número de gestos, um vocabulário plástico correspondente a valores sonoros determinados;
3. esse vocabulário plástico se enriquece com uma série de atitudes e gestos convencionais que representam fórmulas rítmicas completas.

Já com Mme. Baer-Fussel, por meio do corpo, esse método pretende atingir a alma; evita todo e qualquer maneirismo e busca a simplicidade e a correção postural. Fazem parte de seu trabalho:

1. domínio corporal;
2. despertar do sentido muscular e da noção de equilíbrio;
3. segurança no movimento;
4. o sentido do espaço;

Baer-Fussel não deixa inicialmente nenhum espaço à expressão do sentimento: pretende antes que o aluno adquira domínio técnico necessário para fazer uso da expressão própria.

## SERGE DIAGHILEV E OS BALÉS RUSSOS[27]

Os Balés Russos fizeram sua primeira temporada em 1909. Neles, ao contrário dos balés tradicionais, buscavam-se recursos da pintura e arquitetura, música, dança, pantomima, iluminação, valorizando-se igualmente cada um desses componentes do espetáculo.

Os passos da escola clássica não são os únicos a figurar no repertório; a dança passa a englobar:

[...] a pantomima, a ginástica, e também gestos tirados aos desportos, às profissões, à parada dos saltimbancos e até ao livre exercício de um corpo cheio de elasticidade pela prática do atletismo. Todos os movimentos humanos são suscetíveis de se tornarem objeto de expressão...[28]

27 Sob a direção de Serge Diaghilev (1892-1929) os Balés Russos realizaram sua primeira grande temporada em Paris no ano de 1909, com coreografias de Fokine. Nijinsky também é revelado ao mundo em toda a sua genialidade e sob responsabilidade de Diaghilev. Os principais coreógrafos dos Balés Russos foram: Massine, Balanchine e Fokine.
28 Pierre Michaut, *História do Ballet*, São Paulo, Difusão Europeia do Livro, s/d, p. 68.

# O PAPEL DO CORPO NO CORPO DO ATOR

Antônio José Faro[29] cita, entre as contribuições mais importantes de Diaghilev e dos Balés Russos:

1. ele instituiu o balé em um ato como obra de arte de tanto valor como o balé em três atos;
2. por seu intermédio, músicos e artistas plásticos de nomeada voltaram a interessar-se por compor e desenhar para o balé;
3. com suas constantes viagens, principalmente depois que a companhia quebrou definitivamente seus laços com a Rússia, conseguiu aumentar o público do balé;
4. a aparição de bailarinos como Nijinsky, Bolm e Mordkin, dentre outros, revitalizou na Europa a dança masculina, que caíra a um de seus níveis mais baixos[30].

O balé deverá ser, a partir de então, o resultado de trabalho de toda uma equipe, tecnicamente desenvolvida e artisticamente integrada. Seus coreógrafos, Fokine, Nijinsky, Massine, Nijinska e Balanchine criaram novos passos e deslocamentos, assim como solidificaram o espírito de contínua pesquisa, onde a tradição e a ousadia estavam sempre presentes.

Nijinsky, por exemplo, cansado de ver o público aplaudir apenas suas proezas físicas, teria exclamado: "Eu não sou um saltador, eu sou um artista"[31].

Influenciado por Isadora Duncan (que vê dançar em 1905 e 1907) amplia suas ambições, passando a perseguir a expressão dos sentimentos humanos por meio de passos e gestos, a ponto de trocar (como em *L'aprés midi d'une faune*) posições clássicas por outras naturais.

Fokine, a quem Pierre Michaut chama o criador do balé contemporâneo, teoriza o trabalho deste balé e formula as regras do novo estilo. Seus princípios seguem aqueles que preconizava Noverre. São eles:

1. não se limitar a reunir locuções plásticas já feitas, mas criar em cada caso uma forma correspondente ao estilo do indivíduo, o mais expressivo possível do período e do país representado; 2. toda a dança e toda a mímica devem concorrer para a expressão dramática, excluindo todo divertimento ou toda digressão estranha ao assunto; 3. a mímica não deve ser limitada somente aos gestos convencionais de mãos, todo o corpo deve ter expressão; 4. os grupos e os conjuntos devem ser expressivos como os solistas; 5. o balé reconhece enfim sua aliança, em pé de igualdade com as outras artes: música e decoração; não mais pede "música de balé" como acompanhamento de suas danças e deixa ao compositor a liberdade de seu poder criador[32].

Massine, por sua vez, revela-se, ao criar figuras segundo um sistema que destruía a coordenação acadêmica dos passos e gestos de braço;

---

29    Antônio Jose Faro, *Pequena História da Dança*, Rio de Janeiro, Zahar, 1986.
30    Idem, p. 85.
31    Waslaw Nijinsky *apud* Françoise Reiss, *La Vie de Nijinsky*, Paris, D'Histoire et d'Art, 1975, p. 74.
32    Michel Fokine, em carta ao *Times*, datada de 6 de julho de 1914, *apud* Pierre Michaut, *op. cit.*, pp. 83-84.

O CORPO NA DANÇA    61

enquanto os passos seguiam determinado ritmo, os braços podiam acompanhar um outro.

Em 1915, Massine viaja com Diaghilev e alguns bailarinos pela Espanha estudando as danças populares desse país e, em suas coreografias (como, por exemplo, *As Mulheres de Bom Humor*) desenvolve uma pantomima cômica e caricatural, numa espécie de dança mimada.

Já as coreografias de Nijinska, com predileção pela paródia, visam ser "transposições plásticas do ritmo, uma 'réplica física' da música"[33].

Balanchine usa o cômico e o acrobático. Em sua obra estão presentes a influência do circo e do *music-hall*: a coreografia de *O Filho Pródigo* (1929) "era uma pantomima estreitamente ligada à música, cortada por variações de dança"[34].

Os Balés Russos, graças à Diaghilev e através de seus coreógrafos e bailarinos, conseguem realizar uma revolução estética, mais que propriamente técnica.

## ISADORA DUNCAN[35]

A necessidade de vê-la muitas vezes dir-se-ia prescrita dentro de mim por um sentimento artístico que estava intimamente ligado à sua arte. Mais tarde, quando me tornei familiar dos seus métodos [...] vim a persuadir-me de que, nos quatro cantos do mundo, devido a condições desconhecidas para nós, muitas pessoas, em várias esferas, buscam para a arte, o mesmo princípio criador, inspirado na natureza[36].

Com Isadora, de fato, tem início uma nova era. Impõe-se a dança, livre das formas preestabelecidas, livre de configurações criadas artificialmente, Isadora dança a natureza em seu fluxo, e procura, inspirada na tradição helênica, recuperar a organicidade do movimento relacionado com os estados interiores.

A dança é, para Isadora, desde muito cedo, a expressão de seu temperamento, sua maneira de viver, sua história pessoal. Recusando a técnica clássica, ela vai em busca da beleza presente nos mais simples gestos, nas ações comuns a todo ser humano: andar, correr, saltar. O corpo deve sentir-se livre para criar.

33  Pierre Michaut, *op. cit.*, p. 90.
34  Idem, p. 95.
35  Isadora Duncan nasceu em San Francisco (EUA) em maio de 1878 e morreu tragicamente em Nice, no verão de 1927. Sua dança é marcada pelas influências de Delsarte e Dalcroze. Rompendo, ainda menina, com o balé clássico, busca na natureza e na Grécia antiga a inspiração para compor e estruturar seus movimentos. Em 1905 fundou uma escola em Grünewald e entregou a direção à sua irmã; em 1921 abriu outra escola, desta vez na União Soviética. Irma Eric Grimm, autorizada por Isadora, escreve um livro sobre essa nova técnica de dança. Esse livro foi publicado em 1937.
36  Constantin Stanislávski *apud* Isadora Duncan, *Minha Vida*, São Paulo, José Olympio, 1986, p. 137.

62 O PAPEL DO CORPO NO CORPO DO ATOR

Nasci junto do mar e já notei que todos os acontecimentos da minha vida sempre ocorreram nas suas proximidades. A minha primeira ideia do movimento da dança veio-me certamente do ritmo das águas[37].

### Isadora procurava encontrar uma dança que fosse,

[...] pelos movimentos do corpo, a expressão divina do espírito humano. Durante horas permanecia de pé, imóvel, com as mãos cruzadas sobre os seios, à altura do plexo solar [...] Mas eu procurava e acabei por descobrir a mola central de qualquer gesto, o centro de energia motora, o núcleo de que nascem os mais dispares movimentos, o espelho fantasmagórico no qual me apareceu a dança recém-criada. Foi desta descoberta que se originou a teoria em que apoiei a minha escola[38].

Isadora pretende encontrar a fonte de irradiação humana, a força centrífuga e refletora da visão do espírito[3939]. Seu trabalho inicial consistiu em concentrar-se intensamente nesse centro irradiador, nessa fonte de luz. Dizia a seus alunos:

Escutem bem a música, mas com a alma.
Vocês não estão sentindo que há outra pessoa que faz vocês levantarem a cabeça, mexer com os braços e caminhar para diante, na direção da luz?[40]

### Pesquisava também:

[...] um movimento inicial, de que se originasse toda uma série de outros movimentos, verdadeiramente espontâneos, sem qualquer interferência da minha vontade, e que não fossem mais do que a reação inconsciente do movimento de partida[41].

Escolhia alguns temas e seguia trabalhando com todos eles segundo esse mesmo princípio, o de um movimento gerador, que pudesse provocar uma série de outros, como numa reação em cadeia:

[...] o primeiro movimento de medo, seguido das reações provindas da emoção inicial; o da tristeza, do qual nascia uma dança de lamentações; a do amor...[42]

Para dançar era preciso ligar "o motor da alma"; é dele que se irradia a luz que faz vibrar e mover cada parte do corpo, com maior ou menor intensidade.

É essencial desenvolver e cuidar sistematicamente do corpo; primeiro a ginástica, depois a dança. Mas essa ginástica é, para o bailarino, apenas um recurso, pois:

37  Isadora Duncan, *op. cit.*, p. 3.
38  Idem, p. 59.
39  Idem, p. 60.
40  Idem, *ibidem*.
41  Idem, p. 61.
42  Idem, *ibidem*.

O CORPO NA DANÇA　　63

[...] esses exercícios cotidianos tem por escopo fazer do corpo, em cada estágio do seu desenvolvimento, um instrumento tão perfeito quanto possível para a expressão dessa harmonia[43].

Essa ginástica visa a preparar os músculos, para que se tornem ágeis e vigorosos. A seguir tem início os exercícios de aprendizado da dança:

Estes consistem em andar de uma maneira simples, cadenciada, avançando lentamente ao compasso de um ritmo elementar; depois, a andar mais depressa, de acordo com ritmos mais complicados; depois, a correr, lentamente a princípio; depois, a saltar sempre lentamente, e em certos momentos definidos do ritmo[44].

Tendo a natureza como inspiração e guia, Isadora dança sua relação com cada um de seus elementos, escutando e respondendo com seu corpo às pulsações da terra, aos movimentos do vento e da água, numa fluência contínua como a própria vida.

Dançando descalça, seus movimentos nascem da observação e do contato com a natureza, em ondulações que fluem como ondas sem interrupção.

Estuda também os movimentos dos dançarinos gregos (presentes nas formas cristalizadas em vasos) não com o intuito de copiá-los, mas para descobrir, neles, movimentos espontâneos da vida.

## RUDOLF VON LABAN[45]

A fonte da qual devem brotar a perfeição e o domínio final do movimento à compreensão daquela parte da vida interior do homem de onde se origina o movimento e a ação. Tal compreensão aprofunda o fluir espontâneo do movimento, garantindo uma eficaz agilidade. A premência interior do ser humano para o movimento tem de ser assimilada na aquisição da habilidade externa para o movimento.

Existe uma relação quase matemática entre a motivação interior para o movimento e as funções do corpo; e o único meio que pode promover a liberdade e a espontaneidade da

---

43　Idem, p. 143.
44　Idem, *ibidem*.
45　Rudolf Von Laban (1879-1958) nasceu na Bratislava, na época, pertencente a Hungria, em 1879. Durante a Primeira Guerra Mundial fixa-se na Suíça, abrindo aí uma escola de Arte do Movimento. Desenvolve a Kinetography Laban, um sistema de notação de movimentos, mais conhecido como Labanotation (1926). Bailarino, pesquisador, coreógrafo, professor, Laban foi também diretor de movimento da Ópera Estadual de Berlim. Durante a Segunda Guerra Mundial, Laban vai para a Inglaterra, onde funda o Modern Educational Dance; desenvolve a Dança Coral e publica as seguintes obras: *Effort* (1947), *Modern Educational Dance* (1948), *The Mastery of Movement on the Stage* (1950) e *Principles of Dance and Movement Notation* (1954).

64 O PAPEL DO CORPO NO CORPO DO ATOR

pessoa que se move é ter uma certa orientação quanto ao saber e quanto à aplicação dos Princípios gerais de impulso e função[46].

Para Laban, o movimento nasce com a finalidade de satisfação de necessidades humanas; na relação com objetos materiais ou com o objetivo voltado para outros valores (valores estes que, por sua vez, são a origem não pragmática do gesto). Torna-se muito difícil traduzi-lo em palavras. No entanto, todo e qualquer movimento pode ser descrito e analisado segundo os propósitos para os quais foi gerado: movimentos de trabalho e movimentos de adoração e prece. Nas atividades mais diversas pode-se notar movimentos iguais que, no entanto, possuem significação totalmente diferente.

Laban dá exemplo de dois atores: um deles, um virtuose que emprega os movimentos do corpo bem como das cordas vocais, à semelhança do mais habilidoso artesão e seus instrumentos[47] e o outro que "se concentra na atuação dos impulsos internos da conduta, que precedem aos seus movimentos, dando pouca atenção, em princípio, à habilidade necessária à representação"[48].

Ao movimento aplicam-se esses dois objetivos, voltados, por um lado, "para a representação dos aspectos mais exteriores da vida" e, por outro, "para um espelhamento dos processos ocultos do seu interior"[49]. O ator, deixando que seu gesto seja resultante de impulsos interiores, terá mais probabilidade de penetrar no que Laban denomina de "Oficina de Pensamento e Ação".

O ator deverá, também, conhecer as condições de esforço de sua personagem. A palavra esforço tem aqui o significado de impulso interno a partir do qual surgem, ou têm origem, os movimentos.

Por meio do estudo rítmico do movimento de outros seres vivos, pode-se chegar a perceber as qualidades de esforço e suas alterações; por exemplo, de um animal para outro, de um homem para outro, nas várias situações da vida.

Laban diz que:

As faces e as mãos dos adultos humanos podem ser consideradas como tendo sido moldadas por seus hábitos de esforço. A forma de seus corpos, incluindo a da cabeça e das extremidades, significa talvez uma disposição natural de esforço e pode ser vista como "manifestações de esforço congeladas"[50].

Salienta também os movimentos de sombra que são:

46  Rudolf von Laban, *Domínio do Movimento*, São Paulo, Summus, 1978, p. 11.
47  Idem, p. 25.
48  Idem, p. 27.
49  Idem, p. 28.
50  Idem, p. 34.

O CORPO NA DANÇA          65

[...] em geral executados inconscientemente e muitas vezes acompanham, à maneira de uma sombra, os movimentos da ação com objetivo, daí a denominação escolhida[51].

O intérprete deve conhecer esses esforços, mas, além disso, deve poder alterá-los conscientemente; mudar suas qualidades; "ou seja, o modo segundo o qual é liberada a energia nervosa..."[52], por uma modificação num dos componentes do movimento: Peso, Espaço, Tempo e Fluência, que, por sua vez, aliam-se a uma atitude interior (consciente ou inconsciente).

Essas características de esforço podem ser desenvolvidas, modificadas e treinadas, já que dizem respeito também à relação estabelecida com o meio ambiente, com os outros homens etc.

Mas os seres humanos, sejam eles primitivos ou civilizados, pobres ou ricos, conseguem instituir complicadas redes de qualidades cambiantes de esforços que representam os múltiplos meios de liberar a energia nervosa que lhes é inerente[53].

A riqueza e a diversidade dos esforços humanos são a própria fonte de sua dramaticidade, que pode ser fortalecida através de um treinamento sistemático e objetivo.

A seleção que o homem faz das suas sequências de esforço não mais parece ser totalmente inconsciente; ele tem a capacidade de coordenar uma gama de possibilidades de esforço vastamente maior do que a de qualquer outro animal e esta gama ultrapassa as necessidades da mera sobrevivência[54].

Um dos princípios básicos de tal treinamento é aquele que visa "ao pensar em termos de movimento", em vez de pensá-lo somente através das palavras.

O pensar por movimentos poderia ser considerado como um conjunto de impressões de acontecimentos na mente de uma pessoa, conjunto para o qual falta uma nomenclatura adequada. Este tipo de pensamento não se presta à orientação no mundo exterior, como o faz o pensamento através das palavras, mas, antes, aperfeiçoa a orientação do homem em seu mundo interior, onde continuamente os impulsos surgem e buscam uma válvula de escape no fazer, no representar e no dançar[55].

Segundo Laban, "temos necessidade de um símbolo autêntico da visão interna que efetue contato com o público e ele só é atingido quando se aprendeu a raciocinar em termos de movimento"[56].

51   Idem, p. 35.
52   Idem, ibidem.
53   Idem, p. 38.
54   Idem, pp. 39-40.
55   Idem, p. 42.
56   Idem, p. 46.

66       O PAPEL DO CORPO NO CORPO DO ATOR

Os esforços, ou ações básicas que compõem a dinâmica do movimento são oito: deslizar (movimentos leves, diretos e lentos), flutuar (leves, flexíveis e lentos), socar (fortes, diretos e súbitos), empurrar (fortes, diretos e lentos), torcer (fortes, flexíveis e lentos), chicotear (fortes, flexíveis e súbitos), pontuar (leves, diretos e súbitos) e sacudir (leves, flexíveis e rápidos). Essas ações básicas devem ser treinadas pelo ator; esse treino auxilia-o a perceber a origem interior e a forma exterior de seus movimentos.

Observando e analisando o movimento, Laban conclui que esse poder de compreensão e análise

> [...] nos habilita a escolher uma atitude hostil, contida, constrita, de resistência, por um lado, e por outro de complacência, de aceitação, tolerância e benevolência em relação aos fatores do movimento Peso, Espaço e Tempo, aos quais os objetos inanimados estão submetidos, de vez que são acidentes naturais[57].

Cumpre ter consciência do que se faz e desenvolver a vontade através das escolhas possíveis em termos de ação; basicamente duas atitudes são possíveis: entrega aos fatores do movimento (e sensações ocasionadas) ou luta contra eles, por meio de uma resistência ativa.

Restar todas as ações humanas ligadas ao esforço é fundamental ao ator-dançarino:

> [...] não apenas tornar-se ciente das várias articulações do corpo e de seu uso na criação de padrões espaciais e rítmicos, como também aperceber-se do estado de espírito e da atitude interna produzida pela ação corporal[58].

Laban apresenta um método de análise de ações corporais simples para que o aluno desenvolva sua capacidade de observação e realização de ações as mais diversas; estuda, entre outras coisas a direção e planos dos gestos, sua extensão e caminho no espaço, a energia muscular usada na resistência ao peso e a acentuação do movimento; emprego do tempo (rápido, normal e lento) e fluência que pode se manifestar aos trancos (com interrupções ou quebras entre um e outro movimento) ou contínua (sem qualquer perda de ligação entre um movimento e aquele que vem a seguir).

Detém-se também longamente na investigação e análise das ações corporais complexas, que devem sempre revelar aspectos da vida interior daquele que as executa. Todo e qualquer movimento acontece relacionado a fatores de mensuração objetiva e igualmente à personalidade do seu agente. Esse dado pessoal é que acaba por criar certas expressões muito características que se manifestam na ação corpórea. Tais atitudes pessoais refletem-se

57   Idem, p. 51.
58   Idem, p. 53.

O CORPO NA DANÇA 67

[...] numa atitude relaxada ou uma atitude enérgica, quanto ao peso; uma atitude linear ou uma atitude flexível, no espaço; uma atitude curta ou uma atitude prolongada, frente ao tempo; uma atitude liberta ou uma atitude controlada, em relação à fluência[59].

Nas ações funcionais "a sensação do movimento não passa de um fator secundário; nas situações expressivas, onde a experiência psicos-somática é da maior importância, sua relevância cresce"[60].

Estudando o significado do movimento, Laban volta-se para duas ações básicas que são as de recolher (trazer para junto de si) e espalhar (afastar para longe). Para ele, "o apoderar-se e o repelir constituem necessidades fundamentais"[61], ou seja, impulsos de posse ou de repulsa são os impulsos básicos.

A observação, análise e treino das ações humanas são promovidos por meio de exercícios progressivos, cabendo-lhes desenvolver o pensamento-movimento para que o ator ou o dançarino consigam, por sua ação consciente, que personagens e seus valores (muitas vezes conflitantes) transpareçam, pois:

[...] sua atitude mental e suas participações interiores refletem-se em suas ações corporais deliberadas, bem como nos movimentos de sombra que acompanham o primeiro[62].

O estudo das leis da harmonia espacial visa à experimentação das dimensões possíveis ao corpo em sua conexão com a Kinesfera[63]; certas ações, como cruzar, abrir, subir, descer, recuar e avançar, são organizadas em sequências formais claras para fins de pesquisa. Essa exploração inclui também variações na amplitude do movimento, passos saltos e gestos que saem e retornam ao centro do corpo.

A consciência da forma é promovida em ligação com os esforços propositalmente pesquisados. A relação Esforço-Forma é o princípio norteador desse trabalho.

59  Idem, p. 114.
60  Idem, p. 121.
61  Idem, p. 137.
62  Idem, p. 168.
63  *Kinesfera*, área em torno do corpo limitada pelos movimentos de braços e pernas, tendo sempre o tronco como centro. É o espaço que o corpo pode ocupar em sua maior amplitude, sem, no entanto, qualquer deslocamento.

## MARY WIGMAN[64]

Para Mary Wigman o objetivo da dança é a expressão da personalidade do dançarino, sendo o corpo o instrumento utilizado. O professor deve preocupar-se em alongá-lo, afiná-lo, para que não ofereça nenhum impedimento à passagem das emoções do intérprete. O dançarino acaba por incorporar a técnica à sua própria personalidade, tornando-a sua.

Formar um dançarino é torná-lo consciente de seus impulsos particulares; os gestos provenientes desses mesmos impulsos levam o aluno a tomar contato com sua realidade pessoal e artística.

Aluna de Laban por seis anos (1913-1919), pretende que a dança revele o lado oculto do ser humano. Segundo Bourcier:

[...] a liberdade individual que a estética de Wigman supõe não pode convir aos nazistas, que fecham sua escola de Dresden em 1940, qualificando-a de "centro de arte degenerada"[65].

O elemento marcante de seu trabalho é o contato intenso com o chão, com a terra. O espaço no qual se movimenta ou tenta mover-se o dançarino é asfixiante e opressor, algo contra o qual é preciso lutar. Sendo assim, o intérprete não pode fugir ao seu destino de autoconfronto; ele acaba por tornar-se consciente de seus mais secretos impulsos, de seus mais íntimos desejos. O mundo, tal como é percebido pelo dançarino nessa busca solitária de si mesmo, é transformado em cada um dos passos da dança.

Então, os vislumbres de conhecimento que começam a brotar exprimem-se por esboços de gestos que contribuem para a conscientização das pulsões internas. Ao final de um longo caminho, o artista conseguirá, ao mesmo tempo, conhecer suas forças criadoras e adquirir os meios corporais para exprimi-las[66].

O ser humano, imerso em desespero e lutando para não sucumbir aos perigos que constantemente o ameaçam (perigos vindos do mundo exterior) reúne, para se defender, todas as forças que ainda lhe restam.

Mary Wigman também quer que o movimento se desenvolva a partir do tronco: para isso é necessário envolvê-lo em ondulações que vão se espalhando até atingir os membros e suas extremidades. Os movimentos, quando nascem desse modo, (e por integrarem todo o corpo do dançarino) são os mais intensos e viscerais. Também o ritmo não

---

64 Mary Wigman (1886-1973), conhece, ainda jovem, o pintor Nolde, que muito a influencia; a seguir freqüenta a escola de Laban, na Suíça, de 1913 a 1919. Sua primeira grande coreografia é Hexentanz e data de 1913; em 1917 cria Totentanz. Abre uma escola em Dresden e forma sua companhia. Compõe "Die Feier", (1928) "Das Totenmal" (1930). Os nazistas fecham sua escola. Escreve *Die Spräche des Tanzes* (1963), traduzido para o inglês em 1966: *The Language of Dance*.

65 Paul Bourcier, *op. cit.*, p. 298.

66 Idem, p. 299.

O CORPO NA DANÇA

pode ser imposto ao dançarino; ao contrário, ele precisa surgir espontaneamente, ditado por necessidades íntimas de expressão.

A movimentação do bailarino não pode ser codificada *a priori*, e, por isso, não há de existir formas preestabelecidas sujeitas a mera repetição. Os movimentos artísticos surgem através da realidade e devem ser procurados no cotidiano e nas paixões escondidas. Isso sim é a verdadeira matéria-prima da dança a ser organizada na forma.

Garaudy assim a descreve dançando:

Sua cabeça estava frequentemente baixa, seus ombros caídos, e os braços raramente se levantavam. Sem rejeitar nenhuma expressão física possível, seus movimentos pareciam como que puxados para o chão por uma espécie de atração ou vertigem: ficava ajoelhada, agachada, rastejante, as mãos muitas vezes crispadas numa posse ávida da terra[67].

Na verdade, um processo de criação, para ela, divide-se em duas fases mutuamente relacionadas: primeiro, o improviso; segundo, a tentativa de manter e cristalizar as formas criadas.

A expressão da força criadora do bailarino atinge sua plenitude quando se estabelece um equilíbrio entre os dois momentos; nem expressão pela expressão, nem forma pela forma, mas íntima fusão entre os dois termos[68].

A procura de um transe corporal que ajude o homem a exorcizar seus demônios é o princípio do êxtase: estar inteiro e inteiramente entregue ao giro, ou a uma ondulação que parece não ter mais fim;

[...] além da amplitude dos passos e gestos de seu turbilhão rítmico, há esta abóbada do espaço se fechando sobre si mesma, em espiral, e se contraindo em um ponto, o centro. E tudo girando em volta desse eixo móvel. E nós mesmos, pregados neste centro e girando na monotonia do círculo, até que pouco a pouco nos perdemos e sentimos a rotação afastar-se do nosso corpo. Agora é o mundo em volta que começa a girar[69].

Seu outro princípio, decorrente do delírio ao qual se entrega o dançarino, é o da perseguição da forma e refere-se à organização de tal fenômeno expressivo: "Sem êxtase, não há dança; sem forma, não há dança"[70].

Entre seus múltiplos interesses e paixões pessoais, encontramos danças e máscaras de outras civilizações (africana, oceânica, asiática) e as pesquisas da Bauhaus, em que o movimento do bailarino resolvia problemas concretos de uso do espaço.

---

67　Roger Garaudy, *Dançar a Vida*, Rio de Janeiro, Nova Fronteira, 1980, p. 106.
68　Idem, p. 109.
69　Mary Wigman *apud* Roger Garaudy, *op. cit.*, p. 109.
70　Mary Wigman *apud* Roger Garaudy, *op. cit.*, p. 110. Consultar também *The Drama Review*, vol. 24, n. 4 (T-88), dec., 1980.

# OSKAR SCHLEMMER[71]

O ensino elementar da Bauhaus transmite uma base comum de trabalho, voltada diretamente para o contato com materiais e com as obras artísticas. Nos anos de 1927 e 1928 Schlemner trabalha (nas aulas de desenho) com modelos em repouso e em movimento. Esse estudo amplia-se, a seguir, para um curso mais abrangente sobre o homem.

O Departamento de Teatro da Bauhaus forma pintores, técnicos, atores, bailarinos e diretores, num exercício de mútua cooperação. Estuda-se a linha, planos e volumes, cor e luz, espaço; movimento dança e pantomima, uso de máscaras e vestuário. Desenvolve-se a criação de espaços cênicos e exercitam-se funções técnicas, interpretação e direção.

A concepção de Schlemmer baseada no expressionismo, nas pantomimas e nos sketchs, caracteriza-se, sobretudo, por uma intensa experimentação plástica.

O homem situava-se, para Schlemmer, no centro do trabalho e, através de sua dança teria oportunidade de estudar-se a si mesmo e ao mesmo tempo o espaço ao seu redor A coreografia de Schlemmer delineia-se plasticamente e aproxima-se do arquitetônico[72].

O que se pretende é a relação estabelecida entre o corpo dançante e o espaço circundante. Para Giulio Carlo Argan:

Por meio da intuição e da energia metafísica que absorve do todo, o homem descobre o espaço imaterial da aparência e da visão interna[73].

Schlemmer considera o espaço cênico como produto desse movimento e do ritmo que a ele se imprime; a própria personagem é uma forma claramente desenhada que, ao integrar-se ao espaço da cena, acaba por determiná-lo. Importa que tudo mantenha sua qualidade física e concretíssima.

Seu teatro parte, como ele mesmo diz, do elementar: do ponto, da linha e das superfícies e volumes:

[...] que a gente parta da situação do corpo, do ser, do estar em pé, do caminhar e, somente por fim, do saltar e do dançar, porque o dar um passo à frente representa um importante acontecimento e nada menos que isso[74].

71 Oskar Schlemmer foi pintor e escultor, nasceu em Stuttgart, em 1888 e morreu em Paris, em 1943. Trabalhou na Bauhaus de 1920 a 1929, como diretor da seção de escultura e teatro. No último período de sua vida cultivou a arte abstrata. O Bauhaus, instituto no qual trabalhou e desenvolveu suas pesquisas foi fundado por Walter Gropius em 1919, em Weimar, para servir ao estudo conjunto das artes plásticas e das artes aplicadas.

72 Hans M. Wingler (ed.) *Las Escuelas de Arte de Vanguarda* (1900-1933), Madrid, Taurus Ediciones, 1980, pp. 113.

73 Giulio Carlo Argan, *Walter Gropius y el Bauhaus*, Buenos Aires, Nueva Visión, 1961, p. 48.

74 *Bauhaus*, Instituto Cultural de Relações Exteriores, Stuttgart, sob auspícios do Departamento Cultural do Ministério das Relações Exteriores da República Federal

O CORPO NA DANÇA 71

Todas as ações do corpo humano devem figurar como sendo importantes, "de vez que no palco se manifesta este mundo especial da vida, do aparecer, esta segunda realidade, na qual tudo está circundado pelo brilho do Mágico"[75].

O ator, ao converter-se no ser que habita esse espaço de magia proposital, movimenta-se aí em estudos práticos de profundidade, formas e ritmos diferentes; matéria e espírito em constante transformação. Odette Aslan diz:

Não é mais como na dança tradicional, a alegria, a tristeza ou uma emoção qualquer que move o bailarino; só conta a resolução quase impessoal dos problemas de espaço, forma e cor[76].

Se os ofícios podem ser ensinados, a arte, por sua vez, não se deixa aprisionar por qualquer método. Baseando-se nesse princípio de trabalho, o treinamento, na Bauhaus, pretende levar à experimentação prática e disciplinada: o que se vê são mestres e aprendizes envolvidos numa mesma e enriquecedora experiência.

O teatro ocupa-se da transformação da forma humana no contato com materiais diversos, e o papel do artista nasce de possibilidades práticas de metamorfose e é por elas determinado. A ideia inicial, em relação com os materiais disponíveis é alterada, causando, inevitavelmente, a alteração da matéria com a qual se relaciona.

Não há como separar, para Schlemmer, as funções orgânicas humanas dos fatores que as determinam, os movimentos (determinados tanto física quanto emocionalmente) constituem-se de impulsos visíveis.

Para que a transformação seja possível, usa as leis do espaço cúbico circundante o que gera uma "arquitetura ambulante", as leis funcionais do corpo humano em seu relacionamento no espaço, daí resultando a "marionete as leis do movimento do corpo humano, a dar origem a um organismo técnico" e as formas de expressão que, ao mesmo tempo que simbolizam membros do corpo humano, atingem uma espécie de "desmaterialização".

Com esses recursos artificiais (que envolvem o corpo do ator em figuras geométricas) são descobertas novas possibilidades de ação: posições e deslocamentos antes impossíveis tornam-se viáveis pelo tempo desejado. Criam-se, a partir dessas formas, o abstrato, o cômico, o grotesco, o sublime, o acrobático, o dinâmico, o mecânico e assim por diante[77].

da Alemanha. Oskar Schlemmer, diário, maio de 1929, p. 85.
75  Idem, *ibidem*.
76  Odette Aslan, *op. cit.*, p. 182.
77  Cf. Oskar Schlemmer, "Man and art figure". Em Walter Gropius (ed.), *The Theater of the Bauhaus*, London, Eyre Nethuren, 1979, by arrangement with Wesleyan University Press, Middleton, USA.

72 O PAPEL DO CORPO NO CORPO DO ATOR

Falando do tipo de teatro realizado pela Bauhaus, Schlemmer diz:

Se nós precisarmos procurar por modelos, eles podem ser encontrados no Teatro Javanês, no Japonês e no Chinês, mais facilmente do que no Teatro Europeu Atual[78].

## DENISHAWNSCHOOL[79]

A Denishawnschool reivindica um completo rompimento com a dança tradicional e traz, segundo Roger Garaudy, duas contribuições fundamentais para a dança moderna:

– um enriquecimento do vocabulário, pela integração das contribuições das danças do Oriente ou, mais exatamente não ocidentais.
– uma teoria e uma técnica sistemática da dança como expressão dos sentimentos e vontade do homem[80].

Essa escola tem, em seu currículo, matérias como cultura geral, música, anatomia e treinamento corporal. A linha de trabalho adotada pretende atingir a personalidade do aluno, indo além do simples preparo corporal para o desempenho profissional. A técnica clássica ainda é utilizada como exercício, mas excluem-se a ponta e as sapatilhas tradicionais; dança-se descalço.

Do ponto de vista técnico, o tronco passa a ser considerado o motor do movimento, centro e ponto de partida de todo e qualquer movimento; os impulsos são irradiados a partir do plexo solar. Cada músculo do dançarino deve estar preparado para traduzir em movimentos o impulso interior.

Ruth Saint-Denis busca na dança o sentido religioso original. Mesmo sem conhecer as danças egípcia e hindu, ela as toma como fonte de interesse e de pesquisa, imaginando-as e recriando-as em suas primeiras coreografias. O princípio que inspira seu trabalho é o

78 Idem, p. 101. Consultar também Alberto Corazon (ed.), *Comunicacion 4, Investigaciones sobre el Espacio Escenico*, Madrid, A C. ed., s/d, especialmente o capítulo "Ser Humano y Representacion".
79 Denishawnschool: Ted Shawn e Ruth Saint-Denis. Ted Shawn nasceu em 1891 e morreu em 1972. Aprende o delsartismo com Henriette Crane. Conhece Ruth Saint-Denis em 1911. Já em 1914 estão trabalhando juntos. Alguns dos balés de Ted Shawn: *Polonaise* (1926), *Pacific 231* (1929) *Kinetic Molpai* (1935) e *O Liberdad!* (1937). Escreve *Every Little Movement* sobre o delsartismo e *Dance we must*. Juntamente com outros bailarinos escreve *Dance: A Basic Educational Technic*. Nascida no ano de 1878 (provavelmente), Ruth Saint Denis cedo se inicia na dança através de sua mãe. Casa-se com Ted Shawn e juntos fundam a Denishawnschool. Desenvolvendo uma linha de dança que prima pela religiosidade, realiza, entre outras, as seguintes criações: *The Lamp* (1928) e *Ritual of the Masque of Marie* (1934). Dança pela última vez aos 83 anos *The Incense*.
80 Roger Garaudy, *op. cit.*, p. 73.

O CORPO NA DANÇA     73

de que "todo o corpo é mobilizado pelo movimento, principalmente o tronco, os ombros e os braços, utilizados em todos os eixos do espaço, com preferência pelos movimentos ondulatórios"[81]. Unido a esse, o segundo princípio: interrupção do movimento em paradas angulares, cujas posições do corpo almejam um sentido hierático, provindo do oriente.

Em busca de uma essência humana e usando a dança como meio, a dançarina americana procura desenvolver uma técnica capaz de possibilitar o envolvimento do corpo com a alma do intérprete. Pesquisa a dança de sabre dos samurais e as danças rituais hindus, juntamente com a ioga.

Estuda a linguagem das mãos, as técnicas de movimentação da cabeça e o controle da coluna vertebral; está voltada sobretudo para os princípios espirituais envolvidos nessas técnicas.

Já Ted Shawn inicia sua carreira com o estudo do delsartismo, considerando o dinamismo da dança uma função essencial; há, em suas coreografias, "uma progressão da intensidade do movimento que corresponde à progressão da ação, efeitos dramáticos em um quadro, com cenários, roupas e cenografia específicos"[82].

Elabora uma teoria a partir das atividades masculinas básicas tentando definir certos movimentos para um e outro sexos e se inspira também em "movimentos estilizados que fora buscar em antigos relevos esculpidos no México"[83].

Além de trabalhar com o jazz, elabora "um estudo sistemático dos movimentos do corpo humano e das leis de expressão das emoções"[84]. A partir dessa escola, a dança moderna americana (tendo como o grande precursor François Delsarte) pode desenvolver-se tanto técnica quanto artisticamente; suas bases estão lançadas.

---

81   Paul Bourcier, *op. cit.*, p. 259.
82   Idem, p. 261.
83   Roger Garaudy, *op. cit.*, p. 79.
84   Idem, *ibidem*. Consultar também Walter Terry, *The Dance in America*. New York, Harper and Brother Publishers, 1956.

# O PAPEL DO CORPO NO CORPO DO ATOR

## MARTHA GRAHAM[85]

Os princípios de trabalho de Martha Graham, desenvolvidos por ela após sua passagem (como aluna) pela Denlshawnschool, propiciam uma base bastante ampla de experimentação para a dança dos nossos dias. Martha Graham procura, por meio da dança, aprofundar-se nas zonas sombrias do homem, a fim de trazê-las à tona do gesto. Sua pesquisa do movimento visa a revelar algumas emoções e impulsos fundamentais ao ser humano. Todo movimento é ocorrência visível de pulsões: é preciso, com urgência, que todo impulso seja forma, gesto, deslocamento em cena. Mudanças bruscas na direção imposta ao gesto, paradas repentinas, desequilíbrios e quedas com rápida recuperação fazem parte de sua arte.

Em sua técnica estão presentes elementos de dança clássica; no entanto, ela os vai alterando para que sirvam ao seu desejo máximo de expressão. O torso é a origem do movimento em seu constante pulsar, inspiração e expiração, contração e relaxamento.

Um circuito vital parte da cavidade formada entre a coxa e a bacia, volta a subir para o corpo e fecha-se sobre si mesmo[86].

### Nela também

[...] a força do gesto acontece em função da força da emoção. Graham reage bruscamente à pulsão emotiva, por vezes de forma convulsiva, corta-a com paradas brutais, impõe mudanças de eixo. Volta a descobrir gestos rituais primitivos – que provavelmente reinventa, [...] como a dança com os joelhos muito flexionados, típica das culturas mediterrânicas muito antigas[87].

Sua dança aspira a um novo vocabulário que permita ao mundo exprimir-se pelo movimento; "adquirir a técnica da dança tem apenas um fim: treinar o corpo para responder a qualquer exigência do espírito que tenha a visão do que quer dizer"[88].

O ponto de partida para essa nova técnica é a respiração, em seu fluxo e refluxo. A partir do movimento respiratório pode-se perceber o centro motor do movimento, "de onde nascem e se irradiam as ações".

---

85 Martha Graham (1894-1991), estudou na Denishawnschool de 1916 a 1923. Após alguns solos, cria suas primeiras composições: *Frontier* (1935); *Heretic* (1929), *American Document* (1938); *Apalachian Spring* (1944). Já *Primitive Mysteries* é composta para o seu próprio grupo. Cria, a partir daí, uma série imensa de balés, dos quais salientarei alguns dos que abordam grandes temas: *Judith* (1950), *Clytemnestra* (1958), *Alcestis* (1960), *Phaedra* (1962). Sua técnica é conhecida em todo o mundo da dança moderna e contemporânea.

86 Bethsabée de Rothschild, "A Dança Artística nos Estados Unidos. Tendências Modernas", *apud* Paul Bourcier, *op. cit.*, p. 279.

87 Paul Bourcier, *op. cit.*, pp. 279-280.

88 Martha Graham *apud* Roger Garaudy, *op. cit.*, p. 97.

O CORPO NA DANÇA 75

É no tronco que tudo tem início. Nele se alojam as forças vitais manifestas em contínua pulsação. Segundo Garaudy,

[...] o ponto de apoio de todos os movimentos está na região pélvica e genital, no centro da qual se agitam os tumultos do sexo. Ali se faz a conjunção entre as duas grandes linhas de força de toda a vida: vida do indivíduo na respiração, vida da espécie na sexualidade. A força da projeção externa e sua expressividade dependem da carga destas pulsões primordiais...[89]

Seu segundo princípio técnico é o de intensificar tanto os movimentos de contração quanto de expansão: "impulsos bruscos, convulsivos, projeções violentas do corpo inteiro"[90], elevações e quedas, ondulações e vibrações, torções e alterações inesperadas no uso da direção do gesto proporcionam à sua dança um colorido forte e por vezes brutal.

O terceiro princípio é o da busca da relação com a terra, entrega e luta com a força da gravidade. O dançarino deve perceber o "instante de imobilidade aparente em que o corpo está pronto para a ação mais intensa e sutil, no seu momento de maior eficácia potencial"[91]. A isso Graham chama atitude.

O quarto princípio é o da totalidade. Todo o corpo do dançarino deve articular-se num conjunto significativo; estar inteiro no movimento significa perceber e realizar esses impulsos que brotam do centro para a periferia do corpo, em busca da unidade na relação com o mundo.

A ascese é o quinto princípio de sua técnica, juntamente com a criação poética:

A dança não é a arte de evadir-se da realidade, mas, ao contrário, a de identificar-se com ela, de crucificar-se nela, para alcançar uma vida mais elevada[92].

Dança e teatro são, para ela, uma só coisa. O teatro é uma celebração, um ritual que requer a participação direta do público.

A dança tem sua origem no rito, esta eterna aspiração à imortalidade. O rito nasceu, fundamentalmente, do desejo de conseguir uma união com os seres que poderiam conceder a imortalidade ao homem. Hoje, praticamos um rito de outro gênero, apesar da sombra que pesa sobre o mundo, pois buscamos uma imortalidade de um outro tipo – a grandeza potencial do homem[93].

89  Roger Garaudy, *op. cit.*, pp. 98-99.
90  Idem, p. 99.
91  Martha Graham *apud* Roger Garaudy, *op. cit.*, p. 101.
92  Roger Garaudy, *op. cit.*, p. 102.
93  Martha Graham *apud* Roger Garaudy, *op. cit.*, p. 94. Consultar também Walter Terry, *The Dance in America*. New York, Harper and Brothers Publishers, 1956.

# O PAPEL DO CORPO NO CORPO DO ATOR

## DORIS HUMPHREY[94]

Para Doris Humprey a dança parte dos movimentos da vida; os primeiros gestos estudados por ela são os sociais; aqueles utilizados no dia-a-dia e que, mal são esboçados, já se conhece seu significado. Ao dançarino cabe descobrir as raízes primordiais desses gestos banais tentando chegar à sua essência.

Os gestos funcionais referem-se aos movimentos de trabalho; cabe ao dançarino aprender a recriá-los simbolicamente, mantendo certas características inerentes às ações originais.

Os gestos rituais possuem razões muito claras e fundamentadas para sua existência; referem-se à relação estabelecida com a magia e a religião.

Já os gestos emocionais são aqueles que extravasam de nosso mundo interior e podem ser de tantas formas e intensidades, que não se lhes pode impor modelos preconcebidos; devem ocorrer espontaneamente, pois são gerados pela emoção.

O bailarino deve estudar o vocabulário emocional utilizado no cotidiano e saber transpô-lo para o palco, já que as motivações de um e outro espaço são diferentes. Ele tem de conhecer o ódio, a vingança, o desprezo, o desespero, o remorso, enfim todos aqueles sentimentos e paixões a que se expõe o homem durante sua existência.

O intérprete não pode se contentar com a aparência das coisas, precisa esquecer-se daquilo que se convencionou chamar de boa educação e mergulhando em si mesmo, procurar divisar o que está escondido.

Aluna da Denishawn, Humprey teve oportunidade de viajar com a companhia pelo Japão, China, Malásia, Índia e Java; do contato com as danças desses países, percebeu que o que as tornava belas era a autenticidade. Sua preocupação, a partir dessa experiência, é a de que o bailarino deve estar de acordo com suas próprias tradições, visando a uma movimentação inserida em época e lugar determinados.

Para ela, o ritmo fundamental é o ritmo motor, que acontece na relação do homem com o espaço, via movimento. Esse movimento humano primordial é aquele que envolve a resistência à força da gravidade; força essa que continuamente o ameaça em seu equilíbrio e segurança. O esforço humano, na luta contra a gravidade, é o centro de sua dança dramática: o homem coloca-se entre a tensão ocasionada pela possibilidade de queda e o risco do abandono (a tentação do relaxamento).

---

94 Doris Humprey (1895-1958). Ex-aluna da Denishawnschool, sempre preferiu as aulas ao palco. Dirige, por algum tempo, a sucursal nova iorquina da Denishawn e, logo a seguir, funda sua própria escola e sua própria companhia. São suas as coreografias: *Water Study* (1928), *The Life of the Bee* (1929), *Canonade* (1944) *Lament for Ignacio Sanchez* etc. Lecionou coreografia no Bennington College e no Connecticut College durante os últimos anos de sua vida; escreveu *The Art of Making Dances*.

O CORPO NA DANÇA

Concebo o movimento utilizado pelo dançarino como resultado de um equilíbrio. De fato, toda a minha técnica resume-se em dois atos: afastar-se de uma posição de equilíbrio e a ela voltar. Trata-se aqui de um problema bem mais complexo do que manter-se em equilíbrio, o que está ligado à força muscular e à estrutura corporal. Cair e refazer-se fall-recovery constituem a própria essência do movimento, deste fluxo que, incessantemente, circula em todo ser vivo, até em suas partes mais ínfimas. A técnica que decorre destas noções é surpreendentemente rica em possibilidades. Começando-se por simples quedas no chão e voltando-se à situação vertical, descobre-se diversas propriedades do movimento que se acrescentam à queda do corpo no espaço. Uma é o ritmo. Ao efetuar uma série de quedas e voltas à posição, fazemos aparecer tempos fortes que se organizam em sequências rítmicas. Um outro dado é o dinamismo, ou seja, a mudança de intensidade. O terceiro elemento é o desenho[95].

A dança conta também com dois pontos mortos (ou duas possibilidades estáticas, mesmo que por instantes) o corpo caído no chão e de pé, em perfeito equilíbrio. Entre um e outro momento (nas constantes passagens), encontra-se a motivação da dança, as sucessivas mudanças de postura, quedas e sua recuperação.

É ainda a força da gravidade, servindo de desafio ao dançarino, que produz os acentos rítmicos:

A dança faz uso consciente disto, para transformar um ritmo espontâneo num ritmo voluntário, quando seus movimentos, como os da vida, preenchem todo o espaço entre dois tempos mortos[96].

O dinamismo está presente nos movimentos, nas mudanças de intensidade numa mesma frase. Gestos rápidos e fortes são estimulantes, enquanto os lentos trazem calma. A acentuação, por meio de mudanças no uso da energia, deve ser trabalhada em função das motivações: frases podem ter seu ponto culminante no início, no meio ou no fim, em função do que se quer expressar: docilidade, revolta, união ou ódio.

O desenho pode sofrer, por parte do aluno, uma constante aprendizagem: ele precisa saber manejar as linhas criadas por seu corpo no espaço, conseguir, partindo de uma ideia, encontrar a atitude que lhe correspondente e saber desenvolver o traçado do movimento. Deve saber ainda relacionar o estudo do traço com a força que impulsiona para o movimento; por isso, antes de se dedicar à coreografia, precisa dominar a expressão dos estados emocionais.

Os desenhos podem ser simétricos (sugerindo repouso, segurança, certeza) ou assimétricos (confronto, dúvida, intensidade no conflito).

Em seu livro[97] Humphrey sistematiza a composição coreográfica e estuda profundamente as três dimensões técnicas do movimento: formas espaciais ou desenhos do corpo, ritmos e dinâmica.

95  Doris Humphrey *apud* Paul Bourcier, *op. cit.*, pp. 27-271.
96  Roger Garaudy, *op. cit.*, p. 127.
97  Doris Humphrey, *El Arte de Crear Danzas*, Buenos Aires, Editorial Universitária de Buenos Aires, 1965. Consultar também Walter Terry, *op. cit.*

# O PAPEL DO CORPO NO CORPO DO ATOR

## ALWIN NIKOLAIS[98]

Seus espetáculos são pura magia de movimento e luz, cor e acessórios que envolvem o corpo dos bailarinos, deformam, transformam suas figuras. Iluminação e projeção ajudam nessa contínua metamorfose cênica, onde as linhas se alteram buscando figuras geométricas, novas dimensões e volumes.

A dança, para Alwin Nikolals, não é um fim em si, mas torna-se elemento indispensável do espetáculo, como movimento fugaz aos olhos, acontecendo num espaço tornado, pela multiplicidade de efeitos, propositalmente irreal.

Alwin tenta recontar a vida cotidiana no desvendamento da magia secreta das coisas; com ele não há necessidade de enredo, necessita apenas de bailarinos que se dediquem à transformação gestual e à teatralização de situações.

Como método de trabalho, seus bailarinos observam atentamente o mundo e as pessoas, na tentativa de flagrar, pelos desenhos criados, características fundamentais, cuidando, depois, de estilizar os traços, compor novas formas, inventar outros gestos.

O movimento é pesquisado como arte autônoma, sem a preocupação da expressividade teatral que marca a dança moderna. Para Roger Garaudy, Alwin Nikolais recusa

O conteúdo no sentido tradicional, isto é, a narração e a emoção, para reter apenas o movimento pelo movimento, sem qualquer "significação", como matéria única da dança: a dança não deve significar mas existir como uma realidade autônoma[99].

Por isso certas técnicas criadas pela dança moderna são agora desnecessárias, como, por exemplo, os movimentos que têm início no centro do corpo do intérprete. Pode-se perfeitamente trabalhar com a movimentação periférica e com movimentos vazios de qualquer tipo de emoção.

O coreógrafo não rejeita as tradições vindas da dança acadêmica, nem tampouco a dança moderna, incorporando livremente todos os elementos disponíveis sem qualquer preconceito. Chega mesmo a impor movimentação completamente impessoal aos seus bailarinos, desde que isso seja uma necessidade do espetáculo.

---

98  Alwin Nikolais (1910-1993) começou sua vida profissional como pianista acompanhante de filmes mudos. Em 1933 encontra-se com Mary Wigman. Desde 1978 é responsável pelo Centre Nationale de Danse de Angers, França. Conhecido mundialmente como um dos mais inovadores artistas multimídia da dança teatro tem, como algumas de suas obras: *Kaleidoscope* (1956), *Imago* (1963), *Echo* (1967) *Foreplay* (1972) e *Triad* (1976).

99  Roger Garaudy, *op. cit.*, p. 136; Consultar também Theatre de la Ville, n. 61, ago. 1983 e n. 56, abr. 1982

# O CORPO NA DANÇA

## MERCE CUNNINGHAM[100]

Para Merce Cunningham, a dança começa pelos movimentos do corpo do bailarino e não se baseia em emoções do intérprete ou do coreógrafo: o movimento em si é a matéria-prima da dança.

Em seu processo de trabalho, bem como em seus espetáculos, o movimento tende a separar-se de tudo o que não seja ele mesmo, distanciando-se até da pessoa do bailarino, na procura de seu *status* de puro objeto.

Os elementos trabalhados (passos, figuras, encadeamentos de frases corpóreas) podem ligar-se tanto ao clássico quanto ao moderno, sendo fundamentalmente oriundos de pesquisa realizada em laboratórios de dança, onde se experimenta, ao sabor do acaso, séries de gestos e deslocamentos aleatórios. Para Cunningham, dança é movimento no tempo e no espaço.

Segundo Roger Garaudy[101], "Merce Cunningham chega a transcrever cada gesto possível em um pedaço de papel e a sortear suas justaposições e suas sucessões".

Um movimento para a cabeça, um para os braços, um para o tronco, um para as pernas, todos executados como o acaso os reuniu (observando-se um mínimo de compatibilidade com a anatomia e o equilíbrio). A sucessão, o tempo da dança são submetidos ao mesmo deslocamento e a uma forma de composição que evoca as "colagens"[102].

Peter Brook conta que:

Ele desenvolveu uma companhia de balé, cujos exercícios diários são uma contínua preparação para o choque de liberdade [...]. Os dançarinos de Merce Cunningham, que são altamente treinados, usam sua disciplina para ficarem mais conscientes das delicadas correntes que fluem num movimento, à medida que este se desenrola pela primeira vez – e a sua técnica lhes permite responder a este estímulo delicado sem a falta de jeito do homem destreinado. Quando eles improvisam – enquanto noções nascem e fluem entre eles, nunca se repetindo, sempre em movimento os intervalos têm forma, para que os ritmos possam ser sentidos com exatidão e as proporções com verdade: tudo é espontâneo e, no entanto, há ordem. No silêncio existem muitas potencialidades: caos ou

---

100 Merce Cunningham, nasceu em 1919, nos Estados Unidos, e começou a estudar dança aos doze anos. Aos dezesseis entra na Cornishschool para aprender técnicas de palco e conhece John Cage, que aí leciona. Em 1939 conhece Martha Graham, na Companhia de quem dançará até 1945. Em 1953, apresenta na off-Broadway, o solo *Suite in space and time* e *Fragments*, entre outros. Em 1974 cria *Events*, concebido para ser dançado em qualquer tipo de espaço. Cunningham segue trabalhando com sua Companhia. Encontram-se listados, em sua página www. merce.org, 169 espetáculos, numa produção rica em qualidade na experimentação técnica e quantidade. Em 1999, em *Occasion Piece*, aos oitenta anos, dança com Mikhail Baryshnikov.

101 Roger Garaudy, *op. cit.*, p. 154.

102 Idem, p. 155.

# O PAPEL DO CORPO NO CORPO DO ATOR

ordem, confusão ou organização, todos incultos, o invisível tornado visível é de natureza sagrada e, enquanto dança, Merce Cunningham luta por uma arte sagrada[103].

Merce lida com a função do acaso, a total ausência de encadeamento lógico, enredo ou emoção. Seus bailarinos, cujas evoluções não têm relação alguma entre si (apenas ocupam o mesmo espaço cênico), movimentam-se numa espécie de vazio, compondo quadros que num instante já se desfazem, como num jogo sem motivo algum. Qualquer ponto do espaço é bom para ser dançado, pois não se pretende nenhuma significação nesses deslocamentos.

Cenário e música também não necessitam de quaisquer relação entre si e tampouco com a coreografia. São criações realizadas em separado, segundo os mesmos princípios do acaso e, muitas vezes, só se encontram na estreia do espetáculo.

Cada dançarino centraliza seu espaço próprio e, ao se deslocar, carrega esse espaço consigo; mesmo nas coreografias de conjunto torna-se visível como alguns solos se relacionam apenas eventualmente. Ao público cabe a função de selecionar, recortar, organizar e montar seu próprio espetáculo.

É como na rua, explica Merce Cunningham, nós somos atingidos por ações diferentes, sons diferentes; nós precisamos mudar constantemente a direção do nosso olhar[104].

Desde 1945 (ao deixar a Companhia de Martha Graham), Cunningham começa a pesquisar novas combinações de movimento, partindo de resolução de problemas mecânicos, tais como passagens de uma posição para outra, impulsionar o corpo nas elevações, mover-se mais rápido etc.

O tempo prescrito para cada movimento é importantíssimo, já que os bailarinos não têm o apoio rítmico da música; muitas vezes ocorre dançarem juntos seguindo ritmos diferentes marcados com precisão.

Ao longo desses anos seu trabalho vem se apoiando na análise e investigação constante da dança e na observação do movimento cotidiano onde, também, muitas ações acontecem sem necessária relação umas com as outras.

Seus bailarinos acabam por desenvolver uma grande concentração no próprio trabalho e em seu ritmo interior, posto que executam exercícios e coreografias no mais absoluto silêncio. Tudo pode servir à arte do movimento: dança clássica, dança moderna, gestos cotidianos.

---

103 Peter Brook, *O Teatro e seu Espaço*, Petrópolis, Vozes, 1970, p. 56.
104 *Théâtre de la Ville*, n. 61, ago. 1983; artigo de Marcelle Michel. Vide também *Revista Dançar*, especial sobre o Carlton Dance Festival, n. 24, São Paulo, Empresa Editorial de Comunicações. Anotações durante o *workshop* de Merce Cunningham no Teatro Cultura Artística, por ocasião do Carlton Dance Festival, 1988.

## O CORPO NA DANÇA

# MAURICE BÉJART[105]

Os intérpretes de Béjart exercitam-se na barra, como todo bailarino clássico, mas o coreógrafo não se deixa aprisionar por qualquer estilo. O que marca sua trajetória de artista é a constante renovação: "Meu balé preferido será sempre o próximo"[106].

Se seu ponto de partida, sem dúvida nenhuma, é a dança clássica (seus exercícios, sua rigorosa disciplina), a ponto de sempre chamar professores russos para desenvolver a técnica com seu grupo, a partir dela desenvolve uma linguagem que visa a sacudir e sensibilizar o homem contemporâneo.

Eu busco, diz Béjart, o que tem origens profundas nos mitos, na psicanálise, na religião, na vida secreta de um povo, de uma civilização, do homem[107].

Sua linguagem coreográfica vai sendo criada como modo muito particular de expressar as angústias, paixões e desespero do século xx. Eliminando os floreios do clássico (enredos e tutus), envolve o corpo de seus bailarinos em *collants*, tentando extrair deles o máximo em expressividade cênica: a presença forte, a proximidade com a terra.

Em 1954, vendo Martha Graham dançar, sente que precisa fundir teatro e dança. Procurando incorporar elementos das duas artes, Béjart aproxima-se das propostas de Artaud, Brecht e trabalha com Jean-Louis Barrault.

Fazem parte de suas exigências técnicas: (além do clássico), a flexibilidade do tronco, braços e mãos (vinda da dança hindu) o Nô, o Jazz, o Twist e o Sapateado (da dança espanhola). Não há, em suas criações, nenhum tipo de preconceito quanto aos recursos utilizados.

O ritmo é fundamental pois

É quando se dança em silêncio que a dança me parece mais profundamente unida à musica, uma vez que, para existir, ela pede emprestadas as próprias leis do desenrolar musical[108].

Seus bailarinos são livres para desenvolver sua própria personalidade na dança que realizam, o intérprete tem primazia nos espetáculos.

105 Maurice Béjart nasceu em Marselha, no dia 1º de janeiro de 1927. Começou a fazer aulas de dança a conselho médico. Em 1953 cria o Ballet de l'Étoile, sua primeira companhia; em 1955 descobre a música concreta e compõe o balé *Sinfonia para um Homem Só*, e mais tarde *A Sagração da Primavera,* que dá início ao Balé do Século xx em Bruxelas. Um quarto de século mais tarde ele leva sua companhia para Lausanne, criando o *Béjart Ballet Lausanne*. Entre suas inúmeras criações figuram: *A Viagem* (1962), *Variações para uma Porta e um Suspiro* e *Missa para o Tempo Presente* (1967), *O Pássaro de Fogo* (1971), e *Petruchka* (1978). Em 1970 funda a escola Mudra.

106 Maurice Béjart, *Um Instante na Vida do Outro*, Rio de Janeiro, Editora Nova Fronteira, 1981, p. 9 (essa biografia foi escrita em 1979).

107 Roger Garaudy, *op. cit.*, p. 166.

108 Idem, p. 169.

# O PAPEL DO CORPO NO CORPO DO ATOR

Por entender o coreógrafo como o organizador do material dado pelo grupo, os dançarinos devem saber exercer sua liberdade de criação.

Sua dança recusa-se a ser uma arte para iniciados, apresenta-se sob a lona de um circo, em largos estádios populares; dirigindo-se ao público, muitas vezes escandaliza a plateia tradicional do balé.

O intérprete, assim como faz o ator, há de mergulhar de corpo e alma na obra a ser dançada, transportando-se para esse contexto por inteiro, e deve desvendá-lo na imaginação e por todos os meios possíveis.

As emoções humanas têm papel muito importante no trabalho de Béjart:

O que pesa são as emoções que, [...] têm mil prolongamentos. Gosto de esboçar histórias que servem de trampolim às emoções.
E quando digo que um balé funcionou é que as pessoas, depois de terem assistido, ao invés de me contarem o que dançaremos, contavam suas próprias vidas[109].

Ao escolher seus bailarinos leva em consideração tanto os rostos quanto as qualidades técnicas:

Um rosto não se esquece. Se uma expressão vem de muito longe, se corresponde a uma verdade interior sentida pelo intérprete, o público a receberá às vezes violentamente.

Com Michèle Seigneuret descobre que[110]:

[...] o essencial na dança não são braços e pernas, mas o plexo e finalmente o corpo todo. A dança é uma forma de expressão do corpo humano: o corpo deve dançar na totalidade[111].

E acrescenta ainda:

Ou melhor: a estética e a pureza da dança vêm das relações existentes entre essas cinco extremidades e o centro do indivíduo: o plexo[112].

Se num balé lida com o mundo inconsciente de seus bailarinos, noutro recupera o teatro de marionetes de sua infância:

Reuni todos os personagens da Commedia dell'Arte: Arlequim, Colombina, Pantalone, Scaramouche e divertia-me em trazer para a dança clássica a acrobacia e o burlesco[113].

Trabalha ainda com o uso de máscaras do teatro Nô e com a maquiagem do Kabuki.

Num de seus espetáculos (*Variações para uma Porta e um Suspiro*, música de Pierre Henry) numera os sete bailarinos e, a cada noite, é

109 Maurice Béjart, *op. cit.*, pp. 51-52.
110 Idem, *ibidem*.
111 Idem, p. 68.
112 Idem pp. 68-69.
113 Idem, p. 92.

# O CORPO NA DANÇA

feito um sorteio frente ao público para decidir qual deles dançaria qual trecho da peça. No programa lê-se: "Sete bailarinos entram em cena para criar um balé onde o coreógrafo não existe"[114].

Mudra[115] é o significativo nome da escola fundada por Béjart; nela o coreógrafo pretende formar o intérprete pleno:

[...] abrir a escola ao canto, à percussão, à ioga, ao flamenco, à arte dramática. Tal pesquisa retoma uma teoria muito antiga: na tragédia grega, no teatro japonês, o ator representa, canta, dança. Na Mudra queremos encontrar o ator total, aquele que tem possibilidade de exprimir-se pela voz, pelo movimento, pelo corpo inteiro[116].

## SANKAI JUKU[117]

O fundamental no treinamento dos intérpretes desse grupo de dança Butô é o dialogo com o próprio corpo. É preciso uma grande concentração em si mesmo, a autopercepção da tensão e do relaxamento e uma aguda consciência corporal para conseguir estabelecer e manter esse diálogo: sensações são como informações muito delicadas vindas do aparato corporal, e é preciso ter muito cuidado e disponibilidade para deixar que o corpo conduza o movimento segundo seus próprios impulsos[118].

Ushio Amagatsu, diretor e coreógrafo do grupo diz:

Se pegamos o tema "vento", é possível associá-lo àquilo que sentimos entre o braço e o corpo quando fazemos o movimento de alongar o braço para a direita. Olhando no espelho, como, os ocidentais costumam fazer, é possível até imitar o movimento do vento. No entanto, me interessa outra perspectiva. Como se o espelho estivesse dentro do corpo. Cada um de nós tem uma força por dentro capaz de perceber o que é a sensação do vento. Sensibilizar o ponto em que se percebe isto com maior clareza e deixar transparecer através do corpo esta sensação seria o verdadeiro "vento" para mim. Assim, mesmo que todo um grupo realize o mesmo movimento, o gesto será diferente. Cada pessoa tem o seu captador. Por isso é tão importante que muitos movimentos não sejam predeterminado[119].

114 Idem, p. 137.
115 Mudras são gestos simbólicos, realizados principalmente com as mãos. Têm esses gestos o intuito de levar aqueles que o praticam a determinados estados interiores, podendo mesmo causar alterações psíquicas importantes. São uma ponte de união entre corpo e alma, indivíduo e cosmos; são bastante usados pelos yoguis.
116 Maurice Bájart, op. cit., p. 219.
117 Sankai Juku: San quer dizer montanha; Kai, mar e juku, ateliê. Esse grupo de dança pertence à segunda geração de dança Butô japonesa, cujo pai é Kazuo Ohno. O grupo foi fundado em 1975 e hoje conta com cinco integrantes, todos homens. O Butô nasceu após a Primeira Guerra Mundial e ramificou-se em algumas linhas de pesquisa. Entre as coreografias do Sankai Juku encontra-se Kinkan Shonen (1978), espetáculo trazido ao Brasil em 1988, de uma rara beleza.
118 Anotações feitas no workshop do grupo Sankai Juku realizado no Teatro Cultura Artística, São Paulo, por ocasião do Carlton Dance Festival, 1988.
119 Entrevista com Ushio Amagatsu, diretor e coreógrafo do grupo, realizada por Christine Greiner. Revista Dançar, n. 24. (Especial sobre o Carlton Dance Festival), p. 14.

O PAPEL DO CORPO NO CORPO DO ATOR

Para ele, chegar ao movimento exato traz imediatamente a sensação procurada. Só então se pode perceber a energia fluindo e aquecendo a dança com uma magia secreta. "A dança seria o trabalho de fixação das sensações do corpo. As sensações nascem da natureza. O corpo filtra e simboliza"[120].

O dançarino precisa penetrar em seu próprio interior, deixando que sua energia produza o gesto e comande suas ações exteriores. A forma artística resulta de uma exploração metódica da própria organicidade do dançarino.

Para o grupo Sankai Juku o gesto é expressão de interioridade, signo de uma tensão interior que está sempre buscando limites e metamorfose na morte de uma imagem, nascimento de outra. O corpo deve ser percebido em toda sua maleabilidade e abandono, com movimentos que lembram a infância. Mais do que com qualquer técnica preestabelecida, é com o sentimento que se quer trabalhar.

É necessário que uma completa disponibilidade corporal seja estabelecida e isso só ocorre em estado de relaxamento ativo[121]. Esse estado prevê uma dose muito grande de controle, ao lado do abandono: é mister deixar que as "informações" percorram o corpo em ondas sucessivas e harmoniosas. Deixar o movimento fluir, deixar que ele procure no corpo seus caminhos, que nele faça sua própria trajetória.

Os exercícios mostrados em São Paulo[122] parecem muito simples, mas, como o próprio Amagatsu lembra, a simplicidade é o mais difícil de ser conseguida[123].

## PINA BAUSCH[124]

Pina Bausch encerra nossa pesquisa no mundo da dança. Seu trabalho utiliza-se, fartamente, de elementos teatrais, seja durante o processo de criação, seja em suas coreografias.

120  Idem, p. 14.
121  Como se pôde ver em *workshop* já mencionado em nota 1.
122  *Workshop* mencionado nas notas 1 e 4.
123  Material consultado: *Théâtre de la Ville, Journal du Imprimerie Jean Mussot*, Paris, n. 61 (ago. 1983); 55 (fev. 1982), 63 (fev., 1984); 69 (temporada 1985-1986). Consultar também *The Drama Review*, vol. 30, n. 2 (T-110), verão 1986, sobre as origens, tendências e nomes ligados ao Butô.
124  Pina Bausch nasceu a 27 de julho de 1940, em Solingen. Liga-se ao Expressionismo via Rudolf Laban e Kurt Jooss. Estudou na Juilliard School, mas logo abandonou as sapatilhas de ponta e voltou para a Alemanha, fixando-se em Wuppertal, onde montou um grupo com 24 bailarinos-atores. Algumas de suas criações são: *Bluebeard* (1977), *Gebirge* (1984), *Kontakthof* (1978) *Arien* (1979), *1980* e *Bandoneon* (1980), *Palermo Palermo* (1989), *Danzón* (1995), *Wiesenland* (2000). Pina Bausch dirige o Teatro-Dança de Wuppertal desde 1973, produzindo pelo menos um grande espetáculo por ano.

O CORPO NA DANÇA    85

Diz Maribel Portinari:

O Teatro de Dança de Wuppertal tem provocado controvérsias. Há quem o defina como um circo de atitudes. Ou laboratório de excentricidades. Cada novo trabalho pode ser encarado como o limite do absurdo. Ou revigorante banho de renovação. Diante de críticas ou elogios, Pina conserva o mesmo sorriso enigmático. Sem se nortear por entusiastas ou detratores, experimenta o possível e o impossível. Seus bailarinos mergulham num mar de folhas outonais ou no caos da pré-história. Já foram identificados aos anjos do Apocalipse. E aos demônios da sociedade de consumo[125].

Com ela a estética convencional cai por terra, a começar pela escolha de seus bailarinos, que têm os tipos físicos os mais diversos. Essa escolha se faz segundo as capacidades de intérprete de cada um, devem ser atores tanto quanto são bailarinos. Diz ela:

Não me parece lógico avaliar bailarinos por padrões de concurso de Miss Universo. Personalidade conta muito mais que balança ou fita métrica[126].

A coreógrafa foi aluna de Kurt Jooss que, por sua vez, foi aluno e assistente de Laban e esteve em contato com José Limon, Paul Taylor e La Meri, nos Estados Unidos. Seus bailarinos-atores cantam, falam e dançam, envolvendo o público em imagens violentas, inesquecíveis.

São carícias que se transformam inesperadamente em agressão, tentativas de toque que se partem em recuos e recusas. O ser humano mostra-se em suas aparências e profundezas, seus polos conflitantes, seu desespero. Seus corpos, densos de energia, tornam-se frágeis e vulneráveis em encontros e desencontros; depois de violentados são acariciados, novamente agredidos, restando imagens solitárias profundamente dilaceradas ou ocultando a dor em máscaras impassíveis.

Durante o processo de criação, os bailarinos de Pina Bausch evocam histórias e recordações longínquas, tocam propositalmente naquilo que os amedronta, relembram sua própria infância, suas fantasias, suas culpas, suas antigas feridas.

Esse material de trabalho, assim colhido em improvisações com temas muito definidos, é então organizado em sequências obsessivas de gestos insólitos; montado, remontado, cortado, enquadrado cena a cena, num procedimento quase cinematográfico.

Mas cada trabalho difere do outro; às vezes Pina traz já uma ideia pronta e acabada. De qualquer forma, seus intérpretes não fogem ao seu universo pessoal; pelo contrário, utilizam-se criteriosamente dele visando à densidade artística em toda a sua crueza. Esse gestual de há muito se distanciou dos artificialismos, quer apenas mostrar os aspectos

125 Maribel Portinari, *Nos Passos da Dança*, Rio de Janeiro, Nova Fronteira, 1985, p. 30.
126 Idem, p. 32.

# 86 O PAPEL DO CORPO NO CORPO DO ATOR

contraditórios do ser humano, entre eles a eterna e incontrolável sede de amor e a violenta rejeição a esse mesmo amor.

Em suas coreografias percebe-se a liberdade extrema de pesquisa, a importância do desenho exato no espaço, o ritmo obsessivo de gestos que se repetem e repetem até a agonia. São movimentos que se vão tornando automáticos e, ao mesmo tempo, plenos de sentido. Pode-se amar ou odiar obra como essa, no entanto, ela jamais nos deixará indiferentes: são corpos que gritam e se torturam (muitas vezes impassíveis) e almas alucinadas em desespero mudo e solitário.

Disciplina árdua (rigor nos exercícios formais e rítmicos) e busca de energia no secreto mundo das paixões atingem resultados indescritíveis[127].

---

127 Cf. *Théâtre de la Ville, Journal du Imprimerie Jean Mussot*, Paris, n. 53 (ago. 1981), 55 (fev. 1982), 57 (ago. 1982), 65 (ago. 1984), 67 (jan. 1985) e 69 (temporada 1985-1986). Consultar também *The Drama Review* vol. 30, n. 2 (T-110) verão 1986. Artigos sobre a dança moderna alemã, nomes de grupos e coreógrafos, principais espetáculos.

# 3. O Corpo como Totalidade, Fora dos Palcos

> Nas escolas esotéricas de pensamento, conta-se uma parábola tibetana. De acordo com a estória, o homem sem consciência é como uma carruagem, cujos passageiros são os desejos, os músculos são os cavalos, enquanto a própria carruagem é o esqueleto. A consciência é o cocheiro adormecido. Enquanto o cocheiro permanece adormecido, a carruagem arrastar-se-á sem objetivo, daqui para lá. Cada passageiro tem destino diferente e os cavalos puxam para caminhos diferentes. Mas quando o cocheiro está bem acordado e segura as rédeas, os cavalos puxarão a carruagem e levarão cada passageiro a seu próprio destino. Naqueles momentos em que a consciência se organiza bem com os sentimentos, sentidos, movimento e pensamento, a carruagem ganhará velocidade no caminho certo. Então, o Homem pode fazer descobertas, inventar, criar, inovar e "saber". Ele compreende que seu pequeno mundo e o grande mundo ao redor são apenas um, e que nesta unidade, ele não está mais sozinho.
>
> MOSHE FELDENKRAIS

## DO-IN[1]

Do-In, segundo o Professor Juracy Cançado, significa "caminho de dentro"[2]. A compreensão dos princípios que embasam essa prática

---

1 Essa prática milenar transmitida através de gerações teve seu período áureo há mais ou menos cinco mil anos, durante o reinado de Huang-ti, a quem se atribui a escrita do livro Nei Ching. Nesse livro, já estão presentes os fundamentos da Medicina chinesa. A técnica da automassagem, difundida rapidamente por todo o Oriente, recebe seu nome definitivo no Japão: Do-In, o caminho de casa.

2 Curso de Do-In e Bases da Medicina Chinesa, realizado por mim no Espaço Viver, com o professor Juracy Campos L. Cançado em 16 e 17 de maio de 1987.

88 O PAPEL DO CORPO NO CORPO DO ATOR

(que coloca o ser humano como reflexo do universo e em permanente inter-relação com ele) apenas se torna possível se compreendermos o homem como energia manifesta em matéria sólida, pulsante e viva, buscando continuamente o equilíbrio, segundo as leis da natureza a qual pertence.

Ki, a energia, é assim explicada:

Esta força cósmica que o chinês chamou de Ki flui incessantemente por canais defini-dos, transmitindo a vida através de células e colocando o organismo em harmonia com o mundo que o rodeia[3].

O Do-In parte da premissa que cuidar do corpo é também cuidar da alma, pois todo o potencial da vida realiza-se através da estrutura somática. Seu principal objetivo é atuar sobre o sistema de energia que se localiza no corpo humano.

Segundo o Prof. Juracy[4], o mundo é continuamente engolido e devolvido pela individua-lidade em contato permanente com o exterior; esse processo gera desequilíbrio quando desejos pessoais entram em confronto com a realidade. O choque desses desejos com o real faz com que a energia seja desviada de seu objetivo inicial e vá alterando o corpo humano, deixando nele cicatrizes, "áreas crônicas" por onde a energia deixa de transitar Essas áreas são regiões semimortas, fardos que carregamos e que contém nossa história de vida.

Nossos desejos e intenções provocam, no organismo, um estado de tensão (em si mesmo bom e necessário) que precisa ser descarregado na ação. Se, por acaso, essa intenção não se realiza, a tensão criada aumenta e acaba causando um desequilíbrio orgânico que precisa ser sanado.

Toda tensão que não segue seu caminho natural fica desenhada no corpo, presente, interrompendo o fluxo natural da vida:

Segundo a ideia chinesa da criação do Universo, no início existia somente Ki, a Unidade. Para que o nosso mundo relativo fosse criado, a unidade manifestou-se em seus dois aspectos opostos e complementares, negativo e positivo, a que os chineses denominaram Yin e Yang. Yin é o princípio negativo que se manifesta pela expansão; Yang, o positivo que contrai, sendo que todos os fenômenos ocorrem a partir da interação constante destas forças antagônicas[5].

Para que o organismo esteja em sintonia com o Universo, é neces-sário que as duas expressões de Ki, Yin e Yang estejam harmonizadas.

A energia original, Ki, expressa pela polarização Yin e Yang, circula pelo corpo em cinco níveis diferentes: pelos ossos, pelos músculos, pelos vasos sanguíneos e linfáticos, pela região subcutânea e pela superfície da pele. Os meridianos (canais específicos e localizados pela medicina

---

3  Juracy Campos L. Cançado, *Do-In, Livro dos Primeiros Socorros*, Rio de Janeiro, Ground, 1981, p. 15.
4  Anotações feitas no curso citado na nota 1.
5  Juracy Campos L. Cançado, *op. cit.*, pp. 15-16.

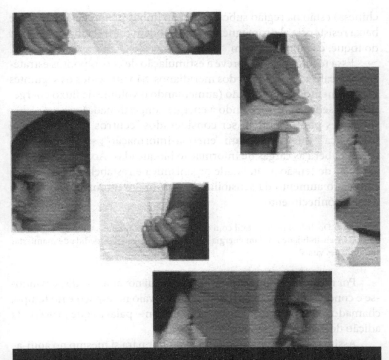

o instante recorta e monta
atravessa
deixa escorrer todo e qualquer contorno
inventado
por entre as estradas do tempo

Fig. 4: Chrystiane Madeira e Rodrigo Andreolli, em cena de
, de autoria, direção e fotografia de Sônia de Azevedo, Centro Cultural Fiesp, 2001. Arte de Fred Costa Pinto.

90 O PAPEL DO CORPO NO CORPO DO ATOR

chinesa) estão na região subcutânea; são linhas preferenciais, áreas de baixa resistência eletromagnética e que podem ser trabalhadas a partir do toque, da automassagem.

Essa técnica oriental prevê a estimulação de certos pontos estratégicos, localizados ao longo dos meridianos. São utilizados os seguintes procedimentos: a tonificação (aumentando o volume de fluxo energético) e a sedação (dispersando a energia congestionada).

Esses pontos podem ser considerados "centros de consciência fisiológica"[6] que armazenam "energia-informação"; sua estimulação correta libera as cargas de informação bloqueadas. Ao se desbloquear as zonas de tensão a vitalidade organísmica é restabelecida dando-se com ela o aumento da sensibilidade corporal e um melhor processo de autoconhecimento.

Através do Do-In – o diálogo tátil com o próprio corpo – fazemos a topografia da dor. Dor ou insensibilidade revelam energia reprimida, bloqueada, impedida de manifestar suas funções vitais[7].

Por meio da automassagem, a energia flui novamente, dispersando-se e condensando-se "a partir de um intervalo no espaço e no tempo, chamado pelos filósofos taoístas de Tchukon – palavra que provém da adição de Tchu, aqui e Kon agora"[8].

Assim sendo, o ser humano, ao se voltar para si mesmo no aqui-agora, aprende, com o próprio corpo, a lidar melhor com as dificuldades que o envolvem ao longo de sua vida, tendo, por isso, mais probabilidades de se aproximar do TAO, o princípio único, a Totalidade.


YOGA[9]

> *Trinta raios convergem, no círculo de uma roda*
> *E pelo espaço que há entre eles*
> *Origina-se a utilidade da roda*[10].
>
> LAO TSÉ

A palavra Yoga, masculina, significa União. Pretende essa disciplina oriental, ligar o homem à sua natureza íntima e real, visando à mais

6   Anotações feitas no curso citado nas notas 1 e 3.
7   Apostila dada pelo professor Juracy Campos L. Cançado, no curso já mencionado.
8   Idem, p. 4.
9   Não se sabe a data precisa do surgimento do Yoga. Existem muitas lendas referentes à sua criação. Sua codificação, no entanto, aconteceu por volta do século III a.C. e foi realizada por Pátângali, que reuniu, para isso, escritos de séculos precedentes. Tais escritos, por sua vez, citam uma transmissão oral milenar.
10  Lao Tsé, *Tao te King*, São Paulo, Hemus, s/d., p. 39.

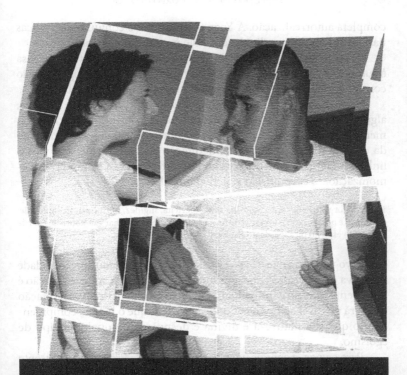

ou quando pequenas formas
de início partidas
integram-se e percorrem planas
quentes superfícies
criando entre diferentes corpos
a translúcida energia que nunca cabe
nos recipientes onde de início se produz

Fig. 5:

92 O PAPEL DO CORPO NO CORPO DO ATOR

completa autorrealização. A Yoga (feminino) é o conjunto de práticas bastante conhecidas e divulgadas hoje no mundo ocidental.

O professor De Rose[11] diz que Yoga é uma filosofia de vida que visa à autointegração. Para ele, são três as etapas da realização yogui: "união consigo mesmo, união com os demais Seres, união com o Absoluto"[12].

Somente no Brasil existem hoje muitos tipos diferentes de Yoga; alguns deles voltam-se para exercícios físicos, outros para o conhecimento de si mesmo, devoção religiosa, controle mental, aproveitamento da energia sexual, técnicas de meditação etc., conforme suas várias linhas. A Hatha-Yoga visa, segundo o Professor Caio Miranda[13] a harmonização do corpo físico, objetivo inicial do yoga.

Trata do corpo físico, conferindo-lhe saúde perfeita, higidez, harmonia, flexibilidade, equilíbrio e beleza, com o objetivo de torná-lo apto a desempenhar sua nobre missão de templo do espírito ou morada do Ser Verdadeiro[14].

O yoga mostra que o Ser Verdadeiro é "antes de tudo, uma realidade subjetiva e silenciosa e, que, portanto, o Caminho da autorrealização é totalmente interno e individual"[15]. É então, no silêncio e na meditação que será possível ao homem conhecer o deus que o habita, compreendendo que sua natureza é divina e despojada de qualquer tipo de egoísmo.

Para o yoga, a energia cósmica é chamada de Prâna e está presente em todas as coisas, em forma solar (yang, masculina) e lunar (yin, feminina). Hatha-Yoga significa, pois, "união do Sol com a Lua", harmonia, integração dos dois princípios opostos e complementares.

São seus princípios:

1. Progressividade: todo o progresso deve ser buscado sem pressa e com serenidade e confiança; não há movimentos bruscos, nem exercícios difíceis de serem realizados; só aos poucos o corpo vai adquirindo flexibilidade para manter-se nas posturas (âsanas).
2. Alternância: todos os exercícios devem ser feitos para ambos os lados, compensando o corpo nas varias direções. Todo o corpo deve estar envolvido em cada uma das posturas, alternando tensão e relaxamento e renovando constantemente a energia, em vez de consumi-la.
3. Respiração e Posturas: os âsanas devem combinar-se com a respiração, retenção da respiração, ora com os pulmões cheios (nível máximo de Prâna no organismo) e respiração suspensa (pulmões vazios).

---

11   De Rose. *Prontuário de Yoga Antigo* (*Swásthya Yoga*). Rio de Janeiro, Ground, 1986, p. 29.
12   Idem, p. 29.
13   Caio Miranda, ABC do Hatha Yoga, Rio de Janeiro, Edições de Ouro, s/d.
14   Idem, p. 17.
15   Idem, p. 22.

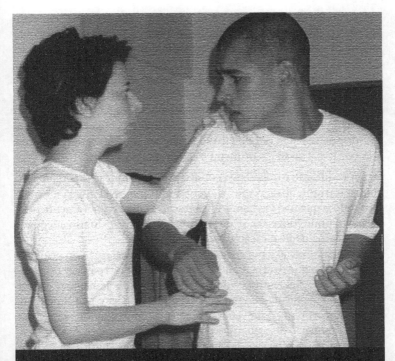

e a forma muitas vezes repetida
é matriz e fim
disso que se move intenso
entre todos os tempos da cena

Fig. 6:

# O PAPEL DO CORPO NO CORPO DO ATOR

4. Ação sobre as glândulas endócrinas e centros nervosos; esses exercícios não visam apenas a trabalhar com a musculatura, mas igualmente com tendões e órgãos internos. O movimento lento, progressivo, faz com que a totalidade do organismo seja atingida, englobando sobretudo o tronco (zonas abdominal e torácica). Sendo assim, seus efeitos tornam-se, além de físicos, também psíquicos (pela ativação dos sistemas nervoso e glandular).
5. Manter-se de olhos fechados nas posturas (exceto as que são feitas de pé). Isso tem por objetivo desligar a mente dos sentidos físicos; por isso a visão é a primeira a ser eliminada.

A respiração é trabalhada como a principal função do organismo; ao respirarmos, absorvemos a energia indispensável à vida e expelimos tudo o que não faz bem. A respiração se faz exclusivamente pelas narinas e pode converter-se em um ato consciente pelo uso adequado do diafragma na inspiração e na expiração.

A mentalização é outra das técnicas utilizadas: parte do princípio de que tudo o que se cria mentalmente termina por aparecer no plano físico; sendo assim, cumpre educar o pensamento e a imaginação através da vontade. Recomenda-se, por exemplo, colocar o pensamento na região do corpo que está sendo trabalhada, empenhando, ao mesmo tempo, e numa só direção, o corpo e a mente.

Na visão do professor De Rose[16], há uma regra básica da coordenação respiratória com o exercício:

TODOS os movimentos ascendentes, sejam de braços, pernas, cabeça ou tronco, nos indicam que deve ser feita uma inspiração. TODOS os movimentos descendentes de cabeça, tronco ou membros, pedem expiração.

Além dos âsanas, encontramos também uma série de *mudras* (gestos principalmente das mãos) que têm por objetivo a união.

[...] sustentam os yoguis que da mesma maneira que determinados estados íntimos nos levam a fazer certos gestos, determinados gestos nos induzem a certos estados íntimos, produzindo profundas alterações no psiquismo humano[17].

## T'AI CHI CHUAN[18]

A prática do T'ai chi chuan compõe-se do aprendizado de uma sequência de movimentos, executados de pé, com algumas mudanças de nível.

16  De Rose, *op. cit.*, p. 45.
17  Caio Miranda, *op. cit.*, p. 156.
18  Forma de meditação e movimento originária da filosofia taoísta, combinada com arte marcial. Evoluiu de simples exercícios para fortalecimento físico para uma forma bastante estruturada de autodefesa. Segundo fontes recentes (já que se

O CORPO COMO TOTALIDADE, FORA DOS PALCOS 95

Esse é o primeiro momento: toda a atenção do aprendiz está concentrada no modo de executar cada movimento e na observação do seu mestre. É uma etapa onde se busca o domínio de uma "dança": a forma exterior está em destaque justamente porque, de sua correta execução (colocação de todas as partes do corpo em relação à gravidade, posição de joelhos e pés, ombros e cotovelos, pescoço e cabeça, da coluna vertebral e da pélvis) é que depende o fluir da energia, trazendo, entre outros inúmeros benefícios, uma enorme tranquilidade.

Mal tem início a sequência (depois de um aquecimento físico e de uma preparação interior), a respiração, aos poucos, vai se tornando mais e mais profunda e ritmada, a percepção do próprio corpo e do espaço em torno se amplia e a sensação de um tempo presente solidifica-se.

Essa primeira fase do aprendizado (que pode levar de poucos meses até anos, conforme o discípulo e o tempo que dedica ao T'ai chi) ensina que não se deve acelerar processos naturais, e que não se deve tentar guardar a qualquer custo o movimento que vem antes, o movimento seguinte etc. O corpo tem de aprender, ele é que conduzirá o movimento e não o pensamento.

Por isso é que qualquer correção do mestre manifesta-se em pequenos toques no corpo do discípulo, sem qualquer explicação; simplesmente altera a posição de um membro, o tamanho do passo, corrige a direção do pé etc. O silêncio é fundamental: cabe ao discípulo constatar a nova sensação, perceber as alterações causadas pelas correções do mestre e seguir trabalhando.

Após a aprendizagem da sequência formal, o discípulo pode pensar que já a domina; mas é então que o grande trabalho começa: por trás da forma de execução aparentemente perfeita, mora o grande segredo; a percepção se aguça em uma infinidade de sensações. Não há começo e não há fim: cada momento é o único momento, cada movimento é o único movimento e, no entanto, tudo se encaixa e se integra com harmonia. A energia está na forma e a forma e o caminho exterior dessa energia manifesta.

Segundo meu Mestre[19], os movimentos lentos e circulares lembram a água: flexível, macia, contínua, sem arestas. Mas mesmo a água pode ser forte e destruidora, como, por exemplo, num redemoinho.

---

atribui inúmeras origens ao T'ai chi chuan) a criação de tal disciplina remontaria à época das Seis Dinastias (265-589) quando então Song Yuanqio teria escrito *Diferentes Correntes e a Origem do Método do Taiji* transmitidas pela família Song. Nele encontra-se um método composto de trinta e sete movimentos executados separadamente.

19  Mestre Pitso, filho do Mestre Liu Pai Lin, em curso de T'ai chi realizado por mim durante o ano de 1987 três vezes por semana. Conversa realizada na manhã de 20.11.1987.

## 96 O PAPEL DO CORPO NO CORPO DO ATOR

O que o T'ai chi procura é a integração harmoniosa dos princípios Yin e Yang; essa integração ocorre com a suavizarão gradativa do Yang e o fortalecimento da energia Yin.

O símbolo Yin/Yang o entrosamento, a união-dissolução do movimento dentro de um círculo. As energias semelhantes, e, ao mesmo tempo, contrastantes, movem-se juntas[20].

Pois:

[...] quando o aprendizado se torna você, então ele aparece conforme a necessidade, quando você está sendo você. É isso que chamamos de wu-wei – fazer não fazendo, fazer permitindo que aconteça[21].

O T'ai chi também funciona como processo de desprendimento do que nos foi ensinado; aprender seus movimentos não é a meta. Não se trata de aprender mais e sim de voltar a conhecer, no próprio corpo, a disponibilidade da infância, a prontidão que tem, por exemplo, o corpo dos animais não domesticados.

Seu ritmo é lento, pois se trata de aprender, no próprio modo de fazer, cada movimento,

[...] a ponto de nos sentirmos totalmente envolvidos no processo de cada movimento, a medida que ele vai ocorrendo. Transcendemos a forma e qualquer preocupação em alcançar a meta determinada[21].

Ao mesmo tempo que o espaço vai se construindo em avanços e recuos, saídas e retornos ao mesmo ponto inicial, a energia se manifesta a partir do *tant'ien*[23] (região localizada no abdômen inferior, num ponto a três dedos abaixo do umbigo que é considerado o centro de irradiação de ch'i, a energia. Esse o centro de onde se origina todo e qualquer movimento.

Portanto, tant'ien o campo de energia, a energia intrínseca, a fonte de nossa força vital[24].

Essa energia, que começa no centro do corpo, vai se expandindo até as extremidades, retomando depois novamente a ele; sendo assim, não há perda nem desgaste.

A energia do t'ai chi "está na inação no não fazer"[25], isso significa apenas que paramos de fazer alguma coisa intencionalmente,

---

20 Al Chung-liang, *Expansão e Recolhimento: A Essência do T'ai chi*, São Paulo, Summus Editorial, 1979, p. 28.
21 Idem, p. 149.
22 Idem, p. 37.
23 Tant'ien: Tan significa essência vital, T'ien significa campo, lugar; portanto, Tant'ien significa o campo de energia, a fonte de energia vital.
24 Al Chung-liang, *op. cit.*, p. 40.
25 Idem, p. 45.

O CORPO COMO TOTALIDADE, FORA DOS PALCOS     97

simplesmente deixamos acontecer; então consciência e abandono ocorrem ao mesmo tempo, interior e exterior caminham juntos.

Ao praticar a luta (numa das aulas de t'ai chi), ouvi do Mestre que a intenção não podia estar na mão que empurra, mas que deveria estar no corpo todo. Perguntei então o que era essa intenção. Respondeu-me que a intenção era uma certa energia, que existia mesmo antes da pessoa ter um corpo; que não era apenas o resultado de ter havido um homem e uma mulher no momento da concepção; que existia mesmo antes ainda. Novamente indago de onde vem essa intenção, de que parte do corpo. O Mestre mostra a região um pouco abaixo do umbigo (a tant'ien a que já nos referimos), dizendo que ela vem lá do fundo, nasce e se expande, chegando até a mão que percebe a reação do atacante e responde prontamente, desviando o ataque[26]. Frisou que essa intenção não é força muscular, que a reação é apenas proporcional à força utilizada pelo adversário, usada contra ele mesmo.

O impulso nasce dos pés, sendo por isso fundamental o uso correto dos apoios e o contato com o chão. O impulso seria o início (juntamente com a intenção) de uma simples ação de empurrar ou desviar.

O pensamento deve estar vazio e o corpo-mente-coração inteiros e presentes em cada exercício. O Mestre salienta a importância dessa integração: a energia-intenção (nascida do baixo-ventre) deve harmonizar-se com (aponta o peito) o coração (emoções) e com a cabeça (razão). Assim age o homem inteiro, guiando suas ações com integridade.

Portanto, os impulsos para a ação surgem de nossas intenções, sem distância entre o pensar e o fazer: o movimento acontece a partir de uma força interior.

São cinco os princípios essenciais do T'ai chi:

1. conservar pescoço e cabeça no eixo (suspendendo e mantendo a energia no alto da cabeça). Imagina-se que a cabeça está suspensa por um fio, o pescoço está alongado e a energia flui do baixo-ventre até o alto e retorna a ele;
2. recolher ligeiramente o peito, esticando as costas relaxadamente, sem forçar;
3. relaxar os ombros e deixar os cotovelos caídos ao longo do corpo;
4. relaxar a cintura e o abdômen (assim todas as articulações começarão a relaxar); as pernas não devem estar nem estendidas nem completamente dobradas. Desse modo o corpo sente suas raízes no chão;
5. manter o cóccix no eixo (para que a energia possa circular sem entraves), atenuam-se, dessa forma, as curvas da região do pescoço e da região lombar.

26    Aula do dia 30.10.1987 com Mestre Pitso e Harumi Nakaiama.

98 O PAPEL DO CORPO NO CORPO DO ATOR

A "Postura do Universo", usada para meditação[27], é um exemplo perfeito da adequação de todos esses princípios numa forma única. Nela, o corpo cede a gravidade pouco a pouco, quando bem colocado. Essa posição, muitíssimo difícil de ser mantida no início do treinamento, vai se tornando natural com o tempo e a persistência do discípulo.

Passados alguns minutos nessa posição, o corpo começa a reagir por si, articulações vão-se soltando, ocorrem pequenas (mas muito significativas) mudanças e tudo vai achando seu eixo. Sensações começam a adensar-se, ocasionadas pelo fluxo maior de energia e não há nada a fazer, exceto ficar ali. Nesse sentido, a meditação pode ser entendida como abandono e consciência corporal, ao mesmo tempo.

Há um momento indescritível, segundo o Mestre, e que acontecerá a cada discípulo a seu tempo: dentro e fora são o mesmo, já não há mais separação entre o interior e o exterior.

## A TÉCNICA DE MATTHIAS ALEXANDER[28]

Matthias Alexander crê que todo ser humano tem o poder de se modificar. Pode conseguir, no mínimo, decidir sobre aquilo que não deseja fazer, rompendo padrões de hábitos impostos em seu processo de crescimento.

A libertação contínua e progressiva desses hábitos incorporados só acontece quando se cultiva um permanente estado de auto-observação com relação a si mesmo e à própria postura.

M. Alexander, ao tornar-se um pesquisador de si mesmo, percebeu que usos inadequados do próprio corpo ocasionavam problemas no desempenho de qualquer tarefa. Descobre que o uso da cabeça e do pescoço determinam maior ou menor tensão no restante do corpo. Cabeça, pescoço e torso constituem o fator essencial da organização corporal e são determinantes da maneira como a pessoa se conduz.

Chama, então, a essa relação dinâmica estabelecida, de "Controle Primordial", baseando sua descoberta na ideia de unidade psicofísica do organismo humano.

Para que o uso inadequado do corpo possa sofrer uma transformação em direção ao uso correto e adequado (de acordo com as leis da natureza), Alexander descobre que padrões habituais de conduta

---

27  Essa postura é usada para meditação na linha de T'ai chi do Mestre Liu Pai Lin, do Instituto Pai Lin de Cultura e Ciência Oriental.

28  Frederick Matthias Alexander nasceu em Wynyard, costa noroeste da Tasmânia, Austrália, em 1869. Ainda jovem, ao decidir-se pela carreira de ator, Alexander percebeu que sua rouquidão, agravada por problemas respiratórios, teria que ser enfrentada. Ao tratar desse problema, M. Alexander vai desenvolvendo sua técnica. Em 1910 publica o primeiro livro: *A Suprema Herança do Homem*; em 1923 surge o segundo: *Controle Consciente Construtivo do Indivíduo* e, em 1932 *A Constante Universal da Vida*. Morre a 10 de outubro de 1955, aos 86 anos.

O CORPO COMO TOTALIDADE, FORA DOS PALCOS 99

devem ser impedidos de realizar-se: devem ser freados a partir de uma instrução consciente. Chama a esses dois procedimentos de "inibição e instrução". No entanto, isso não basta. É necessário também "esquecer o objetivo final do trabalho e deter-se em seu processo de realização, prestar toda atenção nos meios pelos quais esse acontece".

Segundo Michael Gelb[29]

Voltando-se agora para o problema de dizer uma frase, Alexander elaborou um plano. Primeiro, inibiria sua reação imediata para dizer a frase, detendo assim, em sua origem, a instrução descoordenada habitual. Em segundo lugar, praticaria conscientemente a projeção das direções necessárias para o melhor Uso de si próprio. Especificamente, pensaria em deixar o pescoço livre e fazer a cabeça ir para frente e para cima, de modo a permitir que o torso se alongasse e alargasse. Em terceiro lugar, continuaria projetando estas instruções até ter certeza de que poderia mantê-las enquanto dizia a frase. Em quarto lugar, no momento em que decidisse dizê-la pararia novamente e, conscientemente, reconsideraria a sua decisão. Em outras palavras, ele se deixaria livre para realizar outra ação, tal como erguer um braço, andar ou simplesmente ficar parado; mas o que quer que escolhesse fazer, continuaria a projetar as instruções para o novo padrão de Uso.

São sete os princípios de seu trabalho, elaborados ao longo de sua vida:

1.  Uso e Desempenho ou o processo de controle a ser exercido sobre as ações nas quais isso é possível. Sendo dado ao homem escolher entre os vários usos de si mesmo, ele deve saber optar pelos melhores, que o levem a um melhor desempenho em qualquer tarefa. O mau Uso é aquele que impossibilita qualquer escolha, que impede a realização harmoniosa e integral.

2.  A pessoa inteira: fruto de sua descoberta de que qualquer pensamento ou ideia tem poder de afetar o corpo. Sendo assim, a intenção de praticar qualquer ação ocasiona de imediato uma preparação física no sentido de sua realização, por exemplo, alterando o tônus muscular do organismo.

3.  O Controle Primordial: baseia-se no princípio de que o Uso que se faz da cabeça e do pescoço é fator primordial na organização do corpo todo; consequentemente, esse uso é capaz de alterações visíveis na postura e no envolvimento corporal para a realização de movimentos. Essa correção postural ocasiona maior economia na energia reservada para cada ato.

4.  Apreciação Sensorial Enganosa: como fruto dos maus hábitos adquiridos e uso inadequado do aparato corporal, também a percepção do indivíduo é afetada; por isso, não se pode confiar nas sensações vindas do uso do corpo pois, provavelmente, estaremos sendo enganados. Alexander descobriu que muitas vezes fazia o oposto do que queria ou pensava estar fazendo.

29  Michael Gelb, *O Aprendizado do Corpo*, São Paulo, Martins Fontes, 1987, pp. 17-18.

100 O PAPEL DO CORPO NO CORPO DO ATOR

O processo de aprendizagem leva a conscientização da força do hábito e a uma luta consciente contra ele, na descoberta de nossas reais necessidades.

A Apreciação Sensorial Verdadeira desenvolve-se à medida que progridem os exercícios.

Se nossa apreciação sensorial é imperfeita, não podemos ter certeza de quais são nossas verdadeiras necessidades; mas, na medida em que nosso padrão de acerto se desenvolve, a intuição passa a ser um instrumento mais valioso, e fica mais difícil enganar a si próprio[30].

5. Inibição: é a capacidade de impedir que o hábito se manifeste, adiando a ação para que haja tempo de uma preparação adequada. Impedindo que uma ação habitual aconteça, estamos dando ensejo a que o Controle Primordial se encarregue de funcionar: "é uma questão de recusar-se conscientemente a reagir de uma forma estereotipada, para que a verdadeira espontaneidade possa então manifestar-se"[31]. Essa inibição consciente precisa ser treinada e desenvolvida por meio de exercícios específicos.

6. Instruções: quando se começa a desconfiar dos hábitos e a impedir sua realização, a espontaneidade pode acontecer. A instrução só se torna possível porque há uma estreita relação entre atenção consciente e tônus muscular. Por meio dessa técnica novos hábitos são possíveis de apreensão. A dificuldade maior, no tocante aos novos usos do próprio corpo, reside no fato de que não se pode fazer isso acontecer, apenas preparar-se e deixar que aconteça por si só.

É nesse sentido que tanto Michael Gelb quanto professores ligados à Associação de Professores da Técnica Alexander[32] enfatizam a conexão entre os princípios relacionados e o conceito Zen da não ação. *A Arte do Arqueiro Zen*[33] é um livro bastante citado; nele se coloca que:

A natureza misteriosa dessa arte se revela unicamente neste combate do arqueiro contra ele mesmo...[34]

O discípulo, no aprendizado com o arco, deve perceber a tensão ocasionada pela ansiedade, pelo medo de não acertar, pelo desejo grande de fazê-lo; finalmente, deve apenas aprender a segurar o arco e manter a flecha, esquecendo-se de si mesmo. Não deve tentar nada, apenas

30 Idem, p. 73.
31 Idem, p. 75.
32 "The Society of Teachers of the Alexander Technique"; material referente à técnica de Alexander cedido pelo Prof. Clóvis Garcia. Esse material consta de: "Training Course for Teachers of the F. Matthias Alexander Technique"; "Brief History of F.M. Alexander-events"; "On Giving Directions, Doing and Non-doing"; "Teacher Refresher Course with Misha Magidow", jul. 31-ago. 9, 1987.
33 Eugen Herrigel, *A Arte do Arqueiro Zen*, São Paulo, Pensamento, s/d.
34 Idem, p. 17.

O CORPO COMO TOTALIDADE, FORA DOS PALCOS 101

conservar-se em determinada posição e esperar o momento em que algo dispare. Mesmo o fato de atingir ou não o alvo é uma questão secundária:

Os impactos no alvo nada mais são do que confirmação e provas exteriores de sua não intenção do seu autodespojamento, da sua absorção em si mesmo ou de qualquer outro nome que lhe dê[35].

7. **Fins e Meios:** Alexander "enfatizou sempre o processo de atingir o objetivo, e não o objetivo em si"[36], importam os "meios pelos quais" ou o como chegar até o fim proposto. É isso exatamente o que a técnica trata de garantir, que esses meios sejam sempre os melhores, racional e fisiologicamente falando; depois de uma correta preparação, deixa-se que a ação aconteça.

O que Matthias Alexander nos propõe, com a sistematização dessa técnica é que, apenas com a auto-observação (isenta de julgamentos de certo e errado) pode-se vislumbrar o autoconhecimento e quebrar as barreiras que entravam o exercício consciente de nosso potencial humano. E esse é, sobretudo, um exercício de humildade[37].

## A TÉCNICA DE IDA ROLF[38]

O rolfing (técnica criada pela Dra. Ida Rolf) tem por objetivo melhorar as funções corporais a partir de modificações na estrutura do corpo.

Conhecedora da ioga, osteopatia e homeopatia, que passara a investigar motivada por problemas de saúde, a Dra. Rolf cria sua técnica tentando ajudar pessoas que a procuravam.

Segundo Rosemary Teitis:

[...] o rolfing tem por objetivo melhorar as funções modificando a estrutura; mas difere da osteopatia em dois importantes aspectos. Nós "rolfistas", entendemos que os ossos são mantidos no lugar por tecidos moles: músculos, ligamentos, tendões etc. Se um músculo ficar cronicamente encurtado, puxará o osso a ele ligado para fora de seu ponto natural de equilíbrio A reposição do osso não é suficiente; o músculo isoladamente e o tecido circundante

---

35  Idem, p. 68.
36  Michael Gelb, *op. cit.*, p. 99.
37  Adotei o uso de algumas palavras em maiúscula, tais como Controle Primordial, Uso e Desempenho, Apreciação Sensorial Enganosa, a exemplo de Michael Gelb e por entender que são palavras chaves da técnica de Alexander.
38  Ida Paulina Rolf (1986-1979) nasceu em Nova York e cresceu no Bronx. Recebeu o título de Doutor em Química Biológica pela Universidade de Columbia em 1920. Prosseguiu sua carreira no Instituto Rockfeller até chegar ao cargo de pesquisadora. Até sua morte dedicou-se a formar profissionais, escrevendo e planejando novas pesquisas e fazendo palestras sobre o método. Em 1977 é editado seu livro: *Rolfing: The Integration of Human Structures*. No Brasil, o rolfing introduziu-se na década de 1970 e, em São Paulo, funciona o Instituto Rolf do Brasil.

102 O PAPEL DO CORPO NO CORPO DO ATOR

devem ser alongados para que a modificação seja permanente. Além disso, quando uma parte do corpo está passando por problemas, o corpo como um todo fica fora de equilíbrio[39].

Praticante de hatha-yoga por muitos e muitos anos, a Dra. Rolf parte da premissa de que o trabalho com o corpo leva, consequentemente, ao aprimoramento emocional e espiritual. Durante todo esse tempo ela fundamenta seu futuro trabalho, "o corpo precisa alongar-se e equilibrar-se; um corpo equilibrado fará surgir um ser humano melhor"[40]. Para que isso seja possível, o rolfista deverá "deslocar o tecido mole para o lugar onde realmente deve ficar"[41]. Esse é o primeiro princípio da integração estrutural.

Por assim dizer, os homens consistem de unidades empilháveis. Os agentes deste equilíbrio são os ossos e os tecidos frouxos (miofasciais). Os ossos determinam a posição no espaço, mas são sustentados pelo tecido mole. Quando os tecidos moles são reposicionados, os ossos espontaneamente se reorientam. Quando entra em equilíbrio o tônus do tecido mole, existe uma sensação de leveza no corpo[42].

Basicamente o que ocorre após uma pessoa ser rolfada[43] é que seu sistema corpóreo sofre modificações profundas; isso se manifesta, por exemplo, no fato de esta passar a usar sua energia com mais eficiência.

Uma das consequências da aplicação dessa técnica é a de que há surpreendentes mudanças no indivíduo "rolfado" em termos mesmo de sua personalidade, pois "depois do Rolfing, a conscientização mais aguçada de uma pessoa sugere-lhe que sua energia está mais forte"[44].

Este é o evangelho do Rolfing: quando o corpo começa a funcionar de modo apropriado, a força da gravidade consegue fluir através dele. Espontaneamente, então, o corpo cura-se a si mesmo[45].

É preciso que o ser humano aprenda a usar a gravidade a seu favor, como um instrumento.

O que a maioria das pessoas faz, no entanto, é tentar lutar contra ela, terminando por desalinhar o corpo, encurtá-lo e acumulá-lo de tensões desnecessárias.

Para a Dra. Rolf, quando "alguma coisa fica atravessada no corpo e os efeitos disto se alastram interminavelmente, como ondas"[46] todos os processos vitais são alterados porque "o corpo é uma tela, onde tudo está conectado a tudo"[47].

39  Rosemary Feitis (org.), *Ida Rolf Fala sobre Rolfing e Realidade Física*, Summus Editorial, São Paulo, 1986, p. 19.
40  Idem, p. 21.
41  Ida Rolf *apud* Rosemary Feitis (org.), *op. cit.*, p. 23.
42  Rosemary Feitis (org.), *op. cit.*, p. 27.
43  O termo é usado para designar a pessoa que se submete ao trabalho com um rolfista.
44  Ida Rolf *apud* Rosemary Feitis, *op. cit.*, p. 38.
45  Ida Rolf *apud* Rosemary Feitis, *op. cit.*, p. 43.
46  Ida Rolf *apud* Rosemary Feitis (org.), *op. cit.*, p. 78.
47  Idem, *ibidem*.

O CORPO COMO TOTALIDADE, FORA DOS PALCOS          103

A base da estratégia de um rolfista está "em reconhecer que a plasticidade do corpo tem a ver com a química daquele sistema do corpo que cria e mantém a estrutura: o sistema miofascial"[48].

Seu trabalho consiste na manipulação direta desse sistema, único, no entender da Dra. Rolf, capaz de alterar o funcionamento geral do organismo. Para ela, trabalhar com a fáscia superficial[49] significa chegar até a alma do indivíduo que está sendo tratado.

Partindo do princípio de que a maneira como cada um mantém seu corpo estruturado reflete sua história individual, alterar essa padrão de alinhamento acaba por interferir na própria consciência do sujeito.

As linhas num corpo não são estruturas místicas; estão onde as forças se equilibram[50].

O rolfing, integrando estruturalmente o corpo, inicia um processo pelo qual a pessoa "rolfada" tem possibilidades enormes de se livrar dos padrões corporais adquiridos e que entravam seu desenvolvimento pleno como indivíduo.

## WILHELM REICH E A VEGETOTERAPIA[51]

*é indigno de qualquer homem deixar de tentar o impossível[52].*

THOMAS HANNA

Ao deter-se sobre o processo fisiológico de repressão dos instintos básicos e primários, Reich constata que "toda rigidez muscular contém a história e o significado de sua origem"[53].

---

48  Ida Rolf em "Principalmente sobre Rolfing", no livro organizado por Rosemary Feitis, *op. cit.*, p. 138.

49  Fáscia é uma rede de tecido fino elástico que existe em camadas contínuas por todo o corpo. Os músculos e os ossos são organizados nesta rede e dela recebem sua sustentação, assim como todos os elementos que sustentam o corpo humano, Rosemary Feitis, *op. cit.*, p. 207.

50  Ida Rolf *apud* Rosemary Feitis, *op. cit.*, p. 113.

51  Wilhelm Reich nasceu a 24 de março de 1897 na Galícia (incluída no Império Austro-Húngaro) e, já na Faculdade de Medicina de Viena, começa a interessar-se pela psicanálise. Ao formar-se ingressa na Associação Psicanalítica de Viena. Publica, em 1927, *A Função do Orgasmo*. De 1924 a 1930 dirigiu o Seminário de Terapia Psicanalítica de Viena. A partir de 1931 trabalha numa campanha de esclarecimento sexual, mas seu trabalho termina sendo alvo da polícia alemã e do partido comunista. Em 1939 muda-se para os EUA, onde, mais tarde, sofrerá um processo e consequente prisão. Morre em 3 de novembro de 1957, deixando, entre seus inúmeros escritos: *Materialismo Dialético e Psicanálise* (1929), *A Irrupção da Moral Sexual* (1931), *A Revolução Sexual* (1945) e *Escuta Zé Ninguém* (1948).

52  Thomas Hanna, *Corpos em Revolta*. Rio de Janeiro, Mundo Musical, 1976, p. 103.

53  Wilhelm Reich, *A Função do Orgasmo*. São Paulo, Brasiliense, 1977, p. 255.

104 O PAPEL DO CORPO NO CORPO DO ATOR

A descoberta do "como" as neuroses (fruto de repressão) alojam-se no organismo humano na forma de uma grande couraça protetora, ou de resistências assim concretizadas, demonstra que elas são "a expressão de uma perturbação crônica do equilíbrio vegetativo e da motilidade natural"[54].

Ao diluir somaticamente esses bloqueios e tensões estruturados desde a infância, emoções reprimidas e lembranças vinham a tona e uma nova atitude corporal e postural era logo percebida em seus pacientes. Novas sensações vinham perturbar, com sua força, os antigos hábitos e comportamentos fixados, e podiam ser sentidas como uma corrente de energia antes não notada; como isso parecia vir do sistema nervoso autônomo[55] Reich as chamou de correntes vegetativas[56].

Ao se trabalhar diretamente com as tensões localizadas no corpo, a energia emocional reprimida também era mobilizada e manifestava-se claramente. A essa técnica de desbloqueio, Reich chamou de vegetoterapia[57].

Para ele, essa rigidez muscular,

[...] onde quer que apareça, não é um "resultado", uma expressão "ou um acompanhante" do mecanismo de repressão. Todos os pacientes contam que atravessaram períodos na infância, nos quais, por meio de certos artifícios sobre o comportamento vegetativo (prender a respiração, aumentar a pressão dos músculos abdominais etc.) haviam aprendido a anular seus impulsos de ódio, de angústia ou de amor[58].

Assim, dissolvendo atitudes crônicas de caráter, produzimos reações no sistema nervoso vegetativo.

Então, se por um lado a musculatura é o lado somático do processo de repressão[59], torna-se também a base de sua permanente preservação; a história individual (acontecimentos passados) permanece marcante

54    Idem, *ibidem*.
55    Sistema nervoso autônomo: parte do sistema nervoso encarregado de inervação motora da musculatura lisa, do músculo cardíaco e das glândulas; inervação motora: ativação dos nervos do movimento. O sistema nervoso autônomo é o sistema que cuida da vida vegetativa; sistema nervoso simpático, ou sistema nervoso autônomo vegetativo; sistema nervoso vegetativo.
56    "Essas novas e inesperadas experiências eram sensações de correntes no corpo, correntes a princípio desconhecidas pela maioria dos pacientes e, para aqueles que a conheciam, tinham pouco ou nenhum significado. Essas correntes eram agradáveis, leves e débeis, mas de quando em quando tornavam-se tão fortes que o sujeito sentia-se inundado por elas. Nesses últimos casos, e algumas vezes mesmo quando as correntes eram de intensidade moderada, o paciente ficava amedrontado como que por algum perigo desconhecido". Ola Raknes, *Wilhelm Reich e a Orgonomia*, São Paulo, Summus Editorial, 1988 p. 22.
57    Definida por Reich como vegetoterapia caratero-analítica; visava a trabalhar diretamente com as tensões, pois, dessa forma, as energias emocionais reprimidas podiam ser liberadas e manifestas em correntes vegetativas. Wilhelm Reich, *op. cit.*, p. 254.
58    Idem, p. 254.
59    Idem, p. 256.

O CORPO COMO TOTALIDADE, FORA DOS PALCOS

e ativa no tempo presente, impedindo uma verdadeira transformação, atravancando o crescimento pessoal.

Para Federico Navarro[60]:

> O princípio básico do pensamento reichiano, desde as expressões iniciais às formulações últimas, incontestavelmente permanece o da energia – qualificado ou não de "orgônio" – para melhor indicar sua dimensão cósmica e sua onipresença no universo, bem como sua íntima associação com a noção de orgasmo[61].

Reich detém-se não só na observação científica da energia em circulação, mas também com relação ao seu uso prático num processo terapêutico: é necessário que se faça um trabalho dirigido para a energia retida no corpo, para que esta, enfim, circule livremente, restabelecendo o equilíbrio do indivíduo como um todo, numa relação sempre dinâmica com o mundo, numa contínua troca.

A energia vital, que Reich chamou de orgônio[62], está presente, em maior ou menor grau, nos seres humanos, variando na relação com uma maior ou menor liberdade corporal (no sentido de tensões localizadas nos vários segmentos do corpo), fazendo igualmente parte de um todo maior: a energia que se encontra em tudo. Ela é a responsável pela vitalidade observada no ser humano que, absorvendo-a, transforma-a e a utiliza continuamente, numa troca com o mundo exterior.

Em síntese, a energia deve circular pelo corpo; se, no entanto, permanece estagnada em lugares específicos (deixando de fluir ininterruptamente), pode tornar-se perigosa para o organismo, ocasionando uma série enorme de distúrbios.

Reich localizou sete segmentos onde seria possível acontecer uma interrupção no fluxo energético: olhos e ouvidos, boca, pescoço, tórax, diafragma, abdômen e pélvis.

Eis então os pontos onde se instalam os bloqueios (sempre de natureza muscular), cada um deles contendo uma precisa significação emocional. A soma de todas essas zonas cronicamente rígidas, chamou-se couraça muscular. Somente quando o tônus muscular se equilibra (libertando-se de sua excessiva e velha carga) é que há possibilidade de normalização do fluxo de energia e do equilíbrio do organismo.

O que poderíamos chamar então de máscara postural (e que particularmente nos interessa, quando estamos preocupados com o ator) é essa estrutura rígida e pouco dinâmica, da qual o sujeito não tem consciência e que impede a flexibilidade necessária ao exercício de

---

60 Federico Navarro, *Terapia Reichiana: Fundamentos Médicos, Somatopsicodinâmica*, São Paulo, Summus Editorial, 1987, vol I.
61 Idem, p. 14.
62 Segundo Ola Raknes, *op. cit.*, p. 59, a palavra orgônio vem de orgasmo e de organismo, nome dado por Reich à energia primordial.

106 O PAPEL DO CORPO NO CORPO DO ATOR

sua função. Um corpo encouraçado é o oposto do corpo disponível, necessário à caracterização da personagem, em toda sua a plenitude.

Quando a vegetoterapia nos acena com a possibilidade de rompimento dos anéis de tensão espalhados pelo corpo, ela, igualmente nos dá a esperança de uma vivência no aqui-agora, numa relação direta e orgânica com estímulos e impulsos, na restauração de movimentos e sensações vitais.

Ele descreveu o processo orgástico:

[...] como um evento quadrifásico: uma tensão mecânica acompanhada por uma carga bioelétrica, seguida por uma descarga e, então, pelo relaxamento, com uma formula que sinteticamente é esta: tensão + carga + descarga = relaxamento, chamando-a de fórmula da "tensão e da carga biológica".

Para os reichianos, trata-se de desbloquear a energia (trazendo com ela o destravamento das emoções guardadas); esse trabalho tem início com os segmentos superiores num processo descendente até que todo o excesso seja descarregado.

É muito importante recuperar o ritmo natural da respiração e o ritmo orgânico do corpo para que a motilidade vegetativa seja restaurada.

## TÉCNICA DE MOSHE FELDENKRAIS[63]

O método de trabalho de Moshe Feldenkrais tem, como objetivo máximo, tornar o homem consciente de sua individualidade, ao propor um treinamento autoeducacional. Segundo ele, a educação imposta pela sociedade visa unificar os homens, banindo toda e qualquer tendência não conformista em seu desenvolvimento; tende a levá-los também a distanciarem-se cada vez mais de desejos vitais.

Estas condições levam a maior parte dos adultos hoje em dia a viver atrás de máscaras, a máscara da personalidade que o indivíduo tenta apresentar aos outros e a si mesmo [...] A necessidade de apoio é tão grande, que a maior parte das pessoas passa a maior parte de suas vidas reforçando as máscaras. Sucessos repetidos são essenciais para encorajar o indivíduo a persistir em seu mascaramento[64].

No processo de mascaramento social (via educação), os impulsos básicos orgânicos e sua satisfação vão sendo colocados cada vez

---

63 Moshe Feldenkrais nasceu na Rússia em 1904. Recebeu o título de Doutor em Ciências pela Sorbonne. Entre suas obras encontram-se *Self-Defense* (1921), *L'autosuggestion* (1930), *La Défense du faible* (1933), *Body and Mature Behaviour* (1949), *L'expression corporelle* (1965), *Consciência pelo Movimento* (escrita em 1972, publicada no Brasil em 1977) e *Caso Nora* (consciência corporal como fator terapêutico) publicada no Brasil em 1979, escrita em 1977.

64 Moshe Feldenkrais, *Consciência pelo Movimento*, São Paulo, Summus Editorial, 1977, p. 23.

# O CORPO COMO TOTALIDADE, FORA DOS PALCOS

mais para trás na ordem das prioridades, até que praticamente se tornam inconscientes e tão reprimidos que já não têm mais lugar de ser. O homem perde então consciência de sua situação individual. Diz Feldenkrais:

A maior parte das pessoas vive suficientemente ativa e satisfatoriamente atrás das máscaras, a ponto de sufocar, mais ou menos sem dor, qualquer vazio que sinta, quando quer que pare e ouça o próprio coração[65].

Para ele, o modo como cada pessoa vive está relacionado com a autoimagem. Por isso, para que possa haver qualquer mudança significativa em nosso modo de agir, é preciso que a imagem introjetada também se modifique.

A autoimagem é abordada através de sua questão motora; desse modo se ataca o caráter fixo dos hábitos adquiridos:

A estimulação de certas células na córtex motora do cérebro ativarão um músculo em particular[66].

Feldenkrais explica da seguinte maneira a autoimagem na córtex motora:

[...] se coloríssemos, sobre a superfície da área da córtex motora do cérebro de uma criança de um mês de idade, as células que ativam os músculos sob coordenação voluntária crescente, obteríamos uma forma semelhante ao seu corpo mas, se representássemos apenas as áreas de ação voluntária não a configuração anatômica das partes do corpo. Veríamos que os lábios e a boca ocupam a maior parte da área colorida. Os músculos antigravitacionais – aqueles que estiram as juntas e, assim, põem o corpo de pé não estão ainda sujeitos ao controle voluntário; os músculos das mãos estão somente começando a responder ocasionalmente à vontade. Obteríamos a imagem funcional, na qual se indicaria o corpo humano, por quatro traços fracos para os membros unidos por outra linha curta e fina para o tronco, com lábios e boca ocupando a maior parte do quadro[67].

Nossa autoimagem, portanto, é resultante do grupo de células que é efetivamente usado, pois:

Através de muita experimentação, os fisiólogos descobriram que, pelo menos nos movimentos básicos, as células a eles relacionados, ligadas à córtex motora do cérebro formam uma figura semelhante ao corpo, referida por eles como o homúnculo. Há portanto, uma base válida para o conceito de "autoimagem"[68].

O que parece ocorrer é que, conforme a vida e os hábitos adquiridos por uma pessoa, ela só deixa chegar à consciência o que se apresenta no âmbito (limitado quase sempre) de suas ações rotineiras; por isso

65   Idem, p. 4.
66   Idem, p. 29.
67   Idem, p. 30.
68   Idem, pp. 31-32.

108      O PAPEL DO CORPO NO CORPO DO ATOR

também é que temos consciência de algumas partes do nosso corpo e outras simplesmente inexistem para nós.

Uma autoimagem completa envolveria plena consciência de todas as articulações da estrutura do esqueleto, bem como da superfície inteira do corpo – costas, lados, entrepernas e assim por diante: esta é uma condição ideal e consequentemente rara[69].

O que destaca Feldenkrais é que há uma distância muito grande entre o que diz nossa autoimagem e a nossa capacidade potencial de realização. A maioria das pessoas pára seu desenvolvimento num patamar muito aquém de suas potencialidades; algumas raras pessoas continuarão a desenvolver-se em direção às suas habilidades potenciais, efetuando um processo de aprendizagem por toda a vida[70].

Para Feldenkrais, corrigir e alterar a autoimagem é mais rápido e proveitoso do que se dedicar aos seus sintomas (correção, por exemplo, nas ações e comportamento de um indivíduo). Deve-se conquistar modos de comportamento que estejam diretamente ligados às necessidades interiores particulares. Opta então por lidar com o movimento, por considerá-lo a base da consciência; mudando-se a base motora de gestos e posturas, pensamento e sentimento sofrerão inevitavelmente transformações, pois "o hábito perdeu seu maior suporte: o dos músculos e se tornou mais acessível à mudança"[71].

Sua técnica induz o aluno a pensar enquanto age e agir ao mesmo tempo que pensa, tentando sempre eliminar todo e qualquer movimento supérfluo, assim como o gasto excessivo de energia física.

De nada adianta repetir mecanicamente movimentos, sem dedicar-lhes a máxima atenção; o aluno deve observar atentamente o que faz e como faz, suas sensações, as modificações exteriores do movimento, sem esquecer o espaço ao redor de si.

Isso porque nos tornamos conscientes do que ocorre dentro de nós, principalmente pela ação de nossos músculos; são eles que nos informam sobre o que acontece, eles transmitem a informação ou as informações essenciais de que precisamos para viver melhor.

Se todo comportamento é um "complexo de músculos mobilizados, sensações, sentimentos e pensamentos"[72] uma mudança relacionada à nossa córtex motora poderá influenciar sentimentos e pensamentos, já que o cérebro funciona como um todo integrado: "a cada momento particular, o sistema inteiro consegue uma espécie de integração geral[73].

69   Idem, p. 39.
70   Idem, pp. 27-42.
71   Idem, p. 60.
72   Idem, p. 59.
73   Idem, *ibidem*.

O CORPO COMO TOTALIDADE, FORA DOS PALCOS 109

Por isso é que o trabalho técnico de Feldenkrais integra constantemente a imaginação e o movimento; trabalha-se, às vezes, durante certo tempo, com apenas um lado do corpo; a seguir, repete-se o mesmo exercício (atenta e pormenorizadamente) com o outro lado, mas através da visualização do movimento, despendendo-se, em geral, a metade do tempo gasto no primeiro exercício. Para ele, "a melhora é maior através da visualização do que da ação"[74].

## A TÉCNICA DE GERDA ALEXANDER[75]

> *É típico da prática da eutonia que cada um a experimente de maneira diferente, como um caminho pelo qual a vida em si se manifesta*[76].

A técnica de Gerda Alexander propõe a tomada de consciência da unidade psicofísica do homem; a palavra eutonia expressa "a ideia de uma tonicidade harmonicamente equilibrada, em adaptação constante e ajustada ao estado ou a atividade do momento"[77].

Parte do princípio de que atuar sobre a tonicidade de um corpo significa atuar sobre a totalidade do ser humano envolvido, e que, através do aumento da sensibilidade, chega-se até os sistemas que regulam o tônus muscular e o equilíbrio neurovegetativo[78].

Para que isso aconteça é preciso que a capacidade de auto-observação se fortaleça, e que uma tomada de consciência muito especial seja desenvolvida, um estado que Gerda Alexander chama de "presença".

Essa "presença" requer, ao mesmo tempo, uma neutralidade de observação e uma amplitude objetivos que não devem ser influenciadas pela expectativa de um determinado resultado. Essa neutralidade e essa abertura são as condições fundamentais para o desenvolvimento eutônico[79].

---

74 Idem, p. 177.
75 Gerda Alexander nasceu na Alemanha em 1908 e passou a residir na Dinamarca a partir de 1930. Concebe a Eutonia antes da Segunda Guerra Mundial (muito influenciada pela rítmica de Dalcroze), mas acaba batizando sua técnica somente em 1957. No entanto, desde 1947 seu trabalho já vinha sendo divulgado em cursos para músicos e cursos livres. Desde 1971 publicações realizadas por seus discípulos encarregaram-se de divulgar seu método pelo mundo inteiro.
76 Gerda Alexander, *Eutonia – Um Caminho para a Percepção Corporal*, São Paulo, Martins Fontes, 1983, p. XVI.
77 Idem, p. 9.
78 Equilíbrio neurovegetativo: equilíbrio entre o simpático e o parassimpático; sistema neurovegetativo: porção do sistema nervoso que regula as funções vegetativas tais como digestão, respiração, metabolismo.
79 Gerda Alexander, *op. cit.*, pp. 10-11.

# O PAPEL DO CORPO NO CORPO DO ATOR

A primeira tarefa que se impõe é a de, despertando a sensibilidade superficial (da pele) levar à recuperação da imagem corporal, ou seja, a representação da imagem do próprio corpo.

A técnica prevê uma série de "posições de controle"[80] que funcionam como uma espécie de teste muscular; nelas avaliam-se o grau e a localização das tensões corporais que impedem os reflexos tônicos naturais, ou as manifestações da função tônica do organismo.

Nossa tonicidade é continuamente alterada, basicamente aumentando com a atividade e diminuindo com o repouso. Deve-se ter consciência dessas alterações para que o equilíbrio seja preservado.

A eutonia trata:

1. da regularização do tônus, "fazer desaparecer as fixações existentes em grupos isolados de músculos, reintegrando-os ao comando geral"[81] e,

2. "a igualação do tônus: quando as fixações de uma ou mais fibras musculares dentro de um músculo são dissolvidas"[82].

Daí porque essa técnica não constitui apenas um labor de relaxamento, trata-se de adquirir domínio sobre o próprio tônus, diminuindo-o ou aumentando-o, conforme a necessidade. O trabalho respiratório é realizado indiretamente, por meio do relaxamento das tensões que dificultam e impedem a respiração adequada.

Para Gerda Alexander, o contato é mais importante que o tato, pois o primeiro, usado conscientemente, exerce influência mais forte no tocante às mudanças orgânicas: tônus, circulação e metabolismo.

Na eutonia e no movimento eutônico, nossa presença no espaço é ampliada pela concentração e pela consciência dessa situação; uma consciência que se manifesta para muito além dos limites do corpo.

O movimento eutônico amplia o dinamismo corporal e permite a realização das possibilidades de movimento, sem gasto inútil de energia, proporcionando maior precisão em cada gesto.

O aluno deverá ser capaz de avaliar objetivamente suas próprias sensações. Nesse processo não há qualquer tipo de sugestão por parte do coordenador; trata-se de perceber e anotar as sensações produzidas e que são diferentes de pessoa para pessoa.

Importa também chegar a conhecer sua movimentação particular e seu estilo próprio de expressão. São sugeridos exercícios destinados a "explorar possibilidades articulares e musculares do corpo, praticados com uma consciência corporal global"[83].

Um dos princípios básicos do relaxamento eutônico baseia-se no princípio da não ação. Isso não é, no entanto, compreendido como

---

80  Idem, p. 11.
81  Idem, p. 13.
82  Idem, p. 14.
83  Idem, p. 40.

O CORPO COMO TOTALIDADE, FORA DOS PALCOS     111

"abandono da vontade"[84], é um estado de inação pelo qual se opta e que é mantido voluntariamente. "A descontração muscular, bem compreendida, reforça a vontade em vez de enfraquecê-la"[85].

A passividade consciente e intencional deverá ser sempre alternada com a atividade corporal. Esse tipo de relaxamento é realizado antes e depois de qualquer exercício, auxiliando a eliminar movimentos supérfluos.

São quatro as fases de desenvolvimento desses exercícios: a primeira, um movimento ativo; a segunda, uma posição ativa (fim do primeiro movimento); a terceira, movimento passivo (relaxamento na mesma posição anterior); e a quarta, posição passiva ou repouso final.

Neles, além do estudo objetivo das sensações produzidas e seu levantamento, observam-se peso, consistência e temperatura das várias partes do corpo, forma e volume. Há um número bastante grande de exercícios de contato, visando à localização de sensações reais (mesmo que provocadas pela imaginação) e outros, nos quais o desenho produzido pelo corpo prolonga-se no espaço e a atenção é dirigida como que para fora do corpo, como se a energia do movimento fosse projetada muito longe.

## A TÉCNICA DE ALEXANDER LOWEN[86]

> O que se quer é a integração do consciente e do involuntário, o que só pode acontecer quando todo ato consciente estiver impregnado de sentimentos e cada reação involuntária for percebida conscientemente e compreendida. É esse o significado da expressão "estar em contato com o corpo". É o caminho para o autocontrole[87].

Lowen define a bioenergética como "uma maneira de entender a personalidade em termos do corpo e de seus processos energéticos"[88].

84   Gunna Brieghel & Müller, *Eutonia e Relaxamento*, São Paulo, Manole, 1987, p. 1.
85   Idem, p. 1.
86   Alexander Lowen nasceu a 23 de dezembro de 1910 em Nova York. Bacharelou-se em Ciências no ano de 1930. Doutorou-se em Direito em 1936. Em 1940 começou a estudar com Wilhelm Reich. Em 1951 obteve um novo doutorado, desta vez em Medicina, pela Universidade de Genebra. Em 1955 fundou o Instituto de Bioenergética. Entre suas obras encontramos: *O Corpo Traído* (escrita em 1967), *Prazer, Uma Abordagem Criativa da Vida* (1970), *O Corpo em Depressão* (1972), *Corpo em Terapia – A Abordagem Bioenergética* (1975) e *Exercícios de Bioenergética – Caminho para uma Saúde Vibrante* (escrito em 1977, com Leslie Lowen). *Fear of Life* (1980), *Narcissism* (1984), *Love, Sex and your Heart* (1988), *The Spirituality of the Body* (1990), *Joy: Surrender to the Body* (1995).
87   Alexander Lowen, *Prazer: Uma Abordagem Criativa da Vida*, São Paulo, Círculo do Livro, 1970, p. 233.
88   Alexander Lowen e Leslie Lowen, *Exercícios de Bioenergética: O Caminho para uma Saúde Vibrante*, São Paulo, Ágora, 1985, p. 11.

112 O PAPEL DO CORPO NO CORPO DO ATOR

Sua tese fundamental é a de que "corpo e mente são funcionalmente idênticos, isto é, o que o corre na mente reflete o que está ocorrendo no corpo e vice-versa"[89].

Os exercícios bioenergéticos procuram eliminar tensões musculares, fruto de conflitos emocionais e de intenções não realizadas, aumentando a vitalidade do organismos e promovendo o equilíbrio.

Por meio desses exercícios, aprende-se inicialmente a entrar em relação com tensões localizadas (percebendo a musculatura contraída), a seguir, através de certos movimentos, começa-se a liberar conscientemente essas tensões detectadas.

Um contato íntimo e permanente com o chão deve ser estabelecido e, partindo dessa relação, começa-se a perceber a conexão existente entre conflitos emocionais e corpo, pois a sensação de pertencer, de ter raízes, deve estar diretamente relacionado ao sentimento de um íntimo contato entre pés e chão[90].

Para Lowen, problemas na motilidade podem ser avaliados pelo modo como o indivíduo usa seus apoios e na maneira como movimenta a pélvis.

As pernas devem estar relaxadas, os joelhos flexíveis, os pés bem plantados no chão e a pélvis solta (nem caracterizada por uma posição de avanço, mantida para frente; nem de recuo, puxada e imobilizada para trás). A espinha dorsal, permanecendo em estado de rigidez dificulta qualquer movimento flexível e impede a circulação de energia. Essa rigidez é visível, por exemplo, na região lombar, na forma de um encurtamento.

Assim também os ombros, cuja posição e mobilidade podem ser analisadas com relação a sentimentos reprimidos, podem estar retraídos, levantados ou caídos, dificultando movimentos vitais como tomar, agarrar, golpear.

Estudando o corpo de seus pacientes Lowen detecta a existência, em muitos deles, de "uma antítese entre as metades superior e infe-rior"[91], por exemplo, alguém que tenha ombros largos, quadris estreitos e pernas frágeis; ou, pelo contrário, a parte inferior muito desenvolvida e a superior fragilizada e pequena, em relação à outra.

Para ele,

[...] a distribuição da musculatura no corpo humano é tal que sua maior parte está concentrada nos quadris e pernas. Isto provê suporte ao homem, para sua habilidade de manutenção na posição ereta. Os músculos da metade superior não têm que atuar

89    Idem, *ibidem*.
90    Alexander Lowen, *O Corpo em Terapia: A Abordagem Bioenergética*, São Paulo, Summus Editorial 1977, p. 99.
91    Idem, p. 105.

O CORPO COMO TOTALIDADE, FORA DOS PALCOS          113

na função de suporte; nem na mobilidade do corpo. Deveriam ser macios, relaxados e disponíveis para movimentos rápidos e sensíveis[92].

Com respeito à posição da cabeça e à expressividade do rosto, Lowen sustenta que "quando uma expressão se torna parte das feições, a pessoa perde a consciência dela"[93]. Sendo assim, é como se o próprio indivíduo não pudesse mais ver seu verdadeiro rosto. Mas as marcas inconscientes nele gravadas podem ser detectadas pelo terapeuta ou por um observador sensível.

A terapia bioenergética "trabalha diretamente com as forças do organismo que podem proporcionar força e coragem"[94], sendo que "o sentimento de força depende da agitação da força vital ou energia"[95].

Entre os exercícios propostos estão os que favorecem a vibração, características de um corpo vivo, em constante movimento. Com esse estado vibratório aumentado, pode-se sentir a energia propagando-se em ondas por todo o corpo; vibrações abruptas e violentas mostram que a energia flui desordenadamente devido às zonas crônicas de tensão.

Para que se possa conhecer e aprofundar a sensação de contato com a terra, são feitos exercícios de *grounding*[96]; essa técnica implica em que a pessoa "deixe acontecer fazendo seu centro de gravidade recair mais embaixo, implica em fazê-la sentir-se mais perto da terra"[97] e identificar-se com suas funções mais instintivas. E, ao sentir que seu centro de gravidade localiza-se na parte inferior do abdômen, reconhece os pés como suporte energético.

O *grounding* assemelha-se bastante à "Postura do Universo", posição de meditação usada pelos adeptos do T'ai chi chuan onde Yin e Yang unem-se no mesmo ponto chamado hara pelos japoneses e *tant'ien* pelos chineses.

Para que o exercício seja bem executado, os joelhos devem manter-se um pouco fletidos, de modo que o fluir da energia chegue até a terra, descarregando assim a força excessiva. Deve-se deixar solta a barriga e a respiração conscientizada. A respiração só se tornará livre e profunda (como a de um bebê) à medida em que uma série de tensões forem sendo dissolvidas.

Nós devemos pensar em movimentos respiratórios como ondas A onda inspiratória começa no fundo da pélvis e flui para cima, até a boca. À medida que vai subindo, as cavidades largas do corpo se expandem para sugar o ar [...] A onda expiratória começa

92  Idem, *ibidem*.
93  Idem, p. 107.
94  Idem, p. 112.
95  Idem, p. 113.
96  *Grounding*, ter base; *grounded*, a pessoa que tem base, apoio.
97  Alexander Lowen e Leslie Lowen, *op. cit.*, p. 23.

# O PAPEL DO CORPO NO CORPO DO ATOR

na boca e flui para baixo. Quando ela alcança a pélvis, esta estrutura move-se suavemente para a frente, como já foi mencionado[98].

Há também exercícios projetados especialmente para restaurar a mobilidade pélvica, pois "o modo como a pessoa conserva sua pélvis é um objeto de estudo tão importante quanto o modo como esta pessoa mantém sua cabeça"[99]. Ela deve ter um movimento espontâneo de acordo com a respiração: para frente com a expiração, para trás na inspiração.

Em todos esses exercícios, é necessário que a atenção esteja voltada para as sensações; estar em contato com o próprio corpo, além de favorecer o autoconhecimento, leva ao controle consciente dos sentimentos que serão ou adequadamente expressos, ou contidos, conforme o momento e a situação.

## A TÉCNICA DE THÉRÈSE BERTHERAT[100]

> O corpo recebe suas leis da Terra, do Sol, da Lua, de uma remota submissão aos ritmos desses astros e, por mais que se queira ranger os dentes, cerrar os punhos, tapar os ouvidos e o nariz, fechar os olhos, pensar que se está isolado no interior do invólucro que é a nossa pele, nunca se consegue revogar essas leis que fazem com que cada um de nós possua, nesse mundo cheio de vida, o lugar integral de ser vivo[101].

Falar da Antiginástica é falar de Françoise Mézières. Thérèse Bertherat[102] conta que foi ela quem lhe disse, pela primeira vez, para abandonar os instrumentos convencionais de tratamento corretivo e acreditar em sua percepção e nas suas próprias mãos.

Para Mézières:

É absolutamente necessário considerar o corpo como uma totalidade e cuidar dele enquanto tal, levando em conta não uma multidão de sintomas, mas a causa única de

---

98 Idem, pp. 36-37.

99 Idem, p. 46.

100 Criada por Thérèse Bertherat a partir do conhecimento da prática do método Mézières, a antiginástica pretende ser um conjunto de exercícios que leva o praticante a se aproximar cada vez mais de si mesmo. Diferentemente do método que lhe deu origem, sua prática realiza-se em grupo.

101 Thérèse Bertherat, *As Estações do Corpo: Aprenda a Olhar o seu Corpo para Manter a Forma*, São Paulo, Martins Fontes, 1986, p. 15.

102 *O Correio do Corpo: Novas Vias da Antiginástica*; *O Corpo tem suas Razões: Antiginástica e Consciência de Si*; *As Estações do Corpo: Aprenda a Olhar o seu Corpo para Manter a Forma*. Nesses livros Thérèse coloca seu trabalho com a antiginástica, desenvolvido a partir do Método Mézières.

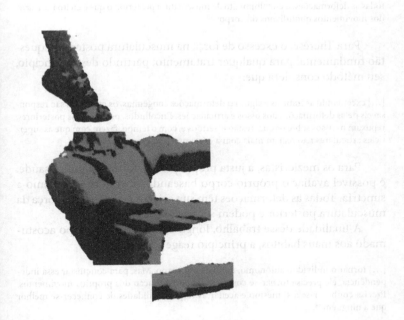

a partitura de um ator
espaço tempo energia
organicamente entrelaçados
num fluir
entre tudo que é externo ou interno
e

Fig. 7: Nijinsky em                        , in                      , Gallimard, 1912,
p. 80-81. Arte de Fred Costa Pinto.

# 116     O PAPEL DO CORPO NO CORPO DO ATOR

todas as deformações: o encolhimento da musculatura posterior, o que é efeito inevitável dos movimentos quotidianos do corpo[103].

Para Thérèse, o excesso de força na musculatura posterior é questão fundamental para qualquer tratamento; partindo desse princípio, seu método considera que:

[...] excetuando as fraturas e algumas deformações congênitas, os músculos são responsáveis pelas deformações dos ossos e articulações. Encolhidos, os músculos posteriores, repuxam os ossos sobre os quais estão inseridos e, com o tempo, fazem com que as superfícies articulares não reajam mais com a exata precisão que é necessária[104].

Para os mezieristas, a justa proporção das formas significa saúde: é possível avaliar o próprio corpo baseando-se em critérios como a simetria. Todas as deformações têm sua origem no excesso de força da musculatura posterior e podem ser tratadas a partir daí.

A finalidade desse trabalho, longo e difícil (pois o corpo acostumado aos maus hábitos, a princípio reage), é

[...] tornar o indivíduo autônomo, dono de seu corpo. Mas, para conquistar essa independência, ele precisa tornar-se consciente da organização dos próprios movimentos. Precisa conhecer-se a si mesmo e aceitar as responsabilidades de conhecer-se melhor que a ninguém[105].

Suavizando-se a musculatura posterior, acaba-se por fortalecer a anterior. Nessa medida não só há possibilidade clara de mudança, como a forma correta pode ser buscada desde que a pessoa se decida a isso.

Françoise Mézières soube compreender e dar provas anatômicas de que nossas fraquezas e deformações são provenientes da má distribuição de nossa energia e que os bloqueios manifestados na parte anterior do corpo são causados por excesso de força na musculatura posterior[106].

O corpo, liberado desse "peso nas costas" faz-se disponível a sensações antes reprimidas, emoções e desejos surgem com maior clareza e em maior quantidade, de vez que o corpo torna-se como uma casa, agora habitada.

Bertherat diz que a antiginástica indica o trajeto a ser feito para chegar junto a si mesmo[107]. Para isso é preciso desenvolver a consciência corporal.

---

103  Thérèse Bertherat, *O Corpo tem suas Razões: Antiginástica e Consciência de Si*. São Paulo, Martins Fontes, 1980, p. 121. Escreveu ainda *Le rapaire du tigre* (1989) e *A corps consentant* (1996).

104  Thérèse Bertherat, *op. cit.*, 1980, p. 123.

105  Idem, pp. 132-135.

106  Idem, p. 166.

107  Idem, p. 199.

o olhar do artista
coloca o acento nos traços
e cores do mundo
mas também
e sempre
nas mutantes formas do seu próprio corpo

Fig. 8:

# O PAPEL DO CORPO NO CORPO DO ATOR

Como a "estrutura determina o comportamento"[108], a forma de um corpo nos dá a dimensão de suas possibilidades e de seu funcionamento. Inicialmente é preciso adquirir consciência da rigidez da musculatura posterior, e, ao passo que a rigidez vai sumindo através dos constantes exercícios, conhece-se o prazer do movimento livre e harmonioso.

Os movimentos da antiginástica acabam por proporcionar um grande bem-estar, embora a experiência da dor sobrevenha quando nos deparamos com fortes obstáculos entravados na memória do corpo.

O trabalho, sem dúvida, ocasiona um confronto da pessoa consigo mesma, levando a uma movimentação mais econômica, precisa e correta nas ações cotidianas.

Os *Preliminares*, movimentos usados por Bertherat, tratam de equilibrar as forças musculares do corpo e algumas posições não são fáceis de conservar quando se tem a musculatura posterior muito tensionada. À medida que esta musculatura se alonga, a anterior se contrai; tais contrações constituem um indício seguro de que mudanças começam a ocorrer no organismo no sentido de uma maior harmonia.

Tais movimentos são descritos no livro de Bertherat *O Correio do Corpo* e podem ser realizados em várias posições, deitada, sentada e de pé.

Como diz Bertherat:

Esses preliminares, no entanto, não são destinados a "provocar" suas emoções, mas sim a informá-lo sobre você mesmo, e dar-lhe novas bases de reflexão. Esse trabalho pode trazer modificações no equilíbrio nervoso e, por conseguinte, um descanso[109].

## RPG – REEDUCAÇÃO DA POSTURA GLOBAL[110]

Philippe-Emmanuel Souchard[111] estabelece as bases científicas do RPG – Reeducação da Postura Global e já formou cerca de mil e quinhentos cinesioterapeutas que estão trabalhando em vários países do mundo.

Ensinando o método Mézières no Centro Mézières, na França, funda também a Université Permanente Internacionale de Thérapie Manuelle, que une acunpunturistas, osteopatas e uma equipe especializada em RPG.

---

108 Thérèse Bertherat, *O Correio do Corpo: Novas Vias da Antiginástica*, São Paulo, Martins Fontes, 1981, p. 10.
109 Idem, p. 167.
110 O RPG é um método científico de reeducação, baseado em posturas de estiramento muscular ativo, criado por Philippe-Emmanuel Souchard. Este fisioterapeuta desenvolve seu método baseado nas descobertas de Françoise Mézières em pesquisas de Anatomia e de Biomecânica.
111 Philippe-Emmanuel Souchard, *Ginástica Postural Global*. São Paulo, Martins Fontes, 1988.

toda técnica envolve
a aprendizagem disciplinada de novos códigos
e possui uma segunda natureza
aquela que só aos caminhos da arte pertence

Fig. 9:

120 O PAPEL DO CORPO NO CORPO DO ATOR

A ginástica postural global é um método científico de reeducação que parte dos seguintes postulados básicos: os músculos estáticos posteriores que formam uma cadeia hipertônica devem ser alongados; deve-se evitar a blocagem diafragmática em inspiração; deve--se evitar igualmente a rotação interna dos membros enquanto se corrigem as lordoses do corpo todo. Esse endireitamento em conjunto permite a restituição da boa forma e, então, a recuperação da função[112].

Esse trabalho, realizado por meio da manipulação feita por um profissional, em sessões semanais visa, sem pressa, e a princípio, a evidenciar as tensões efetivas presentes no corpo do paciente e que encontram-se inter-relacionadas. Importa atacar a causa dos problemas e não meramente seus sintomas. Esse tipo de "ginástica "permite ao paciente melhor equilíbrio ao adquirir uma sólida base de sustentação do corpo.

Segundo Martine Barnoux-Delorme[113],

A RPG, na medida em que procura – tanto em nível de tratamento como em nível de prevenção – os caminhos que ajudam o homem a funcionar melhor, insere-se totalmente no campo da medicina. É uma medicina natural, na medida em que considera o homem como um ser inteiro, harmoniosamente belo e saudável.

Souchard compara o ser humano, em posição ereta, a um equilibrista que, ora em posição estável, ora buscando o equilíbrio, trata sempre de "ordenar seus segmentos de modo a empilhar uma peça sobre a outra"[114] a fim de atingir uma harmonia frente a gravidade, que não lhe custe muitos esforços.

Só que esse equilíbrio, duramente conquistado, acaba por encurtar e sobrecarregar certos músculos, deformando a aparência natural do corpo. Essas deformações assim introduzidas tendem a acentuar-se com o passar dos anos, causando problemas muitas vezes dolorosos.

O comportamento muscular termina por diminuir o trabalho livre das articulações, interferindo também na própria estrutura óssea. Por isso é que "O conceito de cadeia muscular torna impossível qualquer reeducação analítica ou segmentar"[115]. O corpo é um todo, e como tal deve ser encarado no tratamento.

Cumpre alongar os músculos espinais, muito curtos e resistentes, e corrigir a acentuação das curvaturas ocasionadas pelo excesso de força localizada; libera-se, desse modo o bloqueio respiratório. A ginástica postural cuida desse alongamento através de trações executadas pelo manipulador que está, todo o tempo, atento às compensações danosas que podem ser exercidas pelo restante do corpo durante essa ação.

112 Martine Barnoux-Delorme, *Apresentação da Edição Brasileira in Ginástica Postural Global*, Philippe-Emmanuel Souchard, *op. cit.*
113 Martine Barnoux-Delorme, *op. cit.*, 1988.
114 Philippe-Emmanuel Souchard, *op. cit.*, p. 1.
115 Philippe Emmanuel-Souchard, *op. cit.*, p. 26.

## O CORPO COMO TOTALIDADE, FORA DOS PALCOS          121

A técnica, quando bem conduzida, leva à recuperação dos músculos demasiado fracos do corpo; ou seja, o excesso de força investido na
musculatura posterior, ao se dissolver, obriga a musculatura anterior
ao fortalecimento.

Assim, integradamente, e ao longo das sessões, vai sendo restau-
rado o equilíbrio postural.

São princípios da RPG:

Primeiro princípio: cada comportamento patológico é um comportamento pessoal, portanto, cada tratamento deve ser pessoal e individualizado.
Segundo princípio: todo tratamento deve remontar às causas da lesão.
Terceiro princípio: dado que a maioria dos sintomas surgem à distância da causa e com
algum retardo, todo tratamento deve ser progressivamente o mais abrangente possível,
para poder ser causal[116].

A RPG trabalha com a modificação na estrutura do corpo, pois
forma e função são interdependentes. Se acreditarmos que a forma
determina a função, poderemos entender por que, a modificações
aparentes, correspondem sempre modificações funcionais bem mais
profundas do que podemos supor.

## CONCLUSÃO

Sou uma profissional da área prática que teve sempre como opção trabalhar o movimento do ator como treinamento e como arte. E mesmo
agora, após esse estudo aprofundado reconheço que muitas das abordagens corporais citadas possuem para mim zonas misteriosas que eu
só poderia desvendar se as pusesse diretamente em prática.

De qualquer modo, quero salientar que há, sem dúvida, uma parcela de meu levantamento que permanece e permanecerá intraduzível,
porque essa gama imensa de procedimentos corporais arrolados guar-
dam outros, aqueles que estão em sua origem.

Seria preciso que uma segunda pesquisa caminhasse em direção
às origens das fontes, às nascentes primeiras de tais exercícios, especialmente no que tange ao teatro e à dança pois, tanto na dança quanto
no teatro, parece evidente que as novas abordagens corporais, tanto no
plano técnico quanto no estético, sofreram uma profunda influência,
não só da *Commedia dell'Arte*, como do Nô, do Kabuki, do Teatro de
Bali, do Kathakali; enfim, do Oriente em geral.

Importante salientar que, no terreno específico do treino do corpo
para teatro é muito grande o número de exercícios que tem como base
técnicas, princípios e procedimentos que vêm diretamente do Oriente,
por meio da medicina, filosofia, teatro ou dança.

116  Idem, p. 119.

122 O PAPEL DO CORPO NO CORPO DO ATOR

Parece-me que essa influência é determinante, e em grande parte responsável pelo teatro e pela dança atuais, mesmo quando do ponto de vista estético os resultados pareçam diametralmente opostos.

O principal, para mim, nessa necessária conclusão, não é o levantamento de pontos de atrito, ou, mais especificamente, de divergências existentes entre as várias linhas dos três campos apresentados; prefiro constatar alguns pontos fundamentais e que são comuns às várias técnicas. Esses princípios de trabalho permanecerão um guia seguro, por exemplo, para a realização de um planejamento corporal para atores.

Mais do que nunca é preciso afirmar que, se os princípios forem corretos, encontrar as técnicas adequadas não será o mais difícil. Importa deixar claro que o treinamento corporal do ator envolve tanto a aproximação com sua natureza humana quanto o aprendizado da teatralidade. O palco, de acordo com o estilo abordado ou com as marcas particulares da direção, exige do ator uma assumida artificialidade.

Como encaminhar um treino que funcione, em sua base, para servir a essas duas tendências interpretativas aparentemente conflitantes?

Serão essas tendências tão opostas assim? Não haverá nelas algo que facilite uma abordagem basilar, comum? Quais são os pontos de contato entre uma e outra que favoreçam um tal trabalho?

Esse estudo forneceu-nos algumas respostas a essas questões. Há sempre como resultante do processo atoral (qualquer que seja ele) uma máscara, uma forma na qual se insere uma certa energia. O exercitar formal e energético nos parece, pois, a grande base sobre a qual assentar depois procedimentos que visem a desenvolver uma ou outra via estética.

O ator precisa dar conta dos trajetos do que é visível e do que é invisível em suas ações; saber observar-se e à sua produção exterior sem perder o eixo da concentração interior.

Se Stanislávski, por exemplo, aponta como um possível treino interpretativo a via exterior, desenvolvendo a técnica das ações físicas, é porque sabe que uma grande intensidade física pode ser obtida desse modo. Alguns exercícios corporais desenvolvidos pelo diretor russo identificam-se diretamente com aqueles desenvolvidos pela antiginástica e pela eutonia, como, por exemplo, toda a série ligada à constatação da musculatura contraída do corpo em algumas posições características.

Ao exigir que o ator, nesses casos, seja seu próprio controlador, Stanislávski aproxima-se, de imediato, da técnica de Matthias Alexander e do Uso de si mesmo.

A identificação de Stanislávski com as linhas de terapia corporal não é de surpreender: a procura da naturalidade, da postura ideal, do relaxamento muscular, são princípios e objetivos de muitos trabalhos voltados para o corpo.

Esses procedimentos partem do princípio de que a natureza, se deixada livre de hábitos perniciosos, encaminha atitudes as mais saudáveis

O CORPO COMO TOTALIDADE, FORA DOS PALCOS 123

possíveis; ou seja, o sistema vegetativo encarrega-se da manutenção das atividades básicas à vida.

Nas terapias corporais é evidente que o treino técnico é um trampolim para se ir além do meramente físico; seus procedimentos podem parecer opostos, mas todas elas, por caminhos deferentes, pretendem fazer com que o ser humano reconquiste sua humanidade e inteireza, quase sempre abalada por regras rígidas e anacrônicas de educação.

A dança moderna, por sua vez, não pretende desligar o movimento dos impulsos poderosos vindos da personalidade do dançarino.

E quando Meyerhold convida seus intérpretes a dançar, cantar e representar, ele está indicando o ator completo, do mesmo modo que o pretendem Pina Bausch, com seus atores-bailarinos, e Béjart com o Balé do Século xx.

As fronteiras entre o teatro e a dança se tornam tênues e são rompidas todo o tempo. Desde o século xviii, quando Noverre escreveu suas famosas cartas, já era clara, para ele, a aproximação entre atores e bailarinos. Noverre também sonhava com o intérprete inteiro que não chegou a ver.

Quando o teatro, assumindo a artificialidade dos refletores, nos diz que nesse pequeno espaço iluminado não há porque imitar a vida, contamos com treinamentos que, sem desconhecer o papel importante da energia cênica, nos acenam com a possibilidade de criação a partir do exterior, do plano físico e orgânico do ator, sem necessariamente envolvimento direto de suas emoções.

Entre essas técnicas está a biomecânica de Meierhold que continua sendo utilizada e modificada aqui e ali, por grupos de teatro contemporâneo de tendências não realistas.

E Delsarte? Ao estudar a natureza manifesta em gestos e estados emocionais os mais diversos, e ao afirmar que certas posturas induzem ou fazem continuar atitudes interiores, torna-se uma figura exponencial para o teatro de nossos dias.

Deixou-nos Delsarte uma série de formas corporais condizentes com nítidos estados emotivos que, longe de conduzirem ao estereótipo, são como estruturas corpóreas muito ricas para a pesquisa nessa área. Mesmo sem o intuito de se caminhar para a emoção que permeia tais formas, elas servem para o simples estudo de desenhos e esboços significativos que é dado ao corpo humano realizar.

O Odin Teatret utiliza-se de princípios colhidos em vários países do mundo e pertencentes aos mais variados gêneros do fazer artístico. O método de trabalho do grupo, fruto de uma pesquisa sempre em crescimento e ampliação, baseia-se em princípios orientais; já a ousadia corporal, a intensidade física do treino, vêm de Meierhold e Grotóvski, particularmente.

Para o tipo de trabalho que o Odin Teatret desenvolve não é necessário nenhum investimento interior, tais como os tradicionalmente

O que se propõe é um tipo de interpretação que poderia ser chamada de somática, em toda a abrangência desse termo. Não é preciso provocar nenhuma emoção, não há sequer necessidade de imagens ou de subtexto; há, isso sim, obrigatoriedade de uma grande integração psicossomática e uma aguda percepção corporal. O ator precisa estar de tal modo afinado com seu corpo que esteja, todo o tempo, em sintonia com as mínimas sensações vindas de suas ações: nada pode passar desapercebido, nada pode se mecanizar.

conhecidos por meio e especialmente de Stanislávski (investimento de emoção); basta que o ator se utilize de todos os seus recursos físicos, que não economize nenhum esforço e que, sem perder de vista o que se passa em torno de si, consinta, por assim dizer, que a cabeça ceda ao corpo. Que trabalhe inteiramente atento ao que faz, completamente presente.

O que se propõe é um tipo de interpretação que poderia ser chamada de somática, em toda a abrangência desse termo. Não é preciso provocar nenhuma emoção, não há sequer necessidade de imagens ou de subtexto; há, isso sim, obrigatoriedade de uma grande integração psicossomática e uma aguda percepção corporal. O ator precisa estar de tal modo afinado com seu corpo que esteja, todo o tempo, em sintonia com as mínimas sensações vindas de suas ações: nada pode passar desapercebido, nada pode se mecanizar.

Esse tipo de concentração não é muito diferente daquela que se exige de equilibristas e acrobatas. Por isso Meierhold dá tanta ênfase ao ritmo, e por isso também os atores do Odin aprendem a tocar instrumentos como parte de sua formação, e costumam exercitar-se acompanhados desses instrumentos.

Por mais absurdo que possa parecer à primeira vista, esse tipo de treino aproxima-se bastante das propostas de meditação oriental. Ao que tudo indica, nas várias posturas hindus, chinesas, japonesas de meditação, o que se objetiva é atingir o estado de "vazio" no qual o corpo e a mente formam uma unidade indivisível. Como origem comum a todas essas técnicas encontra-se a filosofia zen.

O trabalho circense, que envolve grande precisão, por ser cercado de habilidades que implicam uma certa dose de risco, necessita da mais plena concentração na ação que está sendo realizada, e apenas nela; não pode ser admitida nenhuma dispersão, toda a energia do artista deve estar voltada para uma só direção. Por isso aí também é imprescindível o uso de música ritmada e conhecida; é nela que o acróbata se apoia para executar suas proezas.

Quando o treino corpóreo é intenso, exigindo o máximo envolvimento físico, é praticamente impossível pensar ou organizar frases sem perder a sequência; o organismo inteiro está voltado para essas ações que exigem dele uma dedicação integral.

Certos tipos de dança também propiciam essa entrega, especialmente aquelas onde existem movimentos de ondulação, movimentos por impulsos súbitos, giros ou torções continuados.

A concentração é mais difícil de ser mantida nos momentos de imobilidade, em gestos pequenos e delicados, em momentos em que não há algo de objetivo para ser feito. Vencer a ansiedade, vivendo simplesmente cada momento na mais completa e poderosa abstração, na mais profunda entrega, é o ensinamento básico da filosofia zen; toda e qualquer ação deve ser motivo para que possamos estar inteiros e tão-somente nela mesmos.

O CORPO COMO TOTALIDADE, FORA DOS PALCOS     125

Evidentemente que a aproximação entre trabalhos tão diferentes como a biomecânica, o circo e a meditação pode causar espanto: no entanto, notam-se elos de ligação surpreendentes entre essas técnicas quando se pratica os exercícios. Apesar de uma requerer força e a outra relaxamento, uma rapidez, a outra imobilidade, o resultado, tanto em nível de desempenho (um correto e inteiro fazer) quanto em termos de entrega psicossomática, são praticamente da mesma natureza.

O que acontece, porém, quando o ator realiza uma façanha e, ao mesmo tempo, deve projetá-la ou comentá-la para a plateia? E como então trabalha o ator japonês quando empresta seu corpo para narrar uma história, para mostrar uma personagem? Não trabalha ele profundamente concentrado em cada uma de suas ações, inteiramente entregue às modulações de sua voz, aos seus próprios sons e movimentos? E essa concentração, simples e profunda no próprio fazer, no deixar que as ações aconteçam uma a uma em sua sequência previsível e estudada, segmento a segmento, não lembra a dança do TAO, a meditação em movimento? Seu estado interior não se altera; o ator permanece serenamente em equilíbrio, absorto, centrado em si mesmo.

Lembro-me da proposta meyerholdiana de autoespelhamento; o que pode ocorrer no início desse treinamento é, realmente, uma quebra na concentração: é como se uma parte do exercitante fizesse algo e outra parte sua o observasse. Com o passar do tempo e com a continuidade do treino, uma espécie de visão interna (sensação do fazer, percepção) funde-se à visão externa (a que efetivamente olha, observa o que faz).

Tal técnica é muito útil no adestramento do ator, amplia a relação que ele tem com o próprio corpo, além de possuir a vantagem de, em vez de isolá-lo e torná-lo introspectivo, ensiná-lo a permanecer centrado em si mesmo, mas, ao mesmo tempo, participante ativo do que o rodeia. Esse tipo de exercício pode ser realizado no mais completo vazio; isto é, sem a interferência do nosso pensamento consciente; simplesmente deixa-se de pensar.

Em todos os casos mencionados até agora, a forma é da maior importância: para o acrobata, por exemplo, é uma garantia de vida. Ao contrário do que muitas vezes se julga, especialmente quando se fala em expressão corporal, não há porque desmerecer a configuração clara e precisa do corpo temendo a artificialidade. Seja numa dança que busque a maior proximidade possível com a natureza, seja numa formalização abstrata, ou mesmo totalmente aleatória, de algum coreógrafo contemporâneo, o elemento formal é absolutamente indispensável.

Isadora Duncan, ao libertar-se dos cânones da dança clássica, busca inspiração em formas desenhadas nos antigos vasos gregos; Merce Cunningham, para quem o movimento é fruto de composição meramente casual, observa os gestos cotidianos das pessoas simples que caminham pelas ruas.

126       O PAPEL DO CORPO NO CORPO DO ATOR

Lembro-me agora de Artaud; ele também queria um ator-dançarino, que conseguisse ultrapassar o comportamento cotidiano, que soubesse criar, com seu corpo, uma intensa rede de signos para, a partir deles, atingir o espectador.

Em seu sofrimento Artaud sabia que a alma se dá a conhecer através de mensagens altamente sinalizadas e organizadas numa espécie de mapeamento corpóreo: cada ponto é a morada de uma paixão; cada ponto do corpo é a morada de uma dor. Louco, visionário, o lúcido Artaud aponta a Medicina Chinesa como um campo de estudos providencial ao ator em busca do "atletismo da alma".

Sob o angulo atoral e de sua produção há, basicamente, dois caminhos: o que aponta de início para a via interior, onde subtexto e emoção são componentes primeiros e primordiais, e aquele que parte de uma técnica totalmente exterior. Ambos devem fazer parte de um treino de atores, que pretenda criar uma base técnica de trabalho capaz de servir a qualquer tipo de teatro.

Nos dois casos, realismo e não realismo, o ator é um artífice sígnico; no primeiro caso, esses signos são resultantes de um processo de expressão que visa à aproximação com a natureza tal como é percebida por nós (a vida como a vemos); no segundo caso, podem os signos ser resultado de um invento ou alquimia corporal, baseados em imagens reais ou imagens imaginadas, conectados a partir simplesmente de gestos tecnicamente produzidos. Neste segundo caso é possível, mas não necessário, que elementos emotivos agreguem-se ao trabalho. De resto, mesmo na interpretação realista, muitas vezes elementos emocionais não estão em jogo e não participam da evolução e apresentação do trabalho.

Eugênio Barba, ao falar da interpretação do ator, nos lembra que esta consiste na harmonia do sangue com a pele. Um desempenho tem de conter "sangue" (motivação interior) e "pele" (forma, manifestação visível). Não importa comparar processos interpretativos para julgá-los a partir de uma ou outra teoria interpretacional. Se a mascara criada precisa conter sangue e pele, tanto atores quanto diretores precisarão ficar atentos ao melhor modo de se conseguir tal integração entre o visível e o invisível.

Há preconceitos no tocante à interpretação que parte da construção física; há preconceitos no tocante à interpretação de base psicológica. Se são duas técnicas opostas, nem sempre levam a resultados necessariamente contrários; um processo que parta de elementos interiores pode chegar, com o tempo, a um tal grau de síntese e abstração, que tais elementos são totalmente desnecessários. O ator pode conduzir-se em seu papel sem qualquer envolvimento com imagens ou mesmo lembranças que foram utilizadas no processo; pode caminhar apenas guiado por sua partitura exterior e final.

No caso oposto (trabalho de base exterior) o ator pode partir do externo, sem nenhuma base emocional e, à medida que progride, sentir aflorar lembranças e todo o tipo de conexão afetiva.

O CORPO COMO TOTALIDADE, FORA DOS PALCOS 127

O fato de eu ter optado pelo trabalho com o corpo do ator (e com atores envolvidos em todo o tipo de montagem) mostrou-me que poderia lançar mão de técnicas mistas, e até de segmentos de técnicas opostas; mostrou-me que poderia utilizar recursos de biomecânica em peças realistas, assim como poderia valer-me da memória emotiva para a construção de uma simples passagem formal (um desenho em deslocamento).

Qualquer processo que leve o ator a unir "sangue e pele" será bom e proveitoso. Muitas vezes percebi, ao trabalhar uma mesma cena da qual participavam dois ou mais atores, que cada um deles precisava lidar com recursos diferenciados para chegar ao mesmo resultado.

Grotóvski, por exemplo, propõe que o ator ultrapasse os seus limites, arrisque devassar os territórios desconhecidos de si mesmo. Para que o intérprete não se perca nessa viagem, ele deve contar com o suporte técnico de uma árdua disciplina formal, da qual a dor e o cansaço fazem parte integrante.

No caso acima citado cria-se uma oposição frontal entre algumas propostas grotóvskianas e as técnicas de relaxamento e alongamento, cuja condição primeira em qualquer exercício é a de se evitar a dor ou, pelo menos, muita dor.

Muitas são as divergências entre as várias abordagens corpóreas; pode-se comparar também rapidamente a bioenergética e o t'ai chi chuan: enquanto o primeiro trata de reequilibrar o organismo sem perda nem desgaste, sem dor nem cansaço (acreditando que a energia quando bem trabalhada organiza-se a si mesma), a bioenergética lida no sentido de uma descarga de excessos.

Qual das duas terapias é a mais proveitosa?

Qual delas é a melhor?

São perguntas, na minha opinião, improdutivas. O equilíbrio orgânico pode ser alcançado por qualquer uma das vias. Dor e cansaço podem não ser o melhor caminho (para quê sofrer?), mas, para determinada pessoa, num momento muito determinado de sua vida, talvez sejam a única saída. Nesses casos é preciso saber optar. E para optar é necessário conhecer os muitos caminhos técnicos.

O trabalho proposto por Grotóvski (rico em possibilidades) envolve, de modo muito especial, a consciência do centro do corpo (região lombar, abdômen, plexo solar) e a relação desse centro pulsante com todo e qualquer movimento. Esse princípio é o mesmo utilizado e defendido ardentemente pela dança moderna: o de que a região central do corpo é a fonte geradora e emissora de energia para o restante do organismo; o que, de há muito, indicava com precisão a Medicina Chinesa. Essa mesma região é também a morada das emoções, como já situava Delsarte.

Outro dos princípios importantes, entre tantos levantados no estudo anterior, é o da "função do acaso" que John Cage introduz nas artes norte-americanas: música (suas próprias composições), a dança

128 O PAPEL DO CORPO NO CORPO DO ATOR

(especialmente Merce Cunningham) e teatro (vide Living Theatre). A função do acaso vem de um jogo muito antigo, o I Ching, que consta de um certo número de cartas com desenhos simbólicos, que é possível jogar com varetas e moedas. Nesse jogo oriental, as respostas do oráculo dependem exclusivamente da concentração e da intuição do jogador e da maneira como ele vai dispondo as cartas.

Mas por que nos interessa o acaso? São muitos os objetivos que se pode imprimir ao trabalho com o corpo, mas a cada exercício escolhe-se um ou dois como preferenciais. O acaso é capaz de reunir uma sequência absolutamente impensável de movimentos, porque sem motivos, porque sem nenhum nexo causal. E essa sequência, assim construída, oferece um vasto terreno de experimentação e improvisação ao intérprete.

Pode-se estudar essa frase de movimento de modo a conectar movimentos que antes se achavam isolados uns dos outros, pode-se criar novas passagens entre uma palavra – movimento e outra.

Sempre gostei de criar roteiros de movimento vazios de sentido (pelo menos um sentido consciente) e explorá-los, a seguir, primeiro de modo técnico (até deixar "limpa" e precisa cada uma das frases criadas) e a seguir buscando conexão com motivos imaginários, em contextos fictícios.

Tadeusz Kantor, em seus espetáculos, explora objetos e espaços até seus limites potenciais. A relação com objetos no exercício corporal é profundamente interessante: a resistência dos materiais, sua textura, peso, volume, oferecem ao exercitante um amplo campo experimental.

Conhecer o objeto, integrá-lo ao movimento que vai sendo realizado, conviver com ele real e imaginariamente, transformá-lo segundo novos contextos, trabalhar com um objeto em especial, ou escolhê-los ao acaso, fazem parte da vivência criativa do ator. Criar um espaço através da disposição de materiais na cena criando conexões muito especiais com cada um deles pode ser uma proposta rica de exercício.

Se no campo da dança moderna todos parecem concordar que a personalidade do dançarino é fundamental, assim também no teatro a decisão de atuar parece cada vez mais implicar (pelo menos teoricamente) uma certa postura frente à vida que determina também a opção por uma ou outra proposta cênica.

Nem o dançarino e tampouco o ator poderão contentar-se em ser apenas aquele que mecanicamente repete formas prontas diante do espelho ou recita maquinalmente palavras mal digeridas de qualquer texto. Quando Laban diz que um intérprete precisa conhecer seus esforços para, conscientemente, poder alterá-los (e com isso alterar o rumo do que faz), que deve pesquisar o movimento por meio de seus componentes fundamentais, explorando-os com liberdade para poder criar suas próprias frases gestuais (acentuá-las, ritmá-las), ele reconhece, como todos os dançarinos modernos, que o intérprete também é um criador e precisa desenvolver-se como tal.

O CORPO COMO TOTALIDADE, FORA DOS PALCOS     129

Que a dança comece por movimentos "inventados" num laboratório ou que tenha seu ponto de partida em emoções particulares, o que importa é que todo e qualquer movimento humano pode fazer parte da arte. Bem o demonstra Béjart ao afirmar não ter nenhum tipo de preconceito na elaboração de seus balés.

Aprende-se muito também com o Butô, que pretende estabelecer o diálogo com o corpo dançante; assim também trabalham os integrantes do Teatro-Dança de Wuppertal que pretendem, sob a direção de Pina Bausch, um diálogo que relembre e retome o corpo de infância, o corpo massacrado, punido, rejeitado, castigado e acariciado do passado, o corpo pronto para a improvisação, no presente.

Lado a lado com uma intensa busca formal, o Teatro – Dança de Wuppertal propõe esse mergulho no universo pessoal de cada membro do grupo. Se Bausch é exigente nas formas, também não teme as emoções; seus intérpretes aprendem a conhecê-las e a domá-las no próprio processo de criação.

O estudo e o exercício das emoções é um ponto nevrálgico na interpretação do ator: até onde essas emoções podem ser provocadas; até onde são necessárias; até onde alguém tem o direito de, por puro treino, destravar lembranças dolorosas em outra pessoa, tocar em suas feridas mais ocultas? Será tudo isso indispensável ou haverá um outro tipo de trabalho menos ingrato e mais descomprometido que leve às mesmas consequências?

Se as abordagens, com relação a aspectos tais como os citados, são as mais diversas, se seus procedimentos brigam entre si de modo alarmante, basta que nosso interesse atenha-se aos seus pontos de contato, suas semelhanças, para perceber nessas identificações um rico veio de exploração.

Os entrelaçamentos entre as técnicas são múltiplos e, realmente, há de se notar as afinidades, não de procedimentos, mas de princípios, que existem entre elas.

# APÊNDICE:
# Sobre o Teatro Oriental e Sua Influência no Teatro Ocidental dos Nossos Dias

A influência do teatro oriental no nosso teatro é marcadamente acentuada a partir do final do século XIX, início do século XX. Homens de teatro como Gordon Craig, Lugné-Poe, Meierhold, Artaud e Brecht aproximam-se da estética oriental, buscando também informações sobre suas técnicas.

Os principais, ou pelo menos mais conhecidos estilos teatrais do Oriente (teatro japonês, chinês e hindu), têm alguns interessantes pontos em comum que eu gostaria de abordar. A princípio, em rápidas pinceladas, situarei esses três estilos que particularmente nos interessam.

O intérprete Kathakali[1] possui um código gestual tão preciso que lhe permite explicar ao úblico todas as paixões humanas por meio de uma grande síntese. Essas convenções são aprendidas por ele ao longo de seu treinamento técnico e assim o amor, a raiva, o medo, a dor são mostrados por meio de signos inconfundíveis.

Do ponto de vista corporal, o ator kathakali realiza uma dança ritual interiamente marcada em cada um de seus desenhos – essa dança é uma oferenda aos deuses, um ato sagrado.

---

1   O intérprete do teatro kathakali, gênero teatral e religioso do sul da Índia. Tal gênero foi codificado por volta do século XVI unindo o gesto à palavra; com o passar dos anos, o gesto foi se tornando autônomo e desenvolvendo-se como linguagem paralela: o mudra. Consta que existem cerca de 800 mudras codificados.

O PAPEL DO CORPO NO CORPO DO ATOR

A formação de tal intérprete dura cerca de oito anos: são exercícios diários feitos com disciplina e pontualidade nos horários de treinamento; desse modo, uma extrema capacidade de concentração é desnevolvida.

O exercício dessa arte, que tem seu aspecto exterior tão cuidado a ponto de uma simples maquiagem levar até quatro horas visa, em última instância, à comunicação com o cosmos, com as forças que governam o universo.

O mais importante para o ator kathakali é a possibilidade de transformação interior que busca por meio desses rituais.

O ator chinês, assim como o hindu, trabalha também pelo menos oito anos antes de começar a atuar. Alem de ser um intérprete completo (canta, dança, representa), conhece um sistema de códigos simbólicos altamente preciso, no qual um simples movimento de mãos pode dar conta ao espectador de uma ação inteira.

Seus movimentos são rítmicos, completamente estilizados e as transformações que rwealiza em cena ocorrem através de convenções, uma troca de adereços, uma modificação na postura etc. Como esse tipo de atoir não se propõe a criar nenhuma ilusão, seu desempenho é o mais transparente possível: ele não precisa fingir.

Já o ator japonês tem sempre algo a aprender e com o passar dos anos vai, por assim dizer, encarregando-se de novos e cada vez mais exigentes papéis. Como nos outros casos citados, o intérprete conta também com códigos gestuais claros e inconfundíveis e que devem ser seguidos à risca para que se estabeleça a comunicação com o público. Também aqui, a religiosidade permei o teatro.

No treianamento do ator oriental não existe a expressão corporal no sentido em que conhecemos no Ocidente,o que ocorre é o aprendizado exato e detalhado do gestualque deverá fazer parte do repertório do artista, sua repetição sistemática, sua memorização absoluta.

Estuda-se algumas posiçãoes especiais do corpo e das mãos; assim como se aprende o significado de todos os gestos utikizados em cena. Não há reprodução de gestos reais; são gestos inventados aqueles que o ator usa, gestos que já se tornaram tradição.

O teatro japônes é particularmente influenciado npelo zen-budismo; para os adeptos dessa filosofia, a dança tem o podeer de aproximar o homen da essência da vida; para eles, a verdade da existência não pode e não poderá jamais ser comunicada por meio das palavras.

Ao ator prncipiante cabe entender que o exterior (tudo aquilo qu é passível de imitação e cópia) deve tornar-se, com o tempo, apenas o efeito visível de uma correta preparação interior. Tudo nesse teatro é convencional, eo ator, dessa maneira, está livre de identificar-se com qualquer personagem, pois incumbe-lhe exercer sua função completamente desprovido de emoção; deve saber tornar-se, simplesmente, o oficiante de um cerimônia mística.

APÊNDICE: SOBRE O TEATRO ORIENTAL E SUA INFLUÊNCIA... 133

Conclui-se, então, que o treinamento do intérprete oriental compõe-se, basicamente do aprendizado de códigos. A disciplina e o treino demorado, cuja ambição é a de maior perfeição técnisa exterior nos gestos aprendidos, está em função de uma civilizaçãoque valoriza a vivência interior harmonizada com o mundo exterior. A forma é o caminho para a harmonia e para a integração, uma espécie de oração.

# 4. Primeiras Reflexões

## O CORPO DO ATOR

Diz-se que um ator deve dar conta da capacidade expressiva de seu corpo. No entanto, todo ser humano é expressivo, tenha ou não consciência disso.

O ator deve ser aquele que entra diretamente em contato com o fenômeno da expressão, percebendo como, quando e por que ela ocorre em si mesmo. Deve aprender a ver-se, a trabalhar seu corpo e partes deste como um artista ao misturar as cores, observando o efeito, preparando um quadro.

Seu corpo adquire um *status* outro que é o de material a ser experimentado e sobretudo dominado, de objeto a ser possuído e transformado, segundo as exigências artísticas de sua profissão. Esse duplo enfoque: corpo-realidade do eu, corpo-ficção do ator fundem-se numa mesma concretude, dois modos de ser que são e não são a mesma coisa.

Por isso é que jamais o corpo em si deverá ser nosso objeto de estudo e nem objetivo de um labor específico com atores. O que se trabalha é uma totalidade que pensa, sente, age; que é pensada, sentida, agida no fenômeno da interpretação.

Não trabalhamos com músculos, articulações e nervos sem esse vínculo de uma outra natureza, sem o compromisso com o *self*[1] engajado na

---

1 Self, utilizado aqui como o define Carlos Byigton em *Desenvolvimento da Personalidade, Símbolos e Arquétipos*, São Paulo, Ática, 1987, p. 8: "soma dos processos conscientes e inconscientes, ou seja, o todo da personalidade".

136     O PAPEL DO CORPO NO CORPO DO ATOR

busca da linguagem, na descoberta do movimento como possibilidade de arte e criação. Não visamos, pois, ao movimento à revelia daquele que se move; valores e impulsos implícitos em qualquer ação, seja ela real ou ficcional, são um princípio claro nesse tipo de treinamento.

O trabalho do ator é, nesse sentido, contextualizado desde o seu início, pois, visa, em última instância, à transformação. Um ator é seu próprio corpo e seu corpo não pode jamais ser tratado como uma entidade apartada de si, suprimida e castrada em suas sensações, emoções e pensamentos. Ele não será nunca um invólucro, mas a concretude que torna visível e palpável a invisibilidade interior.

Pode parecer óbvia tal afirmação, mas o que se quer é o desenvolvimento de uma consciência corporal que permita o jogo, o risco, o erro; uma consciência criança, uma consciência de artista, que, atenta ao que ocorre no corpo, possa permitir o acaso, a surpresa, o susto.

Essa forte inter-relação corpo-mente não poderá ser esquecida e será tomada como fundamento para qualquer labor a ser desenvolvido com o ator. Seu treinamento baseia-se (ou pelo menos deveria basear-se) num treino corporal e afetivo, pois, quanto mais trabalha com seu físico, mais descobrirá (se se permitir) a intrincada rede de afetos presente em seu corpo ou a ser presentificada através dos impulsos tornados atos; até mesmo pela inibição desses impulsos, antes de sua realização, e se esta repressão for proposital e consciente.

Só vivenciando a história afetiva presente nos músculos é que poderá, conscientemente, provocar em si a metamorfose exigida por e em seu trabalho com a personagem.

Apenas quando for capaz da entrega de si ao instante em que se formam no espaço seus gestos é que poderá permitir, sem ansiedade, que a máscara (fruto de sua criação) possa, em harmonia, conviver com a cena e seu ritmo.

Alcançar limites e tentar ultrapassá-los, esse é um trabalho físico, a partir do eu físico. Sem as manifestações somáticas, o mundo oculto permaneceria assim inacessível, sem a possibilidade de transformar-se, também ele, em ferramenta de trabalho. Trata-se de surpreender coisas que ocorrem no ser do ator (à revelia dele ou encaminhadas por ele) e sobretudo de torná-las visíveis.

A metamorfose parece ser a mola do treinamento do ator, ao se focalizar o movimento e ao se lidar igualmente com sua energia propulsora. O corpo do ator será treinado a dar constantemente respostas, as respostas exigidas pelo e no trabalho; num processo que, se leva ao autoconfronto e ao autoconhecimento, pretende e objetiva levar à formalização do invisível, ao plano estético.

Essa resposta de corpo inteiro, e sem preconceitos, é fundamental. Para que isso seja possível, a máscara usual e cotidiana precisa ser rompida (ao menos nos espaços de trabalho) para que o corpo transpareça, consciente dessa transparência. É um difícil exercício, já que, no social,

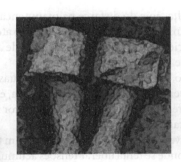

material que se experimenta e domina
imagens materiais que tecem novos quadros
estabelecem vínculos
por onde a textura modificada dos corpos e cenas
escorrem rumo a

Fig. 10: Cilmara Luchesi V. Rocha e Roberson Humberto L. Caligari fotografados por Amilton Monteiro de Oliveira Filho em ................, texto de Sônia de Azevedo, direção de Amilton Monteiro de Oliveira, apresentado em praça de Ribeirão Preto. Arte de Fred Costa Pinto.

O PAPEL DO CORPO NO CORPO DO ATOR

a ordem é a da ocultação e do disfarce na manutenção das aparências convenientes. A transparência exigida no exercício atoral é, ao mesmo tempo, vida e consciência de vida, nos espaços onde a vida é mais que vivida, é habilmente arquitetada.

Se, por um lado, a tomada de consciência de suas próprias limitações físicas parece ser uma etapa inicial e necessária, é preciso também que o trabalho de preparação corporal forneça ao ator indicações claras e seguras como encaminhamento.

Na maioria das vezes, de nada adianta começar um trabalho de corpo em improvisações, onde se tenta liberar tensões acumuladas ao longo de anos. O estudo da terapia corporal nos mostra, nas várias linhas abordadas, que nossa história individual deixa marcas profundas e, na maioria das vezes, inconscientes, a começar pela postura. Musculatura contraída, onde a energia estagnada impede o livre fluxo energético; articulações como que soldadas, pés que realmente não sabem pisar, joelhos que não conhecem sua importância, ombros que permanecem erguidos, como num susto constante, cabeça fora do lugar e pescoço curto são qual um esboço inacabado de um ser humano que, ao defender-se contra a dor, viu-se obrigado a se fechar para a vida e sua carga de prazer.

Motilidade reduzida, uso excessivo de energia muscular, falta de consciência de cada uma das partes do corpo impedem que impulsos interiores cheguem até o exterior.

E tudo isso não se corrige da noite para o dia: trata-se de uma proposta de reeducação corporal, que passa, em seu início, pela deseducação, ou seja, pela constatação de que há uma série enorme de marcas arraigadas (respostas somáticas à nossa vida e ao processo educativo ao qual fomos sujeitos) que terão de ser trocadas por novas atitudes corpóreas. O desapegar-se dos velhos hábitos musculares é inquietante e muitas vezes doloroso; o organismo reage quando padrões habituais são trocados por novos padrões, por mais orgânicos e saudáveis que sejam os segundos.

Essa via negativa conta com várias formas de encaminhamento na busca de hábitos mais sadios e adequados à nossa experiência pessoal.

Enfrentar as resistências marcadas em nosso corpo significa também, de uma maneira direta, encetar uma viagem à infância mais longínqua, na qual as primeiras mensagens foram captadas num corpo a corpo mãe-criança e onde foram formuladas nossas primeiras respostas corpóreas à vida. Respostas dadas ao amor, ao desamor, ao medo, à repressão e ao poder exercido pelos adultos que nos educaram, precisam ser revistas e revisitadas na prática.

As ações rotineiras, os movimentos de todo dia são sempre os mesmos e nunca os mesmos; se nossa postura e uma conquista de cada dia, nossos gestos deveriam ser também uma resposta diária, espontânea.

Para que possamos agir com maior liberdade, ter a possibilidade de poder optar pela direção dos nossos passos, é preciso perceber as

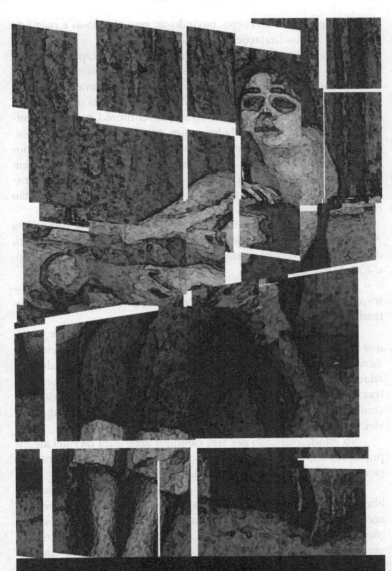

à natureza real e irreal da cena
onde corpos atuantes fixam
em perecíveis instantâneos
impulsos vitais
em signos de outras paisagens.

Fig. 11:

140      O PAPEL DO CORPO NO CORPO DO ATOR

informações vindas do corpo, ouvindo-as, respeitando-as e reagindo segundo suas manifestações.

Se acreditarmos efetivamente no que as várias terapias corporais nos dizem: que mudar é possível, que nos é dado descobrir nosso eixo perdido (nosso centro), encontraremos forças para travar a por vezes longa e cansativa batalha, contra costumes nefastos da nossa própria vida, que se refletem no mau uso do aparato corpóreo, no mau desempenho de nossas potencialidades, enfim, no mau uso de nós mesmos.

Por isso talvez essa ênfase demasiada na conscientização corporal, no confronto do eu (ou da imagem que dele temos) com a imagem que apresentamos à leitura do outro que nos observa, na qual transparecem verdades e velhas tristezas que só nosso corpo é capaz de tão fielmente gravar.

São fundamentais as contribuições de Feldenkrais, da Eutonia, da Antiginástica, da Técnica de Alexander, de Reich, de Lowen, do RPG, do Rolfing e das vertentes orientais (tão sábias e antigas) como o Do-In, o T'ai chi e o Yoga.

Elas nos apontam caminhos de mudança bastante concretos, nos trazem técnicas específicas que encaminham para uma unidade pretendida, pela harmonização e equilíbrio.

Essa unidade do homem com seu ambiente, em mútua e contínua troca é manifestada pela flexibilidade na relação com o meio (que a cada momento exige de nós respostas diferenciadas, de acordo com relacionamentos e situações específicos). Tal flexibilidade frente à vida traz consigo o longo aprendizado da liberdade; faz-se necessário lutar contra todo e qualquer tipo de coerção autoritária, venha ela de onde vier, e sob qual forma se disfarce.

No estudo realizado nos três capítulos anteriores levantei alguns princípios importantes ao exercício corporal, seja no desempenho de palco, seja na própria vida, alguns dos quais retomo agora.

Entre eles estão: procurar seguir as leis da natureza, cuidar do equilíbrio da energia orgânica, trabalhar com economia gestual (energia correta produz gestos corretos, adequados, precisos), perceber as sensações decorrentes e envolvidas em cada movimento, notar os sentimentos presentes em cada atitude frente às coisas, deixar que o corpo seja sensível aos menores impulsos, reconhecer o centro produtor e irradiador de energia e saber responder aos reflexos, evitar desnecessária tensão muscular (detectar quando é necessária quando é supérflua), pensar com o corpo, anotar as formas produzidas pelos gestos, sua origem, seu desenvolvimento no desempenho (o centro irradiador no tronco, como um motor emissor que chega até a periferia do corpo), compreender corporalmente o circuito de nossa energia e saber que essa mesma energia está sujeita a alterações de acordo com nossa vida afetiva. Há que se ter, sobretudo, consciência de que há um movimento interior, claramente perceptível, e que o movimento exterior é consequência deste.

há
já nos primeiros traços
no esboço que antecede
o desenho final da cena
a necessidade de compor
que todo artista traz

Fig. 12:

142 O PAPEL DO CORPO NO CORPO DO ATOR

Um corpo disponível é aquele que consegue responder aos nossos impulsos vitais, que é uno com nossa realidade interna, que tem mesmo o poder para canalizar ou impedir o livre fluxo de energia. Para que o autocontrole possa existir (e emanar da integração e consciência, e não da compulsão) o corpo precisa ser levado a encontrar uma postura harmoniosa e estável com respeito à força da gravidade.

Saber quando lutar e quando ceder; diferenciar e integrar controle e abandono. Isso só é possível quando investimos num diálogo com o próprio corpo, captando sensações, localizando-as, enfrentando, em suma, as dificuldades.

Um fator complicador num trabalho dessa espécie é que se conhece a ineficiência de tentativas de aceleração de processos naturais: o que se aprende, se aprende a seu tempo, nem antes, nem depois. Além disso, a aprendizagem, por melhor que seja conduzida, é um processo solitário.

Trata-se agora de autoeducação: cabe anotar as várias reações sensíveis produzidas em si mesmo, por meio dos exercícios e seguir treinando, como se o objetivo pudesse ser esquecido e a atenção se detivesse (com toda a concentração possível) nos "meios pelos quais" o corpo se organiza a cada momento, ou para cada tarefa. Confiar na natureza (desconfiando dos antigos costumes do corpo); só assim algo novo pode vir à tona. Fazer sem fazer, desse modo a energia do "tant'ien", em toda sua carga de vitalidade, dar-se-á a conhecer.

Uma simplicidade sensório-motora, sensorial, precisa urgentemente ser recuperada: pensar com o corpo, o que é, em outras palavras, um pensar-agir integrados.

Pensar por movimentos, ou pensar no movimento, constitui, pois, um princípio claro de trabalho; integrar o consciente e o involuntário (aquele que está sob comando direto da natureza) levam ao equilíbrio.

Para que o movimento possa ocorrer de acordo com suas potencialidades, torna-se necessário o tônus muscular correto, ou a tonicidade ideal (que aumenta ou diminui, segundo estímulos e necessidades percebidos na relação homem-mundo); é preciso um equilíbrio da energia presente nos músculos, sua eutonização.

Faz-se mister muitas vezes uma integração estrutural, alterando assim o alinhamento habitual; com isso, livra-se o indivíduo de padrões corporais adquiridos, predispondo-o para novas possibilidades.

Lado a lado com a quebra de estereótipos habituais, uma análise consciente e objetiva de suas ações cotidianas pode ajudar o ator a ter um referencial particular de movimentação. A observação, em si e nos outros, da gestualidade presente na vida, leva ao aprendizado da leitura corporal e, consequentemente, à possibilidade de criação em nível da linguagem do próprio instrumento corpóreo: uma alfabetização corporal.

Começa-se aprendendo sílabas ou letras isoladas, depois palavras e, finalmente, pode-se montar e desmontar frases inteiras, alterando nelas a energia utilizada, a amplitude do gesto, seu ritmo.

Esse aprendizado, certamente de base técnica: como faço, como posso transformar o que faço, como posso compor jogando com elementos do movimento facilmente analisáveis, redunda finalmente num aumento sensível do repertório gestual pela incorporação e vivência de caminhos antes inexplorados, acenando, pelo treino de novos hábitos assim adquiridos, com um novo corpo, pronto para reações afinadas, tal qual um instrumento.

Ainda nessa pesquisa (encaminhada em termos de movimentos naturais) é importante que se tome contato com o modo como esses mesmos movimentos acabam sempre espelhando nossa vida interior e seus processos.

O ator deverá conhecer seus esforços particulares para que, conscientemente, e como parte do treinamento, possa alterá-los, mudar suas qualidades (ou o modo como é liberada energia nervosa), modificando seus componentes.

Os esforços, também chamados de ações básicas, são o que compõe a dinâmica ou dinamismo do movimento; devem ser trabalhados por sua forma exterior e igualmente por sua origem interior sensível. Ao ator cabe anotar resultados objetivos e sensações subjetivas ocasionadas.

Dessa maneira o corpo do ator não se prenderá a nenhum estilo formal, pois a forma de seus movimentos será baseada numa linha interior, a seguida pelo movimento da energia sensorialmente percebida e canalizada para o exterior de modo preciso e bem desenhado.

Com isso, o sentimento da forma (componente importante da arte de representar) será desenvolvido, juntamente com a atenção que será dedicada aos impulsos internos em direção a ela.

A fim de que o Esforço-Forma seja desenvolvido, é preciso que a pessoa em questão já tenha um mínimo de disponibilidade corporal para aceitar o novo; daí a importância de um corpo posturalmente correto, muscularmente alongado e sem excessivas tensões. Somente num corpo assim, capaz de relaxamento e tensão (quando provocada por uma intenção clara de ação) que a presteza nas respostas acontecerá.

Tudo o que foi dito até agora refere-se a uma preparação básica e concerne a duas fases do treinamento:

1. quebra de hábitos;
2. ampliação da sensorialidade, situando-se ambas numa etapa pré-expressiva, onde a ênfase recai no indivíduo em si (em seus contatos consigo mesmo) mais do que na sua capacidade de produção e desempenho.

Já na etapa seguinte, que chamarei de expressiva, a disciplina formal aumenta, bem como a pesquisa técnica de formas e movimentos não cotidianos (ampliados, determinados a partir de fora) poderá ser utilizada; experimentação de movimentos caracteristicamente diferentes

144 O PAPEL DO CORPO NO CORPO DO ATOR

dos apresentados até então, emprego de ritmos que não os seus, dinâmicas propositadamente não usuais etc.

Saímos do princípio de que a expressividade corporal liga-se estreitamente, não só ao desprendimento de estereótipos na movimentação, mas igualmente à aprendizagem de um novo código de trabalho.

Para que este novo código não se converta em nova prisão (talvez apenas mais atraente porque inédita) faz – se preciso que, em primeiro lugar, ele seja fruto da autopesquisa, a autoexploração de sua própria natureza e não seja baseado na cópia de repertório criado por terceiros.

Se é fundamental a disciplina para que haja expressividade (sendo que a compreendemos como um trabalho baseado em regras muito claras) o ator terá de criar, segundo certos princípios, seu próprio repertório de pesquisa sistemática e permanente, de modo a poder alcançar um certo grau de domínio corporal para o exercício de sua profissão.

Esse repertório irá criando uma partitura de trabalho que poderá ir sendo acrescida, pois montada como uma estrutura capaz de assimilar sempre outras descobertas ao longo do tempo e segundo motivações particulares e individualizadas do intérprete.

O próprio termo, muito utilizado, "improvisar", adquire então novo sentido; não se traduz simplesmente por um "deixar rolar" qualquer coisa que se queira ou tenha vontade (que implica quase sempre em lançar mão dos velhos quadros de referência; em outras palavras, ir pelo caminho mais fácil, o de sempre), mas em saber utilizar a técnica e utilizá-la livremente, unindo temas de movimento (dados objetivos do movimento a serem explorados) com estados interiores e motivações íntimas.

A técnica corpórea, posta a serviço do ator, é também busca de maior organicidade no trato com o próprio instrumento-corpo e com o movimento; trata-se do desenvolvimento da segunda natureza, ou identidade profissional, como diz Eugênio Barba.

Nessa autopesquisa ocorrem, simultaneamente, a descoberta da visceralidade (onde se inscreve o exercício corporal das paixões) e a descoberta de um sentido estético-corporal (pelo permanente e autodisciplinado exercício das formas). Se a memória afetiva desperta e propõe um exercitar contínuo de paixões, a descoberta e solidificação de uma "memória estética"[2] interfere no próprio vir a ser corporal.

Um treinamento que não coloque a questão estética como princípio claro de trabalho terminaria por confundir-se, facilmente, com a área da psicologia, ou a encaminhar a preparação corporal ao nível exclusivo da terapia corpórea, o que não é também o caso,

Sem a visceralidade emergente, a forma permanece fria; sem o desenho preciso (estudado, repetido, adequado), a visceralidade embota-se

2    Termo sugerido pelo professor Jacó Guinsburg em encontro de Orientação.

PRIMEIRAS REFLEXÕES

nos confins do corpo, buscando uma saída ou, o que é pior, desistindo de encontrar uma saída.

Seria mais simples dizer que se trata de uma questão de mobilizar energia na construção exterior e saber enformar da melhor maneira essa energia.

Numa fase já expressivo-estética de elaboração, a superação de limites próprios dá-se de modo diverso do da primeira fase; há um roteiro-guia de exercícios bastante objetivo. Essa busca rigorosa terá itinerário preciso (embora seja ainda conveniente que o ator se entretenha no processo de trabalho, sem preocupar-se com a meta a ser atingida no final) e limites claros de pesquisa.

Quando se estabelece com um grupo uma sequência de movimentos a ser desenvolvida por cada um, de acordo com as variações nas qualidades dos movimentos, possibilidades de uso espacial (direção, planos, níveis), direção dos passos e do olhar e busca de determinadas formas básicas; e essa sequência recebe um devido cuidado técnico para organizar e limpar formas e passagens entre formas, o mergulho na vida interior (e consequentemente no desconhecido) passa a ser assegurado pela própria e constante, obsessiva mesmo, repetição.

Elementos como tempo, variações de energia, podem ser aprofundados, já que o caminho formal está livre de contínuas escolhas, por ser predeterminado. Essa predeterminação, por sua vez, é coerente com os objetivos fixados, sejam eles físicos (exemplo, desenvolver presteza e agilidade, flexibilidade e ritmo), ou emocionais (provocar estados emocionais claros), segundo o princípio de que o interior se reflete exteriormente e o exterior provoca uma reação interior adequada quando são utilizados certos gestos e posturas.

É inevitável o vínculo com o mundo imaginário, com o centro produtor e armazenador de energia; em suma, com a emoção. Emoções causam sensações corporais inconfundíveis e estas, por sua vez, levam à descoberta e utilização daquilo que lhes deu origem.

Trata-se então de levar o ator (se acreditamos que ele é ou pode vir a ser um criador) a vivenciar a experiência criadora, tendo como material seu corpo, que, no instante em que é possuído pela ambição estética, transforma-se no outro corpo, corpo-mágico, não mais a serviço de sua realidade pessoal, mas de outra, pura ficção.

Daí a importância de o ator (já num trabalho de preparação corporal, pura e simplesmente) relacionar-se consigo mesmo como objeto possível da arte, visando à descoberta de um repertório que já não pertença ao terreno sintomático, mas que seja ambiciosamente simbólico e artístico, que apesar de eivado de componentes de importância subjetiva, de conexões e estreitamentos com o subconsciente, objetiva-se em obra e desvincula-se do contexto particular em que foi gerado, para seguir autônomo, consciente de uma existência em paralelo com sua vida pessoal.

146 O PAPEL DO CORPO NO CORPO DO ATOR

Em primeiro lugar, o processo criador é sempre um trabalho solitário e complexo; no caso do fenômeno de produção teatral (em que há uma equipe envolvida na criação) inúmeras individualidades concorrem criativamente, e a relação estabelecida, tanto no processo, quanto no produto final, é uma trama tecida a partir de estreita cooperação.

E se há uma rede bastante ampla de estímulos externos, a resposta permanece única em sua gênese. Há subjetividades envolvidas no processo; sentimentos são concebidos e imaginados, adquirindo um sentido diferente daqueles propriamente reais, uma espécie de vida que pressupõe, na própria origem, dados imaginários.

Por causa exatamente dessa solidão na criação (que todo artista conhece e vivencia) na qual, por vezes, sentimentos imaginados e sentimentos reais se confundem, é que uma proposta metodológica na área corporal deveria tentar estabelecer uma estrutura sequencial de pesquisa baseada em princípios, não só muito claros, como definidos.

No desenvolvimento de um repertório estético (para uso desse corpo agora objeto da arte), levaremos em consideração (sempre pela via da autopesquisa): o corpo-imagem (onde, do todo inseparável dos componentes do movimento, destacaríamos para efeito de aprimoramento o problema da relação corpo-espaço); o corpo-energia (onde o estudo se deteria nas muitas variações possíveis da tensão mais leve e suave até a força mais violenta e explosiva) e o corpo-ritmo, com a vivência das possibilidades rítmicas mais variadas, incluindo-se nesse adestramento os ritmos métricos.

Dentro do terreno do treino expressivo-estético, papel importante é o do corpo como instrumento de linguagem; o corpo-linguagem, disponível ao exercício de linguagens teatrais diferenciadas.

Basicamente, são três os desafios que deverá conhecer o corpo-linguagem: a dramaticidade, a narrativa e a transcendência corporais. Essas formas de respostas específicas podem e devem ser encaminhadas num trabalho de preparação corporal, quando o ator já possui domínio de seu instrumental corpóreo e consciência dos vários usos que são dados a ele como material de criação: deixar-se envolver pela emoção, permitindo seu livre fluxo na intensidade apropriada; avançar em seus limites físicos até que não exista tempo algum decorrido entre impulso e forma; ou agir conscientemente refletindo acerca das ações, estranhando-as, como se elas pertencessem a um outro (conseguindo autoespelhar-se contradizer-se) lidar claramente com a dualidade do fazer e do refletir e criticar a própria ação.

A essas três atitudes diferenciadas chamamos de: 1. corpo-drama; 2. corpo-transcendência; 3. corpo-narrativa.

Seu estudo poderá ser empreendido por meio de exercícios de linguagem, ou seja, na composição e decomposição de sequências (frases de movimento) tendo em vista a criação efetiva de personagem e pequenas cenas pela via exterior.

PRIMEIRAS REFLEXÕES

Nesse estágio, o ator poderá explorar formas de codificação consciente, ao experimentar cada uma dessas maneiras de fala corporal. A forma dada à expressão será mais do que nunca privilegiada, sem esquecer, no entanto, das experiências vividas ou imaginadas que possam servir de recurso pessoal na criação do signo.

A afirmação de que, como artista (e nesse sentido ainda, artista do movimento), o ator terá de saber desenvolver um método pessoal de pesquisa, leva-me a pensar que o trabalho corporal tem, por obrigação, encaminhar a vivência estética, por excelência.

Não importa apenas o desempenho (o saber fazer), mas o desenvolvimento de uma percepção cinestésica voltada para o belo, para as diferentes estruturações das possíveis formas do gesto, em ligação constante com a intenção original do artista; uma percepção capaz de isolar elementos para melhor observá-los, que reorganiza os dados colhidos pelos sentidos, que acentua e destaca particularidades, que combina e recombina, que ressalta e oculta.

Saber olhar, saber entregar-se a esse olhar, analisar e escolher, no que está sendo feito, a melhor e mais adequada forma com relação à proposta de trabalho.

Tendo como ponto de partida o próprio corpo: o que nele se pode ver, avaliar, analisar, corrigir, marcar e repetir, limpar etc, – o trabalho corporal, sem dúvida (e nem poderia deixar de ser desse modo) tem uma preocupação formal que lhe é inerente, mas não se atém somente a isso. Talvez mais que em qualquer outro lugar, aqui seja preciso desvendar arranjos formais e suas possibilidades significantes; seja necessário perceber que a existência, sempre, de um ou mais significados são condição *sine qua non* da verdadeira expressão corporal.

Todo movimento (gesto, postura) verdadeiro ou seja, resultante de um impulso enformado, será belo ou adequado[3], quando nele se puder ver, para muito além dos limites da carne, a vida que a anima, que lhe dá razão de ser.

Esse impulso será verdadeiro, tanto se brotar da própria vida do artista, quanto das tantas vidas que lhe cabe inventar. De todo modo haverá ímpetos vitais (se a consciência corporal está desperta e atenta) e esses ímpetos, ao buscarem a forma final de sua expressão serão belos mesmo quando estiverem sob o jugo da mais horrenda das paixões, mesmo quando resultarem num jogo de formas igualmente horríveis.

[...] o objeto do impulso sensível, expresso num conceito geral, chama-se vida em seu significado mais amplo; um conceito que significa todo o ser material e toda presença imediata nos sentidos. O objeto do impulso formal, expresso por um conceito geral, é a forma (figura) tanto em seu significado próprio como metafórico; um conceito que

3   Belo, no sentido de qualidade atribuída às obras de caráter estético, nas quais fatores subjetivos são encaminhados em direção à melhor forma, perfeita e harmoniosa com seu conteúdo. Num sentido mais atual, essa noção de belo deveria ser substituída por um valor que englobasse, na adequação artística da obra, o feio e o grotesco; isto é, o desarmônico, segundo o professor Jacó Guinsburg.

O PAPEL DO CORPO NO CORPO DO ATOR

compreende todas as disposições formais dos objetos e todas as suas relações com as forças do pensamento. O objeto do impulso lúdico, representado num esquema geral, é a forma (figura) viva, um conceito que denomina todas as disposições dos fenômenos, tudo o que entendemos no mais amplo sentido por beleza[4].

O que importa é que haja uma relação de perfeita harmonia entre as ideias e/ou emoções do artista e sua correspondência no plano físico da obra. Que não haja excessos em sua alma, que não haja conteúdos abandonados ou que foram impedidos de se colocar a luz do sol (ou dos refletores) e que teriam que fazê-lo; que não haja excessos fora (ou falta); ou seja, deve haver o equilíbrio exato, a medida perfeita entre intenção e fato estético.

Nesse sentido, a própria vida do ator pode ser um campo extenso de estudos, mas nunca será o único, já que lhe cabe produzir gestos e atitudes nunca vistas ou vividas, já que lhe é dado criar formas antes inexistentes e animá-las com algum tipo de energia humana.

E só um diálogo intenso do artista com seu material de trabalho, no caso seu próprio corpo (o si mesmo) dará origem à obra. Esse material tem um lado bastante objetivo que é preciso conhecer e dominar: desenvolver suas potencialidades, reconhecer seus limites de matéria.

O eu físico tem um tamanho, ocupa um certo espaço, tem um peso determinado. Faz-se mister, na criação, um reconhecimento de si como corporeidade: utilização dos maiores aos menores músculos, possibilidades articulatórias e estabelecimento de continuidade natural em sequências formais nítidas, armazenadas na memória física. A cada instante o foco de atenção (enquadramento do aparelho sensorial) é realizado por uma determinação da vontade, em escolhas sempre direcionadas.

Estar imerso no pensamento-movimento é estabelecer uma ponte (dupla mão) entre as informações e estímulos vindos de fora desse corpo mergulhado no espaço à sua volta e as informações vindas de dentro que, ora são resposta, ora tomada de posição frente ao próprio fazer (colocar-se em ação, efetivamente modificando com isso o espaço e novamente a percepção que se tem dele assim modificado).

Ao se conseguir que o corpo seja, ao mesmo tempo, apolíneo (com a descoberta de sua faculdade de criar formas conscientemente e seu domínio) e dionisíaco no exercício de sua plena e sempre renovada visceralidade) é que passará a existir como soma estético[5].

4  Friedrich Schiller, *Cartas Sobre a Educação Estética da Humanidade*, São Paulo, Herder, 1963. Introdução e notas de Anatol Rosenfeld, p. 79.
5  Estou utilizando (e utilizarei mais vezes ao longo deste trabalho) o termo soma. Será sempre usado no sentido que lhe dá Thomas Hanna, em seu livro *Corpos em Revolta*, (Rio de Janeiro, Mundo Musical, 1976, pp. 28-29): "'Soma' não quer dizer 'corpo' significa 'Eu, o ser corporal' [...] O soma é vivo; ele está sempre contraindo-se e distendendo-se, acomodando-se e assimilando, recebendo e expelindo energia. Soma é pulsação, fluência, síntese e relaxamento alternando com o medo e a raiva, a fome e a sensualidade [...] Somas são as únicas coisas que estão sofrendo, esperando, empalidecendo, tremendo, duvidando desesperando Somas humanos são coisas convulsivas: contorcem-se de riso, de choro, de orgasmos. Os somas são seres vivos e orgânicos que

PRIMEIRAS REFLEXÕES    149

E é esse mesmo soma que, servindo a sua arte, saberá canalizar sua energia vital em direção ao repertório artístico, utilizando seus esforços-formas, não apenas em caráter real, mas sobretudo de maneira ficcional.

Consciente de suas ações cotidianas, saberá transformá-las em ações simbólicas quando a situação assim o exigir; trabalhando com uma estrutura de movimentos, conseguirá estabelecer a ponte que os ligará, por fim, a uma composição plena de sentido; conhecendo a dinâmica do movimento, poderá mergulhar em dramaticidade, usá-la para colocar distancia entre o corpo e o rosto etc. Saberá tornar-se artífice e objeto.

Ao conhecer e controlar a matéria-prima de seu trabalho (fundada em si mesmo), desaprendendo o que deve ser desaprendido, positivando os novos padrões de comportamento corpóreo adquiridos, organizando, prevendo ou provocando novas respostas corporais, é que chegará sempre mais perto do autodomínio de seu instrumento de palco.

Ao experimentar o equilíbrio e o desequilíbrio, a luta e o abandono a força da gravidade, a tensão e o relaxamento, a fluência livre ou controlada, o movimento e a pausa, a ligeireza e a lentidão, é que, juntamente com isso, poderá ir percebendo (se estiver consciente de sua respiração) o centro armazenador de energia, o motor de seus movimentos.

Assim, unindo vontade e vitalidade, conseguirá criar, organicamente, com inteira consciência dessa organicidade, mesmo que o objetivo do trabalho seja a mais completa artificialidade.

## O TRABALHO DE CORPO DO ATOR

> *O ator renasce – não somente como ator mas como homem – e, com ele, renasço eu. É uma maneira estranha de dizer, mas o que se verifica, realmente, é a total aceitação de um ser humano por outro.*
>
> JERZI GROTÓVSKI, *Em Busca de um Teatro Pobre*

### Introdução

Tentarei agora sistematizar um treinamento corporal tendo em vista o ator. De maneira alguma pretendo esgotar o assunto, apenas

você e nesse momento, nesse lugar onde você está [...] Os únicos somas são os que estão aqui e agora; somas do passado nunca escreverão este livro ou o lerão, ou pensarão nessas coisas, nem existem somas futuros – eles ainda somas estão dentro do ovo...

Portanto, soma estético seria aquele soma que, habitando conscientemente (e sem nada perder de sua força vital) o terreno da ficção, leva até ela a pulsação de sua inteireza humana".

150 O PAPEL DO CORPO NO CORPO DO ATOR

tento objetivar princípios de treinamento levantados no estudo anterior e tendo como base minha experiência profissional.

Mais do que nunca gostaria de salientar a necessidade de estudos sobre o mesmo tema, discussão e troca de trabalho entre os profissionais da área, pois são muitas as possibilidades de encaminhamento técnico e objetivos diferentes pelos quais lutar[6].

Dividi o trabalho de corpo do ator, que aqui chamarei simplesmente de preparação corporal, em quatro fases, as quais são agrupáveis em duas grandes etapas formadoras. Num planejamento sequencial, por exemplo, elementos de cada uma delas poderão ser unidos, tendo em vista objetivos específicos, bem como público a que se destina o treinamento.

Saliento também o fato de que, mesmo essa preparação básica, já tem seu papel na interpretação do ator, na medida em que nos veremos todo o tempo trabalhando com essa totalidade a que nos referimos antes. Lidando com o corpo do ator, estaremos, sempre, envolvendo igualmente sua capacidade de desempenho interpretativo.

Para encaminhar minha proposta, terei de recuperar alguns dados do desenvolvimento e crescimento humanos: a primeira dessas fases, para Piaget, é a sensório-motora: pensa-se no movimento, o movimento é o próprio pensamento.

Nela, funda-se o alicerce da futura sensibilidade; sensibilidade esta que se vai tornando estética, se há para isso ambiente propício, estímulos adequados etc.

Uma relação inteira, orgânica e visceral com as coisas concretas compõe o mundo da criança, e assim a inteligência começa a desenvolver-se em ato. Não há dicotomia no fazer-pensar (ou no pensar para fazer) tão característica de nossa civilização ocidental. A percepção do objeto dá-se na estreita medida de uma aproximação e contato físico com ele; nem sequer existe, em seu início, a separação sujeito-objeto.

A fase que vem a seguir é a simbólica. Nela, uma fantástica mudança de qualidade: o mundo já começa a se construir dentro da criança, e o objeto não "morre", por não se encontrar presente em seu espaço sensorial.

Imagens formam-se na ausência do concreto, fruto de uma relação do eu (que principia a se diferenciar) com o mundo, e assim a imaginação vai se desenvolvendo, tornando possível uma percepção que já conhece o sujeito percepiente. Em *A Redenção do Robô*, de Herbert Read, encontro:

---

6   Evidentemente estou perseguindo, nesse estudo, o ator – ideal, sem desconhecer as enormes dificuldades enfrentadas por nossos atores, tanto na sua formação, quanto no mercado de trabalho; a falta de estrutura estável em elencos fixos e a luta pela sobrevivência na profissão impedem uma dedicação maior ao autoaprimoramento.

PRIMEIRAS REFLEXÕES

[...] bebês, crianças pequenas, poetas pintores, visionários de todo tipo, têm uma coisa em comum: uma imaginação tão viva que pode ser encarada como um uso daquele tipo específico de imaginário a que já nos referimos e a que se deu o nome de imaginação eidética. Essa imaginação, que é natural nos bebês e nas crianças pequenas, em alguns casos raros permanece até além da adolescência e aí surgem nossos poetas, pintores e visionários de todos os tipos[7].

A imaginação tem início, pois, a partir de uma intensa relação com as coisas, com um mergulho nelas em estreita conexão. Uma criança pequena não possui ainda preconceitos (ou pré-conceitos): as coisas são usadas, tocadas, experimentadas como se não tivessem uso específico, praticidade, convenções em sua utilização. São encaradas como possibilidade de crescimento e jogo, como possuidoras de uma amplidão que é desconhecida da criança mais velha.

Mas por que dizer tudo isso? Se a relação sensorial com o mundo (e com suas próprias sensações internas) é condição essencial para que o ator " fisicalize", e se a imaginação é condição para que ele crie a partir de circunstâncias dadas (o se imaginário) e, consequentemente, passe a viver como personagem nesse lugar ficcional, é preciso que essa capacidade seja promovida e bem treinada.

Penso que, em grande parte, essa responsabilidade cabe ao trabalho corporal, no que tange a uma recuperação, em outro nível, claro (já que estamos lidando com arte) dessas etapas primeiras que na história da maioria dos indivíduos, parece começar seu declínio na fase das operações concretas (ou pré-conceitual).

A entrada da criança no mundo adulto (que coincide mais ou menos com o início da alfabetização em nossos dias) caracteriza-se pela repressão dos conteúdos imagísticos e, por conseguinte, envolve um declínio da imaginação. Há também, pela mesma época, uma diminuição do movimento livre de até então; outras habilidades são requeridas e a maioria delas voltadas para a realidade concreta. A própria educação (em que pese as tentativas do ensino renovado) encaminha a criança mais para o pensamento lógico em detrimento de necessidades simbólicas da fase anterior. Mais do que aprender a lidar criativamente com suas fantasias, é preciso que a criança aprenda a lidar com conceitos.

Ao ator parece necessário que continue também a pensar por imagens, pois estas atingem, de imediato, uma área de grande importância em seu trabalho, que é a afetiva. No artista, e também no ator-artista, há uma contribuição intensa do pré-consciente e do inconsciente.

Se há, historicamente pelo menos, e no Ocidente, um declínio da capacidade imaginativa durante o processo de crescimento, é mister

7    Herbert Read, *A Redenção do Robô: Meu Encontro com a Educação através da Arte*, São Paulo, Summus Editorial, 1986, p. 23.

que, de algum modo, o treino do ator encaminhe sua retomada, sua ampliação exigida pelo trabalho criador.

Uma relação inteira e orgânica consigo mesmo e com as coisas parece indispensável, para que depois, no encontro com a personagem, seja possível a mútua transformação; para que de uma relação extremamente próxima surja "a outra coisa" o papel, o símbolo.

A repressão dos impulsos mais vitais durante o crescimento, se imprescindível para a vida social, parece desvitalizar a produção criativa, especialmente quando está em questão o movimento expressivo.

No espaço da ficção tudo é permitido, exatamente por esse motivo, por ser um espaço de uma outra natureza. Mas então, nesse outro espaço – em que a liberdade passa a ser elemento de trabalho, como fazer para que o corpo (travado, amarrado, negado) possa tornar a conviver com ela?

É preciso retomar a experiência com esse corpo-criança, pelo qual, como em ondas, podiam fluir os impulsos no qual, facilmente, a energia achava seus caminhos.

Em algumas de minhas experiências com atores, procurei retomar muito do meu aprendizado com crianças bem pequenas (já que durante muito tempo me dediquei ao trabalho corporal e teatral com pré-escola). O uso de materiais concretos e elementos naturais em aulas de expressão corporal mostrou-se recurso de grande valia na retomada com adultos de uma relação com o mundo das coisas que não buscasse a praticidade, mas, em primeiro lugar, uma recuperação sensorial e, a seguir, a transformação dessas mesmas coisas (e da impressão deixada por elas) em símbolo.

A relação estreita, criada e desenvolvida, em ação, entre a pessoa e o objeto trabalhado, trazia ecos fundos de uma idade, onde o desejo podia, por meio de ações e da imaginação, tornar-se fato, "como se fosse verdade". O maior objetivo era a retomada do mundo sensorial, naquele primeiro momento em que o fazer ainda não se distinguia do pensar para fazer.

A percepção do ator deveria voltar-se totalmente para esse relacionamento concreto estabelecido com o material, a ponto de conseguir isolá-lo dos objetos ao redor (e dos outros estímulos) tornando-o único estímulo, fonte de interesse e alvo de conexão emocional.

O segundo momento dessa retomada era o abandono dos materiais concretos; trabalhar na sua ausência, incorporá-los a si próprio, transformando-se, então, a partir do corpo e das sensações nele armazenadas, no "outro". Era o início do treinamento do corpo como objeto simbólico: colocar-se no lugar de uma outra coisa, no caso, o objeto introjetado e transformado por meio de ações concretas sobre ele, com ele. Meus alunos chamavam a esses exercícios de "demolição da lógica".

Através de depoimentos informais, soube que o que os guiava no trabalho eram caminhos já conhecidos pelo corpo e que tornavam a acontecer ou seja, passava-se a dar, então, com um certo tipo de memória que o próprio corpo cuidava de conservar, independentemente do pensamento, uma memória corporal, memória de sensações e também de formas já realizadas.

A relação estabelecida nesse contínuo fazer trazia reações interessantes: pessoas que não possuíam nenhuma lembrança de sonhos passaram a tê-las, e mesmo alguns alunos que tinham dificuldade extrema com a visualização e com o uso de imagens interiores começaram a desenvolver-se nesse sentido.

Um objeto a que se deu vida, a partir das ações, com ele e nele, parecia ampliar-se pela imaginação e continuamente seguir seu trabalho de transformação interior.

Assim, certos impulsos para ações estranhas (e pouco usuais) aos alunos, passaram a ocorrer: tomar, fugir, atacar de surpresa etc., segundo uma lógica calcada no objeto, tornado agora personagem. O material de contato externo (ponto de partida para a criação) lembrava outro, informe e ainda matéria bruta, que era mister, pela repetição colocar sob domínio no trabalho.

Essa matéria bruta, componente expressivo do trabalho atoral, precisava de um espaço para vir à tona, e o fazia, deflagrado pelo movimento. Era necessário, para tanto, que, como no sonho, o consciente (e a capacidade repressora que lhe é inerente) desse uma "cochilada". Por meio da relação estabelecida, sensorialmente, com um único objeto, brotavam associações imagéticas que, por sua vez, pediam um retorno a ação, e assim por diante.

Um dos papéis que cabe, pois, ao trabalho corporal é o de permitir acesso a esse caminho (ou via exterior) de ampliação do universo interno daquele que trabalha, tornando possível, mais tarde, uma ajuda direta dos usos conhecidos do próprio corpo, na configuração da máscara cênica.

Adiantando um pouco algumas de minhas conclusões finais, gostaria de salientar que essa união do trabalho corporal específico para atores com a interpretação me parece tão estreita que, por vezes, fica difícil delimitar um e outro campo. Na verdade, as duas áreas separam-se apenas do ponto de vista didático-pedagógico, como encaminhamentos e exercícios.

Na criação e contínua reapresentação da máscara criada, outro componente de extrema importância é o da aguda consciência de si, que, no palco, refere-se à personagem (pois que o corpo do ator está a ela emprestado) e, no processo refere-se também ao ator.

O problema da consciência precisa ser melhor pensado; não se trata aqui de autocrítica cerrada, ou de perfeccionismo, que só emperram o fluir corpóreo; nem sequer está em jogo uma vigilância extenuante e repressora – sobre o que está sendo feito. Cumpre perceber e constatar os impulsos e sua canalização, diminuir a distância entre impulsos e ação, até torná-los um só.

154 O PAPEL DO CORPO NO CORPO DO ATOR

O que estou propondo é uma volta às nossas realidades primeiras, aos movimentos de uma criança bem pequena, não e nunca como regressão, mas por meio de um exercício bastante objetivo, um caminho que propõe desde o seu início, não só da ampliação da capacidade sensorial e afetiva, mas o desenvolvimento de uma relação estética com o próprio corpo e sua capacidade produtiva. Um caminho voltado para a profissão do ator como também um artista do movimento. Uma via técnica que engloba coisas para desaprender (ou desprender-se) e, na mesma medida, para aprender, ou seja, descobrir na própria experimentação.

Se a primeira etapa (iniciação) de um trabalho de corpo tem por meta a quebra de hábitos e a recuperação do movimento natural, é indispensável reaprender a brincar, encontrar prazer no movimento em si mesmo.

A destruição das velhas máscaras parece-me o primeiro objetivo a ser atingido, aprontando o ator para viver inteiramente no aqui-a-gora, preparando-o para a entrega aos estímulos internos e externos.

Se isso não é feito de modo adequado, saltando etapas, por exemplo, ao forçá-lo a realizar movimentos para os quais ainda não está preparado, seu trabalho de palco permanecerá cheio de ruídos e interferências de suas próprias limitações, pois uma máscara não se cola facilmente sobre outra, ainda mais quando essa última é inconscientemente utilizada.

Essa primeira etapa, da qual trato, supõe a constatação das velhas marcas presentes no corpo: é preciso um confronto real e sem paternalismos do ator com o uso que faz e que tem feito de si mesmo.

Não há como investigar a própria sensorialidade, se esta, pelos errôneos padrões de uso corporal, apresenta-se adulterada: é urgente corrigir a postura, alongar musculatura cronicamente tensionada, aprender a pisar com segurança, libertar pélvis e joelhos travados, acertar a posição da cabeça e alongar o pescoço etc.

Não se pode trabalhar com nenhum repertório realmente expressivo se o corpo ainda se mantém unido ao passado, preso em si mesmo. A metamorfose é assim impossível; o quadro será sempre o do eterno retorno ao já fixado. Num corpo mascarado pela vida, dificilmente haverá possibilidade plena do exercício de máscaras de uma outra natureza.

Essa primeira etapa não pode, no entanto, ter seu ritmo apressado; sendo uma fase muito delicada (pois envolve comportamentos e atitudes, desbloqueio de energia e alteração na autoimagem corporal) deve ser um processo gradual, podendo contar, se necessário, com o auxílio de terapia corporal com especialista, a ser realizada extraordinariamente.

Os princípios que embasam tal trabalho preliminar serão, pois, de base corretiva, visando a um melhor desempenho de si como totalidade.

PRIMEIRAS REFLEXÕES 155

A consciência corporal pode assim ser desenvolvida, num espaço sem noções de acerto ou erro, sem metas prefixadas, para as quais o ator tentaria, desesperadamente, encaminhar-se. Trata-se de um primeiro encontro com suas limitações e potencialidades, uma primeira e ampla constatação.

Dele se pretenderá o novo corpo pessoal, capaz de mais vitalidade, mais equilibrado na relação consigo e com o meio, um aflorar de sensações adormecidas, a ampliação da capacidade sensível e o início de um repertório consciente, ainda que em nível natural.

A essa fase chamarei de caracterização do espaço do eu. Nela se organizará uma recuperação da sensorialidade; todos os princípios de trabalho abordados no capítulo "O Corpo como Totalidade", fora dos palcos servirão para encaminhar um planejamento especial, sendo que a escolha técnica deverá ser feita em relação às pessoas reais que temos à nossa frente e não com vistas a um plano ideal.

Pode-se trabalhar também com o encadeamento de sequências de ações cotidianas, facilitando com isso o início de leitura corporal. Ações simples, feitas no dia-a-dia, quando sob o crivo de uma postura especial, parecem absolutamente novas; trejeitos são assim detectados, gestos característicos (e muitas vezes inconscientes) podem ser descobertos e modificados ludicamente.

Essa vivência consciente é importante, pois, no mínimo, leva o ator a perceber seu repertório gestual, seus movimentos parasitários, seus clichês.

A etapa seguinte, caracterização do espaço sensorial, ainda pode ser relacionada a um trabalho pré-expressivo extremamente personalizado com a vivência de movimentos e temas aliados a sensações muito particulares que é preciso anotar: uso da musculatura envolvida em cada postura ou gesto, uso das articulações, experimentação das partes do corpo em separado (e na sua relação com o todo ou outras partes), algumas formas corporais e passagens naturais entre elas etc.

Essa etapa já pressupõe dados técnicos claros: constatar como o corpo se organiza em determinada posição, se essa é realmente a melhor maneira de fazê-lo (a mais adequada, a mais distensionada). Pode-se lançar mão do estudo do Esforço-Forma, realizado agora com um acréscimo de rigor na experimentação e na composição de algumas sequências ligadas a temas de movimento. A finalidade desse estudo (além da evidente pesquisa formal) é perceber o centro armazenador de energia e seu uso nos grandes e pequenos movimentos.

Lado a lado com a análise e realização objetiva do movimento, ainda sem o contexto artístico, proponho a recuperação da relação concreta do corpo com o chão, com espaços disponíveis, com materiais de diversos tipos com os quais manter contato e aos quais responder corporalmente seja como um prolongamento de si mesmo, seja como

156     O PAPEL DO CORPO NO CORPO DO ATOR

algo com o que lutar, ou como ponto de partida para uma metamorfose. Objetiva-se assim a recuperação de uma conexão concretíssima com as coisas por meio de simples e básicas ações.

Pode ser necessário um trabalho com os elementos naturais; terra, água, ar e fogo, em busca das sensações primeiras no contato com eles, nossas primeiras impressões, as imagens que a eles estão ligadas.

É preciso descobrir como compor e decompor frases, anotando intenção preparação (ainda num movimento interior), a realização da ação e sua imediata recuperação.

A terceira etapa, que chamarei de caracterização do "espaço expressivo", dará conta do aprendizado da expressividade do próprio corpo na relação com impulsos interiores e a forma exterior: o corpo será então tomado como expressivo em si mesmo, tratando de descobrir sua fala corporal característica, bem como outras possibilidades articulatórias dessa mesma fala.

O estudo da palavra-movimento, o início de criação de frases de movimento que levam em conta claramente uma intenção original, a vivência pormenorizada de sua gramática expressiva: acentuações, pausas, ênfase na composição e decomposição de sequências no vazio, isto é, a partir de temas de movimento, simplesmente.

Depois, pela repetição, buscar preencher os espaços em branco com a imaginação, com a inserção de locais e situações imaginárias. O que importa agora é falar corporalmente, numa fala diferente da cotidiana, numa fala simbólica.

Estabelecer uma partitura de ações, baseadas em instrumental técnico preciso, torna-se uma necessidade de trabalho; maiores desafios individuais (já que se tem consciência de limitações e dificuldades de toda ordem), estudo e ampliação das formas corporais aliados sempre à emissão de energia correspondente (economia no movimento), exercícios nos vários níveis do espaço (a partir de estudos de equilíbrio e queda, bem como sua recuperação), interrupção de movimentos por meio de ordem contrária à anterior (contra-ação consciente), intensidades diferentes nas formas e desenhos corporais, utilização dos vários ritmos, notadamente o muito lento e as alterações súbitas.

De posse dessa partitura de trabalho, importa agora exercitá-la árdua e disciplinadamente a fim de poder compreender corporalmente todas as suas possibilidades significativas e, ao mesmo tempo, todas as conexões possíveis do gesto com a energia: direção, irradiação e controle em sua utilização.

O quarto estágio (e decorrência imediata do terceiro) será chamado de caracterização do espaço estético, um espaço inteiramente voltado à arte do movimento, como arte autônoma. Nele, será abordado o corpo como objeto da arte em relação ao uso de si mesmo na criação.

PRIMEIRAS REFLEXÕES

Agora será possível o exercício do que anteriormente denominei de soma estético; esse soma está e estará posicionado como instrumento claro de linguagem, disposto a exercitar plenamente sua segunda natureza. Na verdade, essas duas etapas terminariam sendo uma só, expressivo-estética.

Trata-se de uma investigação metódica e autodisciplinada no tocante às várias possibilidades do mascaramento corporal no campo estético: o corpo tentará pôr-se a serviço das várias linguagens solicitadas pelo teatro, trabalhando com a metamorfose consciente e articulada segundo os princípios técnicos desenvolvidos até então: construção sígnica e sua adaptação segundo o repertório estético solicitado.

Dentro desse planejamento, situaria três momentos, ou vivências determinadas: l. corpo-drama; 2. corpo narrativa; 3. corpo transcendência.

Se o objetivo geral é o domínio corporal do ator, cumpre explicitar melhor no que consiste esse domínio e quais seus atributos, para que se possa dispô-los numa listagem de objetivos específicos.

Afinal, o que se quer dizer quando se comenta que um ator domina seu corpo? Sem dúvida, em primeiro lugar, que o conhece. Talvez esse conhecimento seja diferente daquele que possui o atleta, mas também em certos aspectos será como ele; talvez esse conhecimento seja diverso do dançarino, mas, num certo sentido, poderá ser semelhante. Então o que significa isso? O teatro parece exigir, e cada vez mais isso parece ficar claro, um domínio psicofísico do ator em relação ao seu corpo: que ele saiba como usá-lo, discernindo impulsos diferentes e executando-os objetivamente em atos diferenciados e completos.

Que ele possa usar seu corpo como objeto, ou seja, não só autoexpressivamente (seus conteúdos pessoais, durante o treinamento, e em sua vida pessoal), mas também como representante de um outro, pura ficção, que cabe a ele, tornar concreta; fisicamente concreta.

O teatro exige do ator uma presença física, obediente aos ditames do espetáculo. Presença esta que manifesta por meio de imagem e energia sua origem e ao mesmo tempo consequência, numa relação constante. Para que o ator consiga tal manifestação, deve desenvolver uma inteligência física, deixar que o corpo pense por si e obedeça aos impulsos de sua própria natureza: natureza natural e igualmente natureza artificial (nem por isso menos verdadeira, já que se expressa concretamente, já que existe de fato, mesmo que o faça num universo de arquitetada e construída ilusão.)

Em que consiste então seu desempenho de palco?

Reapresentar uma ficção, como se fosse verdade, ou declaradamente como sendo teatro, retomando uma partitura gestual e sonora, sempre quase da mesma maneira (o quase coloca-se por conta da impossibilidade de uma representação identicamente igual a outra), com a

O PAPEL DO CORPO NO CORPO DO ATOR

mesma energia (ou quase) com e que essas formas foram concebidas pela primeira vez.

É essencial que o intérprete possa treinar, em si mesmo, a produção de contínuas imagens; essas imagens, por sua vez, precisam saber conduzir a energia interna que atinge a superfície do corpo e se propaga, num certo tempo, num certo ritmo, mais ou menos preciso.

Consequentemente, um treinamento básico deve desenvolver simultaneamente (mesmo que a cada vez a atenção do ator se volte para um dos três fatores): forma, energia e ritmo de sua representação.

Faz-se necessário um estudo amplo, que acabe por definir objetivos específicos, que terão como meta atingir esse objetivo geral, no trato com a relação entre corpo e espaço ocupado por esse corpo, em movimento e estético, formas corporais, desenhos possíveis (grandes e pequenos, diretos e flexíveis), avançando ou recuando, no eixo acima-abaixo, lado-lado, frente-atrás, nas diagonais do corpo, a partir do centro ou na periferia do corpo, fechando ou abrindo, torcendo, flutuando, deslizando, chicoteando, pontuando, sacudindo, socando, empurrando; deslocamentos e desenhos no chão: retos, em curva, ziguezague etc.

Para que essa exploração seja possível, parte-se da descoberta do centro de gravidade (situado na parte inferior do tronco) e do centro de leveza do corpo (parte superior do tronco), um cedendo ao corpo (para baixo, em direção ao chão), o outro lutando contra esse peso (para o alto). Dessa união dos dois centros, resulta o equilíbrio, numa postura estável que a qualquer momento pode ser propositalmente rompida, ocasionando quedas e recuperação.

Serão aproveitados os dois tempos mortos (ou neutros), aquele da entrega mais absoluta ao chão (relaxamento total) e o da estabilidade de pé, deixando que a gravidade flua por todo corpo, ajudando em sua estabilidade.

Importante o fazer, e o se ver fazendo (como na técnica do autoespelho); insistir na repetição do mesmo movimento ou gesto para que o corpo aprenda a lidar espontaneamente com isso mais tarde, sempre que a situação exigir.

A questão rítmica vem a seguir: toda forma ocupa um espaço durante um certo tempo (que pode ser ralentado ou acelerado, de acordo com nossa atitude interna com relação a ele ou objetivamente provocado), perceber qual o ritmo do movimento, propor cadências diferentes para notar influências de um fator de movimento sobre outro, saber quando e como os desenhos corporais mudam de significado, qual o papel da respiração nesses diversos conteúdos rítmicos, qual a pulsação de cada movimentos: as naturais, que seguem a inspiração-expiração, fluxo e refluxo, batimento cardíaco; e as artificiais, conseguidas por meio de novos direcionamentos da vontade, alterados segundo ordens técnicas.

Nessa abordagem técnica anotaria dois aspectos essenciais: tempos lentíssimos, nos quais o movimento, desde o início até o final, está sob o controle voluntário (pode-se prever cada segmento do movimento, alterar seu caminho com facilidade, perceber a cada passo como vai sendo feito); e tempos rápidos.

Ao contrário, nos tempos súbitos percebe-se nitidamente o início de uma ação e seu final; os passos intermediários sofrem um controle natural, assim como quando nos atiramos para o alto (em certas acrobacias, por exemplo) com o impulso correto e da maneira correta, mas, até que pousemos em segurança no chão, o corpo se encarrega de todo o trabalho.

Movimentos acrobáticos são importantes para o ator, não porque possam ser úteis um dia, no palco (e, de fato, poderão sê-lo), mas porque, com eles, desafia-se o medo natural da queda e da dor e aprende-se a confiar na natureza e em seus reflexos de preservação.

Movimentos por impulsos vindos da coluna vertebral, em sucessivas ondulações e movimentos de balanço (que se propagam pelo corpo todo) são fundamentais, não só por proporcionar o exercício sistemático do abandono, mas também porque ajudam a fundar sensações claras de organicidade e inteireza.

Sem a consciência da energia (centro produtor e irradiador, aumento e diminuição, chegada até a periferia do corpo, refluxo em direção ao centro, equilíbrio e desequilíbrio) não conseguimos alterar as qualidades do movimento a fim de alcançar novas tonalidades expressivas.

Por isso é tão necessário aprender (não só a eliminar essas tensões localizadas por meio de técnicas específicas) a perceber como, em cada ação realizada, pode-se economizar energia, preparar e utilizar apenas a quantidade exigida pelo movimento. Como contê-la, como concentrá-la, preparando-se para um esforço preciso, no qual uma certa dose de força seja indispensável; para depois utilizá-la artisticamente.

Diminuir cada vez mais a preparação interior de cada ação, de modo que ela passe a ser impulso enformado deve ser a etapa final de um treinamento corporal básico, onde o corpo, integrando afeto e vontade, possa agir no tempo certo.

Autodisciplina, concentração, segurança e disponibilidade para a entrega à experimentação encaminham esse treino por um veio que será personalizado, condizente com pessoas diferentes e problemas particulares.

O ator, com domínio de seu corpo, será hábil fisicamente e tornará sua técnica imperceptível, porque já estará assimilada a sua própria personalidade. Desse domínio fazem parte: relaxamento, prontidão, agilidade, flexibilidade, precisão, concentração, equilíbrio, entrega, vontade, contato, plasticidade, memória, fluência, sensibilidade, acabamento, economia, imaginação, autoexame, harmonia, organicidade, transparência, controle, cooperação, composição e decomposição, projeção, pesquisa sistemática, autodisciplina e liberdade.

Dominando um método personalizado de trabalho, a ser realizado na relação com: 1. corpo como instrumento, passando para: 2. corpo como símbolo e terminando 3. com a investigação do corpo como signo teatral, considerar-se-ia o treinamento realizado em suas bases, já que ele necessita de uma continuidade de pesquisa a ser efetuada ao longo dos anos; pesquisa essa a ser encaminhada em direção a arte do movimento por meio da experimentação de suas várias linguagens.

*Treinamento Técnico: Primeira Proposta Síntese*

*Objetivos gerais*

1. descoberta e utilização do corpo-instrumento.
2. investigação do corpo-símbolo.
3. criação do corpo-signo.

*Objetivos específicos*

1. estabelecer sólida relação corpo-mente.
2. conhecer os elementos do movimento e as possibilidades de ação.
3. desenvolver movimentação natural e ficcional.
4. pesquisar o movimento como arte autônoma.
5. vivenciar a criação artística a partir do corpo; experimentar várias linguagens.

*Metodologia de trabalho*

   1. Consciência Corporal:
- o corpo em si ou consigo mesmo.
- relação com o meio ambiente; sensações e respostas corporais.
- relação com o outro: troca continua de impulsos-formas (avanços e recuos, fechar e abrir, subir e descer).

   2. Autopesquisa de si como instrumento artístico conquista de repertório estético (a partir de impulsos, formas e da própria necessidade de criação).

   3. Autopesquisa de si como instrumento de linguagem, investigação corporal das várias possibilidades de "mascaramento" no campo da estética teatral. Metodologia própria de trabalho, visando ao seu desenvolvimento como artista.

## TRABALHOS COMPLEMENTARES
## À FORMAÇÃO DO ATOR

Trabalhos regulares de corpo e voz deveriam fazer parte da rotina de um ator, do mesmo modo que concertistas e bailarinos exercitam-se diariamente, por mais perfeita que seja considerada sua técnica.

Com relação ao trabalho corporal, alvo de meu estudo, é bastante grande o número de opções a que o ator pode recorrer para o treino de habilidades específicas na busca contínua de superação de suas dificuldades pessoais.

É mister, no entanto, um certo cuidado na escolha desses trabalhos tão diversificados, pois o corpo do ator não pode se fixar no molde por um ou outro estilo, o que acabaria redundando em limitação de seu desempenho de palco, em vez de permitir-lhe o desenvolvimento de suas potencialidades.

Tive alunos que, paralelamente à escola, faziam regularmente cursos de dança (clássica, moderna e folclórica), artes marciais, ginástica, massagem, ou dedicavam-se aos mais variados esportes. Uma ou outra vez foi preciso pedir-lhes que evitassem uma ou outra dessas atividades (pelo menos por um certo tempo), sendo-lhes esclarecido que não havia restrição alguma aos exercícios em si mesmos, mas sim à conexão que se estabelecia naquele momento entre eles e o que se exigia na área corporal básica. Nestes casos, o aluno foi encaminhado a uma outra atividade paralela que o auxiliasse a lidar mais diretamente com os problemas surgidos em sua atuação e que requeriam resolução mais ou menos urgente.

Muitas vezes isso acontecia porque o ator, imaturo ainda no contato com o próprio corpo, começava, por exemplo a fazer musculação, quando, em aula, travava uma árdua batalha contra tensões localizadas que impediam sua movimentação orgânica. Ou, uma outra atriz que, tendo muitas aulas de técnica clássica por semana, enfrentava em classe e no palco dificuldades para abandonar-se, incapaz de movimentos a partir de ondulações da coluna e assim por diante.

Quero deixar claro que entendo como complementares aqueles trabalhos que, por suas exigências e objetivos técnicos, possam levar o ator a vencer resistências e limitações de toda ordem. Pode o intérprete aprender então dança em suas várias formas e linhas, pode exercitar-se na arte dos palhaços, pode aprender a lutar (seja essa luta o aikidô, o karatê ou o judô), pode fazer cursos de mímica, praticar acrobacias, arame, trapézio; pode desenvolver habilidades como mágico etc. Deve procurar aquilo de que gosta, mas igualmente as atividades que o obriguem a enfrentar a falta de flexibilidade, ritmo, equilíbrio, agilidade, força etc.

De nada adiantaria agora dizer que o ator deverá também ser um bailarino, mímico, ou acrobata. Basta o ator ter em mente que sempre haverá

162 O PAPEL DO CORPO NO CORPO DO ATOR

resistências a vencer, e que novas conquistas, em termos de desempenho físico, só serão importantes se forem assimiladas ao seu crescimento como artista. Não se trata, pois, de buscar um acúmulo de habilidades, mas de ampliar a linguagem de seu corpo, integrando os elementos dos cursos realizados, como princípios para uma pesquisa própria. Importa que amplie os horizontes como artífice do movimento no teatro.

O contato com a técnica clássica ajuda, por exemplo, a compreender que uma rigorosa disciplina é instrumento indispensável para realizar bem qualquer coisa que pretenda: há necessidade de regras muito claras, desde uma postura ereta, alongada, de posições determinadas para mãos e dedos, da direção correta do olhar, de leveza e equilíbrio.

Alguns dos princípios da técnica clássica, tais como o alongamento máximo do corpo, a preocupação com linhas engendradas pelas extremidades dos membros, a posição longilínea do tronco e, no fundo, a tentativa de sobrepujar limitações naturais na criação de uma linguagem artificial, levam o ator a uma preocupação formal para o próprio corpo e seus desenhos. Corre-se aqui o risco (e desde o estudo de Stanislávski ele já está apontado) de que o intérprete leve esses artifícios da técnica acadêmica para a vida cotidiana e para o palco, impedindo, em consequência, posturas naturais.

As artes marciais, por sua vez, lidam com o rebaixamento do centro de gravidade (para dar maior estabilidade ao corpo nos movimentos de ataque e defesa) incrementam força muscular e agilidade, prontidão nos reflexos de avanço e recuo, rapidez e coordenação motora. Ajudam igualmente a vencer o medo das constantes quedas que fazem parte do adestramento, ensinam a dar giros, saltos simples e mortais, desenvolvendo segurança e coragem.

A nossa capoeira, por exemplo, baseia-se numa "ginga", na qual o corpo, em contínuos movimentos de balanço, efetua trocas rápidas de apoio (garantindo sempre uma base estável), além de favorecer a precisão nos gestos é a economia muscular, além de agilidade, flexibilidade, fluência e capacidade de rápidas respostas corporais, propicia coordenação e memória motora.

Constando de sequências a serem aprendidas vagarosamente (e por meio de incontáveis repetições para firmar com perfeição a técnica) e tendo como princípio a "ginga" já mencionada, a capoeira leva a uma grande integração corpo-mente posto que, durante o treino e no jogo propriamente dito (ao som do berimbau e músicas próprias), uma grande disponibilidade é exigida; não há tempo para pensar ou planejar, é preciso atacar ou desviar (esquivando-se dos golpes); o corpo mesmo, bem instruído, encarrega-se dos movimentos.

Nela, está presente também o treino acrobático, com mudanças ágeis nos níveis do espaço e na direção dos deslocamentos: aprende-se, além de tudo, a manter um ritmo preciso no jogo, a tocar e a cantar.

PRIMEIRAS REFLEXÕES 163

A importância da mímica não pode ser esquecida: ela amplia a linguagem corporal do ator, favorecendo escolha e ampliação de gestos, bem como extrema limpeza de linhas e desenhos; sua utilização adequada, na criação mágica de espaços e objetos, auxilia na precisão necessária à fala do corpo, contribuindo também para o aumento da dramaticidade do desempenho corpóreo.

A mímica adestra também a capacidade de efetuar a transformação exata do corpo para servir as ordens do artista, com a ajuda da observação e da análise dos movimentos, assim como da improvisação. Tudo deve ser conseguido com um mínimo de esforço e um máximo de resultado.

Num trabalho circense o intérprete participa de atividades que medem e incentivam seu potencial de coragem e ousadia, tornando mais que nunca físico seu desempenho. Exercícios de contorcionismo e flexibilidade, uso de objetos, equilibrismo, saltos e quedas de todos os tipos são também ensinados.

Aprende-se a executar essas tarefas através de muitas repetições e com economia na movimentação. O trapézio promove autoconfiança e exercita a concentração no ato que está sendo realizado (preparar, executar, recuperar, sem permitir nenhum tipo de tensão residual), o mesmo acontecendo com o arame.

A dança moderna, em suas várias linhas, é um trabalho a ser desenvolvido ao longo dos anos. Permite ao ator a ampliação de seu repertório, possibilitando maior fluência corpórea. O uso da energia e a ligação desta com a intensidade maior ou menor nos movimentos é constantemente abordada, o que aumenta a consciência do próprio desempenho. Além disso, o aluno dançarino é levado constantemente a improvisar, seja essa improvisação de base técnica (relacionada a temas de movimento pesquisados), seja de base interior (partindo das emoções e impulsos do intérprete) ou, no mais das vezes, unindo essas duas coisas.

A ginástica aeróbica, cada vez mais em voga, tem sido utilizada no incremento da aptidão física. Pode ser entendida como um programa de condicionamento constando de movimentos que envolvem os grandes grupos musculares, visando a aumentar a resistência cardiovascular (na medida em que pulmões e coração devem suprir as necessidades de sangue e oxigênio dos músculos), a força muscular e o aumento da flexibilidade. Seu objetivo é desenvolver essas capacidades físicas (resistência, força, flexibilidade) e ampliar a disposição do indivíduo para qualquer tipo de trabalho.

Nunca é demais insistir no fato de que o ator deve saber procurar um treinamento ao longo do tempo, sem pressa, no qual possa demorar-se em seu próprio processo de aprendizagem. Além disso, precisa saber solicitar ajuda profissional competente e específica quando for o caso.

O combate rotineiro as tensões do dia-a-dia pode ser realizado por meio do Do-In (automassagem) e por sessões de massagem dadas por especialistas.

Dentre os vários tipos de massagem existentes, destacaria as de origem oriental (shiatsu, tui-na) como particularmente restauradoras do equilíbrio energético do organismo e como métodos preventivos de desordem de todo tipo.

Nesses procedimentos e em todos aqueles que priorizam o fluxo de energia vital incentiva-se a autocura, enfatiza-se a capacidade que o ser humano tem de cuidar de si mesmo, levando-o a tomar consciência de sua saúde, e, consequentemente, a intuir (a partir de dados percebidos no corpo) a aproximação de uma doença.

Finalizando, se o treino corporal do ator deve se converter em sua língua e em sua independência (como disse Iben, do Odin Teatret) toda técnica só terá sentido se resultar num todo orgânico pessoal, se for percebida de maneira íntima e poderosa.

Essa multiplicidade de caminhos até aqui apontados não servirá ao ator se for compreendido como uma extensa série de truques apenas úteis. Mas poderá ser de grande valia se for posta a serviço de uma liberdade cada vez maior no exercício da profissão de intérprete; se ajudar o artista a encontrar uma direção própria como criador.

# Parte II

Parte II

*Essa é a consequência do tiro com arco: uma luta do arqueiro contra si mesmo, que lhe penetra nas últimas profundidades.*

EUGEN HERRIGEL

# 5. Processo Genético de Produção dos Signos Corporais

## INTRODUÇÃO

O processo genético de produção dos signos corporais que compõem a máscara corpórea tem início no instante em que a intenção de criar aparece. E esse desígnio dirige-se para um objetivo claro: dar vida a determinada personagem, de determinado contexto.

Desde que nasce, no ator, esse intento de criação, começa também um processo invisível, marcado por uma espera ativa. Cada personagem é um desafio, e esse desafio é o responsável pela mobilização de uma energia que começa a ser produzida (ou desviada) especialmente para tal fim. A partir daí, principia aquilo que chamei de latência do signo, marcado, em menor ou maior grau, pela vitalidade do intérprete.

Essa energia, produzida em direção ao ato criador, só poderá ser expressa na forma final, se achar um corpo disponível para aceitá-la e canalizá-la. Não basta o impulso criativo, se este não encontrar, por sua vez, a saída na ação.

Por meio do uso constante de recursos pessoais (dentre os quais se destaca a imaginação), é que essa máscara deverá ir surgindo, estabelecendo a ponte com o mundo exterior (ligando imagens interiores e produção externa de imagens corporais). O próprio fato desse diário experimentar (acertar aqui, ainda sem muita clareza, errar ali) vai forjando no ator (intérprete do que ainda não conhece) pequenas certezas que só o tempo e a intuição poderão confirmar.

O processo de construção da máscara, portanto, é essencialmente esboço, desenho, novo esboço (reorganizado), consequentemente, novo desenho, e assim por diante.

Há necessidade de um rascunho diário, atento ao próprio fazer, sem "queimar" etapas (na ansiedade de conhecer o produto final). Isso parece difícil de obter, especialmente em se tratando de atores iniciantes: a preocupação com a meta final, o desejo de acertar rapidamente, acabam por precipitar a ocorrência de uma máscara que não sofreu processo próprio de maturação e foi, por assim dizer, conduzida por uma vontade consciente, que acabou interferindo de modo drástico no curso natural do fenômeno. É preciso, pois, tranquilidade no rascunhar, no próprio corpo, o corpo do outro, que ainda não se conhece, e que, no devido tempo, dar-se-á a conhecer.

Isso termina por levar (em maior ou menor tempo, com maior ou menor esforço) a uma postura básica (ou signo-base), que denota atitudes interiores essenciais da personagem. Essa postura-base, quando encontrada, tem o poder de corporificar a essência de caráter da personagem, algo que a diferencia particularmente de todas as outras. As alterações que vai sofrendo, no curso de sua vida ficcional (o que vai ser mostrado, e o que não vai ser apresentado diretamente, por não fazer parte do texto ou pré-texto, vão sendo caracterizadas por ações e gestos significantes signos gestuais), num exercício essencialmente prático.

Logo que a personagem começa a existir, concretamente falando, no corpo do ator, sinais visíveis manifestam-se: alterações no seu tônus muscular costumeiro, modificações em seu ritmo natural, mudanças no uso que faz de sua energia. Esses sinais, por mínimos que sejam, podem ser detectados pelo ator que conhece razoavelmente bem seu próprio estilo de movimento; são indícios claros (porque sabidamente não são seus) da criação que começa a se tornar física. Quanto maior a consciência, por parte do comediante, do que lhe pertence e do que faz parte de si mesmo, maior e mais claro o discernimento de suas semelhanças e diferenças (como pessoa) em relação ao papel que está sendo engendrado. Esse dado de lucidez no trabalho é um componente muito importante pois acaba dando uma medida mais ou menos correta daquilo que lhe pertence e do que pertence à personagem; indica um caminho de experimentação de outras facetas de sua personalidade que deverão servir para caracterizar o produto de sua obra no palco, ao conseguir fundá-las em seu corpo, em ação fictícia.

Ao mesmo tempo, emoções da personagem que, por acaso, são extremamente semelhantes àquelas que o ator percebe em si mesmo, poderão ser utilizadas agora, numa margem de atuação, por certo, muito definida, e mesmo traços de personalidade idênticos aos dois serão encarados e trabalhados de maneira diferente daquela utilizada na vida real.

O fato de serem conscientemente usadas na busca da personagem, confere-lhes o caráter de material de criação a ser tecnicamente elaborado.

PROCESSO GENÉTICO DE PRODUÇÃO DOS SIGNOS CORPORAIS    171

Quando esses sinais começam a ser, dessa maneira, discernidos (como matéria de trabalho) e reutilizados, a cada vez de um jeito diferente (na experimentação), a memória corporal passa a ter fundamental importância: ocorrências corpóreas precisam ser mantidas e fixadas, e traços da máscara, aqui e ali, afirmam-se em sua inteireza fictícia.

Essa fixação da máscara interferirá, por sua vez, sensivelmente no trabalho, ocasionando, no desempenho, momentos acabados e momentos em processo (ainda marcados por um certo caos). Essa mudança de qualidade mostra de que forma (quando e onde) aquilo que poderia ter sido sintoma (em algum ponto do processo) lentamente vai gerando o signo.

Se partimos do pressuposto que físico e sensível (ou emocional) não se separam, e que sinais corporais são sintomas de caráter (ou alterações de caráter), a memória afetiva do ator é enriquecida (por associações que parecem inevitáveis) e enriquece a memorização da personagem nascente.

Por isso, o ator, ao enfrentar no próprio corpo, o nascimento da personagem, acaba tendo de enfrentar-se a si próprio, de certo modo. Isso nem sempre é fácil. Muitas vezes notei, em jovens atores ainda na escola, uma resistência aguda com relação a certos traços da personagem, que lhes pareciam inaceitáveis corporalmente; recusavam-se a permitir que essas ações existissem em si mesmos e tentavam, inconscientemente, alterá-los, de modo a que lhes parecessem mais aceitáveis, terminando por trair a ficção pretendida.

O encaminhamento de processos desse tipo sempre me pareceu muito difícil; se, por um lado, havia técnicas corporais à mão e que assegurariam um resultado concreto, a forma de sua utilização teria de ser muito bem pensada, tendo em vista cada pessoa em questão. Lembro, por exemplo, de uma jovem atriz, com a qual trabalhei, que não conseguia se organizar corporalmente para responder aos estados agressivos da personagem que estava sendo elaborada. Era claro que exercícios que mobilizassem força física e impulsos destruidores em direção a um material exterior (um objeto qualquer) poderiam ajudar. Mas a possibilidade de começar diretamente por jogos desse tipo (jogos "pesados") não parecia ser a mais indicada; nem o fato de permanecer por muito tempo no trabalho com essas ações, pois pareciam acarretar para a atriz uma grande dose de sofrimento. Começamos então com exercícios de afastamento; ela escolhia uma série de objetos e os dispunha em torno de si mesma; focalizava um por um (colocando-se no lugar da personagem em questão, pensando como ela pensaria etc.) e, no momento em que se sentisse a vontade, começaria a empurrá-los. Com o passar do tempo, comecei a pedir-lhe que acelerasse o ritmo de suas ações, até que lhe fosse impossível conter os impulsos de atirá-los para longe de si mesma.

Contrabalançava esses exercícios, pedindo que escolhesse ações que, presentes na personagem, lhe fossem particularmente fáceis e

172 O PAPEL DO CORPO NO CORPO DO ATOR

agradáveis. Dessa série de ações de empurrar (sem ainda instruções específicas sobre o uso da força a ser canalizada) propus que nos situássemos num momento da peça em que a personagem ficava muito enfurecida, e a partir de então ela deveria tentar, trabalhando ou não com o subtexto, empurrar a parede da sala até não aguentar mais. Quando esse momento chegou, pedi que começasse a dizer o texto correto.

A energia agressiva, sempre que era liberada, acabava sendo recusada, e voltávamos quase que à estaca zero. Sugeri então que lutássemos, sendo que eu me colocaria no lugar da personagem para a qual se dirigia o seu ódio, numa situação clara do texto. Disse-lhe também que não se preocupasse comigo pois eu saberia como me defender e não me deixaria machucar.

A cena aconteceu quando, em meio a essa luta-exercício, a energia dramática veio à tona, juntamente com a enorme força física que estava sendo necessária. A partir daí foi possível propor muitos outros exercícios e gradações da mesma energia, que seriam usadas em cenas de cinismo, em momentos vingativos, e outros, do mesmo tipo.

Na conversa que se seguiu ao jogo corporal, pude perceber que a consciência da atriz, no tocante a seus recursos pessoais como intérprete tinha se ampliado.

Muitas vezes nos ensaios seguintes ela se aquecia, para as cenas problemáticas, lembrando da luta e das sensações produzidas em seu corpo.

Essa mesma atriz, consciente de suas dificuldades, criou para a personagem uma série de pequenas ações (com objetos de cena) capazes de auxiliá-la no trato com a dose correta de energia que deveria estar presente em cada signo marcado pela direção.

Eram gestos deslizantes ou pressionantes (executados por diversas partes do corpo, a cada momento do espetáculo) de bater ou torcer; esse repertório de emergência (digamos assim, pois havia sido criado pela lógica para ajudar a atriz) ajudou-a muitíssimo na representação de seu papel.

Durante o fenômeno de corporificação, complexo e difícil, intuição, imaginação, emoção, percepção, sonhos e devaneios são (ou acabam sendo) manifestações de um desequilíbrio provocado pelo próprio processo criador.

Por meio de inúmeros depoimentos informais e vivência pessoal, pude notar que o trabalho corporal interferia na produção de imagens diurnas, assim como parecia, de algum modo, propiciar mais sonhos e recordações claras de seu desenrolar. Falarei disso mais tarde.

Ao ator competirá, então, por um lado, preparar-se para o vir-a--ser, deixando que o processo de sua criação siga seu curso e, por outro, saber selecionar e aplicar os sinais corporais detectados no decorrer dos ensaios, para a composição sígnica do seu papel.

Será preciso tentar configurar esses elementos, presentes na criação atoral, sem, no entanto, tirá-los do âmago do próprio processo, onde

PROCESSO GENÉTICO DE PRODUÇÃO DOS SIGNOS CORPORAIS 173

ocorrem sem ordem preestabelecida, sujeitos às suas próprias e secretas leis, onde arte e natureza se misturam ocasionando a cada instante ocorrências e manifestações sensíveis e visíveis: ações exteriores, modificações somáticas, alterações na postura corporal; que, por sua vez, interferem novamente no andamento das motivações interiores.

Os elementos internos da criação estão todo o tempo afetando e sendo afetados pelo seu outro polo: ações físicas, desenhos corporais, modificações rítmicas.

O componente interno da criação (mixagem, associação, colagem ou fusão dos inúmeros elementos já apontados) pede, por sua riqueza e grau variável de imprevisibilidade, uma reflexão atenta. Embora de definição imprecisa, poder-se-ia dizer que "algo", para usar a terminologia zen, ocorre dentro do ser humano e clama por expressar-se, sair do seu secreto refúgio, dar-se a conhecer concretamente como subjetividade (já por certo eivada de componentes objetivos alterados) que se objetiva. Muitas vezes, o início desse caminhar é captado como uma sensação de confusa estranheza, que só se torna mais próxima e mais clara no instante em que se externa, no momento em que é mostrada.

A intenção voltada para a criação (ocorrência do desejo, de um querer talvez ainda impreciso) nem sempre ocorre em nível da consciência; pode permanecer latente (confusa e caótica situação de mal-estar). Cumpre não esquecer que o ator, por maior que seja a necessidade de espera, para que se cumpra a maturação natural de seu trabalho, recebe, para a sua produção, um limite de tempo que lhe é determinado, ao contrário dos outros artistas, não só por seu estado interior, mas por múltiplos agentes; além de criar em equipe, trabalha com a perspectiva de prazo, mais ou menos marcado, para a estreia.

A questão temporal que envolve a criação do artista apresenta duplo aspecto: por um lado, de modo subterrâneo ainda, e como que em ondas, a inspiração cresce e se alimenta ao caminhar em direção à obra; por outro, e se há apenas um esboço (incompleto mas fundamental) exposto, é mister que nele se imprima o labor técnico até sua formalização completa. Dos dois modos, o ator arrisca-se a estrear sem ver terminado o processo criativo; tem, então, a oportunidade de vê-lo definir-se em contato com o publico, observá-lo modificando-se dia a dia, elaborando-se em cena aberta.

Muitas vezes me foi possível acompanhar esse fenômeno, ao assistir várias noites seguidas ao mesmo espetáculo; pude perceber então o amadurecimento de cada um dos atores, não só no sentido de um estar cada vez mais à vontade em cena, mas no de continuar perseguindo o desabrochar da personagem.

Não se trata somente do tempo exterior, medido em horas-ensaio, mas da relação entre esse tempo real e o tempo imprevisível e muito particular do ator, para concretizar dentro de si mesmo tudo

174 O PAPEL DO CORPO NO CORPO DO ATOR

o que sonhou, pensou, construiu interiormente para a caracterização do papel. Deparei-me, por vezes, com atores lutando contra o relógio; sabiam suas marcas, o texto estava decorado (tinham até as entonações corretas), um certo arsenal de gestos havia sido composto, mas, e nisso residia a angústia, sentiam que o fundamental ainda não existia, ainda não nascera: o trabalho estava longe do seu término.

Ter intenção é estar motivado, predisposto, desejoso, com forte impulso em direção a alguma coisa: seja esta uma palavra, uma ideia, uma imagem, uma cena.

Esse início, intencional por excelência, caracteriza-se por um estado de prontidão interna. Aí se unem pedaços da vida cotidiana (antes não notados), sonhos, leituras, conversas. Sabemos que, quando nossa atenção está voltada, de modo sincero (não meramente por obrigação), para algo em particular, qualquer acontecimento pode ser distorcido, aproveitado, modificado para servir a esse interesse especial. Há em tudo um sentido, o sentido do nosso desejo. O mundo (poder-se-ia radicalizar aqui) é transformado quando estamos fora do nosso estado habitual. Um estado de latência criativa altera o curso das coisas, prolonga ou encurta os dias, modifica o rosto das pessoas e infunde nova cor aos acontecimentos mais prosaicos.

Essa realidade, alterada pela lente subjetiva, torna-se um estímulo direto a interferir nos acontecimentos ainda pouco claros do mundo interior; ocorrem lembranças a partir de tolas cenas de rua, imagens brotam em meio a situações banais; a sensibilidade aumenta, atenta a tudo o que possa servir ao trabalho que se processa lentamente no interior.

Instalou-se o caos; criou-se uma desordem que não pode, gerando o desequilíbrio que lhe é inerente, permanecer para sempre. Essa somatória de fatores lança o indivíduo num estado fora da rotina, numa fase de transtorno que não deve durar: é preciso que a produção se manifeste. O homem é então desafiado a superar a angústia de uma gestação, que teve seu começo no momento em que começou a existir a intenção.

Uma resposta dentro do artista (mais informulada, mais pergunta ainda) parece buscar caminho, escapar à prisão. Essa passagem pode ou não ser encontrada; nem todos os estados de prontidão criativa ganham forma, nem todas as emoções se externalizam, nem todos esses estados conflituosos encontram sua concretude final. Para que a intenção criadora exista no fato, urge que o material ao qual se dirige (em nosso caso o corpo do ator) tenha condições de sofrer a transformação exigida, a metamorfose que o tornará obra.

Se a intenção não se manifesta (porque não encontra meios de fazê-lo), se os impulsos não vêm à tona e se, por outro lado, é mister que o organismo volte ao normal, o que parece ocorrer é uma reorganização interna da energia que já estava pronta a transparecer: ela então

PROCESSO GENÉTICO DE PRODUÇÃO DOS SIGNOS CORPORAIS 175

se congela (transforma-se em tensão) ou então, simplesmente, reflui, desaparecendo nos confins do corpo. Mas, de todo modo, há um desvio (uma traição) da rota que lhe fora anteriormente traçada.

Se, por outro lado, a mobilização interna para a ação criadora obtém vias de acesso ao mundo exterior (de modo socialmente aceitável, como no caso da arte), o sujeito dessa ação modifica-se, no momento em que o consegue: renova-se, dá, inevitavelmente, um passo adiante em sua história pessoal.

A intenção, concretizada na forma-objeto, não representa mais o impulso em si mesmo, mas sua própria metamorfose. Impulso interno, manifestação externa, eis ai um quadro que poderia caracterizar a essência da expressão, num processo, sem dúvida, dialético.

A relação entre o imaginário e a realidade faz parte do equilíbrio orgânico e também da vitalidade da produção artística. No caso do ator, a produção do signo e uma resposta enformada de uma outra natureza que a mera expressão do sintoma: coloca-se ele, de imediato e desde o início, numa posição claramente definida: a de criador. O processo de trabalho do ator estabelece, por si mesmo, uma relação entre significante e significado, entre determinante e determinado; sendo assim estabelece-se uma relação sintagmática. Há como que uma fusão de vários e diferenciados elementos (uns mais objetivos, outros menos) que alcançam, ao final, a organização pretendida.

O objeto criado, por isso, jamais será a pura manifestação de um desequilíbrio mas o fruto de uma ansiedade provocada e estimulada com finalidade artística.

Deveríamos esperar que a diversidade de sua origem fosse palpável numa obra. Pois num dos casos trata-se de uma produção intencional, acompanhada e dirigida pelo consciente, construída com discernimento, com forma e efeito intencionados. No outro caso, porém, trata-se de um acontecimento de natureza inconsciente que se impõe sem a participação da consciência humana e algumas vezes até contra ela, teimando em impor sua forma e efeito. No primeiro caso, deveríamos esperar que, em nenhum lugar, a obra transpusesse as fronteiras da compreensão consciente que, de certa forma dissesse mais do que nela fora posto pelo autor. No segundo caso, teríamos de estar preparados para algo suprapessoal que transcendesse o alcance da compreensão consciente na mesma proporção em que a consciência do autor estivesse distante do desenvolvimento de sua obra. Poder-se-ia esperar estranheza de forma e imagem, pensamentos que só pudessem ser compreendidos intuitivamente, uma linguagem impregnada de significado, cujas impressões teriam o valor de autênticos símbolos, porquanto expressam do melhor modo possível, o ainda desconhecido e são pontes lançadas a uma longínqua margem invisível[1].

O processo meramente expressivo não configura em si o processo de criação artística, mas é, sem dúvida, um componente fundamental do mesmo. Essa expressão do sujeito tem necessidade de nascer configurada em obra (se ele é um artista), em objeto capaz de se dar a

1   C.G. Jung, *O Espírito na Arte e na Ciência*, Petrópolis, Vozes, 1985, p. 64.

176 O PAPEL DO CORPO NO CORPO DO ATOR

contemplação estética. E, para isso, requer-se o elemento ficção. Não há de ser nunca no caso do signo corporal do ator um gesto apenas pragmático, mas emergente já com *status* simbólico.

Como então, e mediante quais procedimentos, o ator fará de seu próprio corpo um objeto estético? Como o ator fará de si mesmo um símbolo? O que ocorre em seu interior que possibilita, não a expressão de suas intenções particulares, mas aquelas do outro que abriga?

Os estímulos iniciais ou a história dessa paixão que propicia energia criativa são de reciprocidade: como dois polos que se atraem e repelem igualmente, são os impulsos do ator e os impulsos estranhos, e por vezes invasivos da personagem. À medida que o intérprete dela se aproxima, inevitavelmente, e com a mesma intensidade, parece aproximar-se de si mesmo. Nessa e dessa inter-relação estabelecida brotará, (mais cedo ou mais tarde) o terceiro elemento fundamental de sua criação: a máscara, a grande síntese final, o resultado da fusão. Quem é a intenção (ideia, impulso, emoção propulsora) a personagem? Quem é o material da transformação (o meio pelo qual a intenção pode ganhar forma) o ator? Os dois modificam-se; sendo assim, ambos são matéria da síntese final.

No caso da interpretação (vista ainda do lado de dentro) deverão ser respeitadas ideias, emoções, reações da personagem (dados do texto) e, para muito além, as ideias da personagem transformadas em contato com as ideias do ator ao pensar sobre ela. Mas só quando essa quase entidade já existe com verdade no interior do ator é que essa existência percebida como real pode deflagrar a energia correta e o correto (porque nem maior nem menor) impulso para a ação.

O ator tem, a cada instante, a intenção de (como artista) transmitir em atos (desde pequenos e sutis gestos, até as reações mais intempestivas) aquilo que são as intenções dessa personagem metamorfoseada . No processo de criação, esses dois componentes: intenção de criar intenções de um outro, e intenções próprias desse outro, estão presentes em graus mais ou menos próximos. Essa distância (pelos movimentos de avanço e recuo) tende a ir diminuindo, até que se rompa o limite entre pensar em terceira pessoa e se passe a pensar como um eu.

Mas o ator não sai de si (no sentido de perder-se), já que o material com que conta é o seu mesmo: cada fibra, cada poro a serviço de algo que o transcende, e que, apesar de maior, cabe inteiro no seu corpo: o símbolo de uma relação, que, quanto mais forte e visceral, mais intenso o símbolo dela decorrente. Retrato vivo da dimensão possível ao homem, que é a de, a partir de si mesmo e consigo mesmo, criar algo antes inexistente no mundo das coisas criadas.

Quando se fala em arte, imediatamente se pensa na linguagem utilizada. É bem verdade que tudo o que vive se expressa (se quisermos radicalizar), e tudo o que se expressa possui uma forma, mas esta não é necessariamente artística. Se me emociono com um estímulo

PROCESSO GENÉTICO DE PRODUÇÃO DOS SIGNOS CORPORAIS 177

qualquer, e se isso se liga a outros pensamentos e imagens, fazendo-me chorar, essa é apenas uma resposta natural e orgânica, biológica e emocionalmente desejável.

Na obra de arte, ao se trabalhar na confecção de uma obra de arte, como, por exemplo, a própria máscara, significa o impulso e o desígnio do artista que sofrem uma série de modificações em contato com a linguagem pretendida. É indispensável, então, que o corpo do ator canalize seus impulsos interiores, oriundos e fundidos aos impulsos ficcionais da personagem. Mas é a fusão desses dois impulsos, ou intenções de ação, que permitem ao ator canalizar sua energia em direção à personificação.

A personagem vai nascendo de dentro (leia-se universo interno do comediante em sua complexidade, somado à intuição e à compreensão objetiva e racional que este tem da primeira) para fora (em direção ao seu corpo). Sua construção se faz (ou poderíamos dizer, acontece) no próprio fato de tatear, em si mesmo, o possível corpo do outro.

Estou todo o tempo tratando de interior e exterior na tentativa de delimitar o processo genético de produção dos signos corporais. É preciso que se diga que, para efeito de raciocínio e condução do pensamento, estou considerando o exterior como tudo o que é visível, com desenho definido (mesmo que pequeno) e com forma concretizada no corpo. Quando falo, por exemplo, na energia presente na criação, é ela que poderá estabelecer o elo de ligação entre o imaginado e o aparente, entre o sentido e o formalizado; a energia é sensível, mas nem sempre se torna visível, chegando claramente à superfície. Justamente quanto mais afinado for o corpo do ator, mais o interior e o exterior caminharão o tempo todo unidos, buscando juntos a mesma síntese já tratada.

É evidente que o simples fato de imaginar alguma coisa traz consigo algum tipo de modificação orgânica, por menor e mais imperceptível que sejam, lembranças modificam nossa sensação corporal, alteram nosso eu físico, relaxam nossos músculos ou os tornam contraídos; qualquer imagem enfim, que surja na mente de súbito, ou que seja habilmente buscada, surte, de imediato, seus efeitos: se nossa consciência corporal acha-se suficientemente aguçada para detectar esses sinais sensíveis que residem conosco as vinte e quatro horas do dia. As nossas próprias intuições são acompanhadas de modificações na forma como respiramos normalmente, e assim por diante.

Quando usei o termo soma, para falar do corpo do ator, estava constatando também a unicidade do corpo, não só com suas emoções e sentimentos, mas também com os pensamentos (lógicos e analógicos) com o nosso lado racional e igualmente com o irracional. O ator deve, nesse trabalho, estar inteiro: um soma em contínuo movimento, pulsação, vai e vem, flexível e ondulante na relação de si mesmo com todos os estímulos presentes em seu trabalho. O intérprete não pode

178 O PAPEL DO CORPO NO CORPO DO ATOR

perder seu centro de equilíbrio, esse eixo que envolve a própria criação: algo em torno do qual girar, perseguir, tocar e recuar, mas enfrentar. Para que esse enfrentamento aconteça é preciso também um certo instrumental técnico; aprendido ou intuitivo, não entro aqui no mérito da questão. O ator pode mesmo chegar a descobrir como fazer certa coisa mediante a própria experimentação, em contínuos acertos e erros. No contato com o material, pode ser estabelecida não só a técnica, como também a emoção requerida; uma emoção controlada, necessária à criação. Farei mais tarde um estudo sobre esse elemento emocional que, de forma muito específica, parece servir ao ator: não será o mesmo que se apresenta em sua vida, a não ser nas origens; parece-me que seja de uma outra natureza, similar ao primeiro, mas não idêntico: uma emoção estética, já sublimada desde as suas primeiras manifestações, caminhando em outro sentido: reorganizadora, dedicada às formas e às relações estabelecidas entre as formas, e como consequência de uma maneira diferenciada de perceber a vida e de viver.

No seu livro *Sentimento e Forma*, Susanne Langer diz:

Essa atividade mental e sensitividade é o que determina principalmente a maneira pela qual uma pessoa vai ao encontro do mundo circundante. A sensação pura – ora dor, ora prazer – não teria unidade e modificaria a receptividade do corpo diante de dores e prazeres futuros apenas em termos rudimentares. É a sensação lembrada e revista, temida ou procurada, ou mesmo imaginada e esquivada que é importante na vida humana. É a percepção moldada pela imaginação que nos dá o mundo externo que conhecemos. E é a continuidade de pensamento que sistematiza nossas reações emocionais em atitudes com distintas tonalidades de sentimentos, e estabelece uma certa amplitude para as paixões de um indivíduo. Em outras palavras: em virtude de nosso pensamento e imaginação, temos não só sentimentos, mas uma vida de sentimentos[2].

## O CORPO DO ATOR: UM SOMA EM MOVIMENTO

Todos os atores quando estão no palco tem presença, no sentido de estarem fisicamente ali. Mas o fato que, embora todos estejam presentes, uns são nitidamente mais presentes do que outros. Talvez seja interessante deter-se exatamente nesse ponto: não é o movimento em cena que causa a intensidade da presença; muitas vezes, um ator imóvel num canto do espaço capta e centraliza toda a nossa atenção. Não são as ações que realiza, nem tampouco o que diz, nem mesmo a técnica de atuação que torna o ator mais visível e sensível ao nosso olhar. Essa presença cênica é notada até em atores jovens, em início de carreira, e sem nenhum traquejo de palco.

2  Susanne Langer, *Sentimento e Forma*, São Paulo, Perspectiva, 1980, p. 386.

a luz exata
a exata cor
e uma intensidade presa
nas tramas compostas pelas formas

pensamento-movimento
onde tudo se organiza e tece

Fig. 13: Trisha Brown Dance Company, coreografia de          , in
        , n. 78, p. 12. Foto de J. Mitchell. Arte de Fred Costa Pinto.

O PAPEL DO CORPO NO CORPO DO ATOR

Se não é o movimento que suscita o nosso interesse, então o que poderá ser? Não será, porventura, uma certa irradiação que parte do todo do intérprete e, rompendo as fronteiras de palco e plateia, chega até onde estamos? E se assim for, de onde emana essa força que nos atrai?

Podem as ações de um ator serem corretamente realizadas a cada passo do espetáculo, pode mesmo existir beleza nas marcas dadas pela direção, mas nem sempre isso basta para galvanizar todo nosso interesse.

Quando um ator está realmente presente, concentrado no que faz, seu corpo ilumina-se. Toda a sua energia está voltada, todo o tempo, para os objetivos a que se propôs: uma grande integração entre seu corpo, seus afetos e sua mente manifesta-se num tipo especial de brilho. E é esse brilho o resultado de sua energia vital corretamente direcionada; esse estado de inteireza garante ao ator uma marcante presença, mesmo na mais completa imobilidade. Algo pulsa nele enquanto representa. A energia em estado de equilíbrio orgânico flui ininterruptamente, aumentando a vitalidade: a pele é mais macia, os olhos mais brilhantes, a aura maior. E isso define a cada momento a qualidade sensível de suas ações, tornando-as críveis e, portanto, verdadeiras.

Ele está absorvido. E assim trabalha.

Essa absorção não admite ruídos nem outros pensamentos: cada momento é um, inexiste o passado, inexiste o futuro. Ele é. Imerso nas ações onde pensamento e emoção são uma só coisa: vivência somática. Nesse estado a atenção amplia-se, a percepção de si aumenta englobando tudo o que está à sua volta (sem perda de nada que acontece); uma tranquilidade atenta, para o que der e vier, para improvisar sossegadamente, se for necessário.

No extremo oposto encontramos o ausente cênico ou a ausência cênica de corpo presente: o ator tem um bom papel, muito texto, muita movimentação e a gente não pode crer em nada do que faz, não lhe dá a devida atenção, apesar de exercer seu ofício com toda correção. Talvez ele não esteja mesmo lá, dividido entre o que faz e os motivos pelos quais está a fazer. A ausência cênica caracteriza-se pelo corpo desabitado; a alma distanciou-se, ficou em casa, reconhece um amigo na plateia, critica sua própria atuação.

Enfrentar cada instante com inteireza parece o grande desafio; canalizar toda energia produzida para uma só meta. Se nosso tempo é já, o tempo do ator em cena é um já, visto com lentes de aumento (como tudo, aliás, que faz) dissecado, esmiuçado pela plateia. Um já que exige plena entrega.

Para que o ator conheça, antes de entrar em cena, as possibilidades do uso de uma máscara ficcional, não será igualmente necessário o conhecimento da não máscara? Pois se qualquer conceito se forma pela existência do seu oposto: cada positivo só se afirma pela existência do

o olhar destaca
remonta quebra distancia
aproxima e escolhe
acolhedor
entre os traços
toda a ausência

composição cênica : um movimento sempre em busca de sentido

Fig. 14: idem.

182 O PAPEL DO CORPO NO CORPO DO ATOR

negativo, e só se conhece o grande porque existe o pequeno, não será preciso ao ator conhecer-se sem máscaras para depois, conscientemente, utilizá-las?

O soma do ator, durante o processo de trabalho, inevitavelmente entra em confronto consigo mesmo. É mister ir-se distinguindo da personagem e identificando-se também se quiser conhecê-la visceralmente. O conhecimento objetivo e racional da personagem não é o mais difícil: ela está no texto que é analisado em equipe: tudo pode ser discutido e confirmado pelas várias opiniões e interpretações.

O ator compreendeu quem é a personagem. Conhece-a (intelectualmente falando), mas não como a um amigo com quem conviveu muito tempo e nas mais diversas situações. Cumpre conhecê-la. Seria demais dizer que precisa trazê-la para tão junto de si, que por momentos deve confundi-la consigo mesmo? Talvez seja isso mesmo que acabe acontecendo. E é a isso que me refiro quando falo de uma vivência somática do palco. Vivência somática da personagem, integrá-la ao seu próprio corpo, experimentá-la no confronto consigo mesmo. Colocar-se no lugar do outro, para conhecê-lo e com ele conseguir dialogar, também pôr de lado, por um tempo, sua maneira de ver a vida e procurar olhá-la através de outros olhos: o do outro. Ceder seu espaço, deixá-lo ser ocupado por outra pessoa, somente para conhecê-la. Ouvir de fato o que diz (com suas próprias palavras), sentir como ela se sente, sentir-se como ela, como se fosse ela.

O movimento do soma do ator, não somente aquele que o leva em direção à personagem, mas é o que permite a pulsação desta dentro dele, como se de fato existisse. E esse movimento, por mais que faça uso de ações físicas, é um movimento interior de disponibilidade para a entrega, em primeiro lugar. Um movimento que relega a um segundo plano a própria personalidade, para ceder lugar à de outrem que precisa de um corpo concreto e presente a fim de existir.

Somente ao homem é dado tal poder: colocar-se no lugar do outro; deixar que o outro se coloque em seu lugar, em sua casa, seu corpo. Estar presente, então, é deixar habitar-se por outro que não o si mesmo, emprestando-lhe toda sua força vital: ausentar-se, no entanto, sem ausência, sem nenhuma perda.

## A GÊNESE DO GESTO NA RELAÇÃO COM A PERSONAGEM

Como a personagem pode dar-se a conhecer ao ator ou ser dada não é, no momento, o que mais importa. Quer ela venha de sua imaginação, (de imagens formadas a partir da leitura e análise de um texto), quer ela seja claramente formalizada (desde o princípio) por um diretor que já, por sua vez, criou-a imaginariamente; de todo modo ela terá de invadir

entre tempos rápida ou lenta a imagem se desfaz
e as mãos buscam no ar o toque preciso e exato
no súbito salto as formas que se deslocam

preparação-ação-recuperação

Fig. 15:

o soma do ator. Tenha essa invasão seu ponto de partida através de uma forma corporal, seja vista como um caráter a ser presentificado, das duas maneiras o gesto (imaginado, ou como um dado exterior ao comediante) terá de ser, por ele, e apenas por ele, criado (ou recriado, se se preferir).

No primeiro caso (supondo uma interpretação realista), ele será consequência de um movimento interior e muito íntimo de busca; brotará no momento oportuno e imprevisível, despreendendo-se dele naturalmente, como se sempre tivesse existido. Sem a menor sombra de dúvida, se houver disponibilidade interna do ator para lidar com os conteúdos emocionais e intencionais da personagem (e ausência de resistências psicológicas no trato com determinados problemas dessa ordem), se sua imaginação o auxiliar a entrar no "se" imaginário, agindo internamente em relação a ele; se sua emoção estiver suficientemente livre para poder ser aproveitada em situações que talvez nunca haja conhecido em sua vida pessoal, e for suficientemente conhecida para estar sob domínio no trabalho (nem maior nem menor que a exigida); se, por outro lado, seu corpo estiver disponível e liberto (mesmo que momentaneamente) de suas velhas máscaras, se possuir presteza suficiente para responder aos impulsos provenientes de seu mundo interior, então nada poderá impedir que a energia do ator, posta a serviço da personagem, venha à tona, enformando, por si só, o gesto correto e necessário; dando forma à uma urgência interior que a cada dia, mais e mais, se avoluma.

Talvez, para que tudo isso ocorra (e da melhor forma possível) tudo o que o ator tem a fazer é preparar-se, interna e externamente, para o fato de a criação (que não pode ser apressada, pois ocorre a seu tempo), voltar-se inteira e disciplinadamente para o trabalho de gestação, e confiar na natureza.

Essa preparação, tanto física quanto psicológica, é fundamental. Em primeiro lugar, o aparelho somático tem de estar ajustado segundo as leis naturais e sob controle o ator, ou seja, ele deve estar preparado para conhecer suas sensações e as consequentes manifestações físicas produzidas por sua sensibilidade de intérprete.

Em outras palavras, seu instrumento deve estar apto a "executar qualquer trabalho dramático exigido" e sua memória sensitiva precisa, também ela, estar afinada. É preciso que o ator saiba perceber a conexão imediata entre imaginação e sensações corporais correspondentes; possa conhecer os lugares onde se alojam fisicamente dadas emoções (pela contínua e planejada relação com elas em exercícios básicos de interpretação e afinação da sensibilidade) e trabalhe com os cinco sentidos a fim de desbloquear a energia dramática necessária à produção gestual espontânea.

O corpo deve ter enfim uma conexão dentro-fora durante todo o trabalho preparatório de construção da máscara: a atenção volta-se

PROCESSO GENÉTICO DE PRODUÇÃO DOS SIGNOS CORPORAIS 185

igualmente para o corpo e para o mundo imagístico no qual ainda vive a personagem. Sempre na tentativa de estabelecer relação entre pensamentos e emoções, emoções e sensações físicas, sensações e impulsos para ação.

Sem precipitar, no entanto, nenhuma externalização forçada: trata-se de um diálogo invisível ainda, entre ocorrências produzidas na mente, que mobilizam um certo tipo, e uma certa quantidade de energia, e aquilo que pode ser concretamente sentido pelo ator. Apressar esse processo seria tentar efetuar movimentos e ações pertencentes eventualmente à personagem, mas que ainda não são fruto dessa maturação invisível a que já me referi.

O ator vai, assim, lenta e gradualmente, aproximando-se do momento em que o gesto nascerá imprevisto e novo, como consequência do longo período de sua gestação.

Pode acontecer também que, nesse momento em que o invisível está pronto a se tornar inteiramente visível na máscara corporal assumida, os impulsos orgânicos, em direção ao ato, sejam de algum modo interceptados e estancados em seu fluxo, por um reflexo inibitório do próprio ator. O corpo parece, nesses casos, reagir com violência ao nascimento do movimento novo, servindo como um grande freio, que impede a energia de viabilizar-se em forma aparente. Para que isso não aconteça, requer-se um longo treinamento psicofísico.

No momento em que os signos corporais parecem necessitar de existência por si mesmos, há o risco de o canal interior-exterior estar, por algum motivo, interrompido. E então seu nascimento espontâneo é impossível; tornam-se eles apenas uma probabilidade que não foi exercida, deixam de existir como tais. Não poderá haver, então, e nesse sentido, uma interpretação visceral, visto que não há conexão real entre uma personagem que foi apenas imaginada e criada intelectualmente, mas que não teve possibilidades de existência de fato garantida pelo exercício concreto do soma do ator nos movimentos pulsantes entre o interior e o exterior.

No caso de uma personagem que já é dada (pelo menos em sua estrutura básica) ao intérprete conhecer pela via externa (algumas posturas, gestual mais ou menos caracterizado objetivamente), diríamos que o processo conta com apenas um ponto de partida oposto ao primeiro. Guardadas as devidas proporções, e mesmo simplificando talvez esse tipo de trabalho interpretativo, o que parece ocorrer é que o ator acaba por engolir esse esboço dado, procurando então, a partir do físico (e de uma concretude já anteriormente prefixada), elaborá-la em seu interior, buscar as conexões das quais já tratamos, de modo inverso, descobrir os motivos para esse ou aquele movimento, percebendo as intenções ocultas atrás de cada forma e a entrar em relação com esse novo material, que deve ser assimilado, subjetivado em função da personagem, e desenvolvido (sem dúvida modificado) pelas inúmeras associações

186    O PAPEL DO CORPO NO CORPO DO ATOR

que acabaram por se estabelecer. Se essa conexão (a partir do exterior e da forma) não é encontrada, não ocorrerá nenhum movimento no sentido da criação, permanecendo a mesma estrutura, sem a energia que lhe seria imanente, e que não foi obtida.

## O PERÍODO DE LATÊNCIA DO SIGNO E A VITALIDADE CRIATIVA

O período de latência do signo parece ser o tempo em que, muito ou pouco (dependendo da capacidade imaginativa de cada um) é trabalhado pelos olhos argutos da mente. Deixar-se levar imaginariamente por caminhos antes não previstos, e não ter receio de se afastar da meta traçada pelo trabalho racional (que indica, em suas bases, quem é a personagem), determinará a riqueza da caracterização, sua credibilidade, sua presença forte em cena.

O deixar acontecer é, mais uma vez, um ingrediente fundamental na preparação de tal obra. Trabalhar "em branco" quando for o caso, sem tentar conduzir a emoção e o gesto por onde ainda não se sabe; improvisar para tatear, não para garantir o que ainda não existe.

O que afinal acontece nesse tempo? Existe uma quantidade enorme de informações objetivas sobre a personagem que o ator não pode ignorar; esses dados, por um lado, constituem uma limitação mais que necessária para direcionar o trabalho criativo; por outro, podem converter-se numa prisão, dentro da qual o ator inutilmente procurará criar. Cumpre que tudo aquilo que foi idealizado, comece, aos poucos, a tornar-se palpável[3].

Latência é definida como:

1. Qualidade ou estado de latente; 2. Período de inatividade entre um estímulo e a resposta por ele provocada; 3. Med. Incubação; 4. Psicol. Presença de elementos psíquicos esquecidos na esfera subliminar da consciência, donde podem ressurgir[4].

Se o signo tem um período de latência, isto quer dizer que ele é uma resposta a um estímulo provocado algum tempo antes. Pode significar igualmente que, no aparente sono (ou inatividade produzido entre os primeiros estudos, leituras, interpretações e análises, improvisações sobre circunstâncias dadas), primeiras aproximações do ator rumo à personagem, haja a necessidade de um tempo, em que todas essas informações e descobertas possam repousar a seu modo dentro do ator, fazer parte indireta de sua vida, de suas leituras, conversas

---

3    Informações obtidas com o Professor Lufher James, em curso sobre o trabalho no Actor's Studio, realizado no Departamento de Artes Cênicas da ECA-USP, 1987.

4    Aurélio Buarque de H. Ferreira, *Novo Dicionário Aurélio*, Rio de Janeiro, Nova Fronteira, 1986, 2ª edição, p. 822.

PROCESSO GENÉTICO DE PRODUÇÃO DOS SIGNOS CORPORAIS    187

informais. Não se pretende dizer com isso que os ensaios devam sofrer uma pausa para que o ator, na sua solidão, adormeça com a personagem embaixo do travesseiro. Muito pelo contrário, os ensaios são o alimento estimulante para que esse trabalho prossiga nas sombras, oculto e disfarçado do seu próprio agente. Os estímulos diários, novos dados, constantemente acrescentados, seja pelas marcações de cena, seja pelo aprofundamento do texto, sendo decorado juntamente com as marcas, sem as marcas etc.; seja na preparação de espaços e objetos de cena a serem experimentados, seja na mais simples repetição organizada pelo diretor acrescentam-se a essa massa mais ou menos informe, mais ou menos caótica e desencontrada por definições e redefinições, alterações e mudanças consecutivas.

A esses inúmeros dados objetivos vão se somando outros, vindos de camadas pré-conscientes por associação com lembranças, com imagens intraduzíveis manifestas em sonhos. Muitas vezes pode fazer parte do processo mesmo (dirigido nesse sentido), o mergulho nesse mundo subterrâneo, como que buscando nele a visceralidade da personagem, por meio de exercícios imaginários provocadores da emoção necessária. Mas ainda que isso não seja proposital, terminará por ocorrer, se o ator se permitir a essa viagem a procura das marcas e pegadas da personagem em si mesmo.

Somente dessa fusão entre o consciente e o pré-consciente, o sabido e o não sabido, o previsto e o imprevisto, é que será (ou irá sendo) deflagrada a energia, em grau correto para ser utilizada na máscara sígnica corporal. E será essa energia, a cada vez trazendo emoções diferenciadas, segundo a lógica da criação, que estará presente no ator revestido da personagem. É, sem dúvida, a vitalidade criativa do intérprete que assegura sua afluência à superfície, sua intensidade artística.

Essa vitalidade está, sem sombra de dúvida, ligada a uma liberdade interior que permite errar e prosseguir, frustrar-se e entusiasmar-se em seguida, tatear sem saber ainda a resposta, esperar sem apressar artificialmente essa espera, deixar enfim que o processo se conduza a si mesmo.

Essa liberdade interior de que falo, e que se liga ao "reservatório de 'liberdade'" do qual fala Moreno[5] está na raiz de um procedimento espontâneo, no qual há um número muito grande de alternativas de resposta, podendo assim ser escolhida, no momento adequado, a que for mais apropriada.

Durante esse período de latência, muitas respostas podem ir se preparando, como consequência mesmo do trabalho (voltado para o texto, ensaios), mas serão apenas um leque de possibilidades insuspeitadas, até o momento pleno de sua realização no corpo do ator, no signo claro e preciso.

5    J.L. Moreno, *O Teatro da Espontaneidade*, São Paulo, Summus Editorial, 1984, p. 82.

188     O PAPEL DO CORPO NO CORPO DO ATOR

A capacidade individual de suportar a ausência de uma resposta rápida e pronta (definitiva), aliada à capacidade de livremente experimentar (sem padrões rígidos de acerto e erro, sem autocrítica acirrada) permitem ao intérprete a vitalidade criativa, tão importante ao seu desempenho. Deixar que o corpo canalize as respostas gestuais espontâneas, resultado desse período de confusão e espera trabalhosa, é um difícil exercício de autocontrole, autoconfiança e liberdade artística.

## ESFORÇO INTERNO E PRODUÇÃO DE ENERGIA DRAMÁTICA

Estou usando a palavra esforço, no sentido que tem essa palavra para Laban: impulso interno a partir do qual surgem ou têm origem os movimentos. Para a produção de energia dramática, em função agora da personagem e dos valores pelos quais luta, é essencial que o ator compreenda, somaticamente falando, e saiba escolher as qualidades adequadas de esforço que lhe são características e quais, dentre elas, podem ajudá-lo a agir "como se fosse" um outro.

Essas qualidades de esforço referem-se ao modo pelo qual uma certa energia é liberada; no caso do processo de criação do ator, essa energia regula em intensidade com os objetivos do papel a ser criado, envolvendo sua maior ou menor carga dramática.

Mas novamente aqui chegamos a um impasse. Se o ator não consegue, em sua própria vida, posta a serviço de sua arte, perceber como organiza seus impulsos internos para a ação, como os combina nos mais diversos momentos e situações vividas (ou recriadas no trabalho improvisacional), se não se conhece a ponto de solicitar no momento adequado, a energia que lhe pertence, e que é passível de ser posta a seu serviço, como poderá ele canalizá-la para que atenda às solicitações de sua personagem?

Por mais que entenda, objetivamente falando, a personagem (seus desejos mais secretos, os valores intrínsecos à sua conduta, seus movimentos internos em direção ao que pretende atingir, enfim, suas intenções), como fará para que isso realmente se corporifique numa imagem crível, como se fosse verdadeira?

Mais uma vez é preciso que se diga que, na busca de uma configuração exterior e visível da personagem, arte e vida se confundem: se as crianças aprendem, brincando, a assumir com verdade (com energia vital) os mais diferenciados papéis (que não são seus ou não são ainda seus, na vida real) e, intuitivamente, conseguem manipular tais configurações básicas de esforço rumo a qualquer objetivo a que se proponham, e com isso logram crescer e afirmar-se como individualidades, o ator deverá também buscar, em si mesmo, os recursos

PROCESSO GENÉTICO DE PRODUÇÃO DOS SIGNOS CORPORAIS    189

ocultos, guardados em sua história de vida, para estabelecer, de fato, uma conexão de outra ordem, imaginária agora; para vitalizar e dar cor ao seu papel.

Perceber, voltando-se para o seu soma (agora instrumento), caminhos muito particulares que poderão ser trilhados para conseguir que essa energia dramática seja produzida. Quando estou a falar de energia dramática, estou apenas conceituando uma certa destinação específica da mesma energia que move o ator como pessoa; a sua própria energia que, transformada em ferramenta de trabalho, serve, não à vida, mas à representação.

Quando conscientemente (ou intuitivamente) mobilizada para a finalidade ficcional, sua função parece ser outra: a de animar a pura ficção; sua serventia não será mais a de promover a vitalidade orgânica na luta pela vida, mas a de ser determinante da criação de uma outra realidade, que será tanto mais intensa, quando conseguir servir-se da própria natureza do material trabalhado, o artista, o homem artista.

Num simples exercício imaginário pode-se perceber como, internamente, os estados emocionais alteram-se, trazendo com eles manifestações tão diversas do nosso estado físico antes do início do exercício. A partir de uma atitude relaxada de nosso corpo, sem qualquer outra sensação que a de profundo bem-estar, podemos conseguir uma verdadeira revolução somática: respiração ofegante, arrepios, peso, prostração.

O ator terá, inevitavelmente, que aprender a lançar mão de recursos capazes de alterar seu soma e polarizá-los nas intenções da personagem, conseguindo, desse modo, que se produza, de fato, a energia dramática necessária.

Muitas vezes, no entanto, o comediante pode esbarrar em dificuldades orgânicas para determinado trabalho. Nesse sentido, cada personagem a ser enfrentada é um desafio às habituais características do intérprete. Pode ser que ele não logre compreendê-la totalmente; pode ser que não saiba mesmo por onde começar sua busca. Sendo assim, como poderá encontrar, em si próprio, os impulsos para ações desse outro, como fará para mobilizar a energia necessária? Mesmo chegando a executar corretamente o seu papel, ele não terá, no palco, a energia da personagem.

Guiando-se pela lógica textual, seguindo as instruções da direção, ele pode chegar a uma forma exterior aproximada daquela que teria sua personagem, mas nessa caracterização nem sempre estarão presentes os esforços próprios da personagem. É como se o ator não tivesse conseguido encontrar o sentido de seu desempenho.

Ao trabalhar com atores, sempre procurei respeitá-los em sua inteireza humana, antes de qualquer coisa. Perceber reais e dolorosas dificuldades e conversar individualmente sobre elas sempre me pareceu frutífero.

190 O PAPEL DO CORPO NO CORPO DO ATOR

Procuro sempre olhá-los um a um, trabalhar ao lado deles em momentos difíceis, e notar, sobretudo, suas facilidades (conscientes ou inconscientes) para o exercício do palco. Pareceu-me sempre que começar atacando dificuldades de solução problemática pode ser um mau caminho. Traduzindo para uma linguagem corporal, tento levá-los a desenvolver (e conscientizar) os esforços existentes em sua maneira de agir, para depois, cautelosamente, lidar com os esforços não manifestos.

Sempre achei, nesse trabalho tão delicado, que o melhor a fazer era partir do conhecido, para chegar, com o tempo e com exercícios bem dosados, ao terreno do desconhecido, às resistências psicofísicas.

As ações básicas, trabalhadas de início, sem qualquer ênfase em substratos outros que não a própria ação, ajudam a, através de um exercitar meramente técnico, conduzir o ator a experiências enriquecedoras. Continuamente procuro colocar-me no lugar de cada um deles, lembrando de minhas próprias limitações e do meu processo de aprendizagem encaminhado com extrema paciência e compreensão por minhas primeiras professoras, especialmente por Cybele Cavalcanti, a quem devo algumas descobertas fundamentais.

Evidentemente que, quando se trabalha com atores, e mesmo em sua formação, há um tempo limitado (e que é sempre muito pequeno), há exigências mais ou menos urgentes, problemas que têm de ser encarados num prazo menor que o necessário; isso é ainda mais nítido quando se prepara atores para uma montagem, em tempo sempre curtíssimo, dadas as exigências da própria organização de trabalho.

No entanto, partindo de dinâmicas conhecidas, pode-se ir propondo modificações nos fatores de movimento envolvidos nelas, até que se chegue àquelas que lhes são opostas. A alteração, em sequências planejadas, do fator tempo, por exemplo, ou da energia, acaba, por sua vez, por facilitar o surgimento de estados de espírito a princípio semelhantes e finalmente opostos.

Procuro, quando a urgência assim o exige, recorrer a dinâmicas opostas, duas a duas. A passagem de uma ação de deslizar, por exemplo, por sua delicadeza, lentidão e uso da linha reta (dos desenhos precisos como direcionamento) para uma ação de chicotear, em sua força (peso), rapidez e flexibilidade no uso do espaço em torno, tem a capacidade de modificar, de modo marcante, o estado de espírito envolvido na primeira. Sequências construídas apenas com essas duas ações, por exemplo, ajudam o comediante a valer-se tecnicamente do uso que faz de si mesmo a cada instante.

Esse tipo de trabalho, unindo ações básicas opostas, duas a duas, são de grande auxílio no desempenho de um papel que exige do ator alterações brutais de emoção, quando investido da máscara. A energia física que se altera nas passagens de uma para outra, une-se, indissoluvelmente, à energia dramática exigida pela criação.

PROCESSO GENÉTICO DE PRODUÇÃO DOS SIGNOS CORPORAIS 191

Tais atividades possibilitam também uma vivência, através do exercitar consciente e planejado, de experiências que, muitas vezes, não possuem espaço em sua vida real.

## O CORPO DISPONÍVEL:
## RELAÇÃO ENTRE IMPULSO CRIATIVO E AÇÃO CRIATIVA

> *O corpo escorrega em sua superfície o desejo. Este determina as infinitas variantes e nuanças que se combinam e montam diferentes formas*[6].

Durante o processo de produção de um papel, o ator conta, desde o início, com uma série de dados objetivos já mencionados. Essas características da personagem, mais ou menos próximas a sua compreensão, parecem pertencer, no começo, a uma certa intelectualização, sendo, nesse sentido, abstrações sobre o que ainda não se deu, de todo, a conhecer.

Constituem, no entanto, referenciais seguros a serem utilizados posteriormente, quando de sua transferência para o físico do ator. Tudo, ao final, deverá ser fisicalizado, para que o esboço original adquira vida no palco.

É preciso que o ator descubra como estabelecer a passagem entre o que sua mente elaborou (visualizou, esboçou, organizou) e o que seu corpo deve encarnar. O mundo da personagem terá de ser, todo ele, externado em ações claras, em atos reveladores de seu interior. São problemas que pedem soluções adequadas, pequenos ou grandes obstáculos que têm de ir sendo, passo a passo, ultrapassados, para que surja enfim a máscara em sua criação final.

Para tanto, cada um desses obstáculos, quando transposto, leva também a um alargamento nos horizontes pessoais do intérprete, na medida em que é capaz de entrar em contato com zonas de sua personalidade mais ou menos ocultas (inusuais), com desejos desconhecidos e guardados apenas em seu subconsciente. A força necessária aos impulsos ou ímpetos de um organismo em direção ao exterior é diretamente proporcional à carga de desejos que aspiram à realização, ou, dito de outro modo, que se destinam a satisfazer necessidades básicas de manutenção de vida. São, portanto, forças de caráter erótico e, no caso específico da arte, de sublimação de desejos, por meio da canalização da energia, fruto da libido, em direção à produção artística.

---

6 Carlos R. Briganti, *Corpo Virtual: Reflexões sobre a Clínica Psicoterápica*, São Paulo, Summus Editorial, 1987, p. 50.

192 O PAPEL DO CORPO NO CORPO DO ATOR

A geração dessa energia, que chamei, no caso de dramática, é proporcional a essa força que impele para a criação e que está presente no corpo de seu produtor, o artista.

Se a palavra alma pode ser entendida como "matriz da manifestação energética em direção a vida, ao prazer"[7], é nesse mesmo sentido que a utilizarei, ao dizer que o ator, em sua caminhada rumo ao seu papel, deve aplicar nele toda a sua alma. Nada pior que um desempenho sem vida, vazio de energia vital, sem essa espécie de força que se irradia e rompe os limites do palco.

É a própria vida, em seu contínuo movimento em direção à plena realização (desejos, lutas por sua satisfação, sucessos e fracassos, novos objetivos a serem alcançados) que confere ao ator a capacidade de colocar-se no lugar da personagem.

Juntam-se-lhe as habilidades técnicas ligadas ao seu ofício, que o ajudarão a canalizar os impulsos intraduzíveis de seu ser na relação com a personagem, estabelecendo a conexão indispensável entre intenção, impulso e ato.

Seus impulsos criativos, necessários à execução integral de sua tarefa, são fruto dessa força interior que o anima, e só serão obtidos numa espécie de transferência a ligar sua vida à vida da personagem.

O corpo disponível é aquele que permite; que não se isola do fluxo dos acontecimentos ao redor de si, que se envolve com o meio ambiente e com os estímulos vindos, não só da personagem, mas da relação com o grupo de criação. Corpo disponível é aquele capaz das respostas espontâneas e novas que somente a ausência de preconceitos e defesas maiores contra o mundo podem assegurar. Trata-se, novamente aqui, do exercício do espaço livre que só a arte parece assegurar, já que nunca será vida e que sofre dessa espécie de imunidade que sua natureza de ficção lhe garante.

A dose certa de visceralidade, emprestada à personagem, é o que parece conferir ao trabalho interpretativo seu caráter de entrega suprema. E é o que, de certa maneira, confere a esse ofício um caráter" despudorado", alvo, até hoje, de suspeita e de certa malícia.

Localizar no próprio corpo as intenções de um ente ficcional, deixá-las realizarem-se sensivelmente, conectá-las com sua inteireza de artista, são procedimentos que asseguram o surgimento de impulsos dirigidos para a criação e para a ação criativa. Sem liberdade, ousadia e, sobretudo, a mais íntima entrega, não há impulsos autenticamente criativos, imprevistos em sua manifestação somática. Esses impulsos aparecem em ações inesperadas, em configurações imprevistas, mas são, no fundo, profundamente relacionados ao processo que está sendo desenvolvido.

---

7  Carlos R. Briganti, *op. cit.*, p. 52.

PROCESSO GENÉTICO DE PRODUÇÃO DOS SIGNOS CORPORAIS 193

Na verdade, corpo disponível é somente uma forma de dizer. Todo o ser do ator, seu soma, terá de estar aberto, decididamente, a cada nova manifestação que dele exigir a personagem por ele representada.

E quando isso ocorre, naqueles raros momentos em que o ator se deixa possuir, seu corpo se nos apresenta como pura força, talvez, mais que em qualquer outro momento de sua existência, habitado por uma espécie de magia.

Só há energia de personagem quando o eu do ator está empenhado numa só direção – intenção que anula todas as pequenas coisas (outros pensamentos, dispersão, enfim) que estão sempre desviando a ação criativa de sua estrada principal. É como se o ator detivesse então o mais absoluto domínio sobre o que faz, justamente porque está todo entregue ao momento e aos seus objetivos cênicos. Por causa da extrema concentração naquilo que está fazendo, como que esquecido de si mesmo e de sua verdadeira vida, algo opera nele, algo realiza por ele o trabalho, a força da natureza manifesta-se em toda a sua beleza.

O estado de vazio (também chamado de *wu-wei* pelos orientais) permite que cada menor impulso seja enformado no mesmo instante em que se produz; assim, tudo acaba como que se fazendo sozinho, segundo ditames próprios de seu simples fazer. O ator está esvaziado, ou seja, não dividido entre o pensar e o fazer, entre planejar e executar; simplesmente se permite ficar inteiro no lugar que lhe foi determinado.

Dar vida inteira a um papel, significa também que o ator deve ser capaz de dar conta de toda a vida emocional prevista no texto para essa personagem; não podem existir barreiras psíquicas com respeito à experimentação de qualquer uma dessas emoções: ele deve se dispor a agir mesmo que imaginariamente e a lidar com uma gama precisa de conteúdos emotivos e afetivos, para que os efeitos dessa lida se manifestem corporalmente com a força necessária.

Parece uma coisa óbvia, mas como entender um artista que se recuse a lidar com as camadas mais densas de sua própria realidade? De onde virá o material para uma verdadeira criação exceto desse contato íntimo estabelecido?

A maneira como cada pessoa lida com os estímulos, ou, indo ainda mais longe, o modo como cada pessoa percebe os estímulos e impulsos (e os enfrenta) um fator determinante da qualidade de seu trabalho. Não parece ser apenas determinação e disciplina no cumprimento de etapas de um processo que levem a realização bem sucedida, é preciso verdadeira motivação pessoal. E essa motivação liga-se ao mundo psicológico do ator.

O ator, atento às suas necessidades psicofísicas e, ao mesmo tempo sensível ao que o rodeia, que percebe e consegue relacionar-se com uma gama variada de estados emocionais, que é capaz de conviver

194     O PAPEL DO CORPO NO CORPO DO ATOR

com momentos caóticos (onde ainda não discerne uma saída clara rumo à criação) está melhor preparado para enfrentar e conhecer sua personagem do que aquele que é resistente a um ou outro estímulo e menos transparente em seu relacionamento consigo mesmo e com as outras pessoas.

A criatividade presente, tanto no ato de criação quanto no produto apresentado, envolve seguramente uma maior abertura do indivíduo para a experiência, especialmente a que envolve a vida interna. Segundo o Prof. Joel Martins[8] "o indivíduo criativo está especialmente disposto a admitir complexidade e mesmo desordem nas suas percepções sem se tornar ansioso quando se defronta com o caos produzido".

A relação entre o impulso criativo e a ação criativa torna-se tanto mais estreita quanto menores forem as defesas psicológicas do ator no trato com as realidades psicológicas da personagem e seus impulsos para a ação prevista em cena. Essa ausência de defesas manifesta-se no soma do ator: transparência, disponibilidade para o desconhecido, espontaneidade durante o processo de elaboração do papel.

Não pretendo didatizar um processo como o da criação da máscara pelo ator; qualquer processo envolve uma série de elementos organizados num todo, segundo lógica própria e onde cada um de seus componentes afeta os outros, numa relação de interdependência em contínua alteração. Pretendo tão-somente estudar os elementos presentes no fenômeno de criação da máscara cênica pelo ator, como se manifestam ou se fazem sentir, como podem ser utilizados, se entendidos como ferramenta de trabalho.

## SONHOS E DEVANEIOS: IMAGINAÇÃO E PRODUÇÃO IMAGÉTICA

Todos os homens sonham. Alguns se lembram do que foi sonhado, outros não; o homem que ousou tal afirmação afirmou também que possuíamos duas vidas interdependentes uma da outra: a vida onírica e a vida desperta, e que os sonhos eram, sempre, uma realização de desejos, mesmo quando envoltos em sofrimento e angústia.

A elaboração onírica foi estudada exaustivamente por Freud[9] e constitui ponto de apoio fundamental para minha pesquisa, na medida em que, graças aos seus elementos poderei falar com mais propriedade de imaginação e do processo que leva à produção de imagens.

---

8   Professor Joel Martins, *O Comportamento Criador*. Essa apostila, recebida por mim no curso de Graduação na ECA, data de 1970; p. 4.

9   Sigmund Freud, *Obras Completas*, vol. I, tradução direta do alemão por Luis-Lopes Ballesteros y De Torres Madrid, Editorial Biblioteca Nueva, 1967. Cf. pp. 231-628.

PROCESSO GENÉTICO DE PRODUÇÃO DOS SIGNOS CORPORAIS 195

O sonho manifesto, imagens e situações das quais nos lembramos ao acordar, tem sua origem, e é uma representação bastante elaborada por nossa mente, dos conteúdos latentes. O trabalho psicanalítico visa a investigar a relação entre o que foi expresso e o que permanece oculto e disfarçado pelos mecanismos do sonho: o conteúdo manifesto é uma versão de ideias latentes que, após sofrerem a ação da censura onírica, adquirem então sua forma expressiva.

O sonho, segundo Freud, é conciso e sintético, se comparado à amplidão das ideias que o geraram; através de exaustivas análises de um mesmo sonho, descobre que a elaboração onírica condensa enormemente o material psíquico original, tornando difícil sua compreensão. Outro dado importante é o de que ideias latentes, que por vezes são importantíssimas para o sonhador aparecem disfarçadas e quase desapercebidas (como se fossem apenas um detalhe); ou seja, elementos essenciais acabam por vezes sendo tratados como sendo de pouco valor para o sonhador. Constata então que:

O deslocamento e a condensação são os dois agentes à cuja atividade temos de atribuir principalmente a conformação dos sonhos[10].

O sonho passa a ser encarado, pois, como uma deformação do desejo inconsciente, deformação que ocorre pela existência de uma censura exercida sobre nossa vida mental; condensação e deslocamento são os meios pelos quais essa censura onírica é exercida, tornando possível o ato de sonhar.

Uma só imagem pode representar uma série de conteúdos que foram associados entre si, como pode também ser transformada e deslocada, para atender aos desejos latentes, bem como à censura que exige seu mascaramento para que lhe seja possível enformar-se.

A forma do sonho (suas sequências imagéticas, suas situações eventualmente fantásticas e sem cabimento), seu caráter formal explícito, traz consigo momentos de maior ou menor intensidade sensorial (onde nossa percepção se aguça muito mais que na vida desperta), partes nítidas e muito sensíveis e outras vagas e indefinidas. O sonho caminha desde uma intensa vitalidade até a mais tênue e esparsa sensação: há, portanto, diferenças nítidas no tocante a uma maior ou menor carga vital presente em suas imagens.

Por isso: "os elementos que maior intensidade mostram nos sonhos, são aqueles cuja conformação exigiu um maior trabalho de condensação"[11]. Seu caminho é expressivo, num movimento que, partindo do inconsciente, passa para o pré-consciente, transformando-se em imagens, que são invocadas tão-somente quando o material onírico precisa delas para exteriorizar-se.

10 Idem, p. 410.
11 Idem, p. 422.

# O PAPEL DO CORPO NO CORPO DO ATOR

As ideias latentes são então transformadas em linguagem plástica, portanto, em imagens; sendo assim,

[...] produzem-se mais facilmente que antes, entre tal ideia em sua nova forma expressiva e o material onírico restante, aqueles contatos e identidades dos quais a elaboração precisa, até o ponto de criá-los quando não os encontra prontos de antemão, pois os termos concretos são, em todo idioma, e em consequência de seu desenvolvimento, mais ricos em conexões que os abstratos[12].

Estudando o sonho, percebemos que a representação simbólica, por ser uma representação indireta, possui múltiplos sentidos, mas é sempre fruto de um representar inconsciente (algo que não pode ser diretamente conhecido ou tocado, algo inacessível à consciência). Nesse sentido, ideias que nos ocorrem após o despertar, bem como sensações que permanecem muito tempo depois que o sonho acaba, pertencem também ao conteúdo latente (pois foram despertadas por ele).

Os afetos experimentados no sonho são reais e provêm das imagens que foram criadas para a expressão do conteúdo latente; tais afetos são percebidos de tal forma como se as situações sonhadas estivessem de fato acontecendo em nossa vida real; pode acontecer também que esses afetos surjam sem relação aparente com as imagens: situações terríveis não nos metem medo, por exemplo. Nesses casos, a forma foi alterada, permanecendo o afeto originário e intacto; de todo modo firma-se o sonho como realização de desejos; sua força motriz só deles pode vir.

A elaboração ordenada e mais clara de um sonho deve-se também à existência de uma elaboração secundária desse conteúdo manifesto; essa forma de atividade é a mesma que a de nosso pensamento desperto, normal: ela seleciona e dispõe as ideias latentes, possibilitando um contexto mais inteligível.

A formação imagética também pode ser estudada nos momentos hipnagógicos (um pouco antes do sono) e nos momentos hipnapômpicos (quando já se está quase acordando). No primeiro caso é possível perceber como ideias (pensamento diurno) começam a ir se transformando em pura imagem e, no segundo caso, o inverso acontece, quando os estímulos do dia (barulhos externos) começam a misturar-se as últimas imagens do sonho, afugentando-as e substituindo-as por pensamentos.

David Foulkes[13], estudando o início do sono, diz que ele se caracteriza pela diminuição de estímulos externos (que incentivam nosso pensamento a procurar maior organização) e, consequentemente, pela ativação de pensamentos e sentimentos de origem mais pessoal. A ocorrência de imagens faz parte, portanto, do abandono que o

12  Idem, p. 427.
13  David Foulkes, *A Psicologia do Sono*, São Paulo, Cultrix, 1970.

PROCESSO GENÉTICO DE PRODUÇÃO DOS SIGNOS CORPORAIS    197

sono traz; pessoas cuja personalidade não permite um encontro mais subjetivo consigo mesmas dificilmente permitir-se-ão tal entrega. Existiria então uma relação positiva entre imaginação e presença de lembranças de sonhos, assim como "pacientes com capacidade de exercitar livremente sua imaginação na vida desperta, tendiam também a ter experiências imaginativas mais vívidas durante o período de início de sono"[14].

Os momentos de devaneio, onde podemos nos permitir lembrar, imaginar acontecimentos prazerosos, deixando simplesmente nossa imaginação fluir, vão, por assim dizer, traduzindo o pensamento em imagens visuais claras (seguidas de sensações correspondentes) e criando cenas, como nos sonhos.

Claro está que essas fantasias (em estado de vigília) têm um concurso maior de nosso consciente, mas a imagem, quando síntese, quando realmente uma ocorrência que vincula o pensado e o não pensado, o externo e o interno a nós, o passado e o futuro num só tempo presente, será sempre uma transformação e, portanto, simbólica. Nela, estão juntos o consciente e o inconsciente, num mesmo trabalho formador, numa criação que entrelaça necessidade e desejo.

O pensar por imagens, nelas e através delas, deixando-se levar por elas, acompanhando-as em sua constante metamorfose é obra do que se chama imaginação, da própria faculdade de criar (mesmo que apenas imaginariamente) o que antes não existia na forma que agora se apresenta aos nossos olhos internos.

Os devaneios (ou sonhos diurnos) trazem consigo uma brecha para que o mundo imaginário venha à tona; se nosso pensamento normal está presente no sonho noturno (na elaboração secundária), imagens oníricas, latentes ainda, estão todo o tempo convivendo conosco. O material com que conta o artista depende da imaginação, pois em seu processo criador ela o conduz, estabelecendo associações aparentemente sem fundamento, apontando soluções que a consciência desconhecia, trazendo consigo uma vasta teia de afetos indispensáveis à mobilização do ato de criar.

Com relação ao ator em processo de trabalho, parte-se do pressuposto de que, em primeiro lugar, o dramaturgo não oferece tudo o que ele precisa saber sobre a peça, nem sobre sua personagem. O autor não diz o que aconteceu antes do primeiro ato, nem fala do que ocorre depois que a peça termina; se há intervalos de tempo (anos, às vezes) entre uma cena e outra não sabemos o que aconteceu nesse espaço em branco, do qual o texto não se ocupa literalmente. A imaginação do intérprete deve (sem livrar-se da realidade dada, mas, pelo contrário, apoiando-se firmemente nela) suscitar um mundo de imagens correspondentes, não só ao que foi dado (a ser recriado dentro, ou

14  Idem, p. 175.

198     O PAPEL DO CORPO NO CORPO DO ATOR

imaginado), mas também ao que não faz parte do espetáculo, aos tempos mortos e espaços em branco. É preciso que ele desenvolva imaginariamente uma vida da personagem e sofra juntamente com ela as consequências dessa vida, senão seu subtexto será formado apenas de palavras guiadas pela lógica, sem um referencial mais sólido, como aquele que só as imagens conseguem proporcionar em sua instância de símbolo.

O fato de um ator, olhando para um objeto de cena qualquer, conseguir enxergá-lo (e relacionar-se com ele, conectar-se) transformado em outra coisa (a que deveria ser) ou, olhando para um companheiro de trabalho, colocar em seu lugar (apesar de vê-lo claramente com seus olhos) uma outra pessoa imaginaria, são alguns exemplos da capacidade imaginativa exigida do comediante.

No processo de criação da máscara, se o ator se permite a isso (desarma-se frente à personagem e frente a si próprio), um mundo de imagens passa a aflorar; são elas que vão dando vida ao que ainda pouco se conhece, permitindo que se comece a ter um repertório de visualizações, que poderão ser utilizadas das mais diferentes maneiras e que vão retornar no momento oportuno. Essas imagens (como criações da mente que são) por sua intensidade e materialidade (pois são coisas concretas em forma, volume e cor) têm o poder (de acordo com sua intensidade, ou qualidade vital) de canalizar emoções diferentes (trazê-las junto) e sensações por vezes confusas (se quisermos compreendê-las ou analisá-las) que deverão ser usadas exatamente assim. Ao ator não importa interpretá-las, importa, isso sim, deixar que cheguem e se instalem nele, como material a ser usado sempre que preciso. A força presente em certas imagens criadas, como parte do trabalho, faz com que nelas resida a personagem, pelo menos em sua essência. A imaginação, para o ator, se usada livremente, conduz a um enriquecimento de sua personalidade, já que passa a lidar com dados subjetivos, podendo perceber em que tipos de imagem moram determinadas emoções, como conduzi-las, como lidar com elas para que lhe sejam, pessoalmente, úteis.

Essas imagens surgidas durante o processo de criação giram em torno do que está sendo procurado, mesmo que aparentemente não se afigure assim. Acaba por estabelecer-se uma relação clara de uso e aplicação direta do material imaginativo (assim como também ocorre com referência às emoções) por parte do ator. A coerência necessária à construção da personagem não impede o trabalho-criativo, pelo contrário, ajuda a orientar o ator em sua busca, leva-o a enfrentar o caos com certa tranquilidade. Existirá sempre um eixo intencional, todas as imagens que dele se distanciarem não serão diretamente trabalhadas (nem tomarão corpo), mas permanecerão como um subtexto imagético, capaz de auxiliar suas ações como papel a ser desempenhado.

PROCESSO GENÉTICO DE PRODUÇÃO DOS SIGNOS CORPORAIS 199

A objetividade proporcionada pelo texto, a direção vinda de fora são a garantia de que se pode mergulhar no devaneio criativo com o suporte da realidade; o horizonte externo jamais é perdido, e o processo fantasioso ocorre nos limites claros do jogo: as imagens são seu guia, mas um guia sob controle daquele que é guiado; depois de criadas e conservadas, há necessidade de um autocontrole maior para deixar que apareçam (ou chamá-las) nos momentos certos. O mundo imaginário do ator estará, nesses instantes, a serviço de uma partitura interna, que, quanto mais rica e intensa for, com mais clareza será patenteada.

As imagens são, para o ator em processo de criação, ponto de partida e ponto de chegada. Vejamos: desde as primeiras leituras (ou conversas iniciais, se não há texto), formações imagéticas acompanham o pensar na personagem; essas formações podem ir sendo trabalhadas, metamorfoseadas internamente, como um filme no qual é dado cortar ou alterar certos trechos (por justaposição, fusão, subtração), compor outras passagens. No final estarão presentes imagens também, mas já externalizadas, manifestas na máscara.

A imaginação produtora de imagens (umas simplesmente surgidas, aparentemente sem terem sido chamadas, outras buscadas pela necessidade do ofício), é a fonte de um material que lentamente vai se acumulando no ator também como memória da personagem, que, ao mesmo tempo, (nessas e por essas imagens memoráveis) vai se tornando concretamente existente para seu criador.

Essa não é, sem dúvida, a mesma imaginação do devaneio sem finalidade (devaneio pelo devaneio); a imaginação ativa pressupõe certas circunstâncias, objetivos e ações a englobar em suas andanças. O artista-ator tem seu campo limitado em extensão (há dados que não pode alterar, por exemplo), mas nunca em sua intensidade. A personagem existe em embrião no texto, existe como uma sequência de ações previstas, sua função no enredo é clara. Nada disso pode ser alterado, em princípio, pelo ator. Mas é sua imaginação que tece, aprofunda, sintetiza, a partir da consciência (estudo e pesquisa) e encaminha (na forma das imagens) o trabalho pré-consciente (e suas ligações inconscientes) onde já não se pode interferir diretamente, mas onde informações, estímulos de toda ordem, lembranças pessoais, postas a serviço da criação, sonhos noturnos, fantasias e desejos, como num passe de mágica, fundem-se, despedaçam-se, refazem-se e tornam-se uma outra coisa, uma resposta nova e enformada numa postura, num gesto descoberto" por acaso", em novas certezas e relações.

O exercício imaginativo, no caso do ator, deve levar à ação. Nos espaços da improvisação, claramente delimitados, as imagens exteriorizam-se, transformam-se, sofrendo todo tipo de alteração lúdica e acabam por ser fato, justamente porque são ficção, assumidamente irrealidade, ilusão. É do mundo imaginário que saem as imagens da cena, escolhidas entre tantas que foram produzidas.

200 O PAPEL DO CORPO NO CORPO DO ATOR

Sempre procurei, em meu trabalho com atores, manter esse vínculo permanente com o treino da imaginação; não gostava, no entanto, de sugerir imagens. Percebia, por um lado, que as imagens deveriam brotar espontaneamente, chamadas pelo próprio fazer; por outro, podia notar que muitos dos alunos sentiam uma grande dificuldade em fazê-lo. Era necessário estimulá-los e essa estimulação pressupunha uma certa ordem, do mesmo modo que era ordenada a pesquisa de elementos e temas de movimento.

A música utilizada, sem dúvida, podia auxiliar nesse encaminhamento, mas não apenas ela. Ao entrar em contato com a prática desenvolvida por Ilo Krugli, e depois trabalhando com ele no Teatro Ventororte, fui estabelecendo uma relação entre as propostas corporais e o trabalho com imagens.

Havia a possibilidade de organizar a pesquisa corporal-imagética em torno de um eixo técnico e simbólico, ao mesmo tempo, ao lidar com imagens de terra, água, ar e fogo separadamente e estabelecendo passagens claras de um elemento para outro.

Havia assim a recuperação, no movimento e nas formas corporais, de imagens advindas da relação do aluno com cada um desses elementos materiais: o corpo-terra, o corpo-água, o corpo-fogo e o corpo-ar. Os exercícios consistiam em localizar no corpo, como um todo, imagens trazidas pela simples menção de cada um desses estímulos, transformar a sensação corporal ao passar de uma imagem para outra; localizar em partes específicas do corpo imagens diferentes e trabalhar o movimento na busca de uma síntese pessoal.

Por essa mesma época comecei a notar, por meio de depoimentos efetuados e de minha própria experimentação (que corria concomitantemente às aulas) que existiam dois processos bastante diferentes no trato com o trabalho em si: havia pessoas com grande facilidade de visualizar internamente imagens, tinham cor, volume e grande riqueza de detalhes. Isso se avaliava também nos desenhos que eram feitos após o trabalho com cada elemento; esses desenhos primavam pela forma: linhas claras, bem elaboradas. Outras pessoas, no entanto, contavam que o estímulo dado não tinha como resposta imagens nítidas, porém, sensações muito especiais que logo se associavam a situações vividas (era comum a lembrança de situações de infância), que se transformavam em matéria de criação. Os desenhos de tais alunos primavam pela cor; utilizavam mais a tinta e menos o lápis, e eram muito vívidos.

Dividiam-se, na prática, em dois tipos nítidos em face do trabalho expressivo: os visualistas e os hápticos, como quer Lowenfeld, em Desarollo de la Capacidad Creadora[15]. Os primeiros apresentavam maior

---

15 Esses dois tipos criadores referem-se à formas diversas de organização perceptual: a maioria dos indivíduos, no entanto, situa-se entre esses dois extremos.

Os visualistas, como o próprio nome diz, relacionam-se com o mundo exterior principalmente através do olhar, retendo imagens visuais nítidas e lidando

PROCESSO GENÉTICO DE PRODUÇÃO DOS SIGNOS CORPORAIS 201

memória visual e facilidade no trato com imagens visuais; os segundos possuíam uma percepção mais cinestésica (e menos visual) e facilmente guardavam sensações e impressões no próprio corpo, sem necessariamente realizar a tradução em imagens.

Com essa constatação prática pude encaminhar melhor os processos de trabalho, quando esses mesmos alunos atores enfrentavam uma personagem: o caminho de cada um deles teria, necessariamente, de ser diferente; a chamada às emoções podia começar facilmente pela via das imagens ou pela via das sensações provocadas pelo próprio fato de se pensar na personagem.

O exercício das formas básicas de Laban mostrava ser cada vez mais um caminho rico para o desenvolvimento da linguagem corporal e para o desbloqueio da energia vinda de imagens associadas a elas, ou das sensações presentes na própria postura do corpo. Esse tipo de encaminhamento técnico corporal tinha como consequência marcante o envolvimento pleno do ator no fazer e desfazer imagens exteriores; o caminho palmilhado na improvisação alimentava a busca (ou era por ela alimentado) interior de recursos, imaginativos e emocionais. Mediante a ênfase cada vez maior na formalização e na repetição de formas e passagens entre uma forma e outra, o uso da imaginação se ampliava e ora conduzia, ora era por ela conduzido. Alguns alunos, ao roteirizar sequências de estudo (e memorizá-las), deixavam-se levar por imagens e outros por sensações bastante marcadas e claramente discerníveis entre si, sendo que a qualidade de trabalho não era afetada, em maior ou menor grau, em termos do caminho escolhido.

Procurava, também, fazer com que, a partir de dados concretos da sala (uma viga, uma janela entreaberta, a luz do refletor, o chão de tábuas corridas), procurassem, numa relação visual e tátil com isso, estabelecer outras associações que, por sua estranheza inicial, acabassem por transformar, virtualmente, o próprio trabalho e o meio ambiente. Propunha, por exemplo, que escolhessem uma sequência simples e aleatória de movimentos; escolhessem também um detalhe do espaço ou um objeto corriqueiro como foco de atenção. A partir daí, começávamos a introduzir, propositalmente, modificações, tais como: horários esquisitos (para uma aula), como alta madrugada, um domingo pela manhã (tudo teria de ser justificado por eles, segundo lógica própria); modificações na idade de cada um (longinquamente, na infância, projeções para o futuro, como na velhice etc.) e, finalmente, passagem

bem com elas na organização do próprio pensamento. Os observadores visuais conseguem traduzir até mesmo e sensações táteis em formas visualizadas.

Os hápticos (do grego *haptos*, agarrar-se, apoderar-se de) preocupam-se especialmente com suas sensações corporais e com aquilo que os emociona e afeta, tendendo mais para as percepções cinestésicas e táteis e menos para as imagens visuais. Mostram-se mais voltados para as experiências subjetivas, sendo que formas e dimensões são determinadas pela importância interior que possam ter.

# 202 O PAPEL DO CORPO NO CORPO DO ATOR

para uma personagem possível: quem estaria fazendo aquelas coisas, naquele lugar específico, na hora combinada. Por que faria esse tipo de coisa, movido por quais objetivos etc. O trabalho deveria ser, todo ele, realizado de olhos abertos, para que pudessem visualizar espaços e o próprio corpo em contínua transformação.

Outras vezes, o fato de associar o movimento a palavras escolhidas ocasionava uma concentração muito grande no próprio fazer. Uma mesma palavra, por exemplo, não era dita, em momentos chaves da sequência, com a mesma carga de energia incorporada ao gesto feito. A palavra "deslizava" "socava" "pontuava" etc., sempre na relação com um dado material (e real) do espaço, que ia sendo transformado pela imaginação.

Uma aluna, que no começo parecia cética e desmotivada, contou-me, tempos depois, que começara a sonhar coisas absurdas (ela que nunca sonhava, segundo me disse) e que, sempre que entrava agora em qualquer lugar, procurava brincar de modificar ambientes, a cara das pessoas, qualquer coisa que visse. Conseguia resultados bem interessantes nesses "jogos loucos" e estava se divertindo muito; seu trabalho corporal foi enriquecido pela concentração em cada ação proposta e no prazer com que participava de cada aula.

## PERCEPÇÃO, INTUIÇÃO E EMOÇÃO

> O enigma reside nisso: em que meu corpo é ao mesmo tempo vidente e visível. Ele, que olha todas as coisas, também pode olhar a si e reconhecer, no que está vendo então o "outro lado" do seu poder vidente. Ele se vê vidente, toca-se tateante, é visível e sensível por si mesmo[16].

O ser humano sente, e esse sentir torna-se a base, segundo Susanne Langer[17] de toda experiência mental, de todas as categorias da mente, tais como sensação, emoção, imaginação, recordação e raciocínio.

Sentido é algo pré-verbal, como criança eu sentia minha fome, sentia a aspereza do terno de sarja grosseira do meu pai, e a suavidade do rosto da minha mãe, antes de conhecer as palavras que rotulam tudo isso. Eu sentia. Agora, quase só uso palavras e não sinto nada[18].

Raciocinar sobre as coisas difere do ato de percebê-las. Pensar sobre alguma coisa exige, na maioria dos casos, que um eu se afaste

---

16    Merleau Ponty, *O Olho e o Espírito*, Rio de Janeiro, Grifo Edições, 1969, p. 35.

17    17. Cf. Susanne Langer, *Ensaios Filosóficos*, São Paulo, Cultrix, s/d.

18    Barry Stevens, *Não Apresse o Rio: Ele Corre Sozinho*, São Paulo, Summus Editorial, 1978, p. 158.

PROCESSO GENÉTICO DE PRODUÇÃO DOS SIGNOS CORPORAIS 203

e de uma certa distância contemple seu objeto de estudo, para poder tecer considerações objetivas sobre ele.

Perceber, ao contrário, é uma fusão instantânea, imediata, do sentir e de uma constatação desse mesmo sentir; não há separação e sim união: dados da realidade, colhidos pelo eu senciente, sem mediação do raciocínio, são recebidos pelo indivíduo; nesse sentido, a percepção é uma forma de conhecimento não racional. Por um lado, o mundo sentido, por outro, uma formalização desses mesmos dados sensíveis, sua estruturação e transformação em conhecimento percebido.

Em sua vida diária as pessoas passam por mudanças sensíveis e visíveis de humor, notam à sua volta coisas que antes nunca haviam notado; estabelecem relações entre o que pensam e o que sentem, tem pressentimentos que se confirmam. Lugares comuns?

Todos sabem o que é isso: falar que a vida se manifesta, ou, em outras palavras, nós a percebemos hoje de um jeito, amanhã de outro, é afirmar o óbvio. É assim que o mundo nos é dado: estabelece-se uma ligação tão estreita, tão estreita entre o eu percepiente e o objeto da percepção, que já se torna de todo impossível isolar esses dois polos para melhor compreendê-los. Trata-se então de constatar, de configurar, de se apropriar (na medida do possível) da dinâmica da vida.

Barry Stevens diz:

[...] a luz da minha lâmpada de mesa brilha sobre a máquina de escrever, um brilho azulado, sumindo no escuro quando se afasta a lâmpada. A sombra do carro da máquina move-se para esse escuro, e depois foge. A luzinha quadrada que mostra que o motor está funcionando (como se eu não pudesse ouvi-lo – e mesmo que não tivesse ouvidos, posso sentir as vibrações) é cor-de-laranja forte, mais berrante que a própria máquina. Mãos tocando teclas. Quando noto esse tocar, as minhas mãos ficam mais suaves do que estavam, mais gentis, usando apenas a pressão necessária para acionar as teclas e não mais [...] A ondulação que passa pelo meu corpo e pelo meu rosto é algo que se faz sentir como riso – não um riso forte – um riso suave, como uma pluma. Eu sou meu próprio fazer[19].

Perceber, então, é tomar uma certa consciência de alguma coisa, configurá-la num momento determinado (nem antes, nem depois), num sempre agora. Uma consciência, na qual o sentir o próprio corpo não se separa da captação que se tem dele e do que está em torno. Nesse sentido é que perceber torna-se apropriar, não do que está fora de nós simplesmente, mas da ligação entre o que está fora (e se dá a perceber) e da nossa tomada de consciência de uma relação estabelecida, da qual não podemos dar conta por inteiro.

Poderíamos mesmo dizer que a percepção é uma configuração--somática, que, por ser assim, não desconhece o dentro e nem o fora, apenas dá conta de um momento vivido, do jeito que ele se mostra, ou é mostrado.

19 Idem, p. 46.

204 O PAPEL DO CORPO NO CORPO DO ATOR

Segundo Paul Schilder "a percepção não existe sem ação", ou seja a percepção e a resposta motora são os dois polos da unidade do comportamento[20]. Para ele, o conhecimento e a percepção são fruto de um processo bastante ativo, no qual a motilidade desempenha seu papel[21]. E indo mais longe afirma que:

A percepção que temos do corpo de outra pessoa e das emoções que está expressa, é tão primária como a percepção do nosso próprio corpo e das emoções que ele expressa. No campo da percepção sensorial, o próprio corpo não difere do corpo dos demais[22].

Quando falo do soma humano, estou me referindo essencialmente àquele que percebe, que envolve, deixando-se igualmente envolver; que toca as coisas do mundo, deixando-se igualmente ser tocado por elas e que intui, nessa relação inesgotável, algo de mágico, de misterioso, porque inapreensível, algo que transcende e que parece escapar de sua consciência analítica, algo que pertence em parte ao fenômeno em si, e apenas a ele.

Essa função que relaciona o homem e seu mundo, ininterruptamente, é o que Merleau Ponty chama de percepção, que é igualmente consciência. Reside em sua obra a explicação de que há duas maneiras de perceber (ou de tomar consciência): uma delas é analítica, a atenção procura cautelosamente uma coisa em meio a tantas e, ao encontrá-la, exclui de seu foco todo o resto para melhor examinar o que procura. Isso parece ser, de fato, o que nós, ocidentais, melhor compreendemos por estar consciente, estar atento, tentando compreender uma coisa que se destaca das demais voltando-se exclusivamente para o nosso objeto de estudo. Essa maneira de perceber o mundo leva ao pensamento lógico, onde o sujeito separa as partes de um todo para tentar apreendê-las coerentemente, segundo as regras do pensamento analítico. Diferentemente age o pensamento analógico, que pode unir coisas diversas comparando-as (como duas totalidades distintas) com base em suas semelhanças.

Há, no entanto, um modo de perceber as coisas (ou de ter consciência delas) que Merleau Ponty chamou de fenomenológica; ela permanece como que esquecida de si mesmo, sem necessariamente focalizar um alvo determinado, apenas presente no fluxo dos acontecimentos sem qualquer esforço aparente, no sentido de alterar ou transformar qualquer coisa que seja, venha ela de dentro ou de fora de nós. Estamos apenas presentes, no aqui e no agora de nós mesmos. Ou, como escreveu Barry Stevens, o que ocorre nesses momentos é que:

20 Michel Bernard, *El Cuerpo*, Buenos Aires, Editorial Paidós, 1980, p. 40.
21 Paul Schilder *apud* Michel Bernard, *op. cit.*, p. 41.
22 Idem, p. 42.

PROCESSO GENÉTICO DE PRODUÇÃO DOS SIGNOS CORPORAIS     205

Aquilo que estou fazendo, com madeira ou pedra, muda de forma, ou de contorno, ou de modelo, à medida que entro em contato com as qualidades da madeira ou da pedra. Se quero uma parede, a pedra e eu faremos uma parede, mas muitas coisas nessa parede não serão conhecidas enquanto ela não estiver completa[23].

Não podemos nos esquecer de que abordando o problema da percepção, temos em mira, todo o tempo, o ator em seu processo de criação da máscara. Retornemos pois diretamente ao ponto. Em que, tudo isso que foi dito se relaciona com o trabalho de criação atoral?

O intérprete não caminha em direção à personagem, posto que ela não tem existência enquanto não se concretizar no seu corpo. Estabelece-se como que um tempo suspenso nessa fase da criação: o ator aproxima-se da personagem, seu ponto da partida, seu estímulo, mas que constantemente muda, conforme o ângulo pelo qual ele tenta essa aproximação. Há como que um duplo enfoque, um duplo apelo: a personagem, tomada como objeto de atenção, envia suas mensagens ao ator; partem dele, nessa relação estabelecida, impulsos que brotam dessa zona intersectiva onde se moldam, igualmente, a personagem, tal como é percebida, e o ator imerso nesse processo de vir-a-ser (o que ele ainda não sabe exatamente o que seja). o próprio fato de ele assim perceber-se, envolvido num processo dinâmico (e inacessível em sua totalidade), contém, ao mesmo tempo, uma dose de insegurança (em relação ao futuro que não conhece) e a crença de que, na justa medida e no momento certo, essa relação resultará no que espera.

A personagem só poderá ser, portanto, um material de trabalho se for conhecida como tal; a síntese na máscara permanece num horizonte ainda inalcançável. E como será então feita essa aproximação, já que a personagem é uma abstração, diferente da argila ou da pedra, que concretamente podem ser percorridas pela mão do escultor? O ator, experimentando-a, tal como lhe é dada por suas ações físicas, seu comportamento, as palavras que saem de sua boca, mesclam-se num *continuum* de trabalho prático; melhor faria se não pensasse, nos momentos em que apenas se coloca no seu lugar; melhor faria deixando que as ações previstas no texto (ou no sonho do diretor, ou dele próprio) e as palavras tomassem corpo através de seu desempenho; um desempenho que não julga, que não critica, que apenas se entrega ao mundo perceptivo que assim vai sendo construído. A análise foi feita (ou não) antes, e de alguma forma estará sempre presente, mesmo que não seja mais lembrada nos momentos de ação; se foi introjetada, permanecerá, agora, transformada.

Por que será então que a intuição é tão privilegiada quando se fala em arte?

23   Barry Stevens, *op. cit.*, p. 157.

206  O PAPEL DO CORPO NO CORPO DO ATOR

O que é intuição e como funciona no caso do ator? Das definições encontradiças escolhemos três:

1. ato de ver, perceber; discernir; percepção clara ou imediata; discernimento [...], 2. ato ou capacidade de pressentir; pressentimento [...]; 3. (filos) Contemplação pela qual se atinge em toda a sua plenitude uma verdade de ordem diversa daquelas que se atingem por meio da razão ou do conhecimento discursivo ou analítico[24].

A intuição, como percepção, afirma-se (na prática) como uma estranha certeza que subitamente assoma à consciência. E essa certeza não é uma conclusão lógica de dados objetivos colhidos e relacionados entre si, não é consequência do raciocínio. Percebida como uma voz afirmativa que soa dentro de nós, a intuição é a organizadora de uma série de informações colhidas tanto no mundo exterior, quanto vindas do nosso corpo (todos os sinais indicadores de sensações e emoções), quanto do nosso pensar subconsciente. Pode ser compreendida também como um tipo muito especial de visão, aquela que tem o poder de "olhando entre" ou "olhando dentro das coisas" captar sua essência e revelá-la imediatamente, numa espécie de inspiração. Nesse sentido é que intuição pode ser também traduzida como revelação.

É como se alguém dentro de nós pudesse ver com mais clareza dados da realidade mesclados a nossos reais sentimentos, e daí tirasse uma conclusão, alheia ao nosso pensamento consciente. Todos nós conhecemos momentos em que, pela lógica, deveríamos estar bem, mas alguma coisa em nós percebe que há algo de errado, uma vaga sensação de mal-estar, desconfianças sem motivo aparente, indícios de que as coisas não vão tão bem quanto parecem. É intuição, pressentimento.

O ator, ao lidar na prática com a personagem, consegue saber que está no caminho correto, dessa maneira intuitiva e não exatamente racional, quando descobre uma inflexão de voz, um gesto, uma maneira de olhar, que, com certeza, fazem parte da personagem procurada. Guia-se nesses momentos pela intuição. As respostas aos estímulos parecem brotar do nada, nascem já enformadas, trazendo consigo a certeza de que "é isso aí", dentre todos os caminhos possíveis, achou--se "o caminho", porque o melhor, o mais adequado, o mais verdadeiro. Na maioria das vezes, descobrimos, nessa resposta que parece surgir já pronta, uma simplicidade tal que nos admiramos de não tê-la percebido há mais tempo.

O que é então o tão falado *insight*, senão uma "compreensão repentina, em geral intuitiva"[25]de um problema que vem nos afligindo há tempos e para o qual não havíamos ainda encontrado a solução?

No caso de um ator, subitamente ele encontra a forma final da cena e, a partir daí, ela passa a ser a única forma. O *insight* manifesta-se em

24  Aurélio Buarque de Holanda Ferreira, *op. cit.*, p. 779.
25  Idem, p. 770.

PROCESSO GENÉTICO DE PRODUÇÃO DOS SIGNOS CORPORAIS    207

ação; a resposta formal, passada desapercebida até então, acontece simplesmente, abrindo, juntamente com esse, outros caminhos de realização para o intérprete. Esses momentos de certeza são, no entanto, fruto de um trabalho onde não se pode menosprezar nenhum elemento, pois "o verdadeiro destino de um grande artista é um destino de trabalho"[26]; a máscara criada, surge como consequência de uma busca trabalhosa, onde os dados objetivos, e de acordo com a lógica da personagem (mais as indicações diretoriais e o relacionamento com os companheiros de ensaio), confundem-se com esse mundo subterrâneo das imagens subconscientes e das ideias latentes que jamais têm descanso; que continuam, apesar do cansaço, e às vezes ainda mais, justamente por causa dele a unir pontos antes separados, traçar associações e juntar significados diversos num único sentido.

Confiar na natureza, no seu caráter surpreendente e magnífico, deixar a ela a última resposta, parece ser o conselho dado por aquele que segue seus impulsos criativos, imagina, percebe e acredita em suas intuições. Nesse panorama integrado é que se insere a técnica, como habilidades adquiridas que auxiliam (como de fato uma segunda natureza) o artista a dar vazão ao que clama por se exteriorizar, produzir imagens visíveis e sensíveis que concretizam, acrescentam corpo ao que antes se processava obscuramente. Aí, nesse momento, podemos falar realmente em arte, quando a produção efetivamente acontece, mostra-se, concretamente falando. A produção artística liga-se, indissoluvelmente, à habilidade técnica do artista, no momento de sua execução.

No caso do comediante, a técnica e sua produção no teatro como um todo, parece-me um assunto sempre instigante: com o que efetivamente conta o ator para criar sua máscara (o papel)? Um pianista estuda anos a fio, aprende uma série de escalas, treina a leitura musical, desenvolve agilidade nos dedos e leveza para executar qualquer coisa que queira em seu instrumento (o piano). Estabelece-se entre suas mãos e o instrumento uma relação de aprendizado e treinamento constante que lhe possibilitarão, mais tarde, interpretar e criar numa contribuição muito pessoal, segundo uma partitura. Todo ele está presente ao recriar as notas dispostas no papel. Como ele o faz, o jeito que toca, liga-se estreitamente ao domínio técnico de seu instrumento e "à intensidade com que executa cada peça musical".

Ora, o instrumento do ator não está fora dele mesmo, é seu próprio ser que precisa ser bem tocado. Tocar em si mesmo, é o que faz o ator. No entanto, um instrumento (no caso do pianista), é um objeto com o qual ele estabelece a mais íntima relação no seu trabalho. Podem mesmo sentir-se totalmente integrados um ao outro durante a execução, mas serão sempre uma pessoa e um objeto que responderá a ela.

---

26    Gaston Bachelard, *O Direito de Sonhar*, São Paulo, Difel, 1985, p. 31.

208 O PAPEL DO CORPO NO CORPO DO ATOR

Como fará o ator para tornar-se (nos momentos em que interpreta) seu próprio objeto e material de trabalho? Faz parte da técnica do ator o saber conduzir-se adequadamente em todos os momentos de sua profissão. Mas como esse objeto de trabalho ou instrumento é também (e nunca poderá deixar de ser) um ser humano, e como tal sujeito a tantas e tão grandes variáveis (mudanças psicofísicas) como nenhum objeto estaria, é necessário que essa técnica opere nele uma mudança de tal ordem, e tão fecunda, que lhe dê uma nova identidade, essa, agora, profissional.

Durante o processo de criação deve o comediante poder contar com todos os seus recursos pessoais, desenvolvidos e tão presentes que possa lançar mão deles intuitivamente, e sempre que for mister. Aprender a conhecer esses recursos e saber usá-los, é sua chamada base técnica interpretativa.

O conhecimento das habilidades técnicas necessárias ao desempenho da profissão do ator passa por uma vasta rede de exigências técnicas da qual faz parte, de modo intrínseco, sua individualidade.

Esses recursos exigidos dele no palco nada mais são, por um lado, que autoconhecimento de si como pessoa, mas com objetivo diverso do simples autoconhecimento (e consciência de si): é preciso aprender a utilizá-lo, aprender a lançar mão desse potencial desenvolvidos visando, não à vida, mas à arte. Habilidades corporais e vocais interligam-se obrigatoriamente para que consiga, a contento, canalizar (e tornar físicos) esses recursos assim usados na criação. A arte não pode prescindir de sua corporeidade; não chega a existir sem ela, e o artista sujeita-se ao seu material de trabalho; essa sujeição é condição essencial para o exercício de sua liberdade de intérprete: há necessidade de um dialogo ininterrupto entre o que cria e o que está sendo criado; entre o desejo criador e sua técnica.

Entre os recursos conhecidos pelo ator, encontra-se a emoção, que deve ser corretamente utilizada. Ao falar de emoção me ocorrem duas ideias simultâneas: há uma emoção do ator que deve ser canalizada (procurada, produzida) para servir à emoção que deve estar presente na personagem. Mas será ela igual àquela que o ator percebe em sua própria vida? Por um lado parece ser a mesma (em sua intensidade, na energia que deflagra, nas modificações somáticas ocasionadas), mas pelo próprio fato de ser uma emoção que é chamada com o fito de uma criação em arte (e, portanto, provocada pela intenção de criar) não tem os mesmos motivos pessoais, nem encontra os mesmos contextos para sua expressão, tais como o ator conhece de sua vida real. Se a emoção é provocada, no intérprete, por associações que este realiza com dados guardados em sua memória afetiva, o momento em que esses estados afetivos vêm à tona já tem a destinação do palco, já encontram seu lugar na cena teatral. Como o estado emocional está, no caso, sendo utilizado como recurso, ele pode, com mais facilidade, ser interrompido pelo

PROCESSO GENÉTICO DE PRODUÇÃO DOS SIGNOS CORPORAIS     209

ator treinado do que se tal desequilíbrio estivesse ligado a condições verdadeiras de sua vida pessoal. Não somente essa emoção pode ser interrompida, como controlada na medida da intensidade desejada. A emoção é verdadeira, mas a situação na qual se coloca é ficcional.

Jacó Guinsburg diz:

> Stanislávski não vê o elemento de verdade na arte da representação como uma simples reposição de estados afetivos reais, anteriormente vivenciados pelo eu interpretante, que este recupera através dos mecanismos de memória afetiva e dos exercícios para a sua reenergização[27].

A emoção chamada pelo ator em seu trabalho tem um destino diferente das emoções com as quais ele lida fora do palco; diria, portanto, que as segundas têm um caráter similar às primeiras, mas nunca idêntico.

Se são motivos artísticos que levam o ator à emoção, tudo o que lhe próprio está, nesse momento, sendo emprestado para outros fins, que não os seus fins pessoais.

Seus afetos emprestados (a serviço proposital e intencional de uma personagem) subministram a carga emotiva correspondente, que se torna visível na postura, no rosto, em cada gesto. Podem os afetos serem assim mobilizados? Pode a emoção transfigurar o objeto-corpo do ator? Mas se as emoções não traçassem contornos fisicamente perceptíveis de que outra forma poderiam ser sentidas?

Ao ator cabe saber usar suas emoções, lidar materialmente com elas; para isso cumpre-lhe conhecer como são produzidas, como ocorrem naturalmente em si mesmo, para depois provocá-las tecnicamente, graduar sua intensidade e finalizá-las no momento preciso. Disponibilidade para aceitar sua vinda e autocontrole para dominar tempo e quantidade de sua permanência, são as duas faces complementares desse exercício, que a vivência da personagem propõe.

Mais uma vez o trabalho com o corpo é de molde a ajudá-lo: de início, o treinamento psicofísico pode trazer consigo um aflorar de emoções, mais ou menos imprevistas naquelas pessoas que as têm, digamos assim, à flor da pele; com o tempo, as próprias alterações físicas se encarregam do domínio exigido para a cena. Mudar rapidamente de uma forma corporal para outra, alterar conscientemente o emprego da energia, modificar o ritmo trabalhado, são auxiliares gratos nessa descoberta técnica.

Do mesmo modo, se servem para conter e transformar a cor emotiva do gesto, os mesmos exercícios contribuem para trazê-los à tona, acrescidos de características emocionais claras. A faina mais difícil, parece-me, é a de adquirir domínio sobre as emoções, seja para aquelas

27  Jacó Guinsburg, *Jornal da Tarde*, P. A, 14 jan. 1989.

210 O PAPEL DO CORPO NO CORPO DO ATOR

pessoas que têm dificuldade em se deixar levar por elas, seja para outras que acham problemático contê-las após seu surgimento.

Há uma relação, ou conexão constante, entre estados emocionais e sensações orgânicas; a Dra. Charlotte Wolff, ao deter-se no estudo da evolução do gesto[28], afirma que:

A emoção tem sua origem em um conflito. Quando uma situação interna encontra uma solução direta e satisfatória, a emoção não se produz[29].

E, mais adiante, afirma que "a emoção é uma espécie de doença que, por sua pressão interna, produz no homem agitação e incerteza"[30].

A personagem pode estar tomada inteiramente por uma certa emoção, a ponto de descontrolar-se inteiramente, mas o ator, seu agente, não pode perder de vista o terreno no qual opera; deve ser o controlador e o organizador (no tempo e no espaço) dessa emoção canalizada. Saber provocar, em si mesmo, o conflito adequado e encontrar, a seguir, a solução necessária para voltar a um estado de tranquilidade, ou para encaminhar uma emoção diferente.

Trabalhei certa vez com uma atriz que tinha muita consciência de seus problemas particulares no tocante a determinadas emoções; reconhecia que, com certa facilidade, compunha personagens fortes e decididas, lidando razoavelmente bem com seus impulsos agressivos e repressores, como chegou a chamar. Na elaboração corporal, sua preferência era por movimentos diretos, com muita energia; as formas trabalhadas eram grandes, invasoras do espaço e, na maioria das vezes, retas e duras, os movimentos de avanço eram seus prediletos.

No entanto, achava muito difícil mexer com movimentos leves, redondos e lentos, deixar-se cair no chão, recuar, ou operar com formas flexíveis. Iniciei então um trabalho de organização de uma sequência que contivesse, alternadamente com tudo aquilo que apreciava, pequenos gestos de natureza mais frágil e suave, ligados aos ímpetos de abandono e entrega, momentos de imobilidade em que deveria manter-se com a mínima energia possível etc. Senti, ao exercitar essa sequência, claramente configurados os seus problemas, não conseguia manter-se no tempo combinado em momentos de suavidade, atirava-se ao chão, em vez de simplesmente ceder à força da gravidade, tentava sempre dar uma certa rigidez aos gestos flexíveis, e assim por diante.

Pedi-lhe então que sintetizasse a sequência, tendo em mente suas dificuldades e retendo partes "fáceis". Dessa nova partitura física, bem mais curta e simples, um gesto chamava a atenção: uma das mãos buscava, imprecisa, alguma coisa no espaço à frente e logo retomava para

---

28 Charlotte Wolff, *Psicologia del Gesto*, Barcelona, Editorial Luis Miracle, 1966, cap. III.
29 Idem, p. 65.
30 Idem, p. 66.

PROCESSO GENÉTICO DE PRODUÇÃO DOS SIGNOS CORPORAIS 211

junto do corpo. Notei também que a postura não se modificava acompanhando o gesto; mantinha-se como que fincada ao chão, com excessiva tensão. Ela parecia não se dar conta daquele gesto frágil, perdido em meio à rigidez do todo.

Trabalhando somente com aquele segmento da sequência inicial, fui tratando de distensionar o corpo, retendo obsessivamente o mesmo gesto, que parecia, a cada repetição, ampliar seu significado. Interrompia, por vezes, o movimento, e logo recomeçava.

Seu olhar, antes distraído, começou a deter-se mais e mais no movimento dessa mão que se destacava do todo; seu rosto, aos poucos, foi tornando-se suave, e essa suavidade, antes nunca vista por mim, começou a espalhar-se pelo corpo todo. Pedi-lhe que não parasse o que vinha fazendo, escolhi uma música, que parecia combinar com seu estado de espírito e disse-lhe que, quando quisesse, podia simplesmente dançar.

A dança foi uma surpresa para nós duas: flexível, calma, flutuante. Disse-me, depois, que há muito tempo não se lembrava de uma sensação de tristeza tão grande; que o próprio gesto, muitas vezes repetido, havia lhe "lembrado" alguma coisa que não sabia bem o quê; era como se seu corpo tivesse se esquecido, por longos anos, de chorar.

Desse dia em diante seu repertório de movimentos continuou enriquecendo-se, e era como se estivesse compreendendo, com seu corpo, aquelas emoções que antes negava. Sua capacidade de visualização ampliou-se sensivelmente, e também seu desempenho como atriz.

O processo, que diretamente toca nosso estudo, abrange, pois, uma relação estreita entre imagens (com fortes componentes emocionais, e, portanto, não racionais), a produção de emoção (que acontece da mesma maneira quer se trate de uma verdade "verdadeira" ou de uma verdade imaginária), sua fisicalização no corpo do ator (por meio de sensações claras e bem localizadas no aparato corpóreo), sua externalização plena e final da máscara.

Essas imagens são fruto da intuição, que, por sua vez, parece ser consequência de uma grande concentração no aqui-agora; são sínteses altamente criativas que têm o potencial de, a qualquer momento, propiciar o surgimento de emoções pela própria carga de energia psíquica que contêm. A intuição: *encarrega-se de* organizar a *utilização de* todos esses recursos pelo ator, para que a energia se presentifique no movimento, na postura, na palavra; numa imagem, agora externa. A partir de imagens internas configura-se por fim, um traçado formal de linhas antes imaginárias; elas têm o poder ou nelas deverá estar presente a energia original, enformada esteticamente.

Chamou-me bastante a atenção o fato de o Prof. Luther James-[31]recorrer com frequência a palavra conexão; estabelecer conexão,

---

31    Durante o mesmo curso mencionado na nota 3, *supra* p. 186.

212 O PAPEL DO CORPO NO CORPO DO ATOR

conectar-se, conectar-se consigo mesmo, com o parceiro de cena, com objetos escolhidos, com o espaço cênico. Havia uma grande preocupação, por parte do professor, de que o ator estabelecesse vínculos e conseguisse mantê-los pelo tempo necessário.

A capacidade, não só de estabelecer vínculos mas de mantê-los nos ensaios e nas cenas, liga-se ao conhecimento que o ator tem de seus recursos pessoais, para poder procurar o melhor jeito, para criar e sustentar todo o tipo de ligação necessária ao seu desempenho. Quando o ator trabalha "ligado" ou conectado ao que faz, a percepção se aguça, a imaginação flui numa torrente de imagens, o corpo mostra-se disponível a aceitar os produtos imaginativos.

Todos os recursos utilizados pelo intérprete são como ferramentas do ofício; devem ser conhecidas, convenientemente manipuladas, dominadas no exercício. A imaginação tece imagens fundadas num eixo intencional (por mais abstratas que possam parecer, são respostas significativas para o intérprete), a emoção percorre o espectro das necessidades da personagem e tem de estar sob controle para não desviar-se do rumo preciso, nem ocasionar alterações de intensidade diversa da buscada. A intuição e a percepção são o guia seguro nessa busca e as sensações corporais (se corretas) são a prova de que o trabalho segue seu caminho.

## MEMÓRIA AFETIVA E SINAIS CORPORAIS; MEMÓRIA CORPORAL E CARACTERIZAÇÃO FÍSICA

O título duplo indica que tentarei colocar o problema da memória, situando-a no soma do ator como pessoa, e num soma que já almeja o *status* estético. Mais uma vez, o problema de separar o ator-pessoa do ator-intérprete aparece, exigindo reflexão.

Mas antes examinarei um pouco a questão da memória, simplesmente como capacidade ou função de reter sons, palavras, imagens, movimentos, posturas, textos etc. A memória torna possível retomar fatos passados, fazer com que venham à tona.

A memorização é seletiva; não guarda tudo o que acontece (pelo menos na mente consciente), e mesmo o que se guarda, não representa o fato original, senão como foi percebido e trabalhado interiormente no momento mesmo de sua apreensão. Quando dizemos que nos recordamos de nossa infância, e ao fechar os olhos tornamos a viver nela, entre velhas imagens, sons, cheiros, cores, ela volta a existir assim como foi por nós percebida, construída dentro de nós.

É o mundo, tal como o percebido, que se armazena na memória. Juntamente com imagens, sensações muito nítidas, às vezes também são guardadas e podem ser retomadas emoções que não tiveram espaço

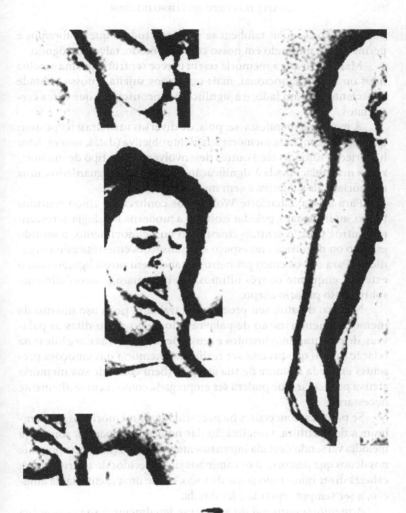

a respiração do ator cola os instantes
vividos num só eixo
que expande
encolhe
integra
e faz nascer o gesto novo

Fig. 16: A atriz Crystiane Madeira em cena de                , com texto, direção e fotografia de Sônia de Azevedo, apresentada no Centro Cultural Fiesp, 2001. Arte de Fred Costa Pinto.

214 O PAPEL DO CORPO NO CORPO DO ATOR

de expressão, às quais também se somam a tudo o que lembramos e permanecem morando em nosso corpo de modo, talvez, incógnito.

Mas tudo o que a memória retém parece ser fruto de uma escolha mais ou menos emocional, mais ou menos sujeita à nossa vontade consciente, por um lado, e à significação inconsciente que cerca certos fatos.

A memória manifesta-se, pois, de diversas maneiras: há pessoas que contam com uma memória altamente objetiva (datas, nomes, fatos históricos, números etc.) outras desenvolvem outro tipo de memorização mais relacionada à significação dos momentos guardados, uma memória mais subjetiva e sem muita lógica aparente.

Para a Dra. Charlotte Wolff[32], aos conhecidos cinco sentidos (visão, audição, tato, paladar e olfato) a moderna fisiologia acrescentou outros três: "o sentido cinestésico ou de movimento, o sentido estático ou de posição no espaço e as sensações cinestésicas ou orgânicas". Para ela, os cinco primeiros estabelecem nossa ligação com o exterior, enquanto os três últimos nos informam primordialmente sobre nosso próprio corpo.

No caso do ator, seu processo de trabalho pede uso intenso da memória: memorização de palavras, do como serão ditas as palavras; de posturas, movimentos e sensações cinestésicas e orgânicas na relação com o que precisa ser realizado, memória das emoções presentes em cada instante de sua atuação (bem como de sua memória afetiva particular, que poderá ser empregada como recurso altamente necessário).

Se para um concertista há necessidade da memória visual (lembrança da partitura, visualização das notações da pauta), sonora (a melodia vai sendo cantada internamente) mecânica (memória presente nos dedos que percorrem os caminhos já conhecidos do instrumento), caberia dizer que, como soma de tudo, existe uma memória da atuação, a ser sempre repetida e lembrada.

A memória corporal do ator serve igualmente à sua pessoa (na medida, por exemplo, em que um simples exercício corporal pode "destravar" lembranças armazenadas e trazê-las à tona) e à ficção, pois é o exercício contínuo de sua memória que torna possível a feitura da máscara; essa memória exercida de diferentes maneiras (servindo à arte e à vida igualmente) acaba por formar um todo indivisível.

Se um dos elementos internos do ator, que Stanislávski destaca, e justamente o que chamou de "memória das emoções" como um recurso que, auxiliado pela imaginação criadora, poderá dar vida à personagem, essa memória não é feita, simplesmente, de visualização de fatos acontecidos, mas vincula-se à possibilidade de trazer para o presente emoções um dia vividas (vivificando-as no próprio corpo) e

32 Charlotte Wolff, *op. cit.*, p. 48.

o gesto se forma
através dos desenhos nítidos
podendo ser repetido
incansáveis vezes
quase lógicos desenhos

Fig. 17:

216 O PAPEL DO CORPO NO CORPO DO ATOR

as sensações a elas correspondentes. Esse material, assim conseguido, serve para mobilizar a energia da personagem, trazê-la para o plano do visível, colocá-la a serviço da interpretação.

Stanislávski conta uma pequena história que esclarece o assunto:

Dois viajantes ficaram encalhados nuns rochedos por causa da mar alta. Depois que foram salvos, narraram suas impressões. Um deles lembrava-se de tudo o que fizera, nos menores detalhes: como, por que e aonde fora; onde subira e onde descera; onde pulara para cima e onde pulara para baixo. O outro homem não tinha a menor lembrança do lugar. Só se recordava das emoções que sentira. Sucessivamente, surgiram: encantamento, medo, esperança, duvida, e, por último, pânico[33].

A memória das emoções traz consigo a retomada de sentimentos experimentados em algum ponto do passado. O plano exterior (o que efetivamente aconteceu) será um auxiliar quando esses sentimentos não aflorarem por si sós, por meio da recuperação de uma memória física. A memória afetiva faz "evocar sentimentos que você já experimentou"[34] e, que agora são fundamentais para configurar a personagem em toda a sua verdade.

Juntamente com a memória emocional, recupera-se a memória de sensações experimentadas, que sempre pertencerão à pessoa do ator, mesmo que sirvam à personagem.

A memória, seja ela visual, olfativa, tátil, auditiva ou mesmo gustativa, poderá auxiliar o intérprete a conseguir a energia análoga à da personagem, juntamente com o gesto ou postura corporal correspondente aos impulsos internos corretos.

Durante a construção da máscara, e mesmo depois, quando ela é burilada, afinada e memorizada pelas constantes repetições, o universo pessoal do ator não tem descanso: sua memória afetiva é solicitada e mesmo modificada quando correções e novas marcas são exigidas no plano exterior da criação.

Há como que uma conexão entre a vida afetiva do ator e os sentimentos lembrados para servir a personagem, um intercâmbio mútuo entre a vida imaginária e a vida real. Isso, sem dúvida, é alimentado pela memória estética, cada vez mais presente: memória de marcas e imagens criadas (e sensações correspondentes), dos deslocamentos em cena, das repetições, das relações estabelecidas (distâncias entre pessoas e objetos de cena), conjunção de palavras e gestos, mudanças na luz, influências sonoras etc.

Essa memória nasce de imperativos práticos, de tudo o que vai sendo fixado pela direção, visando agora ao espetáculo. À medida em que vai nascendo a forma final pretendida, essa memória é cada vez mais necessária: o papel começa a adquirir vida e sentido em si mesmo,

33 Constantin Stanislávski, *op. cit.*, 1968, p. 186.
34 Idem, p. 187.

no corpo da atriz moram outros corpos
e à sombra deles
esse
que passo a passo os compõe

Fig. 18:

218 O PAPEL DO CORPO NO CORPO DO ATOR

sentido esse que pode ser diverso de sua mera aparência. A forma estética adquirida pode influir no plano afetivo do ator; a vida vivida, a vida imaginada e a vida criada no palco (apesar, e talvez por isso mesmo, de seus limites muito claros) são inter-relacionadas. E essa associação se faz mútua, marcante.

Na memória estética (memória de fatos fictícios) como que se fundem necessariamente, as várias memórias anteriormente exercitadas pelo ator na elaboração de seu papel (visual, auditiva, emocional). Importa, nesse momento, o fato teatral e não mais os recursos usados em sua configuração. A própria característica de constante reapresentação da mesma formalização leva o ator a, por um lado, mecanizar sua atuação (não é mais preciso lembrar para onde olhar, ou o gesto a ser feito); seu corpo e sua voz se encarregam das ações exteriores: memória muscular (cinestésica, estática, tátil e de sensações orgânicas), memória sonora (o próprio som das palavras tão constantemente repetidas e gravadas) e subtexto da personagem (pensamentos, imagens visuais, lembranças) vão como que se articulando, por si sós, juntamente com a emoção e os diferentes impulsos da personagem, agora presentes no ator.

A memória afetiva, seja guardada na forma informe das pulsões, seja preservada na forma clara das imagens (ou mesmo na memória muscular dos movimentos inscritos no tempo), virá à tona já enformada.

Já não importa determinar o que vem antes, se é que algo vem antes; uma forma significativa não se separa do conteúdo original, colam-se ambos, no mesmo fato.

A memória, então, é recurso utilizado na feitura da máscara, em sua própria criação, e instrumento fundamental em suas repetições: conteúdos vão sofrendo modificações com respeito ao seu estado original (na primeira vez que foram percebidos) à medida que as descobertas formais vão sendo aprimoradas, e essas mesmas descobertas vão sendo enriquecidas e, consequentemente, afinadas mais e mais pela relação com a energia interior, cada vez mais mobilizada numa direção precisa.

Nesses momentos, torna-se impossível separar ideia de emoção, imagem interior e ação exterior, movimentos por impulso e marcas cênicas, texto e manifestação sonora. Intensidades interior e exterior afetam-se mutuamente.

Por meio dos ensaios burila-se a forma, clarificam-se os desenhos, dosa-se a energia, fixa-se um certo tônus muscular relacionado aos impulsos (esforço interno), descobre-se um certo estilo particular na personagem. Nessa fase de aprimoramento formal, a relação interior--exterior do ator intensifica-se, na busca de motivos interiores para ações desejadas. O ator jamais deixa de ser ele mesmo no palco, mas carrega consigo (em si mesmo) uma máscara, síntese de múltiplas

PROCESSO GENÉTICO DE PRODUÇÃO DOS SIGNOS CORPORAIS    219

ocorrências, fusão do invisível e do visível, de imagem (visível) e de energia (perceptível, sensível).

O processo de dar forma acarreta consequências no soma do ator: gestos jamais esboçados em sua vida cotidiana invadem-lhe o campo perceptual, mostrando, por sua vez, novos caminhos interiores de busca do outro em si mesmo; dinâmicas não utilizadas no dia-a-dia, salientam-se por força da necessidade estética.

A memória estético-corporal liga-se a esse corpo agora ficção, alojado no corpo do ator. E é esse outro corpo que lembra e repete; e é a convivência diária com essas ações e reações repetidas, que vão forjando novas imagens, ainda mais sintéticas e simbólicas.

Já estamos agora distantes dos primeiros sinais corporais como respostas conseguidas pelo soma do ator nas pesquisas iniciais, quando ainda parecia não haver muita separação entre a realidade atoral e a ficção; nessas primeiras buscas os impulsos vinham misturados e imersos num cotidiano real, que mais e mais se distancia.

À medida que o ator (como um todo) compreende e percebe a personagem com crescente nitidez, também sua manifestação torna--se mais concreta e de leitura mais direta sem nenhum intermediário difuso; sua memória afetiva conjumina-se com seu corpo, num conjunto cada vez mais determinado de impulsos e formas.

Esses novos sinais apresentam-se como alterações perceptíveis na postura corporal, por movimentos, com tamanho e direção coerentes com a sensação vivenciada, com mudanças no rosto e na expressividade das mãos, no modo de caminhar e parar, no jeito novo de olhar. Os sinais manifestam-se, principal e primeiramente, como uma nova maneira de sentir o próprio corpo, numa mudança de qualidade, numa outra atitude diante de coisas diferentes das usuais.

O ator pressente quando esbarra com o outro nele próprio, e se está prestes a alcançá-lo, quando se distancia. Esses movimentos intuitivos são muito mais sensíveis do que realmente visíveis (em muitos casos) e uma disciplina pessoal de trabalho o auxilia a não perder de vista o que vai sendo conseguido. É necessário reter descobertas, armazená-las na memória do corpo. Não se trata meramente de repetir gestos em sequência, ou passos, como poderia proceder o bailarino em seu ofício, mas perceber um todo que se manifesta muscularmente, notar como se ligam as mais diversas conexões, de onde vem o que, como vem e com qual resultado palpável.

A caracterização física da personagem é consequência de um emaranhado caótico de informações, imagens, emoções, que, pela percepção e intuição, e com a ajuda imprescindível da memória, vão se ordenando a ponto de compor essa existência física e individualizada (portanto única) da ficção. Os sinais iniciais percebidos pelo ator (de uma constelação confusa de outros tantos sinais enganosos evoluem e clarificam-se, quando do encontro de sua dimensão formal e definitiva (como se fosse a única existente). Como sinais intencionais de uma escrita corporal, os caracteres fixados e mantidos no corpo do ator vão clarificando mais e mais o caráter da personagem, que se vai viabilizando em seus esforços e formas (seu modo de ser, pensar, sentir e agir).

## RECONHECIMENTO E USO CRIATIVO DOS SINAIS CORPORAIS

A máscara, do ponto de vista corporal, compõe-se de uma partitura física de caracteres expressivos do caráter da personagem e, nesse sentido, permite um crescimento sucessivo e um aprofundamento desses caracteres, o processo não pára: ou a criação segue buscando a relação vital afetivo-estética, ou fossiliza-se na forma obtida, incapaz já de mobilizar a energia original, corre o risco de tornar-se estanque, esterilmente fixada.

O entrelaçamento da memória dos afetos e a memória das sempre mutantes formas, no decorrer do tempo do espetáculo (acompanhando a dança das emoções e dos impulsos), faz com que o atuante se torne, como instrumento e pessoa, ao mesmo tempo, um objeto estético. Corporificação de algo que o transcende e, nessa mesma medida, surpreende.

A presença inteira do ator no palco, imerso no momento e nos sucessivos desenhos compostos por sua atuação, só é possível a partir da vivência do estético que traz dentro de si mesmo, e da memorização de sua atuação. Seu sustento emana de uma dupla fonte: sua vida e sua vivencia artística, interdependentes uma da outra.

Não há possibilidade de separação sem quebra da energia que dele deve emanar, a presença peso, fato da máscara funde-se à presença peso, fato do ator-pessoa. Estabelece-se (ou não) a troca entre sua própria visceralidade e a visceralidade da entrega exigida pelo papel, na configuração do que foi idealizado, modificado, escolhido, fixado como a melhor forma.

A máscara, como conjunto disposto no tempo de signos, apela, inevitavelmente, à concretude do mundo e do universo sensorial, de um lado; e, de outro, ultrapassando-o, projeta-se num mundo de novas possibilidades, no misterioso solo etéreo do vir-a-ser. A constante busca une-se à perda constante: o tempo decide o instante surpreendente do símbolo, como paisagem, como lugar de outras coisas que ali não estão. Paisagem que desafia a posse total, que não se deixa inteiramente possuir, escancarada e resguardada em seu mistério.

O soma do ator deve deixar-se possuir por essa paisagem simbólica, que parece ter origem nos primeiros sinais detectados na procura

PROCESSO GENÉTICO DE PRODUÇÃO DOS SIGNOS CORPORAIS 221

da personagem. Reconhecê-los como verdadeiros (isto é, pertencentes a ela) e saber fazer deles o uso criativo, resvala naquele terreno incerto onde arte e técnica se misturam.

Como reconhecê-los? Os sinais, entendidos como manifestação orgânica de atitudes e posturas pessoais, configuram-se somaticamente, e são percebidas pelo ator como localizadas em algum ponto (ou no todo) de seu corpo. Cabe a ele intuir se essas mensagens corporificadas (sensíveis e/ou visíveis) pertencem à sua vida pessoal, ou se são já ocorrências da instalação da personagem. Descobrir se essas mensagens vêm de seu corpo pessoal ou de seu corpo estético, ou de ambos ao mesmo tempo, ajuda-o a definir a atitude (ou atitudes) da personagem. Atitude, nesse caso, como "molde potencial de uma conduta", ou série de atos[35].

A definição precisa de posicionamentos da personagem, de sua conduta em potencial, em face das várias situações de sua vida ficcional (algumas das quais serão mostradas no palco, mas nem todas) passa pela definição adequada de suas atitudes (ações e reações mais ou menos previsíveis na luta por seus objetivos primeiros). E são essas mesmas atitudes que precisarão ser firmadas em sinais perceptíveis pelo ator.

Quando isso ocorre (quando as atitudes da ficção ocupam o espaço gestual do intérprete) este, por fim, pode compreender somaticamente a personagem, fazendo com que o que originalmente foi concebido num universo de ideias e imagens permaneça existindo de fato.

Por meio de sucessivas improvisações, nas quais o ator se permite experimentar essas atitudes fictícias e, de certo modo, codificá-las para uso próprio, cria-se uma maior intimidade com a máscara que vai sendo construída, viabiliza-se o preenchimento das lacunas deixadas pelo autor no texto, os vazios, os brancos, as entrelinhas.

A improvisação possibilita uma tomada de consciência visceral (portanto, novos modos de perceber a ficção) da personagem, levando-a a percorrer caminhos propostos pelo intérprete, ou pela direção, que não se apresentam necessariamente no texto. Situações criadas em laboratório servirão de estímulo à espontaneidade na relação criativa ator-máscara, pois poderá explorar em si mesmo uma série de atitudes que não são propriamente suas. O conhecimento aprofunda-se na medida em que se torna mais carnal; muitas dessas descobertas não poderão, e nem precisarão, de teorização, já que a memória do comediante as fixará de muitas formas: sensações aglutinadas (sem definição em palavras), emoções localizadas (em posturas precisas e atitudes concretas), subtexto imagético (formado

35  Mira y Lopes, *Temas Atuais de Psicologia*, Rio de Janeiro, Livraria José Olympio Editora, vol. 75, 1969, p. 79.

222 O PAPEL DO CORPO NO CORPO DO ATOR

e pormenorizado nessas experimentações práticas), determinação de impulsos coerentes (em intensidade) com seus desejos de realização etc.

A escolha e priorização dessa constelação de dados perceptuais, será, mais uma vez, função da intuição criadora; a ela cabe fazer aflorar, no momento oportuno, cada um desses afetos convertidos em postura diante das coisas. O envolvimento da mente consciente nesse trabalho de escolha dos dados de maior ou menor significância terá relação com a linguagem a ser utilizada, em termos do tipo de comunicação que se quer estabelecer com a plateia. Falarei disso logo mais, ao tratar da máscara cênica propriamente dita.

O emprego criativo (após o reconhecimento ou simultaneamente a ele) dos sinais corporais envolve, inevitavelmente, a liberdade no trato com o material de trabalho (corpo-estético, soma-estético); entre as concepções iniciais do ator ao pensar/imaginar a personagem e o tempo transcorrido entre o intencional e o somático; o que possibilita a síntese final parece ser o diálogo estabelecido durante o processo em suas várias fases, que a cada vez se torna mais e mais concreto e imediato.

A concepção inicial do ator vai sofrendo uma lenta e decisiva transformação, durante a fase prática de caracterização da personagem (confronto com o material concreto com o qual conta – seu soma; confronto entre intenção e viabilização da intenção em atitudes concretas; uso de habilidades técnicas mescladas, determinadas e/ou determinantes do fato artístico). O resultado desse processo genético de produção da máscara vai, em suas etapas finais, diminuindo o coeficiente de imprevisibilidades do início (o aleatório). Pela escolha e fixação definitiva de signos (características da personagem tornadas concretas), a organização cresce até atingir um produto inteiramente ordenado.

PROCESSO GENÉTICO DE PRODUÇÃO DOS SIGNOS CORPORAIS    223

## PARTITURA DO ATOR: AÇÃO INTERIOR
## E AÇÃO EXTERIOR; SUBTEXTO E AÇÃO FÍSICA

> [...] o elo entre o corpo e a alma é indivisível. A vida de um dá
> vida ao outro. Todo ato físico, exceto os puramente mecânicos,
> tem uma fonte interior de sentimento. Por conseguinte, temos em
> cada papel um plano interior e um plano exterior, entrelaçados,
> um objetivo comum liga-os em parentesco e lhes reforça os elos[36].

Durante o processo de criação da máscara o ator vai estabelecendo uma
partitura. No que consistiria ela? Se a compreendemos apenas do ponto
de vista interior, seria composta de desejos e vontade da personagem
na busca de realização de seus objetivos fundamentais, pelos quais luta
(a seu modo) e que compõem seu caráter. Tudo aquilo que a faz existir,
como tal, pertence a essa partitura interna do que sente pensa, planeja,
direciona e impulsiona no sentido de realização, que deve ser criada e
fixada pelo ator, para que dela decorra a partitura externa numa linha
de fluxo ininterrupto, onde ações ocasionem e preparem novas ações,
todas elas possuindo uma justificativa (ou motivo) e onde todos os
espaços em branco, apenas sugeridos pelo texto inicial, ou mesmo
subentendidos ou ocultos, tenham existência concreta.

O subtexto, portanto, forma-se no ator, não apenas com as informações objetivas que ele tem da personagem, mas com todas aquelas
"verdades" que o intérprete ousou criar para ela: um mundo de imagens, lembranças, sentimentos relacionados a cada acontecimento de
sua vida ficcional e outras associações que eventualmente possa fazer.

Para que o intérprete possa, com segurança, construí-lo, como instrumento fundamental ao seu desempenho físico e exterior, mais uma
vez entram em franca cooperação dados objetivos e sua subjetivação
pelo ator durante o processo criativo. Limitação e liberdade, objetivos
logicamente dispostos em sequência (não há ação sem objetivo) que
ocasionarão ações exteriores igualmente objetivadas, e a associação
ininterrupta desses objetivos que vêm ou provocam a vida emocional
da personagem. Um mundo onde dados objetivos acerca da personagem entrem em inteira correlação com um mundo de sentimentos.

Não há como separar mais essas duas faces da partitura criada pelo
ator: se "o elo entre o corpo e a alma indivisível"[37], assim também a partitura global (interior e exterior) e final poderá ser composta tanto a
partir do interior quanto do exterior (através das ações físicas previstas
pelo texto e situações da personagem). Apesar de Stanislávski admitir
que a interioridade da personagem é sempre o ponto de partida nos
estados mais criativos e, portanto, intuitivos, é sua a proposta de que há
um outro caminho para a criação do papel: a partir de suas ações físicas.

36  Constantin Stanislávski, op. cit., 1968, p. 166.
37  Idem, ibidem.

O PAPEL DO CORPO NO CORPO DO ATOR

É preciso, nesses casos, estabelecer uma linha exterior (ou de ações previstas no texto para a personagem onde se unem aquelas imaginadas pelo ator, ao se colocar no lugar da primeira) de ações: tudo o que é realizado.

Essas ações físicas seguem também uma linha e fluxo ininterrupto ao longo do tempo da peça (uma linha de desenvolvimento lógico e consecutivo) que o comediante deverá saber realizar, após definir claramente os motivos interiores da personagem ao executar cada uma dessas ações.

É evidente que essa partitura exterior, assim conseguida, pode deflagrar o processo de criação do subtexto correspondente, na medida em que, pela simples (concentrada e atenta) execução de cada uma das ações, num encadeamento que obedece a uma lógica de personagem, chegue-se a sua justificação interior, a descoberta de seus motivos ocultos, subentendidos mesmo, pelo texto. Apenas essa ponte fará com que o desempenho do ator carregue em si mesmo imagem exterior e energia interna da personagem.

Se essas ações encadeadas numa partitura (assim como são as notas na partitura do instrumentista) são experimentadas pelo ator, com vistas à realidade orgânica de um mundo de sensações delas decorrentes, se essas ações forem executadas como o são todas as ações humanas completas (com base ou motivo interior e uma manifestação externa) o ator, mais cedo ou mais tarde, tocará nos sentimentos que estão presentes em tal contexto.

O método das ações físicas, que foi enormemente aproveitado (e o é até nossos dias) prevê, no entanto, que o ator não se preocupe com o resultado dessas ações, mas apenas com sua forma de realizá-las, concentrado inteiramente em seus objetivos físicos já detectados. Uma crença física, como chamou o próprio Stanislávski, indispensável no trato com as ações. Essa crença física terá de ser alinhavada intimamente com as circunstâncias internas criadas pela imaginação do intérprete, podendo mesmo servir como estopim da criação.

Se cada ação exterior tem um resultado sensível e visível, o ator deverá contentar-se em realizá-las com inteira absorção, que esses resultados virão a seguir: preparar cada ação, executá-la e terminá-la para começar a próxima, leva-lo-á a experimentar a partitura exterior de seu papel com correção, e sem tentar forçar o que ainda não existe. Há uma grande exigência de concentração nos objetivos físicos da personagem: o que faz e como o faz; seus porquês serão compreendidos (no sentido visceral já anteriormente colocado) com o tempo e com a repetição cada vez mais detalhada e elaborada dessa sequência preestabelecida.

Esses dois caminhos, de pontos de partida opostos como técnica de interpretação, levam a uma só meta: o desempenho criativo do ator, seja ou não a proposta uma interpretação realista. Pode-se partir de esboços de personagem, pode-se riscar do vocabulário teatral a palavra

PROCESSO GENÉTICO DE PRODUÇÃO DOS SIGNOS CORPORAIS    225

emoção, pode-se ignorar um trabalho interior como necessário ao intérprete, pode-se desejar mesmo que ele trabalhe em cena despido inteiramente de preocupações imaginárias e de subtexto, pode-se querer que ele seja transformado apenas numa imagem concreta que se desloca pelo campo cênico, formando desenhos absolutamente planejados (e deixar inteiramente ao sabor da imaginação e sensibilidade do público suas definições e motivos para tais atitudes físicas) e artificiais, mas, (e pelo menos enquanto o ator for um ser humano de carne e osso, prenhe de vida e pulsação) suas ações exteriores, ainda que se ocupe apenas delas (e mesmo que sejam tão loucas e sem sentido que fujam a qualquer senso de realidade haverá sempre a possibilidade de um elo a ser estabelecido entre essas realizações) exteriores e seus recursos pessoais de intérprete. Se ele for um artista, suas ações físicas (para sorte do público) acabarão sofrendo um investimento de sua personalidade e de sua humanidade. A máscara produzida por ele acabará sempre retendo alguma coisa a mais do que aquilo que foi por ele (e pela direção) conscientemente colocado.

Seus recursos pessoais, compreendidos como uma soma de elementos presentes em sua própria vida (temperamento e personalidade, memória e percepção que tem das coisas ao seu redor, capacidade imaginativa e transformadora, disponibilidade emocional para um enfrentamento consigo mesmo, disponibilidade corporal e vocal, liberdade para crer em sua intuição e em sua vida de sentimentos) serão colocados a serviço de sua arte, ainda que o processo não exija tanto dele. Mesmo que uma máscara (e supondo-se que isso seja possível) seja imposta ao ator com todos os detalhes já preenchidos, como, por exemplo, no caso de uma substituição num espetáculo em cartaz há bastante tempo, e que essa máscara consista, simplesmente, na repetição "mecânica" de certas formas corporais já definidas, será impossível ao artista (digno desse nome) sua mera reprodução dia após dia; algo nele será chamado a contribuir apesar dele mesmo, e até de proibições exteriores a ele e ele o fará, mobilizando suas energias criativas num todo formal já desenhado, que, mesmo que continue sem a mínima alteração visível, poderá sofrer uma alteração de qualidade, que não se vê, mas é claramente sensível.

# 6. A Máscara Cênica: Forma Final ou o Corpo Mascarado

## INTRODUÇÃO

A máscara, antes de qualquer definição, pode ser descrita como o produto do ator, apresentado ao fim de todo um processo criativo. Esse produto, se isolado (mas sempre pertencente ao todo do espetáculo), apresenta-se configurado numa certa estrutura, mais ou menos clara, de tudo aquilo que é dado ao ator portar em sua própria pessoa. Tudo o que possa ser determinado, marcado e reafirmado por suas ações (corporais e vocais) no tempo-espaço da representação.

Nosso objetivo, com esse estudo, é o de precisar certos componentes do produto atoral, como forma final conseguida ou, como o corpo do ator se nos mostra mascarado.

Se pensarmos no ator como aquele que produz a máscara, condição básica do seu estar no palco, sendo, por princípio, quem ilumina a cena no momento do fato teatral, cabe dizer também que essa máscara (em que pese as diferenças existentes em termos de linguagem) é sempre uma resposta pessoal do homem que a carrega, enquanto representação de um imaginário que é seu, na mesma medida em que é forjado, não nos estímulos dados pela personagem, diretor, outros atores, equipe de trabalho, tão-somente, porém, numa zona intersectiva, passível, para ele, de significação.

A liberdade de criação de um ator vincula-se, de pronto, a um espaço ficcional (tanto no processo como no produto) e a máscara, sua resposta, que, colada ao corpo do seu portador, passa a representar a personagem.

228 O PAPEL DO CORPO NO CORPO DO ATOR

Em *A Significação no Teatro*, máscara é descrita como sendo tudo o que se superpõe ao actante e ao espaço, e actante como "tudo o que atua (como sujeito do processo)"[1].

Nessa medida, o papel construído pelo ator tem como resultado uma organização exterior e material, física e visível, que será utilizada sempre que o actante tiver de representar a personagem. Investido da máscara (que, ao mesmo tempo que o oculta, pretende revelar a personagem representada) ele pode participar de um jogo intencional e proposital no espaço da cena.

A máscara, portanto, pode ser tomada como um sistema sígnico que se desenvolve num espaço e tempo precisos. Isso pressupõe que exista, de imediato, uma certa estrutura de significantes (posturas físicas, gestos) claramente desenhados, os quais, a cada momento do espetáculo, possam revelar seus significados intrínsecos, permitindo representar a personagem de forma concreta.

Se "o papel do ator é uma estruturação dos signos mais diversos, signos de seu discurso, de seus gestos, de seus movimentos, sua postura, mímica, seu traje etc."[2], torna-se mister precisar que, a partir de agora, estaremos tratando do signo utilizado pelo ator como pertencente a uma artificialidade criada (mesmo que o objetivo pretendido seja a naturalidade naturalista) com o fim de comunicar alguma coisa a alguém, intencionalmente, e, portanto, sujeito à vontade de quem o utiliza. Há um desejo claro de emissão de um signo (ou da rede de signos tecida na máscara).

O "caráter intencional da representação"[3] nos leva a perceber como signo qualquer acontecimento ocorrido no palco, mesmo quando esses fatos sejam naturais e não previstos na organização proposital da máscara (por exemplo, a queda de um ator, um acesso de tosse etc.).

Tais acontecimentos adquirem significado mesmo quando não há intuito de fazê-lo, e serão interpretados por nós como instâncias sujeitas a um ou múltiplos significados, mas sempre significantes.

Os signos emitidos pelo intérprete formarão sempre uma constelação mais ou menos determinada, visual e auditivamente (pelo menos) que se oferece como obra a ser apreendida, transformada por nossa capacidade de percepção, possuída por nós, de alguma maneira.

---

1  J. Guinsburg e J. Teixeira Coelho Netto, "A Significação no Teatro" em J. Guinsburg *et alii*, *Semiologia do Teatro*, São Paulo, Perspectiva, 178, p. 362.

2  Píotr Bogatyrev, "Os Signos do Teatro" em J. Guinsburg *et alii*, *op. cit.*, pp. 85-86.

3  Maria Helena Pires Martins, "Proposta de Classificação do Gesto no Teatro" em J. Guinsburg *et alii*, *op. cit.*, p. 251.

A MÁSCARA CÊNICA: FORMA FINAL OU O CORPO MASCARADO 229

Tadeusz Kowzan[4] discerne, na representação teatral "treze sistemas de signos"[5], colocando entre outros, três que particularmente interessam por estarem ligados especificamente ao corpo do ator: a mímica facial (signos presentes no rosto do ator), o gesto (que considera como "o meio mais rico e maleável de exprimir os pensamentos, isto é, o sistema de signos mais desenvolvido")[6] e o movimento cênico do ator ("os deslocamentos do ator e suas posições no espaço cênico")[7].

Considerando, contudo, que a máscara (entendida agora como os elementos conscientemente manipulados pelo ator, no sentido de uma configuração sígnica, visando a atingir um público) é fruto de um processo antes de tudo artístico (e portanto simbólico); considerando igualmente nosso objetivo de investigar a máscara cênica do ator, do ponto de vista das imagens projetadas por sua pessoa, (da qual fazem parte postura, gestos, movimentos realizados e movimentos esboçados, procurarei agora estudar um pouco a Cinética[8], com o propósito de melhor encaminhar meu discurso.

Essa "ciência embrionária" como a chama Flora Davis[9], nos mostra, por meio de pesquisas cada vez mais minuciosas, como o discurso verbal e o discurso corporal podem harmonizar-se, ou chocar-se. Há uma série de análises que detectam, por exemplo, como é possível estabelecer (ao mesmo tempo) e manter duas "conversas" paralelas entre duas pessoas, cada uma delas acontecendo num nível e levando a comunicação estabelecida para direções diferentes.

O que as palavras afirmam, a cada instante, parece ser negado, ou enfatizado, pelas mensagens não verbais emitidas por meio de sinais inconfundíveis ao observador atento.

Nosso rosto, nossos olhos, nosso corpo como um todo, parecem sempre estar mostrando, através (muitas vezes de sinais diminutos, porém consistentes e repetidos), como verdadeiramente nos sentimos a cada instante de nossas vidas. Nossa postura expressa também sensivelmente nossas atitudes e sentimentos, em cada contexto onde se inscrevem. Desse modo, estamos, todo o tempo, provocando e sendo provocados (respondendo e dialogando) pelo ambiente.

Assim como a comunicação se estabelece corpo a corpo, por meio de formas e alterações de postura, movimentos das mãos ou

4    Tadeusz Kowzan, "Os Signos no Teatro Introdução à Semiologia da Arte do Espetáculo", em J. Guinsburg *et alii*, *op. cit.*, p. 103.
5    Idem, *ibidem*.
6    Idem, p. 106.
7    Idem, p. 107.
8    A Cinética preocupa-se em estudar a linguagem corporal (o corpo como mensagem em si), tentando captar o código não verbal utilizado e compreendido na muda interação corpo a corpo. Entre os primeiros estudiosos do assunto destacam-se Ray L. Birdwhistell, Albert E. Scheflen, Edward T. Hall, Erving Goffman e Paul Ekmann.
9    Flora Davis, *A Comunicação Não Verbal*, São Paulo, Summus Editorial, 1979.

230 O PAPEL DO CORPO NO CORPO DO ATOR

maneiras diferentes de olhar e posicionar-se, em relação ao outro com quem dialogamos, os estudos cinéticos também constataram que, em conformidade com os jeitos adquiridos pelo corpo, existe um ritmo que é fruto dessa interação mútua entre duas ou mais pessoas. A isso chamou-se sincronia interacional:

> A sincronia interacional varia. Às vezes ela é bem fraquinha; às vezes ela se intensifica. Duas pessoas sentadas podem mexer a cabeça num só ritmo; depois podem juntar o movimento dos pés ou das mãos; dentro em breve parece que elas estarão dançando com o corpo todo. A experiência interna nesse movimento é um sentimento de grande harmonia, a sensação de que realmente está havendo uma comunicação recíproca, apesar da conversa poder ser inteiramente banal. Num nível subliminar, pois, a sincronia interacional exprime variações sutis, mas importantes em um relacionamento[10].

É pois um certo ritmo comum que nos diz quando há um real encontro entre duas pessoas (mesmo que esse encontro seja um conflito aberto), ou, no caso inverso, quando certas informações emitidas por uma não são percebidas pela outra, a ponto de ocasionar respostas espontâneas, ditadas por certos pequenos gestos, por um sorriso, um movimento de mãos.

Se há um código utilizado por nós, em nossa vida diária, sem consciência talvez de seu uso e sem muita clareza de suas possibilidades de emissão e de decodificação e, se esses inúmeros e constantes sinais emitidos podem dar conta ao outro que nos observa de nosso temperamento e mudanças emocionais (refletindo nosso caráter para além do que muitas vezes percebemos), a máscara corporal do ator deverá ser também a manifestação de caracteres da personagem, organizados numa estrutura visível e delimitada em suas bases (ou aspectos básicos), visando a um código não verbal de comunicação com o público.

O fato de o emissor de tais sinais codificados ser um ator, torna-os diversos daqueles produzidos inconscientemente; eles podem ser estudados, ensaiados, lidos pelo diretor, (que tem deles uma outra visão, diferente do ator) alterados tecnicamente, para atingir significados mais precisos e sutis, repetidos em momentos diferentes do espetáculo, isolados, aumentados e diminuídos em seu tamanho e projeção, interrompidos (causando estranheza e desejo no público de completá-los para poder compreendê-los), aglutinados e misturados a signos completamente opostos, reafirmados por signos idênticos em intensidade ou ritmo, e assim por diante.

Os signos podem ser deslocados pelo diretor para outros contextos cênicos, onde nos obriguem a achar novos sentidos para sua existência, podem ser usados com economia, ou propositalmente

10 Idem, p. 107.

A MÁSCARA CÊNICA: FORMA FINAL OU O CORPO MASCARADO    231

esbanjados, a ponto de nos confundir com respeito ao seu significado original, e assim por diante.

Nesse sentido é que os signos, compreendidos como material de trabalho (algo mesmo material) poderão indicar rumos precisos no espetáculo, introduzir nele um caos intencional e enorme quantidade de leituras possíveis, funcionar como códigos transportadores de informações objetivas, como indicadores de climas emocionais específicos e límpidos, como símbolos do que, por sua própria natureza, permanece intraduzível de outro modo.

## SIGNOS CORPORAIS: IMAGENS CÊNICAS PRODUZIDAS PELO ATOR DURANTE O ESPETÁCULO

Os signos presentes na máscara cênica são os agentes constitutivos da forma final obtida pelo ator em seu trabalho de criação. Passam a ser, no final do processo criativo, como uma outra pele, como uma vestimenta que esconde o verdadeiro corpo do ator (sua pele pessoal). Já estamos muito distanciados dos sinais corporais estudados na gênese da máscara: aqui já podemos nos referir ao produto do soma atoral, como uma entidade quase à parte, não fosse o fato óbvio de que tal entidade precisa do seu eu físico para existir e dar-se a conhecer.

Pode-se estabelecer distâncias várias entre o signo e aquele que o porta, desejar até que transpareçam um no outro, formando um todo indivisível. Não importa; o fato é que o ator conta, objetivamente, com um suporte em que lhe é dado se apoiar; numa estrutura que, apenas captada, encaminha, numa sequência previsível (de desenhos, intensidades e ritmos, já resolvidos com antecedência), os passos necessários para que o espetáculo aconteça.

Dessa máscara corpórea (porque feita apenas com aquilo que é próprio do ator e intransferível, seu corpo físico), fazem parte a postura (ou posturas) que utilizará em cena, os gestos, movimentos e deslocamentos no espaço da representação, e aqueles movimentos quase disfarçados, levemente esboçados e interrompidos logo a seguir.

Como postura, nesse contexto, entendemos a forma geral e estática (se a captamos num instantâneo) que adquire o corpo do ator como representante da personagem. Essa postura mostra, a cada momento, atitudes desse ser fictício no confronto ou encontro com o mundo circundante, suas disposições para lutar ou fugir, para tentar ou desistir, para aproximar-se ou afastar-se, suas dúvidas etc.

Por ser a postura um indicador precioso das atitudes da personagem e, portanto, altamente significativa, é possível chamá-la de signo base, a partir do qual todos os outros signos corporais se desenvolverão.

232 O PAPEL DO CORPO NO CORPO DO ATOR

Se a postura "é a base sobre a qual vão aparecer os gestos e movimentos", é também porque ela é expressão primeira dos posicionamentos humanos frente às coisas percebidas. A postura utilizada pelo intérprete em cena permite, de imediato, uma leitura da personagem: temperamento, história de vida, estado emocional e até mesmo posição social. Claro que muitas coisas acontecem no decorrer do espetáculo, mas a primeira impressão de cada uma das personagens dá-se pelo modo como entra no palco. Uma personagem tirânica e autoritária, ou que assim deseja se mostrar, mesmo em seus momentos de maior insegurança e abandono, não perderá completamente sua postura corporal (ou essência de caráter), a não ser que esta esteja servindo-lhe de máscara (disfarce por ela assumido e que depois seja tirado).

A postura, como signo, entreabre (quando encontrada devidamente pelo ator) uma série de possibilidades para a ação da personagem. Uma postura errônea (decorrente da pouca compreensão da personagem ou da incapacidade do ator para configurá-la) impede que gestos e movimentos possam ser acertados, podendo mesmo destruir um papel. A postura correta, por si só, circunscreve essas possibilidades num certo campo mais ou menos determinado de objetivos e ações.

Encontrar o signo postural da personagem é encontrar-se com sua essência, seus desejos fundamentais, suas fantasias, ambições e esperanças. É também conhecer seu passado, viajar em sua história, saber de suas frustrações. É ponto de partida para tornar densa e detalhada sua máscara, preenchê-la totalmente com gestos e impulsos não realizados de gestos, para compor seus passos (tamanho de passos, jeito de tocar o chão com os pés, direção do caminhar), para torná-la, enfim, um todo a ser usado com tranquilidade.

Esse signo base é complementado, verificado e atualizado por uma série de outros, dele decorrentes; pela postura correta podemos como que adivinhar o gesto que será feito ou traído (desistido), podemos completar ou prever o que ainda não aconteceu. É certo que podemos nos enganar, ou ser propositalmente enganados por um signo falseado; mas, se aceitamos o diálogo não verbal proposto e deixamo-nos levar por ele, a margem de erro é menor.

O corpo mascarado é aquele que fundamentalmente possui, e mostra, uma máscara postural clara e inconfundível, composta por uma série de ocorrências corporais unidas nesse todo.

Se a postura é consequência de um caráter marcado e fixado no corpo em atitudes definidas, o que serão os gestos que ela apresenta? Poderíamos descrever o gesto como um pedaço do corpo (uma parte sua) que se atreve a desenhar, no espaço próximo ou distante do centro (o tronco), linhas facilmente objetiváveis como sinuosidade ou retidão, com uma certa energia (presente no tônus muscular do membro ou

A MÁSCARA CÊNICA: FORMA FINAL OU O CORPO MASCARADO 233

parte envolvido) e num certo tempo. Gestos acontecem e desaparecem, modificam o ambiente que logo volta à sua conformação habitual.

Há gestos que envolvem o espaço num impulso de carícia, outros que o dividem em claras metades; há aqueles que o perfuram em busca de um alvo imaginário, empurram ou trazem para perto coisas invisíveis.

Em sua "Proposta de Classificação do Gesto no Teatro"[11], Maria Helena Pires Martins define-os da seguinte forma:

1. movimentos de qualquer parte do corpo que tenham por apoio uma determinada postura; 2. que sejam voluntários; 3. que comportem um significado; 4. que não visem à modificação do ambiente material[12].

A gestualidade criada pelo ator abrange uma série de possibilidades advindas de seu encontro e compreensão visceral da personagem, mas também ligadas ao seu repertório de movimentação (o usual e o desenvolvido em pesquisa corpórea). Mesmo quando não usa o processo de internalização crescente que levará, sem sombra de dúvida, à encarnação da personagem (e então o problema da gestualidade se resolverá nessa passagem das imagens criadas dentro para a forma corporal), o ator, de algum modo, terá de experimentar uma certa (e mais ou menos delimitada gestualidade) conveniente, e concorde com a máscara que pretende criar. Terá então de se basear em certos dados técnicos (estudo de composição, possibilidades elementares de criação e desenvolvimento de gestos que não os seus) e em sua intuição criadora que, por certo, irá definindo (ainda que pela via exterior) quais os caminhos a serem trilhados e quais os esboços improdutivos.

Presentes nos gestos formalizados pelo ator, vive toda uma vida de imagens que se ligam a impulsos criados e mantidos a serviço da personagem. Tais signos gestuais ligam-se direta ou indiretamente às circunstâncias reais do mundo cênico habitado pela personagem, e aquelas induzidas pela fantasia (dados da imaginação do ator), em contato com o real.

São, nesse sentido, movimentos expressivos de partes do corpo; mas não são autoexpressivos, pois não são uma resposta de estados de ânimo de seu agente produtor, mas sim o resultado de um trabalho onde a ambição de comunicação e a arte atuaram juntas e na mesma medida; serão movimentos expressivos, num nível de pura ficção, e sob o controle de uma vontade altamente orientada, que os impele para um rumo preciso (e que não pode admitir desvios que fujam à sua meta principal, sem a qual todo significado se transtorna impedindo a comunicação das intenções desejadas).

11   Maria Helena Pires Martins, "A Classificação do Gesto no Teatro", em J. Guinsburg *et alli, op. cit.*, pp. 251-252.
12   Idem, p. 253.

234 O PAPEL DO CORPO NO CORPO DO ATOR

A maior dificuldade, com referência ao signo gestual, nos parece ser a de conseguir criar, no próprio corpo, uma gestualidade muitas vezes desconhecida e sem referências cinestésicas armazenadas na memória física e muscular. Constantemente, gestos e atitudes rotineiras do ator, e que fazem parte de sua vida e de sua história, misturam-se à máscara criada ocasionando alterações no significado pretendido. Esse repertório gestual particular do intérprete é o que molda a própria interpretação.

O modo como um ator estende a mão para pegar um copo de bebida adquire, no teatro, estatuto de signo (são muitas as leituras que se pode fazer a partir de um gesto simples como esse: se o movimento é trêmulo e indeciso, relaxado e tranquilo, rápido e nervoso e assim por diante) e nele, em suas qualidades objetivas, prende-se a significação.

O movimento cênico, entendido como deslocamento (ou os sucessivos deslocamentos) do corpo do ator no espaço da representação, é produto da partitura global de seu trabalho, onde estão naturalmente inseridos os desenhos estabelecidos pelo diretor (ou diretor mais ator, conforme o caso). É ele, com sua rede de evoluções nas diferentes direções e níveis do espaço, um dos elementos importantes para a compreensão da estrutura estética da obra como um todo.

Se pensarmos o movimento como uma série de posturas modificadas num fluxo contínuo de tempo (um certo ritmo, que poderá ou não admitir pausas), posturas essas que carregam consigo (pedem e sustentam) gestos definidos, podemos perceber a estranha magia que cerca um contínuo formar e desmanchar (em novas formas) do intrincado tecido de signos presentes no corpo do ator.

Esses deslocamentos (e o modo como se organizam frente aos nossos olhos) podem apresentar uma riqueza ímpar e significante, na medida em que, simultaneamente, carregam em si posturas fluentes e articuladas com os gestos realizados. O tipo de passos (sua amplitude, sua relação com o chão) une-se ao movimento das mãos, a uma certa expressividade facial, a uma projeção ou retraimento do externo. Tudo isso pode ser articulado em torno de uma significação única (apontar numa só direção na interpretação), ou abrir caminho a dois ou mais significados, que podem mesmo ser contraditórios, mas que terminam compondo um único sentido (como exemplo um grande e efusivo abraço, cuja pélvis mantém-se retraída e os pés distantes do corpo do outro).

De uma maneira ou de outra, os deslocamentos fazem parte de um fluxo que só termina com o fim do espetáculo. Os próprios signos posturais estão aí presentes, na medida em que oferecem, pelo seu caráter estático, (se vistos como uma parada no tempo), possibilidades imaginárias de desenvolvimento em ação.

O movimento cênico permite, pois, não apenas uma alteração abrupta em termos de significado (ou no sentido do todo que o olhar

A MÁSCARA CÊNICA: FORMA FINAL OU O CORPO MASCARADO 235

atento do espectador acompanha), mas também sua contínua e obsessiva afirmação pela mudança plástica e significante, ou por sua simples repetição em momentos distintos do espetáculo.

Basicamente, tais deslocamentos obedecem, ora a avanços (aproximando-se de alguma coisa, ou de alguém, ainda imaginários), ora a recuos (afastando-se de um certo lugar, objeto ou pessoa), enquanto os gestos afastam qualquer coisa, mesmo que seja um pensamento, uma imagem ou trazem-na para perto do corpo etc.

Toda a movimentação cênica, seja ela harmoniosa ou conflitante, possui significados de maior ou menor clareza.

Movimentos podem completar-se como desenho e conseguir realizar seu objetivo, assim como podem interromper o fluxo na direção proposta e restarem incompletos (alternando o sentido do traçado, desistindo de seu alvo). Dentro desse tipo de movimentação, apresentam-se aqueles que manifestam intenções conscientes da personagem (mudanças de intenção, impedimentos externos) e, portanto, resultantes de alterações na ordem dos impulsos (ou esforços), e aqueles que permanecem como uma sombra de ações realizadas; são movimentos sem a participação da consciência do sujeito e que podem (aparentemente) ser tomadas por ações sem nenhuma objetividade.

Os movimentos de sombra nos relatam o andamento de [...] processos interiores, e boa parte dos movimentos mais característicos de uma pessoa são aqueles por ela realizados inconscientemente, os quais precedem, acompanham ou são a sombra das ações planejadas[13].

É claro que, por estarmos agora tratando da máscara corporal do ator, e focalizando-a do ponto de vista do movimento, urge explicar o porquê dos movimentos de sombra nesse contexto. Se esses movimentos nos acompanham todo o tempo (sendo bastante significativos), no palco, eles podem ser criados pelo ator (a partir da imaginação e da experimentação) e utilizados conscientemente, para possibilitar uma leitura mais rica da personagem. Tornar-se-ão signos, e não ruídos, se, em primeiro lugar, fizerem parte do mundo da ficção (estiverem firmemente apoiados na verdade da personagem) e, se forem em número adequado, utilizados com precisão nos momentos escolhidos.

A relação desses signos movimento (todos os que vimos situando até agora) com o espaço é evidente. Se a movimentação cênica é configurada pelos deslocamentos de um ou mais atores, ou por grupos de atores em conjunto, sua criação depende estreitamente do campo espacial usado. Além disso, o espaço empregado por um só ator pode se limitar a um só canto do palco, como abranger a própria plateia.

13    Rudolf von Laban, *op. cit.*, p. 169.

Ele pode mover-se num espaço pequeno e tímido, assim como aventurar-se a preencher o maior espaço possível. Do uso que faz do espaço, define, por certo, características importantes da personalidade ou da situação específica na qual a personagem se move. O próprio ritmo espetacular depende (não somente, mas também) das evoluções do ator, do uso de pausas e posturas, de sua gestualidade. A dinâmica é função de uma somatória de signos articulados com habilidade, sentido rítmico e do grau de energia enformada nos múltiplos significantes corporais trabalhados.

## PRESENÇA DA ENERGIA NA CONFIGURAÇÃO DA MÁSCARA

A máscara, encarada do ângulo corporal, e apresentada como um fluxo de imagens (estáticas e de movimento) que condensam em si os vários elementos sígnicos (rosto como signo, deslocamento como signo, gestos de partes do corpo como signo etc.) Num só ator presentificam-se imagens de momento, referências às situações vividas e imaginadas, manifestações de caráter.

Cada cena, desse modo, é passível de ser descrita como um aglomerado de imagens (umas mais instantâneas, outras mais permanentes) que podem ser vistas em conjunto (com cenário, luz, objetos cênicos, relacionamento entre dois ou mais atores), ou como fruto da escolha sempre renovada do olhar do espectador.

São imagens com volume, cor, desenho, tamanho. Escorrem pela cena, umas após outras, passeando no tempo do espetáculo. No entanto, são formas que vão sendo construídas e destruídas à nossa frente por um agente vivo, encarregado de produzi-las (ou reproduzi-las) de um modo pré-elaborado (pelo menos em sua estrutura básica, em espetáculos onde é forte o componente improvisacional), mas também sujeitas a acontecimentos imprevistos.

A presença cênica é consequência, não só das imagens projetadas, mas dessa energia que confere qualidades e tons diferentes, luminosidade e intensidade às formas visíveis. É a energia do ator (produzida e irradiada por ele) que é responsável pela caracterização e vida das imagens, pelo modo com que são realizadas.

O fluxo dos esforços está imbricado nas formações e transformações dessas imagens e em cada uma de suas partes.

A máscara corporal do ator, portanto, nessa medida, pode ser encarada como a soma, ou inter-relação de *Imagem mais Energia*, constitutivas de cada um dos signos desse tipo. Se cada forma adotada pelo corpo mantém um vínculo com o elemento interno que está em sua origem (e que se constitui de energia) há, por certo, uma energia original presente (ou ausente) na máscara.

A MÁSCARA CÊNICA: FORMA FINAL OU O CORPO MASCARADO  237

O trabalho do ator deve saber resguardar a origem de cada gesto (não como história, mas como processo), pois as formas conquistadas precisarão preservar sempre a mesma energia em suas configurações.

A energia original refere-se àquela manifestação orgânica que era origem, ou estava presente na raiz dos movimentos formalizados, ou seja, é aquela que produziu os primeiros impulsos que se tornaram ação escolhida. Fazem, evidentemente, parte de um fenômeno de difícil explicação; os veios pelos quais escorrem, num determinado indivíduo, respostas assim espontâneas e criativas, contam com um sem número de variáveis.

Manter a energia original é também tão imprescindível quanto difícil. Muitas vezes, numa improvisação casual, o ator encontra-se de tal modo motivado, que interpreta como nunca o fez. Ele mesmo se surpreende, pois é como se estivesse "tomado", possuído por alguma coisa maior do que ele mesmo, conseguindo, repentinamente, criar um instante de pura magia, do qual jamais nos esqueceremos.

Ao trabalhar com improvisação, em cursos de formação de ator, era comum assistir, com fascinação, momentos como esse anteriormente citado; era como se o Teatro (por meio da interpretação de um só ator) afirmasse sua arte soberana e inquestionável, transformando um palco nu, uma luz de serviço, e um ator vestido com roupas comuns, num instante inesquecível.

Mas como recuperar, no trabalho, tais instantes? O próprio ator, agente de tal feito, quedava abismado. Não sabia como tinha acontecido um tal transporte, era como se voltasse de uma viagem longínqua. Conseguia articular apenas como havia se preparado, como havia imaginado o palco, como havia preparado certas emoções, mais nada.

A tentativa, infrutífera, na maioria das vezes, de repetir tal estado mágico, levou-me a considerar cada vez mais a energia como de fundamental importância. A forma pode ser recuperada pelo ator experiente com mais facilidade, mas não a intensidade dramática de seu desempenho.

Só uma autopesquisa consciente e dedicada pode prover o ator dos meios apropriados para que logre se mobilizar de modo tal que consiga, noite após noite, apoiar-se numa técnica que, a cada dia, se torna mais e mais pessoal. Ora seu apoio é a respiração, ora uma memória imagética, uma contração muscular, uma palavra do texto, a relação com um objeto olhado e manuseado, a troca interpretativa com o parceiro de cena etc.

A maneira toda especial com a qual conclama certos recursos seus, na manutenção e na transformação da energia (durante as reapresentações), trabalhando juntamente técnica e uma intuição sempre renovada, moldam um certo estilo de compor e realizar a máscara.

Ao trabalhar com alunos de cursos de formação de ator, procurei sempre enfatizar (em qualquer mínimo exercício dado, desde o próprio

238 O PAPEL DO CORPO NO CORPO DO ATOR

aquecimento inicial) a tomada de consciência de toda e qualquer modificação corporal durante o processo; perceber as várias maneiras de manifestação da energia em fluxo (sensação de peso localizada, formigamento no corpo, arrepios, força que aumenta e diminui etc.) e do armazenamento da energia um instante antes de ser utilizada, seu refluxo (após um movimento lento e forte, por exemplo); registrar essas mesmas mudanças no contato com imagens, com sons, com palavras e pela alteração da respiração. Pesquisar, de todos os modos, a aglutinação, o fluir e o refluir energético, sempre tentando notar o uso do corpo em cada um desses processos orgânicos e o uso da imaginação.

Para que o processo de conhecimento dessa força essencial que o ator deve possuir e saber lidar tecnicamente fosse melhor percebido, no início, tentava fazer com que um mesmo movimento, ou frase de movimento, fosse repetida inúmeras vezes; a cada uma delas, o foco de atenção do aluno orientava-se para um elemento em especial, sem perda da totalidade do trabalho executado.

Prestar atenção, por exemplo, na tensão e relaxamento muscular, em cada momento da sequência; atentar para a respiração (e suas modificações durante o mesmo processo); conscientizar-se de cada alteração rítmica (e possíveis mudanças na energia); notar se, e em quais passagens, havia uma cooperação direta da imaginação, ou a ocorrência de emoções; ao tomar conhecimento de qualquer impulso, procurar descobrir os possíveis dados presentes na origem deste, (fazia-se sentir primeiro como? O que, em primeiro lugar, fazia com que o corpo se preparasse para sua execução? E, no caso de haver uma repressão, como esta podia ser percebida?).

Assim, também, ao realizar qualquer ação, o aluno deveria procurar medir suas qualidades objetivas, tomando consciência e, ao mesmo tempo, percebendo as sensações dela decorrentes.

Acostumei-me a dar instruções constantes, no decorrer de qualquer exercício; muitas vezes, esses conselhos dirigiam-se a um ou outro aluno, em particular, mas acabavam sendo aproveitados por todos, ou quase todos. Manter a concentração no que estava sendo feito e, ao mesmo tempo, incorporar novas instruções ao trabalho, lidar com muitas variáveis, sem perder o rumo (ou a inteireza) do seu próprio processo, sempre me pareceu um caminho proveitoso para o aluno.

Explosões criativas, ou momentos de pura magia, pouco adiantam ao ator (praticamente falando) se são impossíveis de se repetir; se acontecem uma ou outra vez em sua vida, e só. Cumpre estar atento para perceber como ocorre tal fenômeno (quais os elementos notáveis envolvidos) para, de alguma maneira, adquirir um certo controle sobre ele. Poder provocá-lo de novo, quando preciso; trazer, juntamente com o gesto, a energia que vivifica essa imagem.

É um dado importante, na criação do ator, e nas suas representações e sucessivas, a percepção (ou consciência) somática; quais os

A MÁSCARA CÊNICA: FORMA FINAL OU O CORPO MASCARADO 239

caminhos e recursos utilizados. Para exemplificar a questão, recorro a alguns depoimentos colhidos com um grupo com o qual trabalhei um ano. Esses depoimentos faziam parte de uma preparação para uma prova de avaliação, a ser realizada da seguinte forma: o aluno deveria criar uma cena, baseado em suas experiências anteriores (nas aulas e no palco) e apresentá-la, juntamente com uma descrição de seu processo de trabalho e feitura da mesma; podia lançar mão de qualquer recurso que lhe ocorresse: partir de elementos do movimentos e temas dados; imaginar uma cena, tirá-la de um texto etc. O fundamental era que tentasse anotar seu próprio processo de trabalho, tal como iria sendo desenvolvido.

Nessa primeira conversa, lhes foi perguntado que tipo de recursos (exteriores e interiores) eram os mais usados na confecção de uma máscara teatral, de qualquer tipo. O intuito da pergunta era o de levá-los a pensar sobre o próprio método de criação, procurando torná-lo cada vez mais consciente.

O aluno A disse que até então havia sempre partido de estímulos físicos, o corpo lhe dava as soluções de que precisava. Nessa técnica, utilizava-se do que tinha aprendido na escola: elementos formais (formas corporais e desenhos de gestos) e elementos da dinâmica do movimento. A energia sempre terminava vindo do movimento feito; até então, não havia se utilizado de recursos interiores, como ponto de partida. Vinha tentando, no seu dia-a-dia, perceber em que parte do corpo tinham origem certas sensações e emoções. Um exemplo era o choro (que utilizara recentemente em cena) de tristeza, ou de pura felicidade, sentia que podia provocá-lo, pois tinha origem sempre no mesmo lugar. Para adquirir domínio sobre cada técnica, a de chorar, por exemplo, sentia que era preciso repetir várias vezes cada exercício, e era isso o que fazia em sua autopesquisa.

A força física e a suavidade nos gestos, a alternância de contração muscular e seu relaxamento unida a movimentos diretos ou flexíveis estava lhe dando consciência muito grande do fluir da energia por todo o seu corpo, bem como da concentração em partes claras.

Tentava sempre deixar a energia bem visível em cada gesto; sentia que a forma da flecha ajudava bastante, pois precisava ser preparada internamente, para depois ser executada. Ao final dela, podia perceber, com clareza, a energia utilizada reorganizando-se e tornando a se espalhar pelo corpo, já bem mais relaxado.

A aluna B, por sua vez, declarou que sempre partia de dados emocionais, procurava "tirar as coisas lá de dentro", não sabia trabalhar de outro jeito. Agora vinha tentando lidar com reflexos. Para ela, tanto fazia o caminho a ser percorrido; estava pretendendo integrar, como recursos, o emocional e o físico. Vinha procurando perceber e utilizar a leveza, pois seu trabalho sempre estava voltado para a intensidade;

O PAPEL DO CORPO NO CORPO DO ATOR

no momento estava, por meio do lento e do leve, tomando uma aguda consciência das zonas tensas do seu corpo, que tremiam na execução da movimentação suave.

O aluno C sorriu ao ser questionado, e disse que era muito indisciplinado; por isso, pensar no próprio processo de trabalho era desafiante: achava que era imprevisível. Partia, desde o início, de elementos internos, mas não os conduzia; simplesmente "aconteciam", não sabia bem como; e por isso também não podia controlá-los. Para ele, nesse momento de seu trabalho, a respiração (e alterações intencionais da mesma) mostrava ser um ponto de partida interessante para a organização de impulsos. Estava se preocupando, cada vez mais, com os signos corporais. Vinha agora também "sacando a brincadeira", como se estivesse escondido atrás de uma personagem que ele mesmo mostrava.

A aluna D confessou que sempre tinha tido preconceitos com a técnica. Não sentia dificuldades maiores com a visualização e com a produção de emoção, e não gostava de trabalhos onde não pudesse encontrar o "motivo". "Nunca movimentos no vazio"; notava, porém, que a emoção criada era maior que a que o seu corpo acabava por falar; produzia energia com facilidade, mas achava difícil sua manipulação. No trabalho com as formas executado em classe, achou que podia ser auxiliada pela emoção; seu problema era "estar atenta às explosões" para depois saber reconstruir, manter o que havia descoberto.

A aluna E contou que seu maior aprendizado, até então, referia-se à capacidade de entrega ao trabalho. Aprender a concentrar-se inteiramente no que fazia era muito importante. Trabalhando com uma tensão construída propositalmente (excessiva, pouco natural), percebia, por meio de um uso intenso de energia física, sensações muito fortes (que de início a assustavam como, por exemplo, arrepios pelo corpo todo). Achava também que essas sensações eram mais acentuadas nos dias em que conseguia mais concentração e, consequentemente, entrega.

A energia a que nos referimos constantemente pode ser descrita como uma vitalidade corporalmente sentida que aumenta e diminui como uma luz a funcionar em resistência. Há momentos em que essa luminosidade se apresenta, chame-mo-la assim, com resistência média (que seria o seu normal), podendo intensificar-se de repente, ou sumir, quase por completo (nos instantes em que nos percebemos quase sem força). Defini-la como força física seria menosprezar sua complexidade; mais do que tentar defini-la (é uma energia cósmica?, vem do aparelho psíquico? pode ser canalizada através do exterior?) é preciso percebê-la, e aprender, de algum modo, a lidar com ela. Suas manifestações no corpo são mais facilmente perceptíveis do que a detecção de sua origem tão complexa. Carlos Byington diz:

A energia psíquica é aqui conceituada hipoteticamente como uma forma diferenciada da energia cósmica, que algum dia, provavelmente, poderá ser registrada e melhor

A MÁSCARA CÊNICA: FORMA FINAL OU O CORPO MASCARADO 241

estudada. Ainda que apenas uma hipótese, essa noção de energia psíquica parece ser a mais condizente com os conhecimentos científicos atuais[14].

Essa energia, de todo modo, deve ser conhecida e manipulada pelo ator. Para que seja convenientemente utilizada, impõe-se que seja captada em seu fluxo, e os canais por onde escorre precisam mostrar-se dispostos a aceitar sua condução. As barreiras que impedem tal fluir podem estar tanto no aparelho físico quanto no psíquico, e, o mais das vezes, quando esses distúrbios não estão em ambos. De qualquer maneira, quando esses distúrbios não são fundos, a própria concentração no processo de trabalho e a consequente entrega a ele cuidam para que o canal expressivo funcione a contento. Permanecendo no aqui agora o ator consegue, pela configuração da energia manifesta na máscara, uma presença cênica forte.

Manter e transformar continuamente tal força é um princípio de trabalho, sem o qual o jogo cênico se limita ao desempenho vazio de vitalidade.

A manutenção, pelo ator, das mesmas formas significantes, é consequência da percepção, quer da imagem modulada no espaço, quer da necessidade de trazer, juntamente com ela, a energia proveniente do centro do seu soma. Unir a aparência da imagem a uma certa essência humana transformada, tem o poder de conferir à representação seu caráter mágico.

A energia utilizada é fluxo contínuo e refluxo, como na vida, produção invisível e visibilidade. O desempenho cênico do ator (em que pese todas as inúmeras possibilidades, ligadas à cada espetáculo realizado), é garantido por essa qualidade, que permanece e cintila em cada uma das imagens projetadas.

É nesse sentido que a máscara passa a incluir a própria pessoa do ator. Em outras palavras: o ator carrega em si mesmo os caracteres produzidos para a personagem, estreitamente unidos à energia que os alimenta (e que é trabalhada em função deles); disso resulta sua atuação.

## SIGNOS CORPORAIS E DINÂMICA CÊNICA

O que seria a dinâmica cênica, olhada por uma lente que focalizasse o ator como agente, senão o fruto de seu desempenho? Se suas posturas, gestos e deslocamentos são desenhos tecidos no espaço da representação, esse desenhar constante obedece a um certo ritmo (e a ritmos variáveis, de acordo com a cena e o contexto estético do espetáculo) e está sempre relacionado com a intensidade de cada forma.

14 Carlos Byington, *Desenvolvimento da Personalidade: Símbolos e Arquétipos*, São Paulo, Ática, 1987, p. 19.

242 O PAPEL DO CORPO NO CORPO DO ATOR

A fluência presente na atuação do intérprete de teatro, como fenômeno artístico perecível e sempre rearticulado, lida com os componentes das imagens, que se transformam, inapelavelmente, diante de nossos olhos. Se o corpo do ator constantemente desenha (por meio de suas ações físicas) formando e modificando imagens, ele as organiza na relação com o espaço global da cena conjunto de outras imagens, na ligação com adereços e objetos próximos e distantes, com partes especiais do cenário, com o corpo dos outros atores (por meio de toques, aproximação ou olhares apenas), na relação com a iluminação, com o figurino. Ele as particulariza nas dimensões concretas do palco (altura, largura e profundidade) através de uma fluência precisa.

O ritmo muito especial conferido a cada um desses desenhos (e neles se inclui cada uma de suas ações ou posições estáticas) pode, por si só, interferir na leitura que se faz do movimento desenhado (da forma vista); o mesmo signo, se construído lenta ou rapidamente, muda de significado, e o mesmo ocorre com o grau de energia utilizado em sua execução. Se todos esses elementos do movimento, tomados em conjunto, resultam num signo corporal, cada um deles, se percebido em separado, tem a capacidade de alterar a unidade, propor aprofundamento ou mudança nos caminhos interpretativos oferecidos como unidade significante. Pois, em realidade, esses signos são constituídos dos mesmos elementos que constituem o movimento humano.

A tentativa de esmiuçar a imagem signo corpórea emitida pelo ator (quando revestido da máscara) visa a estudar os componentes presentes no fenômeno desse revestimento, com vistas a delimitar um campo possível ao trabalho corporal. Por esse motivo não estou abordando interferências outras, que oferecem inúmeras alternativas à sua metamorfose (como a iluminação, por exemplo, com sua capacidade de alterar imagens, iluminar partes de um todo, ocultar ou salientar passagens entre uma e outra imagem corporal).

A fluência dos signos corporais pode ser vista como uma progressão (passagens de um para outro e assim sucessivamente) com poder de permanente transformar, tecendo assim uma rede de significações, que se organiza no tempo do espetáculo, e na relação com os objetivos estéticos pretendidos pela direção. Associações são estabelecidas (entre o já visto e o que se representa no momento), previsões são incentivadas ou falsas previsões, surpresas vão sendo habilmente preparadas.

Assim como todo espetáculo tem o seu fluxo, também a máscara atoral tem seu fluir previsto numa sequência que, apenas iniciada, caminha progressivamente para o seu final: signos se sucedem (afirmam e enriquecem os anteriores, aprofundam a visão de cada personagem), compondo uma parte fundamental da ambição estética do conjunto.

A máscara cênica, vista agora não somente do ponto de vista do que é produzido pelo corpo do ator, mas na ligação desse corpo com

A MÁSCARA CÊNICA: FORMA FINAL OU O CORPO MASCARADO 243

outros signos (maquiagem, figurino etc.) incluindo os signos verbais, completa nosso estudo.

Os signos, no teatro, raramente se manifestam em estado puro. O simples exemplo das palavras "eu te amo" acabou de nos dizer que o signo linguístico e acompanhado frequentemente do signo da entonação, do signo mímico, dos signos do movimento, e que todos os outros meios de expressão cênica, cenário, vestuário, maquiagem, ruídos atuam simultaneamente sobre o espectador, na qualidade de combinações de signos que se completam, se reforçam, se especificam mutuamente ou, então, que se contradizem[15].

Tadeusz Kowzan[16] nos aponta, em seu estudo, a possibilidade de se proceder a um grande detalhamento na classificação dos signos utilizados no fenômeno teatral. Ao abordar os signos corporais do ator, houve, de minha parte, uma tentativa de verificar componentes de um signo de movimento (por exemplo) que poderiam quase ser tomados como signos à parte, ou como signos (ou unidades significantes menores dentro de signos), agindo em conjunto na máscara atoral.

Na caracterização física de um papel como um todo há inserção de outros elementos sígnicos: todos aqueles que ajudam a compor a imagem final exata, e que englobam igualmente a voz e o discurso verbal da personagem interpretada.

E esses elementos, ao mesmo tempo que são signos necessários, funcionam, igualmente, como auxiliares da composição corporal do papel, ajudando o ator na configuração de traços cada vez mais objetivos e objetivados. O figurino, por exemplo, leva a uma nova tomada de posição corpórea com relação à sua materialidade: peso, textura, formato e cor; a maquiagem proporciona os mesmos estímulos sensoriais, e assim por diante.

Sendo assim, o ator, de posse de seus recursos corporais e vocais, e auxiliado por elementos exteriores à sua pessoa e pela técnica interpretativa que possui, pode manifestar e criar, com clareza e precisão, a interioridade da personagem, tornando visível e audível o que criou internamente. O mundo interno elaborado pelo ator e pertencente à personagem, surgirá enformado através dos signos espetaculares.

## PRODUTO FINAL: O CORPO ENFORMADO; ELEMENTOS OPERACIONAIS DE AFIRMAÇÃO DA MÁSCARA

Fazem parte da afirmação da máscara, como possibilidade de exteriorização da interioridade da personagem: escolha e síntese (economia ou proposital excesso de informações), correção, precisão, marcação

15   Tadeusz Kowzan, "Os Signos no Teatro – Introdução à Semiologia da Arte do Espetáculo", em J. Guinsburg *et alii, op. cit.*, p. 99.
16   Idem, p. 93.

244 O PAPEL DO CORPO NO CORPO DO ATOR

(manutenção das formas significantes) e adequação (adaptação dos signos estruturados à linguagem escolhida).

Examinemos, em primeiro lugar, o problema da escolha. Durante as improvisações (experimentações em ensaios) já há, por parte do diretor, uma idealização (mesmo que um esboço fundamental) a ser transformada na realidade do palco: em linhas mais ou menos gerais (e essenciais), ele sabe o que quer e tenta comunicar esse espetáculo ideal aos seus atores.

Os intérpretes, respondendo a uma série de estímulos, fornecem ao diretor possibilidades de viabilização de um espetáculo até então imaginário. Imagens se configuram e são, ou não, identificadas com as cenas buscadas, com o sentido que se pretende conferir à obra como um todo. Essas respostas do ator que o levam gradativamente à elaboração da máscara final são caminhos cobertos de alternativas que farão parte da estética espetacular, caso sejam escolhidas.

A opção diretorial (que pode ou não ser de comum acordo com o ator, nascendo junto com sua produção) vai organizando e delimitando os elementos que permanecerão como proposta da encenação, conferindo a ela seu caráter de estrutura mais ou menos fixa de signos.

Nessa organização (e fechamento através das escolhas feitas passo a passo, gesto a gesto, deslocamento a deslocamento), a ordem sequencial (o desenvolvimento do espetáculo) vai sendo confirmada e sintetizada em suas opções fundamentais pelas quais responde o diretor.

Essa síntese, entendida como fusão final, composição e ordenação dos múltiplos signos, encaminhada também pelo ator (sobretudo no que tange à máscara) através de maior economia no uso de seus signos corporais, na tentativa de encontrar o desempenho exato, no momento adequado. Esse tipo de trabalho envolve, agora, um maior contato com o todo do espetáculo, e sua criação vai sofrendo assim modificações, que são fruto da interdependência entre todos os elementos envolvidos na composição da forma final que será apresentada. De igual modo, o estabelecimento das configurações cênicas, ao mesmo tempo que elimina o processo aberto de experimentação, indica também um campo limitado à intensificação e limpeza dos desenhos da cena: um caminho de profundidade (intensidade) que envolve a correção crescente dos gestos desnecessários (ou de certa maneira incorretos talvez, na direção, tamanho ou ritmo no qual se realizam); seu detalhamento em busca da mais extrema precisão: desenho, ritmo energia e fluência dos signos podem, nesse momento, serem burilados e definidos em sua exata imagem, instante a instante.

Todas essas correções, que fazem parte do processo de criação do espetáculo, são, pois, para o ator, uma nova fonte de pesquisa, apresentam-se como novos desafios. A meta de sua produção define-se cada vez mais, o intérprete pode perceber a forma atuando em si e alterando (e sendo ao mesmo tempo alterada) seu próprio desempenho.

A MÁSCARA CÊNICA: FORMA FINAL OU O CORPO MASCARADO 245

Passar e repassar uma pequena cena, escolhendo os melhores caminhos definidos pelo uso do corpo (porque mais econômicos, mais limpos em seus contornos) é um trabalho que o ator pode fazer sozinho, desde que tudo já esteja acordado previamente com a direção.

Há, então, em primeiro lugar, uma marcação "grossa", ou seja, um grande esboço, fruto das escolhas fundamentais, numa ordem já estabelecida previamente. A seguir, vem a marcação fina e exigente de detalhes, de sutilezas: a afinação do trabalho atoral que se realiza até a data da estreia.

Se a marcação primeira (esboço firmado como estrutura escolhida) já é significante, (já conta, digamos assim, com um desenho simbólico do que virá a ser a obra), a marcação aprimorada (detalhe a detalhe, quadro a quadro) visa a definir, configurar e fixar as formas significantes em todas as suas nuanças. Descobre-se então o quanto ainda resta por fazer; interessante constatar que a arte do teatro (por acontecer e tornar a acontecer a cada dia) pode ir sofrendo transformações intencionais ao longo de uma temporada. Não apenas aquelas modificações que são fruto do próprio repetir diário, mas alterações, como quando se suprime uma cena (que não encontrou a forma exata, que não surtiu o efeito esperado), como quando se cria um novo quadro com mudanças acentuadas de antigas marcas ou se corta o texto etc.

Da mesma maneira, o intérprete seguirá aprofundando sua criação, a cada nova representação: tons exatos, sutilezas inexploradas, impossíveis quando a preocupação com a feitura ainda canalizava todos os seus esforços, imagens primorosas em sua execução etc. Os relacionamentos (contatos que fazem parte do jogo teatral) tornam-se a cada dia mais nítidos: acentuam-se contrastes, afinam-se as significações dos encontros e desencontros no espaço. Sutilezas desenvolvidas por parte de um ator disparam em seu companheiro de palco reações mínimas que sejam, antes inexistentes, e assim por diante.

Tudo deve, nessa etapa derradeira, ser levado em consideração: um signo deslocado no tempo (jogado para uma cena próxima, ou levado para uma cena inicial) tem, às vezes, o poder de alterar beneficamente o conjunto, um toque sonoro no lugar certo, uma mudança de luz no exato instante, nem antes, nem depois. A afinação de um espetáculo, onde o ritmo imprimido deve ser regulado até projetar-se a melodia e fluência rítmica das imagens, envolve a composição do ator, que precisa se adaptar e se adequar a uma totalidade de signos que é própria da linguagem pretendida. A organicidade de sua movimentação, por exemplo, pode sofrer, nessa etapa final, cortes e fixações incômodas (do ponto de vista físico), mas fundamentais para o espetáculo; ele pode sofrer pela ausência de luz (ou por sua presença), pelas massas sonoras que habitam o espaço, ou pelo angustiante silêncio onde antes havia a palavra.

246 O PAPEL DO CORPO NO CORPO DO ATOR

A linguagem da obra, cada vez mais precisa, definida e concretizada nesses elementos exteriores ao ator, e nos quais ele tem de se sentir comodamente instalado, para que sua produção não sofra uma queda de qualidade, permite mais uma vez (e cada vez mais) que seu desempenho passe a ser cada vez mais formalizado. Ensaios técnicos, onde o ator se desloca, acha os pontos exatos de partida e chegada, mede o gesto em função dos objetos ou das zonas iluminadas; onde descobre agora que o ritmo que anteriormente o conduzia deve ser ralentado, ou acelerado, (para causar um certo efeito desejado pelo diretor), onde precisa achar um jeito de se sentir bem, em incômodas e necessárias situações de cena permitem ao intérprete as últimas adaptações da máscara criada, visando, finalmente, à concretização estética. A partir daí, quando o processo de feitura parece ter se encerrado, começa sua grande aventura como objeto estético: não valem sensações particulares, nem opiniões pessoais sobre as cenas, tampouco sentimentos individuais; deve, isso sim, deixar-se conduzir pelo universo simbólico no qual se insere, a cada noite, ao pisar o palco, esquecido de si mesmo, como pessoa, tornado agora uma parcela viva da obra artística que escorre no tempo. Sua máscara permite-lhe a completa entrega a ficção; ao tirar suas roupas cotidianas, passa para um "outro mundo" que, a cada noite, principia e termina. Se seus hábitos pessoais ficaram na coxia, significa apenas que foram provisoriamente trocados pelos hábitos fixados para o espetáculo (resultado do processo de ensaios): uma segunda vida para ser vivida, sempre do mesmo modo; e, em certo sentido, nunca do mesmo modo.

## A FUNÇÃO DA MEMÓRIA ESTÉTICA NA REAPRESENTAÇÃO DA MÁSCARA

O fenômeno da configuração da máscara envolve, de maneira muito especial, a afirmação crescente da visibilidade da personagem; o próprio ator, com a ajuda do diretor, vai anotando em seu soma os momentos onde esta se mostra soberana: as marcas, cada vez mais afinadas, são o traço definido, em signo expressivo, de suas marcantes características exteriorizadas.

À medida em que a interioridade da personagem vem à luz, na clareza dos significantes corporais, e que essa mesma clareza, firmada em cada gesto, fixada numa dinâmica passível de idêntica repetição pelo ator, este vai desenvolvendo paulatinamente uma memorização dos veios externos por onde escorre sua criação interior; memorização que abrange agora um todo feito de necessidades estéticas.

Suas ações não visam mais a percorrer a personagem, com o intuito de descobri-la em seus segredos, para então alojá-los em seu corpo.

A MÁSCARA CÊNICA: FORMA FINAL OU O CORPO MASCARADO 247

Trata-se, antes, de confirmar, na concretude sígnica, aquilo que, tendo sido descoberto por uma espécie de revelação, de modo imediato e intuitivo, deve ser mantido da forma mais indicada, tendo em vista o fenômeno artístico, em si mesmo.

A máscara, como a afirmar-se com objetividade e materialidade crescentes, exige do ator um esforço especial para melhor retê-la, guardá-la, resguardá-la de eventuais danos em termos de seu significado explicitado nas fugitivas imagens cênicas. É preciso manter, com precisão, intensidade, ritmo e desenho, o universo estético fixado como o melhor e resultante de um grande número de escolhas feitas. Nada pode ser esquecido, nem o mais simples olhar que foi marcado, o mais ligeiro recuo, o mais ínfimo tremor de mãos.

Esse caminhar memorizado, parece conter em si mesmo tudo o que está para ser dito no espetáculo. E essas imagens, grandes ou pequenas, necessitam igualmente de qualidades visíveis em sua realização, qualidades dadas pela energia irradiada pelo ator e inserida nesse contexto imagético.

A exteriorização envolve um movimento que se processa no interior do soma, mesmo quando esse não esteja ligado a nenhuma emoção em particular. A relação que se estabelece nesse momento parece ser mais direta, sem a necessidade de uma série de recursos intermediários que foram usados na criação propriamente dita dos signos.

Se o ator consegue mobilizar uma dada manifestação orgânica, e, consequentemente, percebe-a como real, no sentido da energia produzida, ele não precisará mais retomar o todo o processo que o levou a tal descoberta. A energia causada pela paixão existe, e igualmente sua forma, tomada exteriormente, é convincente e verdadeira, já que procede de um movimento interior que se torna visível no espaço da cena.

Evidentemente que tudo não é tão simples assim, nem tão fácil; o ator é um ser humano antes de qualquer coisa e, como tal, sujeito às armadilhas de emoções imprevistas, recordações e relacionamentos difíceis com parceiros de cena, ou com a direção.

Suponhamos, no entanto, que a maioria das dificuldades já foi, de um modo ou de outro, resolvida, e o trabalho está praticamente pronto.

Depois que a máscara concretizou-se em seu soma ou partes dela ficaram registradas em sequências temporais e espaciais, tornadas já um hábito pelas constantes repetições, e a elaboração exterior parece terminada, a imaginação, contudo, prossegue trabalhando. Associações são estabelecidas "por acaso", a partir de determinados movimentos ou situações enformadas, e o mundo afetivo do ator continua emitindo novos sinais: ações ainda não desenhadas parecem pedir passagem, novos impulsos podem surgir juntamente com imagens desafiantes, entremeadas de significações particulares que, por vezes, nem pertencem à personagem ou ao texto, nem, consequentemente, à máscara tal como foi composta.

248 O PAPEL DO CORPO NO CORPO DO ATOR

Seguindo uma ordenada partitura física, é possível que o ator continue trabalhando internamente com conteúdos similares e associativos, podendo mesmo saber a que remetem, como é possível também que trabalhe sem estabelecer conscientemente qualquer tipo de vínculo entre o trabalho e sua vida pessoal; pode até conseguir permanecer vazio de qualquer pensamento e mesmo de subtexto, valendo-se inteiramente da memória. Uma memória una, que engloba interior e exterior de uma personagem que já tomou corpo em atitudes e ações. Essa memória estética pode consistir no único alimento de que precisa para manter viva sua atuação: tudo nela está inserido como num costume muito arraigado do qual já não podemos, nem queremos, nos livrar.

No entanto, essa memória admite, por certo, variações. Por ser orgânica e presente (num presente que está sempre alinhavando e preparando por si um futuro, um vir a ser) esse tipo de memória (sempre atualizada) permite a improvisação, entendida aqui como variações em torno de um mesmo tema máscara ou de um mesmo signo temático.

Essa improvisação, diferentemente daquela que permite ao ator, através de ensaio e erro, encontrar-se com a personagem e experimentá-la em várias situações, dentro e fora do contexto da peça, pode ser usada, não só para solucionar acontecimentos imprevistos da cena: um branco, um erro, uma distração; como também para incorporar manifestações interiores que cabem na máscara (e até a enriquecem), intensidades repentinas nas imagens interiores utilizadas, uma onda de energia mais poderosa que a habitual, a descoberta, em ação, de um detalhe até então esquecido etc.

Nesse sentido, e se a memória estética do ator está fortalecida pelas representações seguidas, a improvisação surge como o meio de continuar o enriquecimento da máscara, que só terminará na noite de encerramento da temporada.

Se a partitura interior e exterior convivem, na máscara, em estreito relacionamento, em troca contínua, qualquer mudança num dos dois polos, por mínima que seja, afeta o outro. E se isso tem o poder de minar um desempenho (se, por acaso, o ator negligenciar no encaminhamento correto da energia por exemplo) pode, por outro lado, resultar num caminho sempre aberto ao crescimento e fortalecimento da máscara criada, quando, então, cada descoberta pode provocar uma série de reações positivas em cadeia.

Nesses dois eixos, a da mais preciosa formalização e naquele que permite seu contínuo aprimoramento (por meio de respostas cada vez mais inteiras, e na resolução cada vez mais precisa de pequenos problemas diários ou impulsos não calculados, mas exatos) os signos atorais tremulam e permanecem, sempre os mesmos, nunca exatamente os mesmos.

Se a formalização excessiva pode levar o ator a uma atuação vazia (forma pela forma), ou pode, pelo menos levá-lo a correr tal risco,

A MÁSCARA CÊNICA: FORMA FINAL OU O CORPO MASCARADO      249

nunca é demais lembrar que, do ponto de vista corporal, só há atuação mecânica (que é o que importa evitar) quando o movimento parece ser produto de um corpo esvaziado de alma, no qual já não há sequer a percepção de cada ato realizado, no qual a própria consciência somática parece ter se perdido.

O ator bem preparado sabe que, se a própria máscara o guia, pois que permanece em sua memória estética totalmente resguardada de danos, e se atualiza a cada noite; isso apenas reafirma o fato de que seu soma deve estar, por inteiro, no processo do contínuo fazer, percebendo e refazendo a trilha de seus gestos, sempre, como se os fizesse pela primeira vez.

# Parte III

**Parte III**

# 7. O Método de Produção do Ator e o Papel do Trabalho Corporal

## INTRODUÇÃO

Nesse estudo procurarei organizar uma proposta de trabalho corporal a ser realizada com atores. Parece-me claro que todo trabalho de corpo, (tanto aqueles que objetivam o corpo como meta principal, como aqueles que, a partir de uma abordagem corpórea, pretendem uma modificação do sujeito como um todo) conforme é realizado acaba sempre por determinar um certo método que se relaciona com as necessidades e objetivos primordiais envolvidos nessa prática. Esse método, em nosso caso, pretende conseguir uma ligação estreita entre o que é visível (a materialidade do corpo) e aquilo, que por sua própria natureza, tende a se ocultar (os impulsos mais íntimos, as paixões mais secretas, os fios intencionais da ação da personagem).

Esse dado precípuo de revelação está, ou deveria estar, presente nas mais diversas abordagens de um soma que tem como finalidade, quando em situação de palco, a exteriorização, não de conteúdos pessoais, mas de uma criação artística cuja vida é imaginária.

Se as pessoas atualmente sofrem, em vista das condições atuais de vida, de uma dessensibilização progressiva, como contornar tal problema quando se lida com a arte da interpretação que exige e exigirá sempre homens e mulheres sensíveis?

E como se deverá pois encaminhar um treino da sensibilidade? Como dizer não ao medo que se instala, às defesas construídas desde a mais tenra idade (como talvez a única maneira de autoproteção), sem

254 O PAPEL DO CORPO NO CORPO DO ATOR

invadir áreas próximas (já que lidam igualmente com o ser humano) como a da psicologia, da psicanálise etc.?

Se entrar em contato (consigo mesmo, com o mundo) significa igualmente enfrentar o sofrimento e a frustração constante entre desejo e realidade, ao ator parece ser preciso saber lidar com o próprio silêncio interior capaz de provocar uma consciência do corpo, ou transformá-lo em corpo consciente e corpo significante: conhecer a história guardada nos músculos, nas articulações, em todas as suas fibras.

Um ator, se nos afigura, não tem direito de passar superficialmente por sua própria vida, sem se atrever a defrontar-se consigo mesmo, a tomar consciência de sua realidade; sua vida lhe dá recursos e elementos fundamentais ao exercício de sua arte.

Nesse sentido, as terapias corporais, já estudadas no capítulo 3 parecem muito bem-vindas ao intérprete, pois tratam de afinar o instrumento corpo, devolvendo-lhe a vitalidade diminuída ou perdida, propiciando um maior autoconhecimento.

Falar do corpo do ator é falar de sua pessoa, de suas características mais íntimas; pois, se um retrato é apenas a imagem de alguém, pode igualmente captar seu ser inteiro, que, por mais que se oculte (e talvez por isso mesmo) acaba tornando-se revelador a outros olhos. Ao ator cabe olhar de frente seu próprio retrato, sobretudo ousar olhá-lo. Mais ainda que olhar, cabe tentar senti-lo com a mesma intensidade com que a vida, quando o permitimos, manifesta-se.

Para isso é preciso um real querer, uma motivação maior que o simples desejo de acertar, de fazer bem feito. Não é uma disciplina imposta que pode ajudá-lo; se for desse modo, o exercício transforma-se em mera ginástica, que não vai fundo, que não se mescla ao sangue, que não toca a alma. Que não toca sequer a energia que flui constantemente em direção ao mundo circundante. Por isso, de nada adianta ao ator a execução mecânica de exercícios: essa forma de agir apenas o separa de suas sensações mais humanas, isola-o e protege de eventuais mudanças significativas que podem ocorrer na tomada de consciência das mais simples ações.

Lembro-me agora de um aluno que iniciou o trabalho corporal em minhas aulas; nunca havia feito antes algo semelhante. Após seis meses de frequência, pediu-me uma hora para conversar. Disse-me, bastante emocionado, que estava se sentindo cada vez mais sensível, a ponto de se assustar com isso, a vida agora lhe parecia ao mesmo tempo muito mais bonita e também mais difícil de levar: andava pelas ruas e reparava em coisas que antes nem via, emocionava-se "à toa" e reparava cada vez mais nas variações de humor que lhe sobrevinham, passara a questionar o trabalho fora da escola, sentindo que era impossível para ele permanecer horas a fio sentado, imóvel e reprimindo seus verdadeiros sentimentos para com as pessoas ao redor.

escrever com o olhar
compor com a letra invisível da energia
o que permanece parte oculto
parte impresso nos traços marcantes da máscara

tudo aquilo que se enforma

Fig. 19: A atriz Simone Donha em cena de                    , com texto, direção e fotografia de Sônia de Azevedo, Centro Cultural FIESP, 2001. Arte de Fred Costa Pinto.

O PAPEL DO CORPO NO CORPO DO ATOR

Atribuía muito do que estava sentindo ao trabalho corporal que realizava; sentia que estava mudando e, apesar do medo, achava que isso valia a pena.

Afinar o corpo de um ator, portanto, não significa apenas alongar seus músculos; a flexibilidade de um corpo só tem sentido se, dentro dele, também o espírito puder estender seus limites, avançar e crescer em busca de si mesmo. Todo o trabalho de corpo serve ao ator (a uns, claro, mais que a outros), desde que tenha como característica o desenvolvimento de suas potencialidades.

Sabe-se, por exemplo, que movimentos lentos, extremamente lentos, acabam tornando possível, ao executante, a captação do seu próprio fazer: o tempo pára para aquele que assim se move; agente e ato fundem-se, colam-se ao instante/espaço desse desenrolar: continuamente pulsação, expansão e recolhimento, tensão e relaxamento.

O momento é a única coisa que existe, e é captado numa sequência pensada pelo corpo em seu próprio movimentar-se. Fazer pensar o corpo, ou fazer mover (e dançar) o pensamento junto com o passo, parece reter uma magia sábia e antiga, quando homem e natureza viviam em proximidade; quando os seres humanos conseguiam, por assim dizer, viver muito mais perto de si mesmo e dos fenômenos naturais do que agora.

A proposta do T'ai chi, por exemplo, de buscar o vazio interior, torna possível o crescimento de uma sensação de inteireza (consigo e igualmente com o ambiente); a energia assim centrada (como um pequeno sol no centro do corpo) é intenção: não é consciência (como a conhecemos) mas é também consciência (do ponto de vista fenomenológico), não é inconsciente vindo à tona, mas é também inconsciente.

Uma das principais funções do trabalho corporal me parece ser, portanto, a de estabelecer uma conexão contínua corpo mente; a percepção (como tomada de consciência) de sensações e de suas manifestações em sensíveis mudanças corpóreas. Se a preocupação prática desse tipo de treino é com o que visivelmente se expressa, isso não impede o trabalho de chegar a consequências maiores e mais profundas, que a simples execução de um gesto bem feito tecnicamente; cabe auxiliar o ator a, não só tomar conhecimento do repertório de que se utiliza, como também a conhecer seus recursos de artista para colocá-los sob domínio.

Cabe ao ator, igualmente, aprender a lidar com esse fenômeno de sensações em fluxo; não só conhecê-lo como conseguir habilmente reproduzi-lo (tecnicamente mesmo quando necessitar). Dessas sensações percebidas nascem os vários impulsos para a ação; ou (como queria Laban) os esforços-forma. Não como coisas distintas, mas como ambição de totalidade. Se o esforço é forma em sua gênese, a forma é fruto de uma semente que permanece intacta, latente.

Nesse capítulo abordarei a questão do método de trabalho corporal do ator na relação com sua produção como artista, englobando os seguintes itens:

a postura correta
uma parte que se destaca
nítida do todo
entre outras possibilidades
a escolha plena e livre
passível de muitas repetições

Fig. 20:

258 O PAPEL DO CORPO NO CORPO DO ATOR

1. A pessoa do ator: técnicas de afinação do instrumento corpo na relação com seus impulsos vitais e técnicas voltadas para sua movimentação expressiva.

2. O ator e a ficção cênica: função da preparação corporal na relação com o trabalho interpretativo, ou seja, impulsos vitais a serviço de situações ficcionais; movimentação expressiva na relação com o "se" imaginário e improvisação corporal a partir de circunstâncias dadas ou criadas.

3. O ator e a criação de um papel: especificidade do trabalho de corpo na descoberta de impulsos vitais de personagem, e organização dos esforços-forma na configuração da máscara cênica. O corpo como signo de personagem.

## A PESSOA DO ATOR: FUNÇÃO DA PREPARAÇÃO CORPORAL

Evitei, até agora, em meu estudo, o uso do termo expressão corporal, nome que se encontra no currículo básico dos cursos de formação do ator, dividindo com a área de técnicas de dança (ou técnica de dança), a responsabilidade pelo trabalho corporal do ator.

Isso não ocorreu impensadamente; pelo contrário, o nome parece, pessoalmente pelo menos, ter sido marcado pela imprecisão no tocante aos conteúdos abordados; muitas atividades diferentes (em objetivos, conteúdo programático e estratégias utilizadas) são exercidas sob esse nome genérico.

Jean Le Camus[17] considera C. Pujade-Renaud[18] como a "porta-bandeira" dos partidários desse tipo de abordagem do corpo, dizendo:

Esta corrente pedagógica conheceu seu momento de glória nos anos que sucederam a revolução cultural de maio de 1968: frente ao esporte, considerado por uma parte da esquerda como um meio de robotização, de arrigimentação [...] a expressão corporal era apresentada como o lugar da libertação. À lógica da aprendizagem técnica, da pesquisa do desempenho, da competição e da hierarquização a expressão corporal opunha uma lógica da fantasia e do encontro.[...] Substituíam o culto do corpo funcional pelo culto do corpo erógeno[19].

Parece-nos, passados tantos anos, que o termo "trabalho de corpo" indica, por si mesmo, um imbricamento de duas noções importantes: a de uma disciplina técnica, (por meio da qual haverá possibilidade do

17 1. Jean Le Camus, *O Corpo em Discussão: Da Reeducação Psicomotora às Terapias de Mediação Corporal*, Porto Alegre, Artes Médicas, 1986, p. 54.
18 C. Pujade-Renaud *apud* Jean Le Camus, *op. cit.*; escreve, em 1974 o livro *Expressão Corporal, Linguagem do Silêncio*.
19 Jean Le Camus, *op. cit.*, p. 54.

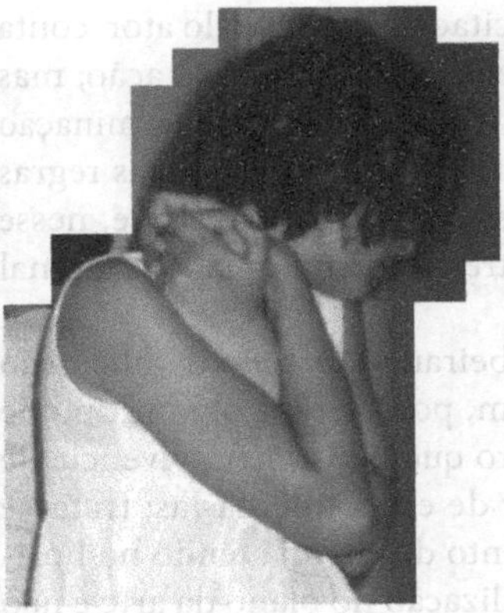

exercício da liberdade expressiva) e a da liberdade experimentista
e da improvisação.

A criação a ser vivenciada e explicitada [...] do ator conta
[...] com o afinamento de s[...]
ensaiamos impulsos terminarão por [...] finação
estética (configurar-se num todo orga[...] regras
envolvidas no conjunto criativo) pre[...] nesse
exercício de codificação simbólica, en[...] ral
e flexibilidade legal também.

Às colocar eis do ator aluno, se beira[...]
de conteúdos pela dijeteis, ou se levan[...] p[...]
catars[...] o fazem com um olferio ento qu[...]
emoções apenas devido pelo prazer de e[...]
de um trabalho ou seja, um investimento d[...]
zonte a finalidade precípua de uma realização [...]
de sua vida pessoal.

[...]

enquanto a atriz ensaia
marca cada detalhe encontrado
com suas específicas e corretas cores
como se fixasse o gesto
no complexo tecido da poesia.

Fig. 21:

260 O PAPEL DO CORPO NO CORPO DO ATOR

exercício da liberdade expressiva) e a da liberdade na experimentação e na improvisação.

A criação, a ser vivenciada e explicitada em obra pelo ator, conta seguramente com o afloramento de seus impulsos para a ação, mas esses mesmos impulsos terminarão por sofrer uma certa determinação estética (configurar-se num todo organizado, segundo certas regras envolvidas no conjunto criativo), pressupondo-se então que, nesse exercício de codificação simbólica, entre também um lado artesanal e habilidoso, logo, técnico.

As descobertas do ator aluno, se beiram o terreno da liberação de conteúdos psicológicos, ou se levam, por vezes, a algum tipo de catarse, o fazem com um objetivo outro que não a mera vivência de emoções, apenas movido pelo prazer de experimentá-las; trata-se de um trabalho, ou seja, um investimento de energia tendo no horizonte a finalidade precípua de uma realização no plano da arte e não de sua vida pessoal.

Torna-se evidente também, que, ao lidarmos com o corpo, sem dúvida estaremos lidando com o prazer (com o erótico), mas, ao pretendermos que o ator vença resistências em nível psicofísico, estaremos, na mesma medida, lidando com a dor. Se o espaço desse exercitar contínuo pressupõe o exercício da liberdade, isso também só se faz possível pelo estabelecimento de normas claras e regras que possam encaminhá-lo para o fim almejado: o de possibilitar a afinação do instrumento corpo do ator na relação com seus impulsos vitais, para que consiga, a cada passo, canalizá-los no trabalho mesmo.

Dentre os impulsos que procuro trabalhar com os alunos estão aqueles ligados aos ímpetos de avanço e ataque, as manifestações agressivas por excelência. Numa época em que a violência explode em cada esquina, nós, talvez porque sufocados pelo medo, talvez porque temendo a própria agressividade nos esquecemos de lutar, mesmo que essa luta leve a um encontro amoroso, mesmo que ela seja como os jogos das crianças pequenas: puro prazer de medir forças, prazer do cansaço final, da alegria. O próprio impulso de fuga e recuo parece estar adormecido, talvez porque a angústia seja companheira da imobilidade.

Costumo propor jogos, em geral na forma de velhas brincadeiras de infância (como pegador, por exemplo) para que os atores possam recuperar o prazer de investir, perseguir agarrar e segurar; possam relembrar o pavor de se sentir perseguidos, agarrados. Escapar torna-se, no aqui agora, uma questão de sobrevivência.

Logo depois desse exercício, ainda com as sensações fortemente presentes e "quentes" no corpo, o aluno tenta um trabalho individual, composto de avanços e recuos, investidas e fugas em direção a alvos ou perseguidores imaginários, em desenhos corporais claros que possam prender neles as sensações experimentadas. O ator procura investigar

O MÉTODO DE PRODUÇÃO DO ATOR E O PAPEL DO TRABALHO CORPORAL   261

e retomar "a frio" as sensações vitais do jogo anterior, atento também às várias formas pelas quais as emoções se expressam em seu corpo. De posse dessa pequena sequência, ele busca, conscientemente, alterações no uso da energia, a ponto de transformar uma agressão dolorosa numa carícia, uma fuga terrível em abandono amoroso etc.

A beleza do movimento ou o movimento verdadeiramente expressivo, (mesmo que terrivelmente belo) liga-se a uma maneira muito especial de pesquisa (recuperar velhas e esquecidas sensações, modulá-las com o corpo em trajetos visíveis), na qual o ator se volta inteiramente para seu corpo e pode deter-se a reconhecê-lo, a tatear desenhos experimentais, como quem estuda os traços e rascunha, usando as possibilidades do simétrico e do assimétrico, do pequeno e do grande, do forte e do frágil. É importante que, a cada gesto desenhado, se possa perceber como o corpo todo se deixa envolver numa só direção, num só sentido.

Essa pesquisa da arte do movimento tem, em si mesma, a capacidade de funcionar como uma isca que, quando bem lançada, estabelece vínculos de natureza simbólica com o soma do ator. Uma certa conexão em branco, ou, aparentemente ainda sem significado, com a sensação interna que é produzida, lado a lado com o movimento, resulta num todo harmonioso que, mesmo não tendo significação clara, permanece como um desafio visual (para o observador de fora) e como uma descoberta que pode ser preservada e retrabalhada (para seu agente), porque nela alguma coisa de vital se incorporou ou acabará por incorporar-se.

Quando o ator estuda uma frase de movimento (uma certa estrutura formal criada sob certas condições técnicas, por exemplo) a primeira coisa que tem a fazer é deixá-la ser memorizada pelo corpo e aperfeiçoada, até que esteja correta, do ponto de vista das posturas utilizadas, uso de apoios, centro de equilíbrio, musculatura envolvida etc.

A seguir, sua atenção pode ser focalizada nas formas e passagens entre formas (desenhos realizados), somente nos apoios, na direção do olhar em cada momento, ou até em partes especiais do corpo que ofereçam dificuldade de contato ou consciência.

Pode-se perceber, ainda, como pequenas alterações formais se manifestam, e brincar bastante com elas numa série imensa de variações. Pode-se encaminhar o trabalho num só ritmo, pode-se pedir que cada passagem seja efetuada num certo tempo etc. Importante é perceber sempre a unicidade do desempenho: o uso do corpo propicia o estabelecimento da ligação com as sensações que o acompanham, e dessa constatação nasce a possibilidade de provocar, intencionalmente alterações interiores por meio de modificações conscientes da utilização do próprio corpo em movimento. Ao ator importa saber por quais caminhos guiar-se na pesquisa.

262 O PAPEL DO CORPO NO CORPO DO ATOR

Quando Laban organizou e sistematizou um método de estudo teórico prático da movimentação humana e artística, ele objetivou clara e, até logicamente, os elementos existentes em qualquer movimento humano, lançando assim bases estruturais de pesquisa. Ao mesmo tempo possibilitou maior objetividade no trato com os problemas da movimentação, já que, de modo simples e disciplinado, pode-se "ler" a materialidade dos gestos de deslocamentos.

Trabalhando com o ator pessoa, ou num trabalho técnico que visa à autodescoberta de um instrumento a ser afinado, segundo uma ampla gama de impulsos vitais (advindos de necessidades também imaginadas, não necessariamente as necessidades reais), terminamos sempre por propor um início formal, a ser encaminhado logo após um treino introdutório de conscientização de sua movimentação natural e pessoal e de um trabalho corretivo.

Pode mesmo parecer, a princípio, que estou negando, com isso, meu estudo realizado no capítulo quarto, ou mesmo subestimando os procedimentos nele levantados como fundamentais ao encaminhamento de um trabalho corporal com o ator. O que estou querendo dizer é que, nas bases de uma metodologia como essa, não se deve esquecer que o corpo do intérprete terá, forçosamente, de adquirir caráter significante, sendo, portanto, absolutamente necessário o estudo formal, mesmo que no começo (e de acordo com o grupo envolvido) seja minimamente reduzido, se comparado com outras atividades.

Não estou falando ainda de formas projetadas, mas da forma percebida como tal, sentida exatamente assim como forma. De fato, não estou, de modo algum, propondo o uso do espelho (como o que se utiliza em algumas aulas de dança) pelo contrário, importa desenvolver, mesmo que lentamente, um autoespelhamento que não esteja voltado somente para o que é produzido (mas também para isso), que consiga organizar, sensorialmente falando, o sentimento da forma.

A vida sentida, imaginada, pensada, transparece nesses desenhos corporais, e o contato entre a imaginação e o ato fortalece a ambos, ampliando a capacidade interpretativa do ator. Os conteúdos (se diretamente usados pela pessoa) não são importantes em si mesmos; os recursos do intérprete, recursos pessoais e íntimos, canalizados formalmente, não serão motivo de qualquer tipo de análise e tampouco, evidentemente, de interpretação. Trata-se, apenas, de analisar o jeito como o movimento se viabiliza, e incorpora o que quer que, com ele, tenha sido mobilizado.

Descobrir o sentido (ou os sentidos) das formas retilíneas, das formas torcidas, dos trajetos circulares, daquelas que separam o espaço, daquelas que o envolvem e se deixam envolver. Notar como o corpo todo se organiza em função de um só objetivo formal: alongar-se, estreitar-se, expandir-se em várias direções ao mesmo tempo, numa só direção.

O MÉTODO DE PRODUÇÃO DO ATOR E O PAPEL DO TRABALHO CORPORAL   263

Nessa simplicidade de busca o ator poderá perceber-se diferentemente do cotidiano, confrontar-se com passagens formais desconhecidas, descobrir nelas significados possíveis, sensações mais ou menos definidas e organizáveis.

Tentar separar em etapas disciplinadas um fenômeno dessa abrangência parece-nos um equívoco; o que vem antes: a sensação física ou a lembrança que a ela se liga, a fisicalização ou a imagem associada ao que é sentido, de onde enfim nasce a emoção?

Se uma das principais funções do trabalho corporal atoral é aquela que associa uma criação ideal e sua concretude física, será o objetivo do preparo corpóreo instrumentalizar o ator a partir desse segundo eixo, ligado, sem dúvida (e todo tempo) ao primeiro. O exercício do imaginário estará presente no mais simples exercício formal, assim como está presente nas palavras de um romance: tanto a frase literária quanto a frase-movimento têm, em si mesmas, esse poder e de evocação simbólica inerente à condição humana.

O ator percebe-se em movimento e esse perceber-se em ação conta, por um lado, com uma auto-observação objetiva das formas ocasionadas, e, por outro, com os dados de uma subjetividade que surge como resposta e que, por sua vez, estabelece novos liames entre o que é feito (e aparece) e o que é imaginado, sentido, pensado.

Perceber-se em ação é também tomar consciência dos impulsos enformados e daqueles que permanecem reprimidos e intocados. O interessante nesses impulsos é que, quando devidamente canalizados, trazem consigo a energia original que os produziu. Impulsos agressivos serão percebidos por meio de deslocamentos formais que invadem e estilhaçam o espaço, que avançam em direções definidas; assim também impulsos ligados à atitudes de fuga, de necessidades prementes de recuar, fechar-se, dizer não.

Exercícios estabelecidos, levando-se em conta possibilidades objetivas de movimentação (uso dos vários níveis do espaço, uso de suas dimensões tendo como centro a pessoa do ator, uso de gestos criados segundo as várias linhas e diagonais do espaço cinestésico) encaminham aquele que pesquisa a uma gama bastante ampla de atitudes humanas opostas, que podem ser melhor percebidas, por exemplo, em pausas estáticas (formas corporais) e na preparação interior para novas formas. As passagens de uma atitude para outra possibilitam, identicamente, a passagem interior entre sensações opostas e díspares, entre emoções diferenciadas e sensações correspondentes.

Pode-se notar igualmente (e a partir de uma observação exterior) resistências pessoais com respeito a certos caminhos (por exemplo, resistência à passividade e à entrega; resistência à agressão, seja qual for a forma em que esta se manifeste). A provocação de uma disponibilidade interna aos mais variados sentimentos (reais ou vindos de

O PAPEL DO CORPO NO CORPO DO ATOR

situações imaginadas e que jamais, talvez, sejam de fato vividas) faz-se, desse modo, por meio de uma base objetivamente técnica.

É bem verdade que esse tipo de abordagem (pela via exterior) das habilidades interpretativas do ator tem suas limitações; nem tudo pode ser suportado por determinada pessoa num determinado contexto de sua vida, e a privacidade terá então de ser respeitada, sem invasões precipitadas que poderiam ser danosas. No entanto, esse tipo de trabalho leva o ator a uma tomada de consciência de suas limitações psicofísicas e, no mínimo, pode encaminhar pesquisas futuras com relação às suas dificuldades particulares.

Essas primeiras impressões pessoais no tocante à experimentação do espaço (pequeno espaço ao redor de si, grandes espaços como o todo da sala de trabalho; possibilidades de invadir ou não o espaço alheio) sugerem ao ator sua disponibilidade geral maior para a ousadia ou para a contenção, para a libertação de estereótipos e máscaras usuais ou para a manutenção desses mesmos padrões de comportamento. Essas descobertas terminam por ocasionar avanços no conhecimento que o intérprete possui de si mesmo; ilusões são desmanchadas, descobertas imprevistas se realizam.

A via técnico-formal funciona como estopim de manifestações imagísticas, de um acréscimo de sensações físicas vividas (e por vezes assustadoras, se comparadas à rotina da maioria das pessoas), de um vir à tona das emoções esquecidas, facilitando assim o contato do ator com seus recursos adormecidos. Importa aqui o desbloqueio do canal expressivo do intérprete: nem sempre, e de imediato, impulsos internos canalizam-se na forma exterior, às vezes torna-se necessário sua veiculação no desenho, na pintura, na palavra e, mesmo, na relação com materiais concretos e sugestivos (pela textura, cor, peso, volume) A voz e o corpo são, por vezes, incapazes de expressar, no início, atitudes internas, talvez porque se configurem como meios diretos de expressão e, consequentemente, mais poderosos e amedrontadores.

O uso de propostas rítmicas no desempenho de sequências formais amplia ainda mais o horizonte expressivo do comediante, na medida em que esse propositado enfoque (que pode variar no tempo de feitura dos movimentos, indo da mais angustiosa e exasperante lentidão à mais sôfrega e desesperada rapidez) enriquece a passagem entre atitudes diferentes, propicia o surgimento de manifestações não rotineiras. Uma mesma sequência formal (palavras-movimento organizadas numa certa ordem) altera-se profundamente conforme o ritmo que lhe é imposto. Modifica-se o tempo que cada desenho tem para realizar-se, e, consequentemente, a sensação do movimento propicia novos contatos e percepções.

Não me preocupa, nesse momento, o ritmo métrico, (embora seja também ele muito utilizado), estou, isso sim, propondo um

O MÉTODO DE PRODUÇÃO DO ATOR E O PAPEL DO TRABALHO CORPORAL 265

treinamento do ator no concernente à sensação do tempo ligada a uma objetivação externa. O emprego de uma movimentação súbita será sempre o da mais rápida ação que o ator puder realizar, ou seja, a proposta é que num mínimo de tempo logre efetuar o maior número possível de ações sem, no entanto, deixar que percam sua clareza: preparação, execução e finalização de cada uma delas em separado, sem confundi-las num só todo confuso e mal desenhado.

O treinamento que envolve as várias possibilidades de uso temporal leva, consequentemente, à uma maior agudez na preparação interior para cada frase. O súbito é como que uma explosão que tenta ignorar a passagem do tempo: é um já que urgentemente pede passagem, confiando em que o corpo possa se surpreender com o impulso premente e responder satisfatoriamente a ele. Em certos movimentos assim realizados, o impulso caminha por si mesmo, num vínculo estabelecido diretamente com o corpo que o articula, movendo-se inexoravelmente até o final. Trata-se de um treino duplo: a conscientização corporal de alguma coisa interior, que se avoluma com urgência, e o instante de sua explosão física, ocasionando a forma buscada; é preciso, cada vez mais, diminuir o tempo entre essa preparação e a ação propriamente dita, até o ponto em que tais impulsos súbitos sejam sua própria manifestação exterior.

O objetivo, com isso, é maior do que aquele que pretende meramente que o passo acompanhe um ritmo de uma música; o que se quer aqui é que o impulso surja de modo tão intempestivo que não possa esperar, e que o corpo, por sua vez, disponha de meios técnicos de lhe dar vazão (saiba como comportar-se).

O súbito, assim como está sendo enfocado, ajuda a que o ator se renda ao desempenho necessário: há uma ação a ser feita (e já é sabida), o como fazê-la subitamente, eis o desafio. Sua atenção prende-se concomitantemente ao *que* e ao *como*, que só é aprendido no momento em que acontece. Mas o intérprete não pode prever (dada a instantaneidade do movimento) como de fato este acontecerá.

Seu oposto complementar (o tempo lento), deixa-nos supor que uma escolha minuciosa de por onde conduzir cada gesto (e mais que isso, cada fração de gesto), pode ser feita junto com a ação; a opção pode a cada instante ser avaliada, reavaliada, alterada. É possível se perceber com exatidão o traçado de cada desenho até o seu final (ceder ao que está ocorrendo), pode-se mesmo trair a rota prevista e encaminhada, desenvolvendo (num tempo que não tem pressa) mudanças lentas de direção, alteração em sua linearidade, em seu alcance. Tecnicamente, surpreende-se o corpo no momento mesmo em que esta vai se organizando para deixar fluir o movimento (articulação por articulação; o que gira, o que estica, o que pousa, o que se eleva) respondendo aos impulsos e necessidades interiores ou ocasionando mudanças em nível perceptível.

266 O PAPEL DO CORPO NO CORPO DO ATOR

Cada uma das sensações pode (por seu tempo maior de duração) ser examinada, associada a intermináveis fios intuitivos e ligações emocionais, conduzida e enfrentada assim como se aproxima, permanece por um longo tempo e já se vai distanciando, cedendo seu lugar a outras ocorrências sentidas. Se antes não havia tempo, agora o tempo para, ou parece ser criado em tão comum acordo com a forma, que são uma só coisa.

Ao unirmos os dois opostos numa mesma sequência, o campo de experimentação amplia-se ainda mais; são muitas as combinações possíveis de exercício desses esquemas rítmicos, aliados sempre ao mesmo desempenho formal. O estudo das passagens entre o lentíssimo e o súbito (se a eles associamos já componentes interiores de trabalho) são também passagens de uma para outra emoção, de uma sensação para outra totalmente diferente. Os motivos interiores, encontrados individualmente para essa execução técnica, não vêm ao caso: pode-se estar trabalhando ao mesmo tempo com uma sequência de imagens bastante determinada, pode-se imaginar situações onde tais acontecimentos teriam essa manifestação física, pode-se até criar uma personagem que, em certas situações, reagiria dessa maneira, ou pode-se apenas estar atento ao jeito muito característico como a energia propulsora da forma se atreve a deslizar pelo corpo, ou agrupar-se num sitio determinado, como a respiração pode ser alterada ou alterar-se em cada momento, e assim por diante.

Acredito que o ator, assim como qualquer artista, deve descobrir seu modo particular de relacionamento com suas metas artísticas; deve, a partir de um método, descobrir nele aquilo que é bem-vindo, e lançar fora o que não lhe serve: criar uma disciplina pessoal de trabalho. Ninguém melhor que ele para saber por onde conduzir-se: por onde (e por quais meios) conseguir obter aquilo que sua intenção indica, ou que seu trabalho pede.

Nossa atenção volta-se, a partir de agora, para a aprendizagem da energia presente em qualquer ação humana. Não será demais enfatizar sua importância; dela, sem dúvida, provém a qualidade de qualquer trabalho.

Nesse momento, no entanto, estou tratando da energia como quantidade maior ou menor de força presente nos músculos; de como essa força assusta e afasta, pede aproximação, ou nega a aproximação.

A alternância entre tensão máxima e relaxamento máximo (mínima energia a ser investida no gesto, para que ele continue a existir) fazem parte de qualquer desempenho corporal. Assim como na questão do ritmo, a interpretação atoral oscila em gamas extensas de irradiação dessa força orgânica assumida no palco. A vivência e a compreensão dessas possibilidades todas de uso de uma força física ajudam o ator a perceber a energia que possui e que talvez nunca ele tenha mobilizado por inteira na vida real.

O MÉTODO DE PRODUÇÃO DO ATOR E O PAPEL DO TRABALHO CORPORAL    267

Experienciando essa mobilização no movimento e nas posturas, pode então torná-la energia projetada (apenas no olhar, ou na entonação da voz, até mesmo numa posição de relaxamento muscular) a serviço da interpretação.

Se o uso de energia máxima, presente no corpo e a serviço de um movimento prático (como o caso de empurrar algo pesado), faz parte de uma pesquisa corporal (posicionamento dos apoios, posição das pernas, angulação dos braços etc.), seu emprego em situações de jogo desperta no ator impulsos de ataque ou posse, prazer de lutar para conseguir alguma coisa em relação ao outro com o qual trabalha, capacidade de suportar o esforço e não desistir, a não ser quando chega a seus limites pessoais, ou mesmo a tentar ultrapassar tais limites pela simples sensação prazerosa de fazê-lo.

Dominar o espaço, agir segundo ritmos diversos, ser capaz de dirigir esses ritmos a partir de dentro, sem necessidade de outros estímulos alternar a energia utilizada segundo critérios de sua vontade, conseguir trabalhá-la em fluxos e refluxos, admitir pausas (sem tensão, nem angústia) e lidar de várias formas com elas, sem nenhum prejuízo de sua concentração (mesmo na imobilidade absoluta) levam o ator a adquirir confiança em seu desempenho técnico.

Aprenderá, conforme o tempo que dedicar a esse aprendizado (sobretudo paciência, para constantemente repetir as mesmas sequências), a deixar-se afetar por impulsos vindos de dentro, ou (e) a responder diretamente aos estímulos de fora (e que serão imediatamente incorporados).

Vale notar essa característica de autoestimulação, com a qual deve contar o ator: só a ele pertence o fato de entregar-se inteiramente ao seu processo produtivo, só a ele cabe a capacidade de reproduzir as mesmas sensações no momento adequado e pelo tempo necessário. A disciplina será fundamental (e a ordenação de suas ações) quando puder ser percebida como autodisciplina, capaz de servir de agente controlador de suas atitudes no palco.

O estudo do maior número possível de deslocamentos, num espaço circunscrito, aumentará seu repertório de movimentação a ponto de seus impulsos para a ação saírem já enformados em direções precisas, satisfazendo assim a qualquer requisito da personagem com a qual trabalha. Se a esse estudo se acrescentar a pesquisa das dinâmicas básicas, a que já nos referimos (e que utilizam os elementos do movimento em diferentes combinações), a pessoa do ator poderá dispor de um leque abrangente dos esforços básicos existentes na movimentação e nas atitudes humanas. Que a essas dinâmicas se interligam traços de caráter e temperamento, e que ao ator é imprescindível conhecê-los em seu próprio corpo, não resta sombra de dúvida:

O caráter das pessoas em atividade é melhor expresso em termos de movimentos, ou seja, através dos elementos Espaço, Peso, Tempo e Fluência, na medida em que se revelam as

# 268 O PAPEL DO CORPO NO CORPO DO ATOR

ações corporais. Estes elementos comportam a chave da compreensão daquilo que se poderia chamar o alfabeto da linguagem do movimento; é possível observar e analisar o movimento em termos desta linguagem. A pesquisa e a análise desta linguagem da movimentação e, portanto, da representação e da dança só pode ser fundamentada no conhecimento e na prática dos elementos do movimento, de suas combinações e sequências, bem como no estudo de sua significação. As formas e ritmos configurados a partir de ações de esforço básico, de sensações de movimento, de esforço incompleto e do ímpeto para movimento, informam sobre a relação que a pessoa estabelece com seus mundos interno e externo. Sua atitude mental e suas participações interiores refletem-se em suas ações corporais deliberadas, bem como em seus movimentos de sombra que acompanham os primeiros[20].

Conforme o temperamento de alguém, (seus movimentos em situações normais) prendem-se e caracterizam-se por uma ou outra dinâmica em particular, e acabam por estabelecer um certo estilo de movimentação, denotadora de um modo de vida próprio. Todos nós possuímos um jeito individual de lidar com os elementos do movimento, assim como maneiras particulares de enxergar as coisas, tomar posição frente a elas e assim por diante.

Ao ator cabe desvendar certos segredos, por exemplo aqueles que se escondem atrás (ou dentro) das dinâmicas (ou esforços básicos) humanas. E isso será possível por meio do exercício rotineiro e disciplinado de cada uma delas em separado, para que o exercitante compreenda os motivos intrínsecos a tal ou qual modo de agir, posicionar-se, lutar por determinados valores. Então, e mais uma vez, a exigência de correção técnica não estará a serviço somente de um desempenho físico, mas da busca de articulações representativas de traços e caracteres básicos, na ampliação da capacidade interpretativa.

O fato de continuamente lidar com dinâmicas pouco usuais em seu cotidiano alarga os horizontes do intérprete, ocasionando, com isso, modificações em seu padrão usual de conduta. O conhecimento vivencial da leveza do gesto carrega junto uma sensação amiúde terna, ou de abandono, ou distante (porém leve) conforme o contexto. O exercício de movimentos bruscos e duros, diretos e fortes, traz consigo sensações mais violentas, agressivas e poderosas.

Se a improvisação corporal for pensada como caminho aberto à experimentação livre de certos temas de movimento, e se essa experimentação constar de, por um lado, uma limitação objetivada nesses mesmos temas, e, por outro, uma criação imaginária de contextos e situações, o intercâmbio entre a mente e o corpo solidifica-se no trabalho. Um eixo claro em torno do qual se pode buscar tantas variáveis quantas forem desejadas, onde o canal que liga ideias e sua concretude física possa ser exercitado, até o ponto em que já não será possível separar o que é causado por um ou por outro: impulso e forma canalizam-se mutuamente, tendo como resultado a pesquisa criativa.

20  Rudolf von Laban, *op. cit.*, pp. 167-168.

O MÉTODO DE PRODUÇÃO DO ATOR E O PAPEL DO TRABALHO CORPORAL 269

O movimento, em sequências sempre alteradas em seus elementos básicos (passíveis ao mesmo tempo de análise objetiva e de abordagem emotiva), será uma alavanca propiciadora de autoconhecimento e, ao mesmo tempo, de motivação artística.

A função do preparo corporal do ator estará ligada a um processo de dar forma (com tudo o que implica essa atitude formadora: escolha de frases, ritmos e desenhos de movimentos) e concomitantemente o de perceber os significados nela inscritos (como podem ser sentidos pelo agente, como podem ser compreendidos pelo observador) como espelhamento de movimentos interiores de um ser humano, com toda sua complexidade e riqueza. Sobretudo será indispensável conscientizar-se dos trechos "vazios" (nos quais não há para o movimento realizado nenhuma atitude interior marcante) e os trechos preenchidos, nos quais, a cada mínimo gesto, existe, como suporte, como origem ou consequência, um estado interior característico e discernível.

Todo e qualquer encadeamento de movimentos (desde os mais simples, como as ações que se realizam no cotidiano; aos mais complexos, como a movimentação não pragmática) será frutífero, se se evitar terminantemente sua mecanização, ou, em outras palavras, sua execução sem a devida participação interior.

É bem verdade que, mesmo as sequências, de início artificiais (se forem criadas pelo próprio ator, segundo normas anteriormente colo-cadas) acabam por suscitar nele, por meio de obsessiva repetição (com a concentração colocada no seu simples fazer), em sua execução uma resposta ou eco interno, se houver disponibilidade, por parte do intérprete para tal acontecimento. O movimento, se bem encaminhado, resulta em mobilização interior, num aflorar das varias atitudes humanas ante à vida.

## ATOR E FICÇÃO CÊNICA

Se o ator tem sua vida como celeiro, seu corpo como material de trabalho e seu gestual cotidiano como fonte de autopesquisa, falta-lhe agora a ficção. De um lado a vida vivida, de outro (e tão intensa quanto a primeira) a vida imaginada. O exercício da imaginação revela-se, juntamente com as ações exteriores, um poderoso agente de produção de efeitos (quase que imediatos) no corpo.

A vida imaginada (sonhada, devaneada), como a realidade, talvez bem mais que ela, dispara energia proporcional ao estímulo; ao ator reserva-se um treino que una as ações aos dados produzidos por sua imaginação criadora. Tanto faz o ponto de partida, mas a crença numa verdade imaginária altera a produção física das ações a elas relacionadas.

270 O PAPEL DO CORPO NO CORPO DO ATOR

E, quando isso acontece, essas ações já não são as mesmas, posto que estão alicerçadas aos esforços provocados por uma vida de imagens. Daí a necessidade de um repertório de formas pessoalmente elaboradas, ou de sentimentos, pensamentos, movimentos, traduzidos e configurados no treino individual, numa espécie de código individual de transmissão e corporificação de conteúdos imagéticos (muito diferente de qualquer código que se queira impor ou ensinar).

A técnica da pesquisa corpórea, se relacionada com clareza aos objetivos ficcionais, visa a buscar, a partir do exterior, motivos e pretextos fantasiosos, estabelecer vínculos de estranheza e justificativas interiores, para alimentar cada forma e passagem entre formas. Essa continuada ligação acarreta (pelo inusitado, e inusitado porque muitas vezes estranho e sem lógica de uma movimentação proposta) um desenvolvimento da capacidade de imaginar (e imaginar factualmente) e estabelecer associações entre o que é feito e o que pensado.

Constantemente será pedido ao comediante que estabeleça um elo de ligação dentro-fora, até que isso não seja mais necessário, pois a natureza assegura essa relação já mencionada.

Ao relacionar trabalho de corpo do ator e ficção cênica, o que se pretende aqui é afirmar (ou firmar posição) que a alteração do contexto no qual se inscreve uma ação simples, ou uma sequência de ações, altera, por si só, a qualidade dessas mesmas ações. Uma frase de movimento simples como correr, agarrar, bater e recolher-se em si mesmo, altera-se se o lugar da ação é um manicômio judiciário, uma loja de flores, ou uma igreja; se a personagem é uma velhinha indefesa, um louco ou um padre; se a situação ocorreu ou foi sonhada ou se está sendo criada na hora.

Os mesmos impulsos (trabalhados no ator como pessoa) são agora recuperados sob a ótica da ficção: mudar continuamente de situação, mantendo a mesma partitura física, mudar sempre de personagem (observado na rua, fruto de uma leitura, conhecido de um filme, inventado na hora), deixar que a imaginação flutue ao sabor do desejo de experimentar, viver outras vidas.

Não costumo sugerir espaços ficcionais, prefiro, em geral, que o ator escolha e visualize lugares criados por sua imaginação; o que faço constantemente é pedir que alterem elementos do movimento na sequência trabalhada foi presenciada, se e que, a partir de tais alterações, encontrem motivos para tal, de acordo com a lógica da personagem com a qual trabalham individualmente.

O "se" imaginário passa a ser, na maioria das vezes, uma ferramenta tão conhecida de trabalho para eles, que seu uso se torna um hábito. Pesquisam então a mútua interferência, por meio de modificações dirigidas ou criadas individualmente nos movimentos e ações, a imaginação recria suas imagens e por meio de alterações nesse trato imagético, o corpo se vê motivado fisicamente.

O MÉTODO DE PRODUÇÃO DO ATOR E O PAPEL DO TRABALHO CORPORAL   271

Há, no entanto, a obrigatoriedade de permanência no roteiro criado formalmente apenas, tudo o que era feito continua a ser realizado, por mais que as circunstâncias se alterem; a cadeia de ações continua repetindo-se, mas nunca do mesmo modo. Os atores podem assim perceber nitidamente de que maneira a intenção modifica objetivamente o gesto, de que modo poderoso a sequência é a mesma escolhida antes do início da pesquisa, e, ao mesmo tempo, mostra-se irreconhecível pelas oscilações rítmicas e pelas continuadas mudanças de energia.

A sequência formal só pode ser transformada se houver um impulso muito forte em direção à mudança, um impulso difícil de conter. Logo que seja possível, deve-se tentar retornar à frase trabalhada, localizando o ponto exato onde esta foi abandonada, e dando continuidade a ela.

A improvisação corporal é compreendida, nesse contexto, como uma experimentação mais livre das situações tratadas durante o trabalho anterior; a partitura sofre todo o tipo de modificação desde que isso possa ser, de algum modo, captado pelo ator; mesmo que essa captação permaneça intraduzível por meio da linguagem verbal.

Entrar e sair da personagem, formar e desmanchar, a seu critério, situações e contextos, aproximar-se, relacionar-se e afastar-se de seus companheiros de trabalho mantendo, sem perda, o que vem sendo conseguido, e, ao mesmo tempo, sendo flexível para adaptar-se a novos desafios introduzidos por outras ações, fazem parte desse treinamento.

Considero de máxima importância o fato de o ator conseguir motivar-se, com um mínimo de estímulos exteriores. Raramente uso música nessas oficinas, pois a massa sonora acaba sempre por encaminhar e facilitar em demasia o exercício, dando ao ator a impressão de que está produzindo mais do que na verdade o faz. É claro que a música, quando bem usada, pode elevar o aproveitamento de uma aula de corpo, dada sua força envolvente, pode deslocar o trabalho de seus principais objetivos, especialmente quando, juntamente com a vivência de determinadas emoções o que se quer é uma pesquisa balanceada tecnicamente. As improvisações contêm um lado que é "alucinante" e outro (tão importante quanto o primeiro) que é disciplinador e "enformador" dos impulsos do corpo.

Meus jovens alunos e atores reclamavam dos momentos silenciosos das nossas aulas; a princípio ficavam inquietos e tolhidos, sentiam-se pouco à vontade no silêncio, que parecia avassalador. Queixavam-se que eu propunha exercícios a frio, que não procurava melhorar nem um pouco a vida deles, que não dava estímulos.

Com o tempo e a evolução de cada trabalho individual parecia ir-se acostumando a manter-se num elevado grau de concentração a ponto de reclamarem (e isso era bastante comum) nos momentos em que eu, sem aviso, colocava uma música qualquer. Podiam, dessa

272 O PAPEL DO CORPO NO CORPO DO ATOR

maneira, descobrir por quais meios conseguiam atuar, conseguiam detectar e avaliar dificuldades e procuravam encontrar, no próprio corpo, e com os recursos que possuíam, a saída possível e desejada.

Muitas vezes solicitei deles o som vocal; podia ser uma palavra escolhida ao acaso que fosse sendo trabalhada junto com o corpo, podia ser uma velha canção de infância, podia ser uma frase sonora criada na hora. O trabalho de união som e movimento, antes de qualquer coisa, é um instrumento poderoso no incremento da concentração.

## ATOR E CRIAÇÃO DE UM PAPEL

Do ponto de vista técnico, assim que o desempenho do ator em determinado espetáculo é definido, pode haver necessidade de se iniciar algum tipo de preparo corpóreo. É evidente que isso se faz bem menos necessário no teatro tradicional (vou chamá-lo assim), apoiado nas ações realistas e na palavra.

Vem crescendo, de uns anos para cá, o uso, na ficha técnica de uma encenação, de nomes como "preparação corporal", "trabalho de corpo", "expressão corporal", "movimento no teatro", "direção corporal", além do tradicional trabalho de coreografia. Antigamente, um profissional da dança era chamado para compor e ensaiar suas coreografias, função, por si só, bastante definida.

Pode-se afirmar que, não só as exigências com relação ao desempenho corpóreo aumentaram, por parte dos diretores, como os próprios espetáculos demandam agora maior disciplina e precisão no manejo do corpo.

Muitas vezes o ator necessitará descobrir e incorporar uma quantidade grande de posturas, movimentos e gestos que fogem ao seu cotidiano; precisará usar sua energia de modo diferente do de sua vida real (elaborar técnica e até ritmadamente mudanças abruptas entre correntes fortes e suaves, estabelecer passagens contínuas entre as duas etc.) ou impor ao seu corpo uma cadência nova que nunca pertenceu ao seu dia-a-dia.

Nesse sentido, a via exterior propicia um especial auxílio na configuração da máscara, trabalhando com objetividade: trata-se de levar o ator a encontrar uma partitura física que corresponda às necessidades de seu desempenho em cena.

Se o intérprete não dá conta dessas exigências nos ensaios, pode ser preciso um trabalho suplementar: exercícios diários contendo algumas dinâmicas e frases de movimento que não façam parte de seu repertório habitual.

À medida que o comediante vai conseguindo lidar, não só com um universo de novas técnicas, mas com diferentes facetas de sua

O MÉTODO DE PRODUÇÃO DO ATOR E O PAPEL DO TRABALHO CORPORAL 273

personalidade (por meio do simples trabalho físico) com emoções difíceis de encarar, com ações que jamais realizaria, sua disponibilidade para o exercício de sua profissão aumenta.

O treino corporal é objetivo, direto, pois consegue oferecer a oportunidade, no próprio exercitar-se, da vivência exterior dos mais diversos tipos de máscara.

Passar de um estado interior a outro, de uma emoção a outra, assim como de uma postura a que lhe é oposta, constituem parte do desempenho do ator dos nossos dias.

Por meio de uma definição exata das necessidades cênicas (o que o ator deverá saber fazer no palco ao longo do espetáculo), elaborada geralmente com a ajuda do diretor e dos atores envolvidos, é possível a organização de um roteiro de trabalho de tal ordem que as dificuldades do intérprete sejam enfrentadas diariamente, em seu próprio aquecimento anterior ao ensaio.

A experiência mostrou-me que, em muitos casos, um prolongado trabalho de mesa, um conhecimento detalhado da personagem não são de ajuda para todos os atores. Há muitos que sentem enorme dificuldade para traduzir esse conhecimento "teórico" da personagem, ou das situações a serem apresentadas, em conhecimento somático.

O estudo das tonalidades expressivas de um ator pode ser encaminhado por meio de propostas definidas de movimentação, desde o estabelecimento de um eixo-base exterior e, se houver necessidade, de um eixo-base interior que possam se associar mutuamente. As dificuldades detectadas ou enfrentadas (estejam elas no âmbito físico ou no afetivo) podem ser encaradas diretamente, em vários momentos desse estudo prático.

É preciso explicar que essa partitura, que segue propostas técnicas que vêm pela senda de Delsarte, Dalcroze, Meierhold e Grotóvski, com muita influência da dança moderna (especialmente a alemã: Laban, Kurt Jooss, Mary Wigman) contém ações não realistas, gestos ampliados, posturas que exigem o envolvimento de cada segmento do corpo, formas com intensidade aumentada.

A precisão e o domínio técnico são a base do treino: o intérprete inicialmente estuda sua partitura trecho a trecho, detalhadamente, para que tudo tenha exatidão com respeito aos componentes do movimento.

Só assim o soma do ator, a cada repetição, sentir-se-á mais e mais próximo do papel. E essa organicidade pretendida irá ganhando materialidade cênica a partir dos contornos bem desenhados.

Esses exercícios abrem caminho para o universo afetivo do ator (e para estados emocionais específicos) ao mesmo tempo que propõe formação e transformação de imagens corporais. Esse contexto prático de estudo poderá ser chamado de pré-máscara, já que contém, em si mesmo, a síntese dos elementos objetivos do espetáculo.

274 O PAPEL DO CORPO NO CORPO DO ATOR

A finalização correta de cada postura (com o fito de que cada impulso corresponda inteiramente ao signo criado) encaminham significâncias aproximadas à forma final.

Assim, o trabalho corporal, numa montagem, não apenas cuida da afinação corporal do elenco, como participa da criação do papel e da feitura da máscara cênica, contribuindo com conhecimento técnico específico.

Posto que recorre à forma seja como motivadora do aprofundamento interior, seja como estimuladora da exteriorização ou como auxiliar no tratamento final do gestual de cada ator e da modulação física do todo, poderá servir diretamente à composição de linhas interpretativas cujo fundamento criativo reside no corpo em movimento.

Como exemplo do que foi dito acima, passo agora ao relato de um trabalho desenvolvido por mim em 1987. Nesse ano, fui convidada por Wanderley Martins para colaborar no preparo corporal de seu elenco[21]. O trabalho teria de resolver problemas em dois níveis: 1. treinamento físico propriamente dito; 2. elaboração de imagens que envolvessem sensorialmente o público.

O diretor deu-me ampla liberdade de pesquisa; passei pois a trabalhar com o elenco duas horas por dia, em ritmo acelerado, já que havia apenas 15 dias até a estreia, e o espetáculo parecia calcado na linguagem do movimento.

Iniciei o treino com alguns exercícios propostos por Grotóvski; cada ator procurava, através deles, superar seus próprios limites, vencendo o medo em relação à queda e a dor. Como o elenco já estava, de há muitos meses envolvido com buscas do tipo artaudiano (o que o ajudava enormemente a progredir nos termos visados) preocupei-me apenas com a minha tarefa específica.

A primeira hora do treinamento era consagrada aos exercícios mais delicados, desenvolvidos sem qualquer pausa, e a segunda hora dedicava-se a pesquisa de formas que estivessem, para cada um dos interpretes, associadas ao conteúdo do espetáculo.

Parti do princípio, para propor esse adestramento, de que o elenco, depois de imerso durante meses em estudo, leitura e improvisações sobre os mesmos temas (doença, loucura e morte) deveria ter adquirido considerável bagagem imaginária para ser expressa corporalmente. Eu ajudaria a "fazer esse parto", trabalhando com eles para que essas imagens viessem à luz da cena.

Começamos então a investigar o espaço, com uso da máxima energia; cada um dos intérpretes, alem disso, iniciou uma pesquisa formal. Desde o início essas formas (servissem ou não ao espetáculo,

---

21 *Bardo*, uma criação coletiva, com trechos do Livro Tibetano dos Mortos e textos de Antonin Artaud; estreou em fevereiro de 1987, no Teatro Eugênio Kusnet, sob a direção geral de Wanderley Martins.

O MÉTODO DE PRODUÇÃO DO ATOR E O PAPEL DO TRABALHO CORPORAL   275

já que a decisão final caberia ao diretor) eram marcadas pelos atores, dia a dia tratava-se de repeti-las até a exaustão, no sentido de fixá-las na memória corporal, levando a uma espécie (e eu sei que a palavra é forte) de implantação de seu exercício, de automatização de sua feitura (uma repetição sem a interferência do pensamento).

A proposta dessa pesquisa formal levou em conta, para maior riqueza de recursos materiais, uma exploração direcionada dos movimentos; uma busca espacial que contou com o estudo das diagonais e movimentos com passagem pelo centro do corpo, com movimentação periférica, com movimentos fechados e contorcidos; uma busca energética, com movimentos que iam da máxima suavidade à maior energia e uma busca rítmica, constando apenas de movimentos súbitos entrecortados por movimentação muitíssimo lenta.

Ao final da primeira semana, os atores dispunham cada um de um repertório adquirido de cerca de sete ou oito formas que lhes pareciam satisfatórias. Resolvi então encerrar essa parte da pesquisa, um pouco devido à falta de tempo para estendê-la, mas também porque o material surgido já era, em si mesmo, bastante interessante como proposta corporal. Minha preocupação era deixar as imagens tão limpas e nítidas quanto possível, acentuando o elemento estático em pausas de duração diferenciada. Como os intérpretes vincularam (desde o início dos exercícios) algumas palavras a cada uma das formas, tal partitura formal era acompanhada por sons criados a partir delas, numa espécie de canto. Passamos então a usar frases do texto do espetáculo, na ordem que lhes aprouvesse, em função do puro acaso (ou num jogo associativo imediato), com ritmos ou pessoais ou métricos.

O ensaio constava agora de uma repetição obsessiva dessas sequências; buscávamos, pelo cansaço e pela constante repetição, uma espécie de transe corporal. Apurávamos também, nessa busca repetitiva, a limpeza cada vez maior das passagens entre cada forma e a que lhe seguia. Era preciso deixar claro o desenho e, ao mesmo tempo, conceder alguns instantes de repouso e recuperação ao corpo.

A estrutura corporal do espetáculo estava perfeitamente amarrada, e Wanderley escolhia, dentre os elementos fixados, e os organizava de acordo com sua concepção. O processo estava na mão dos atores, tudo estava quase pronto.

As formas criadas, sempre as mesmas, continuamente repetidas, numa mesma e aleatória ordem, iam, aos poucos, aparecendo como repletas de significado.

Finalmente, e como última etapa do treino, comecei a lidar com a fluência corporal. Entre cada uma das formas, começamos a alterar o fluxo nas passagens; em certos momentos eu pedia que procurassem o curso livre e ininterrupto, em outros que exercessem a contínua e consciente interrupção no fluir do movimento.

276  O PAPEL DO CORPO NO CORPO DO ATOR

Wanderley ia incorporando cada vez mais material à forma final do espetáculo, intensificando o relacionamento entre os atores em improvisações cena a cena.

Durante as horas delicadas ao treino do corpo, aproveitávamos para trabalhar com o roteiro final, encadeando livremente as cenas, experimentando.

Evoquei esse longo exemplo, com o fito de precisar melhor certo tipo de experiência que envolve a criação, com o elenco, da expressão gestual acabada de um espetáculo; é também amostra de que somente num clima de liberdade, confiança mútua e cooperação, pode realizar-se uma produção assim, conjunta, que integra cada um dos profissionais envolvidos num único e mesmo processo criativo.

Volto agora ao raciocínio que deu margem a tal exemplificação. O trabalho corporal, entendido como auxiliar direto do ator (tanto do ponto de vista corpóreo, quanto na consequência interpretativa), como ajuda direta ao diretor (na composição de desenhos cênicos pormenorizados, em deslocamentos coreografados), desempenha, sem qualquer dúvida, um papel importante na estética do espetáculo ao mesmo tempo formativo e formador.

O papel formativo vincula-se à preparação do ator, compreendida do ponto de vista de seu corpo (como criador de signos), mas inevitavelmente interferirá (dependendo do modo como for conduzido e do encargo que lhe for atribuído) na própria interpretação.

Do ângulo formativo, sua atuação circunscreve-se à descoberta dos impulsos vitais da personagem, que terão, necessariamente, de incorporar-se ao papel. O encaminhamento técnico corporal ajuda a definir (em primeiro lugar) aqueles impulsos que pertencem ao ator e os que são da personagem; em segundo lugar, anotar quais impulsos (seguramente da personagem) não estão sendo produzidos pelo ator, propondo então exercícios que o auxiliem nesse sentido.

A função formadora (ou enformadora) liga-se à forma final do espetáculo, é nela que estão as grandes (gratas ou terríveis) surpresas da cena no que se refere à composição da máscara sígnica produzida pelo ator, pelos desenhos compostos pelos corpos no espaço, pela dança muda que, em maior ou menor grau, todo espetáculo possui.

# 8. O Papel do Trabalho Corporal na Interpretação do Ator

É impossível trabalhar corretamente o corpo do ator sem uma invasão em sua capacidade interpretativa; assim como não se pode lidar com a interpretação deixando de lado o corpo do ator. Se a técnica interpretativa não pode ignorar o fato corporal, por sua vez a técnica corpórea deve encontrar sua especificidade no trato com o ator.

Há, sem dúvida, a necessidade de se traçar os contornos de tal trabalho, tentando, a partir do corpo, a conexão com a percepção e a imaginação artísticas.

Sem isso, como pretender que o intérprete conte com recursos armazenados para exercitar com liberdade e ousadia seu potencial criador?

Por onde o ator deve procurar adquirir (e por quais meios) conhecimentos práticos e úteis, não só do manejo de seu corpo, mas de sua arte da qual seu corpo é o objeto? Qual o método, ou o conjunto de técnicas e pormenores práticos (que o pessoal do Odin chama de conselhos) que o ator tem de conhecer e, mais que isso, transformar em ferramenta de trabalho incorporada a si mesmo?

Diria que, como as duas faces de uma mesma moeda o ator deve conquistar disponibilidade corporal e disponibilidade interior. Em suma, exercitar sua inteireza no contato com a personagem. O ator precisa possuir uma capacidade de concentração tal que o permita viver cada instante da ação cênica como se fosse o único, mantendo para com o fenômeno da representação uma atitude de permanente vitalidade.

Não é possível a manutenção desse fluxo de energia vital cênica quando há qualquer divisão entre o que se realiza e preocupações

278 O PAPEL DO CORPO NO CORPO DO ATOR

referentes, por exemplo, com o que vai ser realizado na próxima cena, ou daqui a alguns instantes. O tempo do ator, no manejar disciplinado de sua energia, é o de uma infinidade de agoras, como se cada momento fosse seu único e último momento, alvo de todo o seu empenho, de toda sua força interpretativa.

Em cada um desses agoras é possível perceber a invisibilidade tomando forma fluindo por um canal receptivo das mínimas transformações: pensamentos (dúvidas, conflitos, certezas) deixam-se possuir e passam a morar em cada músculo, surgindo e sumindo numa cadeia de elos visíveis.

É certo que o trabalho corporal trata diretamente do que é visto, mas, ao fazê-lo, tem o poder de penetrar igualmente no mundo das coisas apenas perceptíveis, das coisas sonhadas, esperadas, perseguidas imaginariamente. Se há um canal que viabiliza o intencionado, esse canal possui mão dupla e pode ser estimulado a partir do exterior, provocando reações e a vivência concreta de impulsos corporificados.

Aquilo que chamamos de canal expressivo pode ser descrito como um eixo de contínua ligação externo-interno: imagem mais a energia formam a máscara, qualquer que seja ela.

A técnica corporal, quando a serviço da interpretação, liga-se diretamente à descoberta e utilização dos recursos pessoais do ator (recursos psicofísicos) por meio da passagem ininterrupta dos impulsos para as formas, das formas servindo; como "isca" para novos impulsos e assim por diante: uma experimentação das possibilidades visíveis e invisíveis da transformação constante.

O treino da metamorfose, compreendido como uma busca que visa a desvendar possibilidades do intérprete, no tocante às múltiplas facetas de sua personalidade colocadas em sintonia artística (isto é, perfeitamente integradas em formas significantes), deixando, por isso mesmo, de situarem-se meramente como psiquismo, é uma proposta ou objetivo fundamental da área corporal.

Desse modo, o desvendamento crescente e sistematizado (até o ponto em que possível) dos recursos pessoais do intérprete encontra, no trabalho técnico, respostas objetivas que possuem, em si mesmas, uma conotação individual e única e, ao mesmo tempo, uma estruturação significante.

Em vez de lidar diretamente com conteúdos pessoais, o exercício do corpo desloca seu objetivo para a imagem projetada (e para a energia produzida e com ela conectada) que se compõe de dados conscientes e igualmente inconscientes.

Assim como não se pode escrever um poema sem o domínio da palavra (e de seu uso gramatical nas frases), do mesmo modo o trabalho corpóreo deve prever (e desenvolver) a existência de um vocabulário mínimo (e básico) para que textos interpretativos possam ser criados e tecidos no corpo do ator. E esse mesmo tecido (que no fundo resultará

O PAPEL DO TRABALHO CORPORAL NA INTERPRETAÇÃO DO ATOR 279

em máscara) é resultado de uma alquimia profunda; o ator por inteiro é tocado pela transformação que, no entanto, perdura apenas no tempo da representação.

A metamorfose do ator, seja ela de caráter psicológico, seja apenas de caráter imitativo exterior, seja fruto de uma simples convenção, está sujeita ao tempo; há um tempo previsto para que tais ou quais ações sejam realizadas.

O intérprete precisa adquirir precisão para produzir o gesto e eliminá-lo no ritmo necessário; para coordenar seu desempenho com o desempenho dos outros atores e de acordo com as exigências do espetáculo.

Para efeito de maior clareza, vou abordar o trabalho corporal do ator, relacionando-o sempre à interpretação, a partir de três ângulos funcionais diferentes: durante a formação do ator, com atores em processo de montagem e como proposta em laboratório de pesquisa para atores (oficinas de corpo). Finalmente, abordarei o trabalho de corpo no teatro contemporâneo, sua função, sua importância. Parece-me que, dessa maneira, será possível estabelecer em linhas gerais o papel do trabalho corporal na interpretação do comediante.

## FUNÇÃO DO TRABALHO CORPORAL JUNTO AO ATOR

O trabalho de corpo é um participante ativo da formação integral do ator. Ele oferece, sem dúvida, uma instrumentalização técnica básica; há coisas a serem aprendidas, há um conteúdo próprio e específico da área a ser transmitido. E esse conteúdo deve ser capaz de, em sua especificidade, preparar o ator a desempenhar bem qualquer papel que lhe seja determinado, em qualquer proposta teatral a que se dedique.

Já se vê que o campo será vasto. E é nessa vastidão, meio imprevisível (pois não se sabe a que tipo de teatro o futuro ator vai se dedicar, para quais trabalhos será chamado, quais serão suas personagens), que o adestramento terá de operar e, objetivamente, conseguir resultados palpáveis.

Torna-se mister que um eixo operacional seja encontrado, e que possa dar conta das prováveis e amplas exigências da profissão a ser seguida.

Em primeiro lugar e num nível bastante básico (de uma iniciação), está o conhecimento do instrumento. E conhecer o instrumento é também (no caso do intérprete) conhecer-se. Conhecer-se, no entanto, em ação: em ações rotineiras, em ações inusitadas; em ações propostas, em ações imprevistas; em ações exigidas, em ações improvisadas. Nunca como na vida real: há como que um debruçar-se muito especial sobre aquilo que se faz, sobre o uso que cada um faz de si mesmo, a cada instante de qualquer tarefa a ser desempenhada.

280 O PAPEL DO CORPO NO CORPO DO ATOR

E se as ações têm seu ponto de partida em impulsos que podem ser provocados e conhecidos pelo exercício, desde a preparação inicial básica há necessidade de estabelecer uma ligação definitiva com o corpo que interpreta, que se posiciona, portanto, como morada da ficção.

Sem dúvida que tive, ao longo de minha vida profissional, contato com alunos que, intuitivamente, estabeleciam a ponte com o mundo imaginário e o espaço criativo; ou seja, buscavam alicerçar qualquer exercício corporal em imagens. Mas, ao lado desses, também cheguei a conhecer aqueles que careciam de um método capaz de encaminhar essa pesquisa mais completa, que necessitavam de estímulos exteriores a si mesmos, e uma condução mais precisa na forma de trabalhar.

Sempre pareceu-me nítida essa diferenciação: havia aqueles que estavam inteiramente concentrados nos menores gestos e os que se limitavam ao movimento proposto, sem qualquer absorção no que faziam.

Embora houvesse diferenças claras em termos de habilidades corpóreas, não eram essas que terminavam por definir a qualidade de trabalho, do ponto de vista (chamemo-la assim) uma "interpretação corporal".

Tive alunos que declaravam não gostar do trabalho de corpo, houve outros que só logravam começar qualquer movimento se estimulados pela criação imaginária e que não suportavam trabalhar "no vazio", isto é, no movimento pelo movimento. No entanto, sempre houve os que se dedicavam à dança, às lutas marciais, aos esportes, contando assim, do ponto de vista físico, com uma maior disponibilidade: gostavam do movimento, por si mesmo, predispunham-se ao exercício com uma vontade maior que os outros.

No entanto, nas avaliações, pude perceber que, muitas vezes, pessoas com problemas corporais (como por exemplo, pouco alongamento muscular) surpreendiam pela qualidade de trabalho; superavam suas limitações levados por uma tal energia que conseguiam, claramente, usar o corpo em movimentos impensados e imprevisíveis; transformavam-se quando havia um suporte interior, alcançando assim um extraordinário desempenho em nível propriamente corpóreo.

Tornavam-se cada vez mais definidos para mim os rumos de uma preparação básica para atores voltada para a interpretação: cumpria treinar o canal expressivo, cumpria desenvolver em cada aluno-intérprete o sentido da presença cênica.

Por outro lado, isso não poderia ser executado diretamente; de algum modo teria de ser aprendido, embora não pudesse ser ensinado. Como encaminhar esse autoaprendizado?

Parecia patente que alguns deles precisariam apenas afinar o corpo (torná-lo disponível), enquanto outros que contavam, digamos assim, com um corpo propício, pareciam sempre alheios ao que o corpo realizava.

O PAPEL DO TRABALHO CORPORAL NA INTERPRETAÇÃO DO ATOR 281

A conclusão é que havia, em todos os casos onde a ligação impulso-forma não se concretizava, um certo tipo de obstrução no canal expressivo: se o mundo imaginário não conseguia concretude corporal, se o universo das formas corporais não possibilitava ecos interiores, algum tipo de resistência estava em jogo. Era preciso religar o circuito da organicidade, deixando fluir a energia enformadora ou conhecendo-a a partir da forma bem elaborada. Eram dois caminhos nítidos para se chegar a um mesmo objetivo: tornar disponível o corpo do intérprete na canalização de seus impulsos próprios.

## FUNÇÃO DO TRABALHO CORPORAL
## JUNTO À MONTAGEM

Se o trabalho corporal pressupõe, no próprio treino, uma ligação direta com a área interpretativa, essa ligação se adensa muitíssimo quando o preparo dos intérpretes liga-se a uma montagem em especial.

Para que essa ligação fique clara, e por se tratar de trabalho prático, de difícil transposição para a linguagem teórica, recorrerei aos exemplos. No ano de 1987, tive oportunidade de efetuar um trabalho de corpo com um grupo de alunos atores que preparava uma montagem curricular[1].

Eu já havia estabelecido para a classe um programa que visava a propiciar aos alunos, entre outras coisas, a descoberta de verdade no gesto, a consciência do "motor" interior e a vivência do canal expressivo. Pretendia também trabalhar com algumas formas básicas, com frases de movimento e acentuação dessas frases.

Ao saber da montagem e depois de conversar com a diretora do espetáculo, não houve necessidade de alterar o programa, apenas acrescentei a ele os conteúdos temáticos necessários.

Assim, passei a exercitar o peso em relacionamentos propositadamente torturantes e sofridos (realçando neles certas formas, como a da parede e a do parafuso), alternando, em tudo, movimentos súbitos e alguns extremamente lentos que pudessem favorecer o desenvolvimento de um rico subtexto.

Como o espetáculo buscava as cores fortes em nível da interpretação, nas improvisações corporais cada aluno procurava adequar suas sequências formais pesquisadas à situação da personagem. Sequências e frases de movimento podiam ser trabalhadas e retrabalhadas com o objetivo de se buscar desejos da personagem. O encaminhamento exterior da pesquisa corporal tornava-se um auxiliar direto na formação de imagens e em sua canalização em atos, bem como na descoberta de postura e gestual de personagem.

---

1  Oficina II, Teatro Escola Macunaíma, *Senhora dos Afogados*, de Nelson Rodrigues, direção de Silvia Pogetti; local da apresentação: Clube de Regatas Tietê, 1987.

282 O PAPEL DO CORPO NO CORPO DO ATOR

Trabalhando em outra época com Maria Isabel Setti[2], foi possível efetivar um trabalho semelhante, a ponto de sequências nascidas em improviso corporal terem permanecido no espetáculo praticamente da mesma forma como haviam aparecido pela primeira vez.

Em outra montagem ainda, com a mesma encenadora, mas com outro grupo de alunos, o treino corporal (aproveitando-se das improvisações em classe) iniciava a apresentação com um retrato em movimento que vinha a ser o começo e o fim do espetáculo.

A internalização e vivência interior (que eram, na época, proposta da área interpretativa) e a exteriorização e vivência exterior (proposta da área corporal) entrelaçavam-se, na medida em que nas aulas de corpo era ofecido um material de pesquisa de movimento que propiciava a inserção de situações imaginárias e ficcionais esboçadas e aprofundadas pela outra matéria.

Dessa maneira o trabalho corporal, ao preparar o instrumento do intérprete (do ponto de vista técnico) não se descuida da preparação direta para o exercício de determinada máscara cênica. Agindo como um modo preparador de atores em processo de montagem, a chamada preparação corporal amplia seus horizontes quando, sem descuidar da afinação corporal propriamente dita, cuida de tornar o intérprete mais disponível interiormente.

Volta-se também para os objetivos de cena (e para a atmosfera do espetáculo como um todo), cuida de situar corporalmente intenções e propiciar até mesmo emoções e energia necessária ao papel.

Sua proposta objetiva (caracterizada num planejamento detalhado de exercícios a serem realizados) procura limitar o encaminhamento do trabalho apenas aos conteúdos e requisitos previstos na encenação; tentar estabelecer uma estrutura de pesquisa tal que possa (por si mesma) ajudar o ator em sua relação com a personagem que está sendo criada.

O trabalho corporal (porque visa a estabelecer uma ligação direta com a interpretação) torna-se assim um provocador de resultados internos. Travar associação entre traços visíveis, esboços de movimento, formas corporais e objetos com sensações e imagens constitui esse exercitar preparatório ao espetáculo, que busca deixar o ator disponível ao desempenho do mascaramento.

Poderá funcionar também como finalizador de atitudes cênicas palpáveis (se essa função lhe for dada pela direção geral), tratando de auxiliar direta e objetivamente na confecção e manutenção dos signos corporais utilizados pelo intérprete em cena, em sua manutenção, marcação, limpeza, intensidade e precisão um trabalho de acabamento formal.

Além desse trabalho individualizado (cada ator um caso, cada personagem idem, cada relação estabelecida entre um e outra, um caso

---

2   Turma de Profissionalizante nível A-2 do Teatro-Escola Macunaíma, *Woyseck e A Morte de Danton*, de Georg Büchner; direção Maria Isabel Setti, 1986.

O PAPEL DO TRABALHO CORPORAL NA INTERPRETAÇÃO DO ATOR    283

único), o tecido sígnico pode ser finalizado, nas relações em situação cênica (relacionamento entre dois ou mais atores personagens), em desenhos espaciais que seguem a elaboração diretorial, nas marcações de conjunto e em sua execução técnica.

Claro está que, conforme a conexão estabelecida entre direção e trabalho corporal, o componente de liberdade a ser exercido pelo segundo amplia-se, do dado meramente técnico, para uma função criativa, que poderá ser desenvolvida amplamente: visualização (e possibilidade de execução) de cenas plasticamente favoráveis e enriquecedoras do espetáculo como um todo, criação de momentos coreografados etc.

O exercício corpóreo também é encaminhador de um trabalho de pesquisa atoral autônomo, autônomo porque desvinculado de cursos de formação ou de montagens. Há necessidade de oficinas de trabalho corporal voltado para o alargamento da capacidade interpretativa, oficinas nas quais planejamentos individuais possam ser levados a cabo, a partir de dificuldades levantadas e detectadas pelo intérprete em sua vida profissional.

Esse trabalho visaria a expandir a capacidade interpretativa do ator a partir do que é visto, desenhado, ritmado e energizado em seu corpo por meio da ampliação do pensamento-movimento.

O trabalho corporal pode desempenhar múltiplas funções que variam conforme o estilo da encenação, modo de interpretação, tempo para sua execução, contrato com o diretor ou elenco (delimitando ou ampliando sua área de atuação) pode ser apenas preparação técnica ou chegar mesmo à codireção ou à cocriação. Essa questão será discutida mais adiante.

Em síntese, o trabalho de corpo:

    a. ajuda o ator em seu processo de criação;
    b. ajuda-o na limpeza final da máscara;
    c. ajuda a direção na coreografia de cenas de movimento;
    d. ajuda na limpeza do espetáculo como um todo.

## A INTERPRETAÇÃO CONTEMPORÂNEA E O TRABALHO CORPORAL

Examinei a função (ou as funções) do trabalho corporal na interpretação do ator. Mas não o fiz procurando sua utilidade em cada um dos estilos interpretativos.

Parece-me que, em primeiro lugar, o espaço do corpo do ator (em outras palavras), espaço da imagem viva do ator no espetáculo tem hoje peso maior, se a compararmos com o texto falado.

Não questiono o fato de essa imagem ser cercada, ou não, de uma infinidade de recursos (tais como luz e sonoplastia) que muitas vezes

284 O PAPEL DO CORPO NO CORPO DO ATOR

podem mesmo ofuscar o ator e reduzi-lo a um contexto meramente imagético.

Se antes houve época em que os atores eram julgados por sua capacidade de uso da palavra, hoje ele pode ser aferido por suas capacidades corporais. É claro que não posso generalizar: nosso século notabiliza-se pela diversidade; juntamente aos espetáculos tradicionais (o mais das vezes em peças realistas e de fácil aceitação pelo grande público) convivem experimentos de linguagem que remetem a vanguardas do teatro e da dança, rumo ao espetáculo total.

Penso que a maior importância do corpo cênico pode ser avaliada (entre outras coisas) pelo declínio (no teatro chamado experimental) ou, ao menos, pelo uso cada vez mais econômico da palavra nesse gênero de espetáculo.

Temos todos acompanhado a evolução de um tipo de teatro que prima pela opção do não realismo, que mistura (ou não) tendências estéticas diversas (por vezes opostas) e técnicas diferentes numa verdadeira colagem de efeitos e mistura de experimentos.

Se com a dança moderna a tendência ao experimentalismo acentuou-se, mostrando tantas abordagens quantos foram e são seus coreógrafos e diretores o teatro não ficou para trás. Desde o início do século XX, passou-se a ter tantas opções de encenação, tantas alternativas de linguagem quantos eram os "ismos" nascentes (simbolismo, expressionismo, surrealismo, dadaísmo) e, a partir deles, os caminhos da cena passaram a ser tantos quantos fossem os diretores que se permitissem livremente pesquisar.

Se o público pode quedar-se atônito ante tal diversidade e perder seus referenciais até mesmo do que quer que possa chamar de teatro, como fica o ator em meio a tantas, tão múltiplas, tão distantes (umas das outras) tendências? Como pode situar seu trabalho de interpretação?

Os movimentos artísticos foram de tal monta no século XX, e as transformações (iniciadas no final do século XIX) de tal intensidade, que é o caso de se perguntar se a técnica de interpretação (como realmente um código de trabalho a ser dominado pelo intérprete) acompanhou tanta riqueza.

Basicamente contamos com técnicas interpretativas que visam ao realismo (num conceito bem amplo, como qualquer espetáculo que tende a parecer-se com a vida em sua forma) e outras que fogem a esse mesmo realismo (que evitam ou não enredos e histórias como a vida oferece, que não se interessam por encadeamentos no argumento, que ignoram o espaço ou os espaços tradicionais do palco).

É de se supor que o ator, em meio a tantas mudanças, tenha se sentido perdido em algum ponto do caminho.

Mais do que nunca, quando cada diretor tem sua proposta muito individual (que pode se assemelhar aqui e ali com outras propostas conhecidas, mas jamais será idêntica) que é fruto de tudo o que já se

O PAPEL DO TRABALHO CORPORAL NA INTERPRETAÇÃO DO ATOR    285

fez no passado (um pouco de Meierhold, uma pitadinha de Simbolismo ali, umas imagens expressionistas aqui, um deslocamento cênico tipo Bob Wilson, algumas cenas de triangulação com a plateia para temperar melhor o resultado final...) é de se perguntar a quem o ator pede socorro.

Há, sem dúvida, aqueles casos nos quais o diretor diz o que quer (pede o efeito exato) e ajuda o ator a chegar até ele; oferece estímulo e instrumentação técnica, conselhos, opções de caminhos etc. Mas há outros encenadores que simplesmente estão preocupados com o produto final, e o ator é que deverá chegar sozinho até a criação pretendida pela direção. No teatro experimental, o diretor deverá, talvez mais do que nunca, ser também um diretor de atores.

Se a encenação encontra-se em tal estado de abertura (pois todas as experiências são válidas, até o limite em que já se misturam a própria rotina e espaços da realidade) e cada encenador pode tranquilamente levar adiante uma proposta particular de espetáculo, o que ocorre com o ator? Precisa especializar-se? Precisa encontrar o diretor dos seus sonhos, o grupo que idealiza?

Foram-se, para ele, os bons tempos (pelo menos tempos mais seguros) nos quais sabia o que o esperava quando era chamado a participar de um elenco: havia um texto, esse texto seria lido, teria seus papéis divididos, seria estudado e analisado, decorado e posto em cena. Ponto final.

E hoje? Teoricamente, pelo menos, o intérprete, ao sair de uma escola, deverá estar preparado para tudo: saltar sobre mesas, andar sobre as mãos, subir por escadas de cordas até o urdimento do teatro, escalar paredes, dar estrelas e até saltos mortais. E além do mais, perguntar-lhe-ão se dança e sabe cantar.

Talvez um dia, numa determinada encenação, ele precise chorar três (apenas três) lágrimas a um determinado som e depois cair numa gargalhada convulsa, sem saber ao menos porque alguém faria essas coisas dessa forma, e após tudo isso, imobilizar-se numa pose esquisita que lhe dá dor nas costas. Para tudo precisa estar preparado.

Alguns dos princípios orientais que mais impressionaram os homens de teatro ocidental ligavam-se especialmente à precisão do trabalho e ao estado de vazio constatado nos atores, sua extrema absorção. Signos claros e ausência de emoção pareciam princípios instigantes de trabalho.

Do ponto de vista metodológico é imensa a quantidade de técnicas orientais presentes no trabalho corporal ocidental, não apenas aqueles ligados às terapias corporais (a grande maioria delas obedece a princípios ligados à filosofia zen) mas também à dança e ao teatro.

Os principais princípios técnicos que revolucionaram a dança e imprimiram sua direção moderna pertencem, de certo modo, ao Oriente (rebaixamento do centro de gravidade, o centro do corpo como fonte geradora de movimentos, a importância da postura para manutenção da saúde e do equilíbrio). Do ponto de vista teatral, deve-se, em grande parte, ao teatro e à dança orientais, propostas que revolucionaram o teatro do século xx como as formuladas por Meierhold, Artaud, Brecht, Peter Brook, só para citar alguns exemplos.

A expressão corporal ocidental, apesar de pregar a liberdade autoexpressiva (princípio de trabalho radicalmente contrário ao aprendizado corporal oriental) utiliza-se, nos exercícios preparatórios, de princípios ligados à medicina chinesa e às artes marciais mais que à ginástica ocidental. Pode-se mesmo afirmar que quase todas as grandes inovações do trabalho corporal contemporâneo têm suas bases no oriente, ou identificam-se de algum modo com os princípios orientais.

O que parece ainda difícil à compreensão ocidental é a total e harmônica integração que o oriental estabelece entre a pesquisa formal (em todas as artes) como um meio para se buscar equilíbrio interior. Quando a harmonia exterior corresponde a uma vida interior que se harmonizou com o universo, a meta da existência foi alcançada.

Estudando o teatro oriental percebe-se a ausência de compartimentação: não há uma separação marcante entre o treino corporal e o treino interpretativo; o intérprete aprende a desempenhar seu papel, a executar o que quer que tenha de executar, sem muitas perguntas; trata-se de uma aprendizagem na qual se cria uma relação de mestre e discípulo que é bastante diferenciada da relação professor-aluno, como a conhecemos.

O corpo do intérprete ocidental adquiriu, no século xx, uma importância estética que dificilmente pode ser satisfeita pelo arsenal técnico à sua disposição. Falta-lhe uma base sólida de técnicas com a qual possa contar.

O teatro, ao embrenhar-se nos meandros sedutores e belos do teatro-dança (ou da dança-teatro), cedo percebe que o passo dado pode ter sido maior que a perna. Para realizar tal tipo de proposta, o interprete terá de, forçosamente, ser um ator completo e igualmente um bom dançarino.

Qual a função do trabalho de corpo nas encenações contemporâneas? Qual sua margem de interferência nessas montagens, seus limites de atuação?

Muitos dos espetáculos vistos hoje em dia têm o preparo corporal de seus atores como base; são mesmo calcados em certas habilidades técnicas específicas (trabalho circense, certo tipo de luta marcial etc.) São espetáculos também cujo alicerce conta com imagens emitidas diretamente do corpo do ator para o público, montados quase que exclusivamente a partir da movimentação cênica dos intérpretes.

Até que ponto, em certos espetáculos, a direção deve conhecer a fundo encaminhamentos corporais se não quiser ou não puder dispor de um profissional de corpo ao seu lado?

O PAPEL DO TRABALHO CORPORAL NA INTERPRETAÇÃO DO ATOR 287

O preparo do corpo, conforme sua dimensão no espetáculo, pode ser encarado como uma codireção, cocriação, coautoria, e não apenas como o exercício de uma técnica.

Se pensarmos bem, há certos espetáculos (lembro-me da encenação de Ulysses Cruz: *Corpo de Baile*, de 1988)cuja base corporal é tão intensa e marcante que, sem o trabalho de corpo, eles não existiriam da forma como o conhecemos.

O que seria feito da encenação do Grupo Boi Voador sem o "movimento no teatro" desenvolvido pela dançarina e atriz Mariana Muniz?

Além desse excelente labor profissional, o espetáculo contou com aulas de aeróbica e outros treinamentos intensivos. Nessa montagem, três pessoas encarregaram-se do treino corpóreo do elenco; esse simples fato já atesta a importância de tal trabalho junto à direção.

Torno a perguntar: até que ponto o trabalho realizado por Mariana Muniz e pelos outros profissionais que com ela trabalharam foi responsável pela forma final da encenação? Até que ponto foram determinantes do produto final?

Em *O Despertar da Primavera* de Frank Wedekind, outro espetáculo de Ulysses Cruz, havia momentos em que os corpos ágeis dos atores cruzavam o espaço, desenhavam a cena com gestos rápidos e cortantes. Marcação de um diretor? Coreografia de um bailarino?

O trabalho contemporâneo de teatro, que passa por nomes como Meierhold, Artaud e Grotóvski, propõe um adestramento (perfeitamente concretizado em nossos dias pelo Odin Teatret) que tem o exercício corporal como fundamento metodológico. E o treino corporal acaba sendo o próprio treinamento interpretativo, já que não se destacam mais um do outro.

O ator é aquele que precisa desempenhar uma função, e, se quiser contar com signos claros, precisa estar convenientemente preparado para isso. Nesse tipo de trabalho não se fala em emoção; permanece, de todo modo, a necessária conexão do aparato corpóreo com uma certa energia que anima a máscara cênica, mas não há necessidade de nenhum trabalho como o proposto por Stanislávski.

A função do treino corporal tem, no teatro experimental, enorme importância. Quando falo em teatro experimental (denominando desse modo para facilitar a abrangência do universo a que me refiro), estou nomeando todos os espetáculos que trazem uma proposta não realista (seja ele realismo de base psicológica ou não). Situar-se-iam no termo experimental todas as linhas diretoriais que estão sendo desenvolvidas nesse momento e que lidam até mesmo com a mixagem aleatória de estilos, criando para seus atores métodos próprios e, nesse sentido, únicos, porque não são propriamente (e inteiramente) nenhum dos sistemas conhecidos de treinamento do comediante.

O PAPEL DO CORPO NO CORPO DO ATOR

Os grupos de teatro que pesquisam incessantemente a linguagem teatral acabam desembocando na síntese, no refinamento formal, na codificação tão estreita e cerrada de símbolos que se tornam dança. Falta, aliás, uma nomenclatura adequada (ou mais adequada) para tantos e tão diversos eventos. Já não se sabe mais como nomear certos espetáculos; serão performances? Serão teatro de vanguarda? Serão...? Mas o que é mesmo teatro de vanguarda? E dança moderna, o que será?

Os grupos de dança, dirigidos pelos coreógrafos inquietos do século XX, entre eles Kurt Jooss, Maurice Béjart, Pina Bausch, trilhando o caminho da pesquisa e da insatisfação sistemática acabaram aproximando-se do teatro, em busca talvez de mais densidade, sentindo falta da palavra e do texto para suas encenações.

Se Pina Bausch pode ser chamada de diretora, assim como é chamada de coreógrafa, assim também certos diretores do teatro contemporâneo merecem o nome de coreógrafos, papel que, aos poucos, vão assumindo por conta do desenvolvimento da linguagem mesma que utilizam em suas criações.

O próprio termo coreografia, assim como nos é dado, de imediato, pelo dicionário, precisa ser redimensionado, tendo em vista certo tipo de espetáculo:

1. arte de compor bailados; 2. a arte de anotar, sobre o papel, os passos e as figuras dos bailados; 3. a arte da dança.

Talvez retomando o sentido de *chorós* como um conjunto harmônico de atores que narram a ação e a comentam, a palavra ganhe um novo sentido; coreografia como desenho de um coro, com as sucessivas formas dadas aos agrupamentos de atores, aos seus desenhos corporais e gestuais; coreografia como grafia realizada através de imagens advindas dos corpos presentes no espaço do palco.

Retomando o exemplo de Bob Wilson, talvez seja mais fácil compreender como funciona e articula-se um trabalho corporal na encenação; o encenador conta com Andrew de Groat, profissional que cuida do preparo técnico do elenco, coordena as oficinas de pesquisa gestual, encarrega-se de eliminar movimentos e agrupar outros, criando combinações inéditas, e coreógrafa muitos momentos dos espetáculos de Bob Wilson. Ele funciona como organizador das formas apresentadas ao diretor, como compositor final de muitos desenhos encenados e burilador de imagens cênicas.

O trabalho de corpo é tão elaborado em Bob Wilson que Andrew de Groat chega a separar cenas de movimento que são a base desse teatro, (ou dessa dança) das coreografias propriamente ditas. Há como que dois tipos de coreografia: uma muito próxima do teatro (qual será a diferença desta com a que se chama simplesmente marcação?) e outra que pertence ao terreno da coreografia mesmo no sentido tradicional.

O PAPEL DO TRABALHO CORPORAL NA INTERPRETAÇÃO DO ATOR   289

E o que dizer dos quadros móveis, dos deslocamentos, dos instantâneos que Gerald Thomas cria (com a ajuda de uma iluminação perfeita) e, em seguida, desfaz, em pleno ar? Pura dança.

E o que significa a imagem daquela mulher (em Praga, um dos espetáculos da Trilogia Kafka) que vaga pela cena, que se enforca, que se deixa enforcar, que continua seu caminho impiedosamente, que ora vai decidida, ora trôpega. O que é então o corpo de Beth Coelho nesse espetáculo, senão o de uma dançarina que consegue fazer soluçar (de leve, muito de leve) cada parte do seu corpo; que o faz suspirar, que o torna trêmulo?

O que significa aquela imagem de um braço (que já nem é mais um braço, um aceno, uma prece, uma palavra de uma poesia muda) que se desgarra da imagem estática na força e segue alucinante, alucinando num oscilar calmo, desprendido, exangue? Pura dança.

Os exemplos poderiam ir se multiplicando, se essa fosse nossa meta; poder-se-ia mesmo captar a dança presente no teatro e o teatro presente na dança, até o exame pormenorizado do teatro dança.

Importa é concluir que, quanto mais o teatro se afasta do realismo, mais cresce a importância do movimento dentro da encenação; ele é uma possibilidade de codificação não verbal de extrema riqueza, um código a ser fielmente marcado, grafado, ao qual se deve prestar muita atenção, pois tanto acompanha as palavras, como se insurge contra elas, denunciando suas lacunas, criando para o espectador um hiato de estranha agonia numa angustiada coreografia de significados contrastantes.

Quando movimento e palavra perdem esse vínculo que parecem ter na vida cotidiana, quando os gestos não mais necessitam de quaisquer motivos para existirem, então, mesmo numa cena naturalista, se isolarmos, subtrairmos, o gestual do ator de seu contexto e imprimirmos a ele outras características (que não as motivadas por anseios pragmáticos ou descargas emotivas) então chegaremos a uma sequência dançada que segue a lógica dos sonhos, das imagens oníricas, que brincam, ousam, disfarçam seus verdadeiros motivos e significados até despistarem, por sua beleza formal, os mais latentes sentidos.

O novo diretor, se pretende desenvolver um trabalho corporal de tão grande importância, talvez deva também ser um artista do movimento, talvez mesmo um dançarino.

## BASES PARA UM MÉTODO ESPECÍFICO

Se o treinamento interpretativo do ator compõe-se de duas bases, uma interior, outra exterior, e se esses dois procedimentos fundem-se no fenômeno da interpretação; se tudo o que se produz internamente tende

290 O PAPEL DO CORPO NO CORPO DO ATOR

por princípio a exteriorizar-se, e se tudo o que se produz exteriormente acaba por causar modificações interiores, cabe afirmar que a função atoral tem sempre um fundamento somático.

Na base do treino da interpretação coloca-se, portanto, e inevitavelmente, a questão do corpo e o trabalho corporal (dada essa relação intrínseca) deve lidar igualmente com os recursos pessoais do ator como totalidade.

Há como que dois polos (ou pontos de partida técnicos): via interiorização, via pesquisa exterior. E esses dois caminhos são interdependentes, relacionando-se também, não só com o tipo de processo particular de produção atoral (método próprio de trabalho) e sua personalidade, como também com o tipo de trabalho que se quer ver realizado.

As bases para o estabelecimento de um método corporal específico para o ator deverão levar em conta seu desempenho integral no palco, a partir do enfoque de seu corpo, mas nunca se prendendo e se limitando só a ele; procurarei, pois, tomar como ponto de partida no trabalho, o soma voltado para o exercício estético: uma presença íntegra em cena. Em decorrência disso, tentarei levantar alguns princípios gerais necessários ao treinamento na área corpórea.

A organização de um tal adestramento deverá ter em vista a perfeita integração (na forma) do pensamento-movimento voltado para o teatro; ou seja, fixar, no ator, bases concretas para a criação de múltiplas máscaras. O trabalho assim realizado encaminhará uma vivência esteticizada do maior número possível de facetas de sua personalidade, para colocá-las a serviço do ato criador; tornará, portanto, reconhecíveis (e então passíveis de articulação) seus recursos particulares e subjetivos.

A própria estratégia escolhida no encaminhamento prático dos exercícios acaba sendo também uma articulação (e, nesse sentido, acaba sempre se personalizando) feita pelo profissional responsável, entre seus conhecimentos técnicos (nas áreas não só do teatro, mas da dança e da terapia corporal), e suas possibilidades de aplicação, visando a encenações diferenciadas, grupos de atores muito especiais e situações do aqui agora de seu trabalho. Envolve, pois, uma colocação por inteiro na atividade que executa: uma imersão que inclui a percepção, a intuição, a imaginação e a emoção criadoras.

É preciso definir uma linha metodológica e estrutural básica (ou mínima) que funcione tanto nos níveis preparatórios de atores (sua iniciação) quanto nas montagens em andamento e nas oficinas corporais livres. Essa linha permitirá (de acordo com necessidades específicas que surjam) inserir inúmeras variáveis tantas quantas se apresentarem no curso do treinamento.

Definindo os princípios gerais da área corporal voltada para a interpretação, conseguirei levantar seus principais objetivos. Só assim será possível a escolha do conteúdo programático e das técnicas a serem desenvolvidas.

O PAPEL DO TRABALHO CORPORAL NA INTERPRETAÇÃO DO ATOR 291

Essas técnicas sempre dependerão do grupo em questão e do trabalho a ser realizado, das individualidades envolvidas no processo e, até mesmo, do tempo e das condições reais que se nos apresentam.

Se, por um lado, o treino é coletivo, por outro não pode perder de vista procedimentos, condutas e conquistas individuais em torno do eixo pesquisado.

Não há pois qualquer interesse na homogeneização: o que se pretende são respostas personalizadas (logo, únicas) com relação aos conteúdos exercitados, uma apropriação muito pessoal dos caminhos trilhados em grupo.

O modo como cada ator enfrenta os desafios decorrentes de cada proposta é fundamental para que saibamos de que maneira ajudá-lo, agindo prontamente e na forma mais correta, conforme a ocasião.

Tentarei propor um caminho técnico ligado ao desbloqueio das habilidades do intérprete, por meio do uso consciente e constante de seu canal expressivo. Técnicas que auxiliem (a partir do corpo e de um trabalho realizado, tendo o físico como ponto de partida) um melhor desempenho. Mas nunca é demais afirmar que, se o arsenal técnico é fundamental, igualmente o é a intuição organizadora de sua utilização.

Trabalhando com o corpo do ator, não perco de vista o fato de que qualquer exercício físico, se encaminhado numa atmosfera de concentração, silêncio interior (e exterior) e autocontato, facilmente se transforma em mobilizador de emoção, de um vir à tona (à flor da pele) de coisas que a memória "esqueceu", imagens por vezes estranhas e incômodas. O choro e o riso (tão comuns) acontecem espontaneamente, e não têm porque serem evitados. Concomitantemente, a imaginação, realimentada pela disponibilidade interna e externa decorrente do trabalho, parece fluir com novo vigor.

Assim, muitos exercícios físicos propostos terminam por ser um material de criação muito rico em possibilidades para o intérprete, se ele os utiliza em contextos imaginários, ou seja, se ele sabe transformá-los e traduzi-los em linguagem corporal e cênica.

Um mesmo exercício, tirado, por exemplo, da dança moderna, pode, se unido a um contexto de cena, mostrar-se proveitoso para o ator; unido às palavras da personagem, relacionado aos espaços ficcionais da mesma, acaba por ser recriado pela imaginação e usado de outros modos que não aqueles para os quais foi criado.

*Necessidades Fundamentais do Ator, do Ponto de Vista Corpóreo*

1. Autoconhecimento do seu eu físico:
   - conhecimento das leis naturais do funcionamento orgânico;
   - consciência do seu corpo e dos movimentos produzidos.

292 O PAPEL DO CORPO NO CORPO DO ATOR

2. Objetividade física e sensibilidade corpórea:

- atenção aos elementos do movimento;
- racionalização de seu uso aliada às sensações produzidas;
- reconhecimento do uso que faz de si mesmo: impulsos são conscientemente canalizados em formas adequadas.

3. Disponibilidade psicofísica e autocontrole:

- ausência de tensão muscular;
- percepção da linha interior do fluxo de energia (linha interior do movimento).

*Necessidades Específicas de um Trabalho Corporal com Atores*

1. trabalho corretivo-postural;
2. relaxamento da musculatura, das articulações;
3. equilíbrio de energia;
4. agilidade, destreza e reflexos;
5. disponibilidade corporal e seu controle;
6. reconhecimento e uso do centro de gravidade;
7. desenvolvimento da nitidez gestual;
8. tomada de consciência das leis naturais de funcionamento físico;
9. descoberta da linha interior do movimento;
10. quebra de estereótipos e movimentação supérflua;
11. treino da objetividade física;
12. visibilizar claramente os impulsos;
13. desenvolver sensibilidade corpórea;
14. evitar movimentos de dança;
15. racionalização do movimento;
16. aprender a selecionar os gestos (escolher);
17. tratar tecnicamente as emoções diversas;
18. ter consciência de seus recursos pessoais e saber usá-los;
19. conseguir eliminar gradualmente todo o tipo de resistências;
20. trabalhar com a transparência corporal (anulando o tempo existente entre a produção do impulso e sua canalização na forma);
21. estruturar disciplinadamente partituras físicas;
22. justificar imaginariamente cada movimento (inseri-los em contextos);
23. trabalhar coluna vertebral como centro da expressão;
24. aprender a pensar com o corpo;
25. ampliar o repertório corporal;
26. combinar formas preestabelecidas com outras espontâneas;
27. ter referencial objetivo de sua própria movimentação;
28. aprender um comportamento físico não cotidiano;

O PAPEL DO TRABALHO CORPORAL NA INTERPRETAÇÃO DO ATOR   293

29. canalizar energia na artificialidade criada;
30. deixar claro no movimento começos e fins;
31. buscar desequilíbrios a partir de posições estáveis;
32. lutar com a força da gravidade e ceder diante dela;
33. poder automatizar sequências e ultrapassar a mecanização;
34. trabalhar conscientemente em exercícios de composição;
35. trabalhar movimentação por sucessões (deixar que o movimento se espalhe tomando conta do corpo como um todo);
36. alternar propositalmente tensão e relaxamento;
37. ter noção de estar lidando com a criação de signos;
38. manter sempre o sentido de inteireza corporal;
39. manter conexão entre o cérebro que organiza e o corpo que executa;
40. deixar o corpo dialogar com materiais, espaços e parceiros de cena;
41. transformar-se fisicamente em contato com estímulos exteriores;
42. perceber a estreita relação entre respiração e movimento;
43. conhecer os esforços e conscientemente alterá-los;
44. perceber as várias fases do esforço: atenção intenção, decisão e precisão;
45. trabalhar desenho ligado ao dinamismo impresso em cada um deles;
46. analisar e conhecer possibilidades de movimentação própria por meio de uma investigação disciplinada;
47. conseguir fixar sensações no corpo e em partes dele;
48. tornar o corpo um objeto maleável;
49. conseguir imprimir vivências opostas;
50. atentar sempre para o processo de feitura;
51. desenvolver memória corporal.

*Proposta Básica de um Caminho Viável
de Treinamento Técnico-corporal*

1. Princípios e técnicas tirados das terapias corporais: afinação do instrumento-corpo favorecendo o autocontato.
2. Princípios e técnicas tirados da dança moderna e do teatro: pesquisa do movimento/instrumentalização do intérprete.
3. Articulação desses princípios técnicos com vistas às habilidades exigidas no processo de metamorfose: utilização do instrumental voltado para uma criação pessoal nas várias linguagens do teatro.

*Fases do Caminho Proposto como Base para a Área*

Fase I: Fase de conscientização – corpo como instrumento a ser contatado. Base técnica: terapias corporais (usadas como exercícios viáveis e importantes, assim como possibilidade de encaminhamento em trabalho específico com profissional habilitado); visa a:

294 O PAPEL DO CORPO NO CORPO DO ATOR

autoconhecimento do eu físico; desbloqueio de energia e constatação do estilo próprio de movimento e conhecimento das leis naturais de funcionamento orgânico; consciência do corpo e dos movimentos produzidos.

Fase II: Treino e pesquisa do movimento do intérprete. Base técnica: teatro e dança, especialmente a dança moderna, visa a: fornecer instrumental técnico pela relação estreita entre visceralidade e forma; análise objetiva aliada às características subjetivas do movimento; personalização das técnicas aprendidas num repertório expressivo passível de uso pelo ator em seu trabalho diário; conexão visível-invisível pelo referencial exterior pesquisado.

Fase III: O corpo como objeto estético – caminhando em direção à máscara. base técnica: composição e decomposição em linguagem teatral. Visa a: desenvolvimento e aprimoramento do sentido estético corporal com o aprendizado e utilização de códigos corpóreos; criação e leitura de signos corporais, conhecimento de possibilidades de fluxo de transformações constantes em contextos determinados; treino consciente do canal expressivo: a fala corporal.

*Encaminhamento Prático de Trabalho:*
*Uma Proposta de Treinamento Técnico para Tempo Longo*
Introdução

Na organização de uma proposta de treinamento na área corporal, parti do pressuposto (implícito ao treino do corpo) de uma ligação constante entre o que é produzido (manifesto) e a fonte produtora (a própria energia pessoal do intérprete).

Todo trabalho deve se voltar, portanto, para o objetivo de levar o ator a conhecer-se como artista do movimento, aquele que coloca em cada gesto, em cada passo, todo o seu ser.

A técnica vem a ser, neste caso, instrumental conhecido e assimilado organicamente a tal ponto que possa ser útil, não na reprodução de modelos exteriores, mas na criação. Por mais objetivo que possa ser seu encaminhamento, acaba por tornar-se uma segunda vida, aquela que transcorre sob a luz artificial dos refletores.

Por isso a ênfase no autoconhecimento, autocontrole e autodisciplina: o rigor formal exigido é apenas uma ponte que leva o homem-ator (quando investido da máscara) a apropriar-se e a conduzir, em si mesmo, caminhos que somente o sonho e a fantasia humanos são capazes de oferecer.

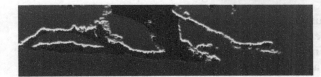

finalmente
de tudo que é visível e invisível
se compõe o texto cênico
significante em si mesmo
definitivo

Fig. 22: A bailarina Helena Pikon no balé                    , em apresentação de janeiro de 1993. In
fotografia de Ursula Kaufmann, Verlag Müller + Busmann, Wuppertal 1998.

## Organização de uma proposta prática de treinamento (sugestão de alguns recursos técnicos)

Fase I

Primeira Parte: Conexão com o Instrumento-Corpo

Constatação e eliminação de tensões musculares e articulatórias:
1. alongamentos;
2. preliminares (antiginástica);
3. posições de controle (eutonia);
4. exercícios de fluxo de energia (t'ai chi chuan);
5. automassagem (do-in);
6. relaxamento das articulações (ondulações);
7. exercícios de bioenergética (vibrações).

Aumento da capacidade de concentração:
1. exercícios de eutonia;
2. meditação (tirada do t'ai chi e da ioga);
3. algumas posturas da ioga (âsanas passivos).

Descoberta do centro produtor de energia: fontes de emissão:
1. observação da respiração em cada exercício utilizado;
2. exercícios de coluna, pélvis e abdômen;
3. exercícios de movimentação e irradiação da energia em posturas;
4. exercícios de aquecimento do t'ai chi.

Relacionamento com a autoimagem e eliminação de esforços supérfluos:
1. exercícios do método de Moshe Feldenkrais.

Situando o corpo na relação com a gravidade:
1. estudo de posições de pé;
2. balanços no eixo (lado-lado, frente-atrás);
3. subidas e descidas, com passagens pelos níveis;
4. quedas por abandono e recuperação da posição anterior;
5. exercícios de *grounding* (bioenergética);
6. experimentação de uso de apoios diferentes e abandono ao chão;
7. perda de equilíbrio e recuperação.

Situando o corpo na relação com deslocamentos:
1. movimentos por perda de equilíbrio e movimentos com passagem de um apoio a outro;
2. deslocamentos por ondulações e balanços;
3. deslocamentos ocasionados por partes do corpo que dirigem o movimento;
4. deslocamentos a partir do direcionamento do olhar (posições diferentes da cabeça).

na paisagem viva do palco
leio a figura que ainda não existe
troco o traço por sentidos outros
descubro múltiplas significações

Fig. 23:

298          O PAPEL DO CORPO NO CORPO DO ATOR

Recuperação dos movimentos de infância:
1. passagem pelos níveis (baixo, médio e alto) com a mínima energia necessária;
2. movimentação flexível e uso das linhas redondas;
3. expansão e recolhimento (com e sem deslocamento no espaço).

Fase I
Segunda Parte: Instrumentalização técnica e ampliação de repertório (estudo de temas de movimento)

Estudos do andar:
1. postura básica e estável;
2. troca de apoios nos passos;
3. passos de diferentes tamanhos;
4. andares elevados e rebaixados;
5. mudanças na direção do andar e desenhos no chão;
6. atenção à posição da cabeça e do pescoço;
7. alterações na forma de contato com o solo;
8. alterações rítmicas;
9. relação entre andar e objetivos (dados ou criados).

Estudo em movimento dos centros de gravidade e de leveza:
1. deixar acontecer o movimento, sendo puxado por partes diferentes do tronco e membros superiores;
2. ser levado por partes diferentes da parte inferior do tronco e membros.

Estudo da coluna vertebral como fonte do movimento:
1. movimentos de contração e relaxamento;
2. movimentos por impulso vindo do centro do corpo;
3. movimentos e gestos com passagem pelo centro.

Estudo de ações simples:
1. andar, correr, agachar, deitar, sentar, rolar etc.
2. encadear sequências para vivência e análise dessas ações;
3. criação de frases de movimentos naturais e sua repetição, com alteração consciente das qualidades presentes;
4. colocar motivos diferentes nas mesmas ações para identificação de qualidades objetivas;
5. andar e cair; conduzir e ser conduzido, puxar e ser puxado;
6. aproximação e afastamento com motivos escolhidos.

Relacionamento com objetos:
1. ações simples com objetos (tamanhos, pesos e texturas diferentes): aproximar-se e afastar-se, pegar e soltar, jogar e ir buscar, deixar cair, carregar pelo espaço, locomover-se junto com ele como se fosse um só corpo;

Fig. 24:

2. toque nos objetos com alterações de qualidade do movimento (percebendo sensações produzidas);

3. toque, a partir de intenção criada com objetivo.

Desenhando o espaço com gestos definidos:

1. começo e fim de cada gesto (volta à posição neutra);

2. trabalhar com inserção de pequenas pausas (neutras ou com intenções);

3. tentar captar sensações provindas dos gestos em desenhos retos e curvos, grandes e pequenos;

4. quedas diversas e modos de se erguer traçando caminhos diversos em nível dos desenhos;

Estudo de avanços e recuos/subidas e descidas:

1. nos vários níveis do espaço (arrastando-se, ajoelhados, sentados, agachados, de pé etc.);

2. em ritmos e energias diferenciados;

3. com motivos reais e imaginários;

4. em contextos criados;

5. em deslocamentos previstos.

Estudo das direções do movimento:

1. voltas e mudanças de frente;

2. gestos para cima, para baixo, frente ou atrás e para os lados;

3. movimentos simétricos e assimétricos;

4. estabelecer pequena frase para ser trabalhada;

5. modificar energia e tempo nas repetições;

6. tecer, à volta toda, um espaço imaginário;

7. mover-se nele, achando agora motivos para fazê-lo.

Movimentos com passagem pelo centro do corpo e movimentação periférica:

1. sem sair do lugar, desenhar o espaço em torno do corpo apenas com movimentos periféricos;

2. tecer, nesse espaço criado, linhas que passem pelo centro do corpo, reagindo corporalmente a elas;

3. diminuir o tamanho dos gestos, encerrando-se em espaço diminuto;

4. mover-se nele, com passagens pelo centro do corpo com motivos criados;

5. mover-se alterando qualidades objetivas dos gestos.

Estudo de movimentação direta e indireta:

1. locomoções diversas em linha reta (no menor percurso de um ponto a outro);

2. locomoção em linhas flexíveis (aumentando o percurso);

3. avanços e recuos nesses dois modos (observação dos trajetos e das sensações produzidas por eles);

O PAPEL DO TRABALHO CORPORAL NA INTERPRETAÇÃO DO ATOR   301

4. gestos e movimentos de partes do corpo, ora diretas, ora indiretas;

5. preparar pequena sequência e acrescentar nela motivos criados e a partir das próprias sensações percebidas;

6. relacionamento com parceiro sem alteração na ordem da sequência criada;

7. situar-se, nessa relação, em contexto imaginário criado individualmente

Estudo de movimentação súbita e lenta:

1. escolher duas ações simples (exemplo, pegar e soltar) trabalhá--las muito lentamente e anotar sensações produzidas,

2. trabalhá-las subitamente, sem perda da nitidez;

3. trabalhar lentamente a primeira, e subitamente a segunda;

4. inverter a ordem;

5. acrescentar outras ações que tenha sentido necessidade de realizar;

6. definir as que serão lentas e as que serão súbitas;

7. encontrar motivos para tal encadeamento de ações, e colocá-las em contexto imaginário;

8. relacionamento com parceiro, em situação de jogo.

Estudo de movimentos fortes e suaves:

1. escolher objetos ou partes do espaço para focalizar sua atenção;

2. relacionar-se com esses objetos ou partes do espaço com atenção no movimento o mais suave possível;

3. relacionar-se com os mesmos utilizando uma grande dose de energia;

4. anotar sensações produzidas dos dois modos;

5. criar uma pequena sequência que tenha essas duas qualidades, em alternância;

6. abandonar o objeto e repetir o exercício com um parceiro (respeitando limites individuais);

7. achar motivos para tais ações e criar contexto imaginário.

Estudo e movimentos de partes do corpo:

1. pesquisa articulatória em ações de dobrar, esticar, girar e torcer partes do corpo, uma a uma;

2. puxar ou ser puxado por cada uma dessas partes;

3. deixar-se guiar por elas;

4. relacioná-las entre si (duas a duas);

5. variar qualidade do movimento;

6. relacionamento com parceiro em avanços e recuos, encontros/ desencontros de partes do corpo.

Estudo e alteração de clichês e gestos convencionais (hábitos do ator):

302 O PAPEL DO CORPO NO CORPO DO ATOR

1. procurar lembrar-se de gestos rotineiros (observados nos outros, gestos sociais e fruto do próprio hábito);

2. escolher um deles (o mais óbvio) e alterar elementos presentes em sua execução; alterar um elemento por vez, percebendo alterações objetivas e as sensações;

3. estabelecer uma pequena frase (exemplo com três deles e ir transformando a frase objetivamente);

4. perceber preparação interior para cada uma delas, assim como começo e fim precisos;

5. mostrar ao grupo a frase inicial, e sua transformação.

Organização final desse estudo:
1. preparar uma sequência que contenha alguns dos temas trabalhados;
2. praticá-la sem interrupção;
3. colocar pequenas pausas ao final de cada ação;
4. interromper ações ou alterar o trajeto estabelecido;
5. acrescentar variações, atendendo aos pedidos do corpo (necessidades físicas);
6. estudar, nessa sequência, a organização interna para cada movimento, o fluxo e refluxo de energia, as modificações na respiração e no uso dos apoios, bem como modificações de postura; notar sensações localizadas e sua alteração.

Fase II: Aprofundamento da instrumentalização técnica

Estudo das formas corporais (consciência e sentido formal):
1. exercício com formas curvas;
2. com formas retas;
3. com formas angulares;
4. com formas torcidas;
5. movimento livre e paralisação em formas nítidas, em vários níveis do espaço;
6. estudá-las uma a uma, alternando ritmo nas passagens;
7. chegando a cada uma delas com uma energia determinada.

Introdução das quatro formas básicas: parede, bola, flecha e parafuso (detalhamento técnico indispensável para a pesquisa: uso correto de apoios, impulso preciso em cada momento do exercício e forma final bem desenhada)

1. descoberta de possibilidades de cada uma das formas (um repertório de formas);
2. estabelecer passagens entre formas do mesmo tipo;
3. criar sequências (exemplo: de parede) com momentos neutros;
4. criar passagens em vários níveis, alterando tempo e uso de energia (exemplo, uma sequência toda no lento e suave, a mesma frase no súbito e forte etc.);

O PAPEL DO TRABALHO CORPORAL NA INTERPRETAÇÃO DO ATOR   303

5. intercalar formas com mínima energia e máxima;

6. intercalar passagens lentas e súbitas;

7. perceber sensação envolvida em cada uma delas;

8. acrescentar passos na sequência formal (tamanhos e direções diferentes);

9. fixar um grande número dessas formas e estudá-las duas a duas, em contínuas passagens ida e volta, descobrindo novos caminhos;

10. perceber transformações envolvidas no formar e desmanchar em novas formas;

11. perceber processo de transformação e produto final;

12. trabalhar com formas que ocasionem sensações opostas, e variar o tempo necessário à passagem de uma para outra;

13. associar esse trabalho a palavras escolhidas que serão usadas junto com o movimento;

14. notar como a energia se organiza em cada momento do trabalho;

15. a pesquisa pode também se unir a subtexto de personagem, a frases de texto teatral ou poemas etc.;

16. unir a sequência às imagens interiores;

17. relacionamento em pares, mantendo a sequência original, e alterando-a somente quando perceber impulso forte em nova direção;

18. caminhar carregando formas específicas;

19. caminhar transformando formas;

20. colocar pausas entre o final de uma forma (seu momento estático) e o início do impulso para outra;

21. trabalhar nas passagens com ritmo dado.

Estudo de movimentos acrobáticos simples:

1. cambalhotas para frente e para trás;

2. com apoio da cabeça;

3. apenas com apoio das mãos;

4. parada de mão;

5. parada de cabeça (posição inversa);

6. estrela;

7. ponte;

8. estabelecer sequência para fluência e detalhamento.

Organização de sequência unindo formas às pequenas acrobacias:

1. estudá-las na ordem escolhida, acentuando e pontuando trechos escolhidos, enfatizando momentos outros;

2. tentar unir a sequência a uma canção escolhida (com ou sem palavras).

Passagem das grandes formas para os pequenos gestos:

1. escolher algumas das formas criadas e diminuí-las com base em sensações observadas, e em manutenção de elementos de movimento (com qualidades originais), até transformá-las em gestos localizados em posturas claras;

304    O PAPEL DO CORPO NO CORPO DO ATOR

2. trabalhar a sequência em tamanho pequeno, isto é, já reduzida.

Trabalho de alternância formas/gestos:

1. organizar a sequência oscilando entre o grande e o pequeno, mantendo a mesma ordem;

2. socializar a sequência trabalhada com parceiro e a seguir com o grupo por meio da técnica do espelho;

3. movimento copiado tem de ser motivado imediatamente.

Estudo das ações básicas do esforço (prática consciente e pormenorizada de cada uma delas, definindo as mais usadas e pesquisando as menos conhecidas por cada um):

1. flutuar (leve, indireto, lento);
2. socar (forte, direto, rápido);
3. deslizar (leve, direto, lento);
4. chicotear (forte, indireto e rápido);
5. sacudir (leve, indireto e rápido);
6. torcer (forte, indireto e lento);
7. pontuar (leve, direto e rápido);
8. empurrar (forte, direto e lento).

Evolução do exercício:

1. experimentar uma a uma;

2. trabalhá-la numa ordem tal que se altere apenas um dos componentes do movimento;

3. trabalhá-las duas a duas, em alterações radicais, isto é, passagem de uma ação para sua oposta;

4. encadeá-las e executá-las em várias combinações;

5. deixar claro o começo e o final de cada uma delas por pequenas pausas brancas;

6. realizar uma sequência no grande (movimentos com o corpo todo e partes do corpo, à vontade) e depois traduzi-la para a proximidade do corpo em pequenos gestos que contenham as dinâmicas estudadas;

7. autoespelhar-se durante todo o processo, tendo não só consciência corporal do que está sendo feito, como do resultado objetivo, que pode ser mensurável;

8. trabalhá-la alternando o "grande e o pequeno";

9. escolher cinco delas, no mínimo, e criar uma cena de movimento com começo meio e fim;

10. motivar interiormente cada uma das ações realizadas e inseri-las num contexto imaginário quem, onde, o que, por quê;

11. trabalhá-las com palavras (exemplo: sim, não, quero, não quero, vou, não vou, tenho que, posso etc.).

Estudo das dimensões do espaço:

1. movimentos na dimensão vertical nos sentidos ascendente e descendente, (acima-abaixo);

O PAPEL DO TRABALHO CORPORAL NA INTERPRETAÇÃO DO ATOR 305

2. dimensão lateral (lado-lado); pesquisar possibilidades de movimentos que, passando pelo centro do corpo, estendem-se para a direita e para a esquerda;

3. dimensão sagital (frente-atrás);

4. estudo da frase criada que contenha as três dimensões subir e descer, cruzar e abrir o corpo, avançar e recuar, tendo o corpo como centro;

5. pesquisar sensações ligadas a cada uma dessas dimensões, bem como possibilidades gestuais aliadas a motivos interiores.

Estudo das diagonais do espaço – com modificações no ritmo e na energia utilizada, e estudo dos planos da porta (dimensão vertical e lateral) mesa, (lateral e sagital) e roda (sagital e vertical)

Levantamento de problemas surgidos em todo o estudo anterior e organização de sequência desafio; os problemas surgidos são prioritários aqueles referentes â execução técnica e ligados à ressonância interior. Estudar as frases organizadas até o seu perfeito domínio técnico.

Fase III: Criação de códigos precisos; a segunda natureza solidificada

Todo o estudo, anteriormente mencionado, refere-se, em última instância, ao relacionamento entre impulsos interiores e formas exteriores. Intenções de movimento devem ser, todas, corretamente enformadas, não devendo haver excesso dentro (impulsos e energia não veiculados) nem falta ou excesso fora (formas vazias ou excessivamente carregadas sem correspondência interna).

O aluno-ator aprenderá a se auto-observar a ponto de trabalhar nesse equilíbrio mencionado, em impulsos e formas correspondentes.

Na pesquisa agora iniciada, o movimento relaciona-se estreitamente às possibilidades de metamorfose do ator, à introdução de intenções claramente dramáticas e teatrais, à codificação consciente e leitura sígnica da própria criação, bem como dos companheiros de trabalho.

O trabalho se desenvolve com todos os temas tratados na fase anterior, apenas acrescidos de novas exigências em direção, não só a descoberta de recursos pessoais do intérprete associação a diversos estados de ânimo e emoções especiais que precisam ser melhor compreendidas pelo corpo; como também em direção à criação proposital e intencional de sequências significantes, onde a estruturação consciente do movimento esteja, de pronto, vinculada à necessidades expressivas de personagem, configurada como tal, a contextos de cena.

Descobrir motivos e ressonâncias interiores para cada gesto, estreitar organicamente a partitura exterior e interior, a cada passo do trabalho, são alguns dos conselhos úteis a serem seguidos.

Intensifica-se o trabalho sonoro (sejam sons vocais, palavras ou canções propriamente ditas) e seu relacionamento com frases tiradas de poemas, contos, outros textos. O movimento passa a ser estudado,

O PAPEL DO CORPO NO CORPO DO ATOR

na prática, por meio de sua ligação com o caráter da personagem, e a composição de cenas de base corporal pode ser iniciada em intenções imaginárias, intenções de criação.

A associação da forma a conteúdos imagéticos e situacionais, torna-se outro princípio de trabalho: situar imagens diferentes em partes diferenciadas do corpo, lidar com a simetria e a assimetria na ligação com estados interiores da ficção exercitada, reprimir propositalmente impulsos e conseguir articulá-los às necessidades da elaboração.

O estudo de composição e decomposição de cenas aleatórias; na descoberta de seu lado oculto, ou da rede de significados que nela acaba por se incorporar, são motivo para um debruçar atento sobre suas próprias possibilidades e resistências que ainda perduram.

Aprender a sintetizar exercícios realizados e transformá-los em cenas teatrais, tendo como ponto de partida o corpo, mas não apenas ele, e o trabalho com propostas diferentes em nível da linguagem teatral encerram o treinamento. Cada ator poderá procurar, entre todos os caminhos apresentados e percorridos, aqueles que, mais diretamente, possam auxiliá-lo em seu trabalho futuro.

*Encaminhamento Prático de Trabalho: Sugestão para Tempo Mínimo*

1. conexão com o instrumento-corpo

Utilização de técnicas de alongamento, automassagem, vibração, busca do eixo e uso correto de apoios; trabalho com as preliminares da antiginástica, numa fase inicial do treinamento (uma parte do horário definida para essas atividades). Encaminhamento de exercícios individuais, de acordo com necessidades pessoais, a serem realizados em outros horários e individualmente.

2. instrumentalização técnica básica

Encaminhar pesquisa "corrida" dos temas de movimento (levantados na fase anterior) para diagnóstico das características do grupo na relação com os objetivos de trabalho; exercitar as ações básicas do esforço para que se possa estabelecer o vínculo entre utilização de energia na relação com os movimentos produzidos; organizar sequências com uso dessas dinâmicas e incluindo nelas desafios na esfera pessoal, para que o ator conheça possibilidades básicas de uso do próprio e perceba suas limitações; experimentar movimentos cuja origem está no centro do corpo: contrações e expansões a partir do tronco para que se perceba a organicidade necessária a qualquer gesto ou deslocamento no palco; vivenciar movimentos lentos e súbitos, energia forte e suave.

3. criação de códigos precisos: solidificando a segunda natureza

Estudo detalhado das formas corporais básicas, na relação com as diferentes intensidades, seus diferentes significados, sensações e

O PAPEL DO TRABALHO CORPORAL NA INTERPRETAÇÃO DO ATOR 307

emoções; criação de sequências formais claras relacionadas aos vários usos da máscara, descobrindo possibilidades pessoais no trato com a energia enformadora; aprofundar a conexão existente entre imagens criadas no exterior e a energia original que as mantêm; perceber claramente as imagens produzidas e treinar sua contínua transformação segundo ritmos diversos.

Um mesmo dia de trabalho poderá conter exercícios concernentes a cada uma dessas fases do treinamento, numa proposta evolutiva. Exemplo:

Primeira hora: exercícios corretivos e preparatórios.

Segunda hora: pesquisa dirigida em nível dos temas de movimento escolhidos.

Terceira hora: improvisação a ser estabelecida pelo ator na relação com os conteúdos trabalhados; fixação e repetição de frases com alterações de contextos ou com a inserção de pretextos; organização de uma cena corporal.

# 9. Anexos

PLANEJAMENTO DE OFICINA I (PARA UM PRIMEIRO
SEMESTRE DE CURSO PROFISSIONALIZANTE DE
FORMAÇÃO DE ATOR)

Objetivo Geral: Autoconhecimento a partir do eu físico.

Objetivos Específicos:
1. levar o aluno a entrar em contato com o próprio corpo e suas
   sensações básicas;
2. levá-lo a reconhecer impulsos particulares;
3. levá-lo a descobrir repertório de movimentação que fuja dos
   clichês adquiridos;
4. levá-lo à descoberta e análise de dinâmicas próprias e conhecimento de outras dinâmicas;
5. levá-lo a trabalhar integradamente interno e externo.

Conteúdo Programático:
1. movimentos por impulso;
2. entrega e resistência à força da gravidade; apoios e quedas;
   busca do centro de equilíbrio;
3. tempo: repentino e lento, suas sensações;
4. energia: forte e suave;
5. espaço: grande e pequeno, avanços e recuos, o fechado e o
   aberto, movimentos diretos e flexíveis, subidas e descidas;

310      O PAPEL DO CORPO NO CORPO DO ATOR

6. frases de movimento com o conteúdo trabalhado;
7. alteração consciente dos fatores do movimento nela envolvidos;
8. dança livre e gestual realista.

Estratégia:
1. exercícios de fluxo e desbloqueio de energia;
2. exercícios de conscientização corporal;
3. exercícios de flexibilidade e ritmo;
4. pesquisa dirigida de temas de movimento;
5. improvisação a partir de repertório descoberto;
6. improvisação com parceiro e em grupo.

Avaliação:
- mensal, com apresentação de sequência preparada em casa;
- bimestral, com apresentação de sequência e levantamento de dificuldades.

Exemplo de avaliação pedida:
1. Para o preparo da sequência:
- organizar dois materiais diferentes no espaço;
- definir intenções de cada movimento a ser realizado (não deixar nada ao acaso);
- entrar em contato com um material por vez, estabelecer conexão com ele. Estabelecer claramente relação através de mudanças:
a) rítmica: lento ou súbito;
b) energia: forte ou suave;
c) uso do espaço: próximo ou distante, níveis diferenciados, uso de movimentos flexíveis e diretos.

2. Deverá haver uma linha interna clara e contínua que alimente cada movimento; atentar para as mudanças de apoio e para a energia que deve fluir dos pés até o rosto.

Sugestão:
O aluno poderá criar uma estória, uma sequência de imagens que o auxiliem na frase de movimento; usar figurino, maquiagem ou texto; o som também é optativo, sendo preferível trabalhar em silêncio. Importante é conseguir algum tipo de conexão dentro-fora.

O que será avaliado é o que se torna visível, em suas características objetivas. Posso pedir que a sequência seja repetida no todo ou em parte, bem como solicitar alguma modificação que interfira no desempenho do aluno.

ANEXOS 311

# BREVE RELATO AULA A AULA DE OFICINA I

Primeira aula: apresentação de planejamento e critérios de avaliação.

Segunda aula: exercícios sobre o andar, observando se os joelhos estão travados, percebendo mudanças de apoios, direção do olhar (não deixá-lo vagando indeterminadamente), pontos de partida, pontos de chegada.

Terceira aula: desequilíbrio no espaço; *grounded*, transferência de apoio até o desequilíbrio, antes de cair, encontrar uma forma súbita e estável; volta ao *grounded* inicial; da posição inicial para forma aberta – lentamente (ir e voltar várias vezes, escolhendo novos caminhos no espaço); da posição inicial para forma fechada – lentamente ir e vir; estabelecer sequência entre forma aberta-branca e forma fechada; improvisar nesse caminho formal brincando com os contrastes rítmicos; improvisar na relação com parceiros, sem alterar frase formal, apenas modificando ritmo ou energia, anexar a essa sequência passos e deslocamentos com as mesmas intenções físicas.

Quarta aula: achar motivos para as formas estabelecidas, intensificar fisicamente esses motivos por meio de ligeiras modificações nos elementos do movimento; alternar sensações nelas contidas, mesmo que seja preciso inverter a ordenação da sequência; perceber os impulsos geradores de cada movimento.

Quinta aula: utilizar a mesma sequência criada no grande espaço trazendo-a para perto do corpo, traduzi-la inteira para pequenos gestos mantendo a intenção original; pesquisar no grande gesto e no pequeno aquilo que se perde e o que se mantém; passar sucessivamente dos pequenos para os grandes movimentos.

Sexta aula: preparação interior e renovação de energia (exercícios de t'ai chi), exercício com parceiro real: emissão de energia em imobilidade; emissão de energia por meio de toque sempre numa só parte do corpo, que vai sendo trocada no decorrer do exercício; forma grande e forte; tentar manter a mesma forma fazendo, no entanto, a energia refluir (com tempo dado: dezesseis tempos, oito tempos, quatro tempos etc.), forma aberta; diminuição (em certo ritmo) para pequeno gesto aberto; forma fechada, diminuição (em certo ritmo) para pequeno gesto fechado; improvisação com parceiro, com toque físico e sem o toque (de uma certa distância).

Sétima aula: introdução de material flexível trazido por eles; exercícios de fluxo de energia; sequências de relaxamento com mudanças de nível com passagem pelo chão e sem perder a fluência; experimentação dirigida com material trazido; usá-lo como prolongamento do próprio corpo, crescendo no espaço em várias direções; passando pelo centro do corpo; usando muita força na relação com ele, usando da

312 O PAPEL DO CORPO NO CORPO DO ATOR

máxima suavidade (sem deixá-lo cair no chão, usá-lo lenta e rapidamente); experimentar transformações juntamente com ele, deixando ritmo e energia modificarem-se segundo intenções internas; recuperar momentos mercantes dessa relação; justificar com a imaginação o que está fazendo; intensificar sua relação com o objeto projetando nele imagens lembranças, coisas que o emocionam; isto é, transforme-o num parceiro imaginário; estabeleça conexão entre você e ele.

Oitava aula: aquecimento corporal individual; aquecimento com uso de dinâmicas na relação com o material da aula anterior; perceber e anotar dinâmicas com as quais mais se identifica; pesquisa com o bastão trazido; todos os movimentos que pode realizar com ele, adaptar seu corpo à dureza e inflexibilidade do material; buscar conexão com ele (da maneira que quiser).

Proposta de Avaliação que será realizada na próxima aula:

• Organizar com os dois materiais pesquisados e com os temas corporais trabalhados uma sequência com ordem determinada para desenvolvimento. Dispor os dois materiais no espaço; entrar em contato com um deles, deixá-lo para entrar em contato com o outro; aproximar-se de cada um deles com intenção definida.

• Estabelecer mudanças visíveis de intenção; deverá existir no decorrer da sequência uma linha interna ininterrupta que alimente cada movimento.

Nona aula: Avaliação individual.

Décima aula: comentários sobre cada apresentação; levantamento de dificuldades gerais e particulares.

## PLANEJAMENTO DE OFICINA II (2º SEMESTRE DE CURSO PROFISSIONALIZANTE DE FORMAÇÃO DE ATOR)

Objetivo Geral: Levar o aluno à descoberta da verdade no gesto.

Objetivos Específicos:
1. levar o aluno a apropriar-se de sequência de preparação corporal básica;
2. levá-lo a estabelecer relação entre impulso e forma;
3. levá-lo a perceber o "motor" interno, causa do movimento e as possibilidades de transformação no eixo interior-exterior;
4. levá-lo a descobrir e utilizar conscientemente o canal expressivo;

ANEXOS 313

Conteúdo Programático:
1. níveis do espaço e sensações básicas em imobilidade e movimento;
2. formas básicas e vivência interior correspondente: flecha, parede, bola e parafuso;
3. intenção (preparação), ação (formas, atitudes corporais, gestos, movimentação) e consequência (refluxo de energia e nova intenção);
4. frases com formas e passagens entre formas;
5. frases com deslocamento no espaço: avanços e recuos e sensações correspondentes (uso de palavras);
6. acentuação de frases;
7. tonalidades dramáticas em movimentação própria e de personagem.

Estratégia:
1. aquecimento físico e preparação psicofísica;
2. pesquisa dirigida;
3. improvisação individual;
4. improvisação com parceiro ou em grupo.

Avaliação:
- mensal, com apresentação de exercício elaborado em casa;
- bimestral, com levantamento das dificuldades específicas do aluno.

OFICINA II: BREVE RELATO AULA A AULA

Primeira aula: apresentação da matéria; critérios de aprovação e reprovação.

Segunda aula: exercícios físicos e improvisacionais para diagnóstico da classe.

Terceira aula: impulsos e deslocamentos.

Quarta aula: passos e paralisação em formas; exploração do espaço num só apoio com risco de queda; alternar ritmo e energia.

Quinta aula: o leve e o flexível, paralisação em formas de parede; pesquisa técnica dessa forma, aliada a sensações de movimento.

Sexta aula: passagem da parede para bola; pesquisa técnica das formas envolventes, anotar impulsos de passagens entre uma e outra.

Sétima aula: introdução da flecha, pesquisa das duas anteriores aliadas a esta, com introdução de palavra-subtexto.

Oitava aula: parafuso (introdução), o conflito, o quero e o não quero; colocar-se fisicamente em situações conflitantes.

Nona aula: preparar como quiser sequência que tenha as quatro formas estudadas, prestando a máxima atenção nas passagens entre uma

314 O PAPEL DO CORPO NO CORPO DO ATOR

e outra. Pela repetição ir tentando preencher essas formas e estabelecer conexão entre o que é feito e o que é percebido no próprio corpo.

Décima aula: trabalhar essa sequência modificando os níveis das formas no espaço.

Décima primeira aula: trabalhar introduzindo avanços e recuos.

Décima segunda aula: estabelecer pausas intencionais.

Décima terceira aula: relacionar-se com parceiro imaginário.

Décima quarta aula: introduzir modificações segundo as dinâmicas conhecidas.

Décima quinta aula: relacionamento com parceiro real.

Décima sexta aula: definir personagem a partir da partitura física: pelo que luta e como luta; ao que se entrega e como o faz; ao que diz claramente não e de quais maneiras, qual seu conflito básico.

Décima sétima aula: apresentação para a classe.

Estratégias utilizadas num segundo semestre, visando a aproximar corpo e interpretação:

1. avanço e recuo, aliados a sensações e emoções que nascem dopróprio movimento;
2. passagem pelos três níveis do espaço, procurando motivaçõesdiversas para fazê-lo;
3. colocação de subtexto nas formas tecnicamente trabalhadas;
4. criação de personagem via sequências formais;
5. descoberta de possibilidade de enredo interno busca de uma dramaturgia do e no próprio movimento
6. fixar passagens e fixar sensações no corpo;
7. acentuação da intenção visível de cada palavra-movimento;
8. ênfase nos momentos de transformação por meio de pausas expressivas e dramáticas;
9. memória afetiva aliada a memória corporal;
10. situações-limite de personagem por meio de situações-limite corporais;
11. postura básica de personagem; emissão de energia em imobilidade;
12. limpeza de frases sem perda das intenções que originam os impulsos para ação;
13. pesquisa espacial aliada a parceiro imaginário;
14. pesquisa rítmica aliada a sensação do tempo;
15. trabalhar na sequência aleatória, situando-se no lugar de uma personagem;
16. conhecimento e manipulação do motor interno do movimento em situações reais e ficcionais;
17. formas aliadas à criação de atmosferas tais como desespero, paixão, insegurança, medo, remorso, ódio, arrependimento;

ANEXOS 315

18. desejo fundamental de personagem alojado em forma própria;
19. sentimento da personagem em cada momento do espetáculo, cultivada em forma simbólica (não realista);
20. estabelecimento de partitura exterior da personagem, em nível das sensações e emoções experimentadas, ao longo de sua vida cênica;
21. formas e o "se" imaginário;
22. alterações de ritmo e energia segundo esse mesmo "se";
23. aparência negando sensação interna por força das circunstâncias: desejo/gesto; desejo e gesto que disfarça o desejo; desejo e gesto que nega e oculta o desejo; desejos que se manifestam somente na sombra.

## OFICINA II: PREPARAÇÃO PARA AVALIAÇÃO

1. Pontos que serão avaliados:
- relação entre impulso interno e forma exterior (conexão);
- modificações no ritmo o súbito e o lento;
- modificações na energia: o forte e o suave;
- modificações no uso das formas no espaço: grandes formas e pequenos gestos;
- preparação ação e consequência; o canal expressivo – cada impulso interno deve corresponder à manifestação exterior.

2. Preparação para a avaliação:
- estabelecer uma sequência que tenha pelo menos três das formas trabalhadas; buscar aquelas que sejam particularmente provocativas de ecos interiores;
- organizá-las claramente em ordem sequencial de apresentação. A sequência deverá ser fixa, podendo ser repetida a qualquer momento;
- só será admitida improvisação se houver um forte impulso nessa direção; caso contrário, o aluno deverá conter modificações e mostrar exatamente o que foi preparado;
- as formas poderão aparecer mais de uma vez, conforme necessidade da cena;
- modificações claras nos fatores do movimento serão exigidas;
- evitar a dança e o excesso de movimentação: as sequências deverão ater-se a formas e passagens entre formas;
- as pausas terão sua duração definida pelo aluno;
- as passagens poderão conter movimentos flexíveis e diretos, conforme necessidade ou motivação interior;
- poder-se-á usar sons de todo tipo, palavras ou frases de texto teatral ou não;

316 O PAPEL DO CORPO NO CORPO DO ATOR

- a critério do aluno será usada personagem;
- tempo máximo para a cena: cinco minutos.

## ALGUNS EXEMPLOS SINTÉTICOS DE PLANEJAMENTOS EM ETAPAS SEQUENCIAIS

*Oficina II*

Objetivo Geral: Levar o aluno à descoberta da verdade no gesto.

Objetivos Específicos:

1. levar o aluno a apropriar-se de sequência de exercícios para preparação corporal individual;
2. levá-lo a estabelecer relação entre impulso interior e energia utilizada no gesto;
3. levá-lo a compreender o potencial expressivo dos pequenos movimentos e a sutileza do gesto por meio do estudo da comunicação não verbal;
4. levá-lo a tomar conhecimento do "motor" interno do movimento;
5. levá-lo a ampliar seu repertório corporal.

Conteúdo Programático:

1. níveis do espaço;
2. formas básicas do corpo;
3. relacionamento entre partes do corpo: preparação, confronto e consequência;
4. dimensões: lateral, vertical e sagital;
5. transformações em deslocamento;
6. sequências de movimento com parceiro imaginário,
7. sequência de movimentos aliados a subtexto;
8. gestos realizados e gestos esboçados;
9. composição grupal e improvisação a partir de temas do movimento, em situações dadas ou criadas.

Estratégia:

1. aquecimento físico e preparação corporal;
2. experimentação dirigida com relação aos objetivos fixados;
3. improvisação corporal;
4. avaliação objetiva a ser preparada em casa segundo roteiro proposto.

*Oficina II (um outro exemplo)*

Objetivo Geral: Treinamento corporal e expressivo do aluno, visando a um trabalho de palco.

ANEXOS

Objetivos Específicos:
1. levar o aluno a desenvolver leitura corporal;
2. levá-lo a ampliar seu repertório corporal e usos do corpo na relação com situações expressivas específicas;
3. propiciar ao aluno a descoberta de método próprio de preparação corporal para a cena.

Conteúdo Programático:
1. relacionamento entre partes do corpo;
2. imagem interior – forma exterior; as nuanças expressivas do gesto via utilização adequada de energia;
3. agilidade e fluência na kinesfera, passagem harmoniosa pelas várias possibilidades de uso do espaço e conteúdos de emoções diversas;
4. formas básicas na relação com impulso dramático claro;
5. estilo de movimentação em função de caráter e de situações objetivas de personagem;
6. atitudes conflitantes e complacentes (avanços e recuos), temperamento e forma de personagem;
7. ritmos grupais de interação aliados às emoções básicas e suas formas expressivas;
8. relacionamento próximo e distante a partir de irradiação de energia,
9. movimentação social e movimentos de sombra (índices de personagem), trabalho em duplas.

Estratégia:
1. preparação corporal;
2. experimentação dirigida com relação aos objetivos fixados;
3. improvisação com partitura interna de personagem.

*Oficina III*

Objetivo Geral: Treinamento corporal e expressivo do aluno, visando ao Domínio do Movimento no eixo esforço-forma.

Objetivos Específicos:
1. levar o aluno a perceber e utilizar corretamente os elementos do movimento;
2. levá-lo a trabalhar precisão e limpeza dos movimentos criados;
3. levá-lo a compreender corporalmente a importância do fluxo de energia na criação de desenhos nítidos;
4. levá-lo a compor cenas de movimento;
5. levá-lo a desenvolver memória corporal.

318       O PAPEL DO CORPO NO CORPO DO ATOR

Conteúdo Programático:
1. pesquisa da kinesfera;
2. dimensões do espaço;
3. a cruz dimensional;
4. os planos: porta, mesa e roda;
5. equilíbrio e desequilíbrio e uso correto de apoios;
6. composição de frases de movimento e estudo de acentuação;
7. atenção, intenção e decisão como componentes de uma ação;
8. ação precedente, ação central e ação derivada;
9. paralisação e deslocamento com subtexto;
10. movimentação simétrica e assimétrica;
11. ritmo e frases de movimento.

*Oficina IV*

Objetivo Geral: Levar o aluno ao Domínio do Movimento visando à montagem.

Objetivos Específicos:
1. levá-lo a compor sequências de movimento;
2. levá-lo à composição e transformação dessas mesmas sequências;
3. levá-lo a perceber diferenças entre fluxo controlado e fluxo livre;
4. levá-lo a trabalhar concentração e focos de atenção em partes do corpo em movimentos simétricos e assimétricos;
5. levá-lo a perceber necessidade de mais extrema precisão;
6. levá-lo a desenvolver capacidade de relacionamento coral a partir de estrutura básica dada.

O conteúdo programático deverá ser estabelecido em função de necessidades específicas da montagem.

*Oficina V*

Objetivo Geral: Treinamento corporal e expressivo do aluno visando ao Domínio do Movimento em Trabalho de Palco.

Objetivos Específicos:
1. o corpo como signo teatral; estudo detalhado da dinâmica do movimento e possibilidades de uso cênico em diferentes linguagens;
2. caracterização de personagem realista e personagem narrado.

Conteúdo Programático:
1. ações básicas do esforço;
2. movimento no teatro: integração intenção/forma;
3. pressionar (posturas e significado cênico);

ANEXOS 319

4. sacudir (ação e seus significados);
5. socar (estudo das atitudes conflitantes básicas);
6. pontuar (e suas ações derivadas);
7. outras dinâmicas;
8. união corpo-voz, com uso de energia equivalente;
9. tentativa de ruptura corpo-voz;
10. composição de cena-solo.

## OFICINA DE DANÇA PARA ATORES E NÃO-ATORES

Primeiro dia:
1. formas de andar; andando e parando, criando e ultrapassando obstáculos, modificando o solo em que se pisa; permanecendo com a mesma intenção; modificando intenção;
2. equilíbrio e desequilíbrio: andar e cair, formas de cair e de se levantar;
3. estabelecer pontos de referência no espaço físico da sala; sair desses pontos e voltar até eles; experimentação mudando passos e formas do corpo;
4. passando nessa caminhada, agora preestabelecida, por níveis diversos do espaço;
5. escolher três movimentos claros e passar constantemente pelos mesmos caminhos, fixando uma sequência; trabalhar no aprimoramento das sensações ocasionadas pelas formas e suas modificações.

Segundo dia:
1. composições no espaço; espalhando e recolhendo em várias direções;
2. repetir o trabalho em duplas criando situação imaginária para a mesma sequência;
3. aproximações e afastamentos do parceiro, com passagens por três níveis diferentes;
4. improvisar modificando ritmos;
5. improvisar modificando energia;
6. recuperar a cena improvisada em repetição consciente e planejada.

Terceiro dia:
1. aquecimento em ritmos métricos;
2. usando a diagonal da sala em giros, estrelas e cambalhotas;
3. inserir formas aleatórias entre esses deslocamentos (em paradas bruscas ou modificações lentas);

4. trabalhar contraindo-se ou expandindo-se, formando figuras que a qualquer momento imobilizam-se; justificar a atitude, criando motivos para ela;
5. criar um contexto e unir a sequência física a ele; unir também sons e palavras casadas com o movimento (ditas no mesmo ritmo e com a mesma energia que vem sendo utilizada).

Quarto dia:

1. movimentos que lembrem a terra ou um ser da terra; arrastando-se, serpenteando, rolando; tentativas de sair do chão; subir e descer de várias formas; como se fosse tragado, como se desabasse, como se se entregasse;
2. estruturação de uma movimentação de terra em bases objetivas: tipo de movimentação, ritmo utilizado;
3. passar da terra ao ar: a transformação começa por uma parte do corpo e vai crescendo, tomando o corpo todo, criar imagens para essa sensação: um corpo metade terra, metade ar;
4. trabalhar agora somente com o ar, a sensação de leveza e flexibilidade (unir esse trabalho com uma imagem de ar que lhe ocorra), perceber objetivamente os movimentos feitos;
5. do ar para o fogo; o contato com o calor, toque e fuga, transformações sucessivas a partir de imagens;
6. do fogo à água: aproximação, confronto; meio fogo, meio água; movimentos macios; imagens de água em permanente transformação;
7. improvisação em grupo;
8. coreografar, em linhas básicas, essa improvisação (marcação de alguns desenhos estruturais básicos);
9. transformações técnicas dos desenhos coreografados; escolha e priorização de alguns deles;
10. dançar a sequência ao ar livre deixando-se envolver pela atmosfera do lugar, incorporando sequência fixada os novos impulsos vindos da estimulação ambiente.

# Bibliografia

## BIBLIOGRAFIA ESPECÍFICA

ALEXANDER, Gerda. *Eutonia: Um Caminho para a Percepção Corporal*. São Paulo, Martins Fontes, 1983.

ARGAN, Giulio Carlo. *Walter Gropius y el Bauhaus*. Buenos Aires, 2. ed., Nueva Visión, 1961.

ARNHEIM, Rudolf. *Arte e Percepção: Uma Psicologia da Visão Criadora*. São Paulo, Pioneira/Edusp, 1980.

_____. *Hacia una Psicología del Arte; Arte y Entropia; Ensaio sobre el Desorden y el Orden*, Madrid, Alianza Forma, 1980.

_____. *El Pensamiento Visual*. Buenos Aires, Editora Universitária de Buenos Aires, 1973.

ARTAUD, Antonin. *O Teatro e seu Duplo*. Lisboa, Minotauro, s/d.

ASLAN, Odette. *O Ator no Século XX*. São Paulo, Perspectiva, 1994.

BACHELARD, Gaston. *A Poética do Espaço*, 2. ed., São Paulo, Abril Cultural, Série Pensadores, 1984.

_____. *O Direito de Sonhar*. São Paulo, Difel, 1985.

BÉJART, Maurice. *Um Instante na Vida do Outro*. Rio de Janeiro, Nova Fronteira, 1981.

BERNARD, Michel. *El Cuerpo*. Buenos Aires, Paidós, 1980.

BERTHERAT, Thérèse. *O Corpo tem suas Razões: Antiginástica e Consciência de Si*. São Paulo, Martins Fontes, 1980.

_____. *O Correio do Corpo: Novas Vias da Antiginástica*. São Paulo, Martins Fontes, 1981.

_____. *As Estações do Corpo: Aprenda a Olhar o seu Corpo para Manter a Forma*. São Paulo, Martins Fontes, 1986.

BOURCIEU, Paul. *História da Dança no Ocidente*. São Paulo, Martins Fontes, 1987.

BRECHT, Bertolt. *Estudos sobre Teatro*. Lisboa, Portugália, Coleção Problemas, 1957.

_____. *Estudos sobre Teatro*. Rio de Janeiro, Nova Fronteira, 1978.

_____. *Escritos sobre Teatro*. Buenos Aires, Nueva Visión, 1970-1976.

_____. *Teatro Dialético*. Rio de Janeiro, Civilização Brasileira, 1967.

# 322    O PAPEL DO CORPO NO CORPO DO ATOR

BRIEGHEL-MULLER, Gunna. *Eutonia e Relaxamento: Relaxamento Corporal e Mental.* São Paulo, Manole, 1987.

BRIGANTI, Carlos B. *Corpo Virtual: Reflexões sobre a Clínica Psicoterápica.* São Paulo, Summus, 1987.

BROOK, Peter. *O Teatro e seu Espaço.* Petrópolis, Vozes, 1970.

BYINGTON, Carlos. *Desenvolvimento da Personalidade: Símbolos e Arquétipos.* São Paulo, Ática, 1987.

CANÇADO, Juracy Campos L. *Do-In: Livro dos Primeiros Socorros.* Rio de Janeiro, Ground, 1981.

CARDOSO, Álvaro. *Sobre o Procedimento em Arte, a Arte do Ator e a Biomecânica.* São Paulo, Grupo Aquaviva, Texto I. 1979.

CARRÉ, L. A. & ADÉLAIDE, L. *Gymnastique et Danses Rythmiques*, Paris, Bourrelier et Cie, s/d.

CARY, Luz & RAMOS, Joaquim José Moura (seleção e trad.). *Teatro e Vanguarda.* Lisboa, Presença, 1970.

CASTRO, Cássia Navas Alves de (coord. e texto). *Imagens da Dança em São Paulo.* São Paulo, Imprensa Oficial do Estado, Centro Cultural, 1987.

COLLOTTI, Enzo *et alii. Bauhaus.* Bogotá/Colômbia, Comunicacion Editorial Temis, 1980.

COMPAGNON, Germaine & THOMET, M. *Educacion del Sentido Rítmico.* Buenos Aires, Kapelusz, 1966.

CONRADO, Aldomar (trad. e apres.). *O Teatro de Meyerhold.* Rio de Janeiro, Civilização Brasileira, 1969.

DAVIS, Flora. *A Comunicação Não-Verbal.* São Paulo, Summus, 1979.

DE ROSE. *Prontuário de Yoga Antigo SNASTHYA YOGA.* Rio de Janeiro, Cround, 1986.

DESPEUX, Catherine. *Tai-chi-chuan: Arte Marcial, Técnica de Longa Vida.* São Paulo, Círculo do Livro, Cortesia da Editora Pensamento, s/d.

DUNCAN, Isadora. *Minha Vida.* Rio de Janeiro, José Olympio, 1986.

ELLMERICH, Luis. *História da Dança.* São Paulo, Ricordi, 1964.

ESSLIN, Martin. *Artaud.* São Paulo, Cultrix/Edusp, 1978.

_____. *Brecht, dos Males, o Menor.* Rio de Janeiro, Zahar, 1979.

FARO, Antônio José. *Pequena História da Dança.* Rio de Janeiro, Jorge Zahar Editor, 1986.

FAST, Julius. *Linguagem Corporal.* Rio de Janeiro, José Olympio, 1976.

FEITIS, Rosemary (org.). *Ida Rolf fala sobre Rolfing e Realidade Física.* São Paulo, Summus, 1986.

FELDENKRAIS, Moshe. *Consciência pelo Movimento.* São Paulo, Summus, 1977.

FOULKES, David. *A Psicologia do Sono.* São Paulo, Cultrix, 1970.

FREUD, Sigmund. *Coleção Obras Completas*, vol. I, tradução direta do alemão por Luis Lopez-Ballesteros y De Torres, Madrid, Biblioteca Nueva, 1967.

FÚX Maria. *Dança, Experiência de Vida.* Rio de Janeiro, Nova Fronteira, 1980.

GALÍZIA, Luis Roberto. *Os Processos Criativos de Robert Wilson.* São Paulo, Perspectiva, 1986.

GARAUDY, Roger. *Dançar a Vida.* Rio de Janeiro, Nova Fronteira, 1980.

GELB, Michael. *O Aprendizado do Corpo: Introdução à Técnica de Alexander.* São Paulo, Martins Fontes, 1987.

GROTOWSKI, Jerzy. *Em Busca de um Teatro Pobre.* Rio de Janeiro, Civilização Brasileira, 1968.

GROUPIS, Walter (ed.). *The Theater of the Bauhaus.* London, Eyre Nethuren, 1979.

GUINSBURG, Jacó *et alii. Semiologia do Teatro.* São Paulo, Perspectiva, 1978.

_____. *Stanislávski e o Teatro de Arte de Moscou.* São Paulo, Perspectiva, 1985.

HANNA, Thomas. *Corpos em Revolta.* Rio de Janeiro, Mundo Musical, 1976.

HERRIGEL, Eugen. *A Arte Cavalheiresca do Arqueiro Zen.* São Paulo, Pensamento, s/d.

HUANG, Al Chung-liang. *Expansão e Recolhimento: A Essência do Tai chi.* São Paulo, Summus, 1979.

HUMPHREY, Doris. *El Arte de Crear Danzas,* Buenos Aires, Editorial Universitária de Buenos Aires, 1965.

JOTTERAND, Franck. *El Nuevo Teatro Norteamericano.* Barcelona, Barral, 1970.

# BIBLIOGRAFIA

JUNG, Carl Gustave. *El Hombre y sus Símbolos*. Madrid, Aguillar, 1969.

_____. *Espírito na Arte e na Ciência*. Petrópolis, Vozes, 1985.

KOSTELANETZ, Richard (org.). *Novos Rumos das Artes*. Rio de Janeiro, Lidador, 1967.

LABAN, Rudolf von. *Domínio do Movimento*. São Paulo, Summus, 1978.

LAI, Kwong Ming. *Tai chi chuan*. São Paulo, Sol Nascente, s/d.

LANGER, Susanne. *Sentimento e Forma*. São Paulo, Perspectiva, 1980.

_____. *Filosofia em Nova Chave*. São Paulo, Perspectiva, 1971.

_____. *Ensaios Filosóficos*. São Paulo, Cultrix, s/d.

LE CAMUS, Jean. *O Corpo em Discussão: Da Reeducação Psicomotora às Terapias de Mediação Corporal*. Porto Alegre, Artes Médicas, 1986.

LIFAR, Sêrge. *La Danse: La Danse Académique et l'Art Choreographique*. Genève, Gonthier, 1965.

_____. *Histoire du Ballet Russe:depuis les origines jusqu'a nos jours*. Paris, Nagel, 1950.

LOWEN, Alexander. *O Corpo em Terapia: A Abordagem Bioenergética*, 2. ed., São Paulo, Summus, 1977.

_____. *O Corpo Traído*. São Paulo, Summus, 1979.

_____. *Prazer: Uma Abordagem Criativa da Vida*. São Paulo, Círculo do Livro/Summus, s/d.

LOWEN, Alesander & LOWEN, Leslie. *Exercícios de Bioenergética: O Caminho para uma Saúde Vibrante*. São Paulo, Ágora, 1985.

LOWENFELD, Victor & BRITTAIN, W. L. *Desenvolvimento da Capacidade Criadora*. São Paulo, Mestre Jou, 1977.

MALANGA, Eliana. *Comunicação & Balé*. São Paulo, Edime, 1985.

MENDES, Miriam Garcia. *A Dança*. São Paulo, Ática, 1985.

MERLEAU-PONTY, Maurice. *Fenomenologia da Percepção*. Rio de Janeiro, Freitas Bastos, 1971.

_____. *O Olho e o Espírito*. Rio de Janeiro, Grifo, 1969.

MEYERHOLD, Vsevelod. *Teoria Teatral*. Madrid, Fundamentos, 1977.

MICHAUT, Pierre. *Le Ballet Contemporain*. Paris, Plon, 1951.

MIRA Y LOPEZ. *Temas Atuais de Psicologia*. Rio de Janeiro, José Olympio, 1969.

MIRALLES, Alberto. *Novos Rumos do Teatro*. Salvat Editores, 1979.

MIRANDA, Caio. *ABC do Hatha Yoga*. Rio de Janeiro, Edições de Ouro, s/d.

MORENO, J. L. *O Teatro da Espontaneidade*. São Paulo, Summus, 1984.

NAVARRO, Federico. *Terapia Reichiana: Fundamentos Médicos, Somatopsicodinâmica*. São Paulo, Summus, vol. I, 1987.

_____. *Terapia Reichiana II: Fundamentos Médicos, Somatopsicodinâmica*. São Paulo, Summus, 1987.

NIJINSKY, Vaslav. *O Diário de Nijinsky*. Rio de Janeiro, Rocco, 1985.

NIJINSKY, Rômola. *Nijinsky*. Rio de Janeiro/ São Paulo, José Olympio, 1948.

NOVERRE, Georges. *Lettres sur la Danse et les Artes Imitateurs*. Paris, Lieutier, 1952.

PIAGET, Jean. *A Formação do Símbolo na Criança*. Rio de Janeiro, Zahar/MEC, 1975.

_____. *O Nascimento da Inteligência na Criança*. Rio de Janeiro, Zahar/MEC, 1975.

PORTINARI, Maribel. *Nos Passos da Dança*. Rio de Janeiro, Nova Fronteira, 1985.

RAKNES, Ola. *Wilhelm Reich e a Orgonomia*. São Paulo, Summus, 1988.

READ, Herbert. *A Educação pela Arte*. São Paulo, Martins Fontes, 182.

_____. *A Redenção do Robô: Meu Encontro com a Educação através da Arte*. São Paulo, Summus, 1986.

REICH, Wilhelm. *A Função do Orgasmo: Problemas Econômicos Sexuais da Energia Biológica*. São Paulo, Brasiliense, 1977.

_____. *A Revolução Sexual*. Rio de Janeiro, Zahar, 1996.

REISS, Françoise. *La Vie de Nijinsky*. Paris, Ed. D'Histoire et D'Art, 1975.

ROUBINE, Jean Jacques. *A Linguagem da Encenação Teatral (1880-1980)*, trad. e apres. Yan Michalski, Rio de Janeiro, Zahar, 1982.

SACHS, Curt. *História Universal de la Danza*. Buenos Aires, Centurión, 1944.

SOUCHARD, Philippe-Emmanuel. *Ginástica Postural Global*, São Paulo, Martins Fontes, 1988.

STANISLÁVSKY, Constantin. *A Preparação do Ator*. Rio de Janeiro, Civilização Brasileira, 1968.

324  O PAPEL DO CORPO NO CORPO DO ATOR

_____. *A Construção da Personagem*. Rio de Janeiro, Civilização Brasileira, 1976.
_____. *A Criação de um Papel*. Rio de Janeiro, Civilização Brasileira, 1972.
STEVENS, Barry. *Não Apresse o Rio: Ele Corre Sozinho*. São Paulo, Summus, 1978.
TERRY, Walter. *The Dance in America*. New York, Harper Brothers, 1956.
TCHÉKHOV, Michael. *Para o Ator*. São Paulo, Martins Fontes, 1986.
TSE, Lao. *Tao te king*. São Paulo, Hemus, s/d.
TUGAL, Pierre. *Initiation a la Danse*. Paris, Crenier a Sel, s/d.
_____. *Petite Histoire de l' Art et des Artistes la Danse et les Danseurs*. Paris, Natham, s/d.
VIRMAUX, Alain. *Artaud e o Teatro*. São Paulo, Perspectiva, 1978.
USCATESCU, George. *Teatro Occidental Contemporâneo*. Madrid, Guadarrama, Collecion Punto Omega, 1968.
WINGLER, Hans M. (ed.). *Las Escuelas de Arte de Vanguarda (1900-1933)*. Madrid, Taurus, 1980.
WOLF, Dra. Charlotte. *Psicologia del Gesto*, 4. ed., Barcelona, Editorial Luis Miracle, 1966.

## PERIÓDICOS

Bauhaus Publicação do Instituto Cultural de Relações Exteriores, Stuttgart, sob auspícios do Departamento Cult. do Ministério de Relações Exteriores da República Federal da Alemanha;
Cadernos de Teatro 11. Rio de Janeiro, Tablado/MEC, n. 43 (1969) e 58 (1973).
Centre National de la Recherche Scientifique (ed. Les Voies de La Creation Théâtrale, Paris; vol. 1, estudos reunidos e apresentados por Jean Jacquot; 1970.
_____. vol. 2: estudos reunidos e apresentados por Denis Bablet, 1970.
_____. vol. 3: estudos reunidos e apresentados por Dehis Bablet e Jean Jacquot, 1972.
_____. vol. 5: estudos reunidos e apresentados por Denis Bablet e Jean Jacquot, 1977.
_____. vol. 7: estudos reunidos e apresentados por Denis Bablet, 1979.
_____. vol. 9: estudos reunidos e apresentados por Anne Marie Gourdon, 1981.
_____. vol. 10: estudos reunidos e apresentados por Denis Bablet, 1982.
_____. vol. 11: estudos reunidos e apresentados por Denis Bablet, 1983.
"Dancemagazine". Danad Publishing Company, Nova York, maio, 1977; fev., 1976; jul., 1977.
Dançar Especial sobre o Carlton Dance Festival. Ano V, n. 24,1988. São Paulo, Empresa Editorial de Comunicações.
GUINSBURG, J. "Evreinov e O Teatro da Vida". *Suplemento Folhetim, Folha de S. Paulo*, São Paulo, 31.5.1981.
_____. "O Teatro no Gesto". *Revista Polímica*, São Paulo, n. 2, 1980.
_____. "Só Stanislávski". *Jornal da Tarde*, P.A, jan. 1989.
_____. *The Drama Review New York School of the Arts*. New York University, New York; vol. 16, n. 1 (T-53), mar., 1972; vol. 16, n. 2 (T-54), jun., 1972; vol. 17, n. 1 (T-57), mar., 1973 vol. 18, n. 1 (T-61), mar., 1974; vol. 18, n. 3 (T-63) set., 1974; vol. 24, n. 4 (T-88), dez., 1980: vol. 25, n. 3 (T-91), outono, 1981; vol. 29, n. 4 (T-108), inverno 1985; vol. 30, n. 2 (T-110), verão, 1986.
_____. *Théâtre de la Ville*. Journal du Imprimerie Jean Mussot, Paris; n. 33 set., 1976; 36, abr., 1977; 37, out., 1977; 43, fev., 1979; 48 abr., 1980; 52 abr., 1981; 53 ago., 1981; 55 fev., 1982; 56 abr., 1982; 57 ago., 1982; 61 ago., 1983, 63 fev., 1984; 64 abr., 1984; 65 ago. 1984; 67 jan., 1985; 69 premier de la saison 85-86; 70, 85-86; 72, 85-86 73, 86-87; 76, 86-87; 78, 87-88.
*Les Voies de la Creation Théâtrale*, vol. 1. Paris, Édition du CNRS, 1970.

## DISSERTAÇÕES

COHEN, Renato. *Performance como Linguagem: Criação de um Tempo-Espaço de Experimentação*. Dissertação de Mestrado, São Paulo, ECA-USP, 1987.

BIBLIOGRAFIA 325

MARTINS, Maria Helena Pires. *Classificação do Gesto no Teatro*. Dissertação de Mestrado, São Paulo, VECA-USP, 1976.
OLIVEIRA, Amilton Monteiro de. *O Ator: Teatro, Cinema e Televisão*. Dissertação de Mestrado, São Paulo, ECA-USP, 1987.

## PALESTRAS, *WORKSHOPS* E MOSTRAS DE TRABALHO

Palestra de Eugênio Barba, do Odin Teatret, organizada pela Unicamp, São Paulo, Teatro Sérgio Cardoso, 3.6.1987.
Mostra de Trabalho do Odin Teatret, com os atores Richard Fowler e César Brie, São Paulo, Teatro Sérgio Cardoso, 7.6.1987.
*Workshop* Actorls Studio com o Professor Luther James. São Paulo, Departamento de Artes Cênicas da ECA-USP, 1987.
*Workshop* com Merce Cunningham, São Paulo, Teatro Cultura Artística, 1988.
*Workshop* com o Grupo Sankai Juku São Paulo, Teatro Cultura Artística, 1988.

## APOSTILAS, BOLETINS E PROGRAMAS

Apostila "O Comportamento Criador", Professor Joel Martins, ECA-USP.
Apostila "Do-In", Professor Juracy Campos L. Cançado. São Paulo, Espaço Viver.
Training Course for Teachers of the Matthias Alexander Technique.
Brief History of. F. M. Alexander.
On Giving directions, doing and non doing.
Teacher refresher course with Misha Magidow, July, 31, aug. 9, 1987.
Boletim: "Odin Teatret, sua História, seus Caminhos", Denise Garcia, Campinas, Unicamp, 1987.
Texto apostilado: "As Mudas do Passado", Iben Nagel Rasmussen, Unicamp, Campinas, 1987.
Programa: Eugênio Barba, Grupo FARFA e The Canada Project, distribuído no Teatro Sérgio Cardoso, São Paulo, em maio de 1987.

## CURSOS

Doin e Bases Medicina Chinesa. Professor Juracy Campos L. Cançado, São Paulo, Espaço Viver, 16 e 17 de maio de 1987.
T'ai chi chuan. Mestres Pitso e Harumi Nakaiama, São Paulo, Vila Madalena, durante o ano de 1987, quatro vezes por semana.
Capoeira Mestre Kenura da Associação de Capoeira Fonte do Gravatá, São Paulo, Pinheiros, durante o ano de 1988.

# TEATRO-EDUCAÇÃO NA PERSPECTIVA

*Semiologia do Teatro*
J. Guinsburg, J. T. Coelho Netto e Reni C. Cardoso (orgs.) (D138)

*Natureza e Sentido da Improvisação Teatral*
Sandra Chacra (D183)

*Jogos Teatrais*
Ingrid D. Koudela (D189)

*Performance como Linguagem*
Renato Cohen (D219)

*A Arte do Ator*
Richard Boleslavski (D246)

*Um Vôo Brechtiano*
Ingrid D. Koudela (D248)

*Prismas do Teatro*
Anatol Rosenfeld (D256)

*Teatro de Anchieta a Alencar*
Décio de Almeida Prado (D261)

*A Cena em Sombras*
Leda Maria Martins (D267)

*Texto e Jogo*
Ingrid D. Koudela (D271)

*O Drama Romântico Brasileiro*
Décio de Almeida Prado (D273)

*Para Trás e Para Frente*
David Ball (D278)

*Brecht na Pós-Modernidade*
Ingrid D. Koudela (D281)

*O Teatro do Corpo Manifesto: Teatro Físico*
Lúcia Romano (D301)

*Teatro com Meninos e Meninas de Rua*
Marcia Pompeo Nogueira (D312)

*40 Questões Para um Papel*
Jurij Alschitz (D328)

*Dramaturgia: A Construção da Personagem*
Renata Pallottini (D330)

*Caminhante, Não Há Caminho. Só Rastros*
Ana Cristina Colla (D331)

*Ensaios de Atuação*
Renato Ferracinio (D332)

*A Vertical do Papel*
Jurij Alschitz (D333)

*Improvisação para o Teatro*
Viola Spolin (E062)

*Jogo, Teatro & Pensamento*
Richard Courtney (E076)

*Sobre o Trabalho do Ator*
M. Meiches e S. Fernandes (E103)

*Brecht: Um Jogo de Aprendizagem*
Ingrid D. Koudela (E117)

*O Ator no Século XX*
Odette Aslan (E119)

*O Ator Compositor*
Matteo Bonfitto (E177)

*Papel do Corpo no Corpo do Ator*
Sônia Machado Azevedo (E184)

*A Análise dos Espetáculos*
Patrice Pavis (E196)

*As Máscaras Mutáveis do
Buda Dourado*
Mark Olsen (E207)

*Para Ler o Teatro*
Anne Ubersfeld (E217)

*O Ator como Xamã*
Gilberto Icle (E233)

*A Arte do Ator entre os
Séculos XVI e XVIII*
Ana Portich (E254)

*Conversas sobre a Formação do Ator*
Jacques Lassalle e Jean-Loup Rivière (E278)

*Persona Performática:
Alteridade e Experiência na Obra de Renato Cohen*
Ana Goldenstein Carvalhaes (E301)

*Como Parar de Atuar*
Harold Guskin (E303)

*Função Estética da Luz*
Roberto Gill Camargo (E307)

*Entre o Ator e o Performer*
Matteo Bonfitto (E316)

*Ritmo e Dinâmica no Espetáculo Teatral)*
Jacyan Castilho (E320)

*A Voz Articulada Pelo Coração*
Meran Vargens (E321)

*Alegoria em Jogo*
Joaquim C.M. Gama (E335)

*Campo Feito de Sonhos: Os Teatros do Sesi*
Sônia Machado de Azevedo (E339)

*Teatro: A Redescoberta do Estilo e Outros Escritos*
Michel Saint-Denis (E343)

*Isto Não É um Ator: O Teatro da Socìetas Raffaello Sanzio*
Melissa Ferreira (E344)

*Nissim Castiel: Do Teatro da Vida Para o Teatro da Escola*
Debora Hummel e Luciano Castiel (orgs.) (MP01)

*O Grande Diário do Pequeno Ator*
Debora Hummel e Silvia de Paula (orgs.) (MP02)

*Um Olhar Através de... Máscaras*
Renata Kamla (MP03)

*Performer Nitente*
Adriano Cypriano (MP04)

*O Gesto Vocal*
Mônica Andréa Grando (MP05)

*Stanislávski em Processo*
Simone Shuba (MP06)

*A Incorporação Vocal do Texto*
Marcela Grandolpho (MP07)

*O Ator no Olho do Furacão*
Eduardo De Paula (MP08)

*O Livro dos Viewpoints*
Anne Bogart e Tina Landau (PC01)

*Treinamento Para Sempre*
Jurij Alschitz (PC02)

*Dicionário de Teatro*
Patrice Pavis (LSC)

*Dicionário do Teatro Brasileiro: Temas, Formas e Conceitos*
J. Guinsburg, João Roberto Faria e Mariangela Alves de Lima (LSC)

*História do Teatro Brasileiro, v. 1:*
*Das Origens ao Teatro Profissional da Primeira Metade do Século XX*
João Roberto Faria (Dir.) (LSC)

*História do Teatro Brasileiro, v. 2:*
*Do Modernismo às Tendências Contemporâneas*
João Roberto Faria (Dir.) (LSC)

*História Mundial do Teatro*
Margot Berthold (LSC)

*O Jogo Teatral no Livro do Diretor*
Viola Spolin (LSC)

*Jogos Teatrais: O Fichário de Viola Spolin*
Viola Spolin (LSC)

*Jogos Teatrais na Sala de Aula*
Viola Spolin (LSC)

*Léxico de Pedagogia do Teatro*
Ingrid Dormien Koudela; José Simões de Almeida Junior (coords.)(LSC)

*Rastros: Treinamento e História de Uma Atriz do Odin Teatret*
Roberta Carreri (LSC)

Este livro foi impresso em Cotia,
nas oficinas da Meta Brasil, para a Editora Perspectiva.